合并财务报表

（第二版）

李玉环 著

中国财经出版传媒集团

经济科学出版社
Economic Science Press

图书在版编目（CIP）数据

合并财务报表/李玉环著. —2 版. —北京：经济科学出版社，2016.3（2019.2 重印）
ISBN 978-7-5141-6795-5

Ⅰ.①合… Ⅱ.①李… Ⅲ.①企业合并－会计报表－研究 Ⅳ.①F275.2

中国版本图书馆 CIP 数据核字（2016）第 068241 号

责任编辑：黄双蓉　黎子民
责任校对：杨　海
责任印制：邱　天

合并财务报表（第二版）

李玉环　著

经济科学出版社出版、发行　新华书店经销
社址：北京市海淀区阜成路甲 28 号　邮编：100142
总编部电话：010-88191217　发行部电话：010-88191522
网址：www.esp.com.cn
电子邮件：esp@esp.com.cn
天猫网店：经济科学出版社旗舰店
网址：http://jjkxcbs.tmall.com
固安华明印业有限公司印装
710×1000　16 开　23.75 印张　470000 字
2016 年 8 月第 2 版　2019 年 2 月第 5 次印刷
ISBN 978-7-5141-6795-5　定价：58.00 元
（图书出现印装问题，本社负责调换。电话：010-88191510）
（版权所有　侵权必究　举报电话：010-88191586
电子邮箱：dbts@esp.com.cn）

目 录

第一章 合并财务报表概述 ... 1
第一节 合并财务报表的产生 ... 1
一、合并财务报表的产生与发展 ... 1
二、合并财务报表的特点及其作用 ... 2
第二节 合并财务报表与企业合并 ... 4
一、企业合并的概念 ... 4
二、企业合并的形式 ... 5
三、企业合并与合并财务报表的关系 ... 5
四、合并财务报表与投资 ... 6
第三节 合并财务报表的合并理论 ... 7
一、母公司理论 ... 7
二、实体理论 ... 8
三、所有权理论 ... 8

第二章 合并财务报表的编制主体和合并范围的确定 ... 10
第一节 合并财务报表的编制主体 ... 10
一、编制合并财务报表的主体 ... 10
二、投资性主体的判断 ... 11
三、投资性主体的持续判断 ... 12
第二节 合并范围确定的基础与控制的概念 ... 13
一、合并财务报表合并范围确定的基础 ... 13
二、控制的概念 ... 13
第三节 控制的评估 ... 15
一、被投资企业设立目的的评估 ... 16
二、被投资企业的相关活动及其决策机制的识别 ... 17
三、投资企业拥有被投资企业相关权力的评估 ... 18
四、参与被投资企业相关活动而享有可变回报的评估 ... 21

　　　　五、有能力运用对被投资企业的权力影响其回报金额的评估 …………… 21
　　第四节　合并范围的确定 ……………………………………………………… 22
　　　　一、投资企业持有其半数以上表决权的被投资企业 …………………… 22
　　　　二、投资企业持有其半数或半数以下表决权的被投资企业 …………… 24
　　　　三、对被投资企业控制权来自表决权之外的其他权利的被投资企业 … 25
　　第五节　对被投资企业可分割部分控制的评估与控制的持续评估 ………… 26
　　　　一、对被投资企业可分割部分控制的评估 ……………………………… 26
　　　　二、控制的持续评估 ……………………………………………………… 27

第三章　合并财务报表的编制原则和程序 ………………………………… 29
　　第一节　合并财务报表的内容和编制原则 …………………………………… 29
　　　　一、合并财务报表的内容 ………………………………………………… 29
　　　　二、合并财务报表的编制原则 …………………………………………… 30
　　第二节　合并财务报表编制的前期准备事项 ………………………………… 31
　　　　一、统一母子公司的会计政策 …………………………………………… 31
　　　　二、统一母子公司的资产负债表日和会计期间 ………………………… 32
　　　　三、子公司外币表示的财务报表的折算 ………………………………… 32
　　　　四、编制合并财务报表相关资料的收集 ………………………………… 33
　　第三节　合并财务报表的编制程序 …………………………………………… 33
　　　　一、合并财务报表的编制程序 …………………………………………… 33
　　　　二、编制合并财务报表需要抵销调整的项目 …………………………… 35

第四章　长期股权投资的核算 ………………………………………………… 38
　　第一节　长期股权投资的概述 ………………………………………………… 38
　　　　一、长期股权投资的概念 ………………………………………………… 38
　　　　二、长期股权投资的分类 ………………………………………………… 38
　　第二节　长期股权投资取得时的会计处理 …………………………………… 41
　　　　一、以支付现金和银行存款取得的长期股权投资 ……………………… 41
　　　　二、以发行权益性证券取得的长期股权投资 …………………………… 42
　　　　三、以债务重组方式取得的长期股权投资 ……………………………… 43
　　　　四、以非货币性资产交换方式取得的长期股权投资 …………………… 44
　　第三节　导致形成企业合并的长期股权投资 ………………………………… 46
　　　　一、导致形成非同一控制下企业合并的长期股权投资 ………………… 47
　　　　二、导致形成同一控制下企业合并的长期股权投资 …………………… 48
　　第四节　长期股权投资后续会计处理 ………………………………………… 50

一、成本法 ………………………………………………………… 50
　　二、权益法 ………………………………………………………… 52
　第五节　长期股权投资后续会计处理的成本法与权益法的转换 ………… 57
　　一、股权投资由公允价值计量转为采用权益法核算 ……………… 57
　　二、股权投资由公允价值计量转为采用成本法核算 ……………… 58
　　三、股权投资由权益法核算转为采用成本法核算 ………………… 60
　　四、股权投资由权益法核算转为以公允价值计量 ………………… 63
　　五、股权投资由成本法核算转为以公允价值计量 ………………… 64
　　六、股权投资由成本法核算转为采用权益法核算 ………………… 65

第五章　长期股权投资与所有者权益的合并处理（一） …………… 68
　第一节　同一控制下取得子公司合并日合并财务报表的编制 ………… 69
　　一、同一控制下取得子公司时的长期股权投资的核算 …………… 69
　　二、合并日合并财务报表的编制 …………………………………… 70
　第二节　同一控制下取得子公司合并日后合并财务报表的编制 ……… 74
　　一、子公司长期股权投资成本法核算结果的调整 ………………… 74
　　二、母子公司内部交易的合并处理 ………………………………… 78
　　三、合并财务报表的格式 …………………………………………… 83
　　四、同一控制下取得子公司合并日以后期间合并财务报表的编制 … 88
　第三节　非同一控制下取得子公司购买日合并财务报表的编制 ……… 95
　　一、非同一控制下取得子公司长期股权投资的核算 ……………… 95
　　二、购买日合并财务报表的编制 …………………………………… 98
　第四节　非同一控制下取得子公司购买日后合并财务报表的编制 …… 103
　　一、非同一控制下取得子公司购买日当期合并财务报表的编制 … 103
　　二、非同一控制下取得子公司购买日以后期间合并财务报表的编制 … 112

第六章　长期股权投资与所有者权益的合并处理（二） …………… 123
　第一节　同一控制下分步取得子公司合并日合并财务报表的编制 …… 123
　　一、同一控制下分步取得子公司长期股权投资的核算 …………… 123
　　二、合并日合并财务报表的编制 …………………………………… 126
　第二节　同一控制下分步取得子公司合并日后合并财务报表的编制 … 129
　第三节　非同一控制下分步取得子公司购买日合并财务报表的编制 … 136
　　一、非同一控制下分步取得子公司长期股权投资的核算 ………… 136
　　二、购买日合并财务报表的编制 …………………………………… 139

第四节　非同一控制下分步取得子公司购买日后合并财务
　　　　　　报表的编制 …………………………………………………… 143

第七章　内部商品交易及其减值的合并处理 ………………………… 152
　　第一节　内部商品交易的合并处理 ……………………………………… 152
　　　　一、内部商品交易当期的合并处理 …………………………………… 152
　　　　二、连续编制合并财务报表时内部交易商品的合并处理 …………… 157
　　第二节　内部交易商品相关减值的合并处理 …………………………… 159
　　　　一、内部交易商品初次计提存货减值的合并处理 …………………… 159
　　　　二、连续编制合并财务报表时内部交易商品相关减值的合并处理 … 164

第八章　长期资产内部交易的合并处理 ……………………………… 170
　　第一节　长期资产内部交易概述及固定资产内部交易当期的
　　　　　　合并处理 ……………………………………………………… 170
　　　　一、长期资产内部交易概述 …………………………………………… 170
　　　　二、固定资产内部交易的合并处理 …………………………………… 171
　　第二节　不计提折旧的内部交易固定资产的合并处理 ………………… 173
　　　　一、不计提折旧的内部交易固定资产持有期间的合并处理 ………… 173
　　　　二、不计提折旧的内部交易固定资产变卖期间的合并处理 ………… 175
　　第三节　计提折旧的内部交易固定资产的合并处理 …………………… 177
　　　　一、计提折旧的内部交易固定资产交易当期的合并处理 …………… 177
　　　　二、内部交易固定资产持有期间的合并处理 ………………………… 180
　　　　三、内部交易固定资产清理期间的合并处理 ………………………… 183
　　第四节　内部交易无形资产的合并处理 ………………………………… 190
　　　　一、内部交易无形资产交易当期的合并处理 ………………………… 190
　　　　二、内部交易无形资产持有期间的合并处理 ………………………… 192
　　　　三、内部交易无形资产摊销完毕期间的合并处理 …………………… 197

第九章　内部短期债权债务的合并处理 ……………………………… 200
　　第一节　内部短期债权债务的合并处理 ………………………………… 200
　　　　一、内部短期债权债务概述 …………………………………………… 200
　　　　二、内部短期债权债务发生当期的合并处理 ………………………… 201
　　　　三、内部应收款项及其坏账准备的合并处理 ………………………… 201
　　第二节　连续编制合并财务报表时内部债权债务及坏账准备的
　　　　　　合并处理 ……………………………………………………… 204

目 录

　　一、连续编制合并财务报表时内部债权债务及坏账准备合并处理的

　　　　基本程序 ·· 204

　　二、连续编制合并财务报表时内部债权债务及坏账准备的合并处理 ······ 204

第十章　内部交易债券的合并处理 ·· 211

第一节　公司债券发行与购买的会计处理 ······························· 211

　　一、发行公司债券的核算 ·· 211

　　二、购买持有公司债券的核算 ·· 213

第二节　成员企业直接取得其他成员企业发行的公司债券的

　　　　　　合并处理 ··· 214

　　一、公司债券内部交易当期的合并处理 ·· 214

　　二、公司债券内部交易以后期间的合并处理 ··································· 222

　　三、内部交易公司债券到期偿付期间的合并处理 ··························· 230

第三节　成员企业间接取得其他成员企业发行的公司债券的

　　　　　　合并处理 ··· 233

　　一、推定损益 ··· 233

　　二、成员企业间接取得其他成员企业发行的公司债券当期的合并处理 ······ 235

　　三、成员企业间接取得其他成员企业发行的公司债券以后期间的

　　　　合并处理 ··· 243

　　四、成员企业间接取得其他成员企业发行的公司债券到期偿付期间的

　　　　合并处理 ··· 252

第十一章　所得税会计相关的合并处理 ····································· 257

第一节　所得税会计概述 ·· 257

　　一、所得税会计的基本原理 ·· 257

　　二、所得税会计的一般程序 ·· 259

　　三、计税基础的确定 ·· 260

　　四、暂时性差异 ··· 261

　　五、递延所得税负债和递延所得税资产的确认 ································ 262

　　六、所得税费用的确认和计量 ·· 264

第二节　内部债权债务抵销相关的所得税会计的合并处理 ········ 265

　　一、初次编制合并财务报表时内部应收款项相关的所得税会计的

　　　　合并处理 ··· 265

　　二、连续编制合并财务报表时内部应收款项相关的所得税会计的

　　　　合并处理 ··· 267

第三节　未实现内部销售损益抵销相关的所得税会计的合并处理 …… 270
　　一、内部交易存货相关的所得税会计的合并处理 …… 270
　　二、内部交易固定资产等相关的所得税会计的合并处理 …… 274
第四节　企业合并取得的子公司资产和负债相关的所得税会计的
　　　　合并处理 …… 281
　　一、购买日合并财务报表编制相关的所得税会计的合并处理 …… 281
　　二、购买日当期合并财务报表编制相关的所得税会计的合并处理 …… 285
　　三、购买日以后期间合并财务报表编制相关的所得税会计的合并处理 …… 291

第十二章　合并现金流量表的编制 …… 299
第一节　合并现金流量表概述 …… 299
　　一、现金流量表和现金及现金等价物的概念 …… 299
　　二、现金流量的分类和现金流量表的结构 …… 300
　　三、现金流量表的编制方法 …… 300
　　四、合并现金流量表的编制方法 …… 302
第二节　个别现金流量表为基础的合并现金流量表的编制 …… 302
　　一、个别现金流量表为基础编制合并现金流量表需要抵销的项目 …… 302
　　二、个别现金流量表为基础的合并现金流量表的编制 …… 304
第三节　合并数据为基础的合并现金流量表的编制 …… 314
　　一、合并数据为基础的合并现金流量表编制的基本原理 …… 314
　　二、合并数据为基础的合并现金流量表的编制 …… 315
　　三、合并现金流量表两种编制方法的比较 …… 320

第十三章　复杂股权结构下的合并处理 …… 322
第一节　间接持有子公司股权的合并处理 …… 322
　　一、间接持有子公司取得日合并财务报表的编制 …… 323
　　二、间接持有子公司取得日当期合并财务报表的编制 …… 325
　　三、间接持有的子公司取得日以后期间的合并财务报表的编制 …… 329
第二节　合计持有的子公司的合并处理 …… 333
　　一、合计持有的子公司股权取得日合并财务报表的编制 …… 333
　　二、合计持有的子公司股权取得日当期合并财务报表的编制 …… 335
　　三、合计持有子公司股权取得日以后期间合并财务报表的编制 …… 339
第三节　母子公司相互持有股权的合并处理（库藏股票法） …… 343
　　一、子公司取得母公司股权日合并财务报表的编制 …… 344
　　二、子公司取得母公司股权日当期合并财务报表的编制 …… 345

目 录

　　三、子公司取得母公司股权日以后期间合并财务报表的编制 …………… 349

　第四节　母子公司相互持有股权的合并处理（交互分配法）………… 352

　　一、子公司取得母公司股权日合并财务报表的编制 …………………… 352

　　二、子公司取得母公司股权日当期合并财务报表的编制 ……………… 354

　　三、子公司取得母公司股权日以后期间合并财务报表的编制 ………… 358

　　四、库藏股票法与交互分配法的比较 …………………………………… 362

后记（第一版） ……………………………………………………………… 364

后记（第二版） ……………………………………………………………… 366

第一章

合并财务报表概述

第一节 合并财务报表的产生

一、合并财务报表的产生与发展

合并财务报表又称合并会计报表，是指反映母公司和其全部子公司形成的企业集团整体财务状况、经营成果和现金流量的财务报表。它是以母公司和子公司组成的企业集团为一会计主体，以母公司和子公司单独编制的个别财务报表为基础，由母公司编制，综合反映母公司和子公司组成的企业集团财务状况、经营成果及现金流量的信息。

合并财务报表最早出现于美国。随着越来越多的企业采用股份制方式开展经营活动，对外投资和控股经营的情况越来越多。20世纪初期，美国在税法中强制规定母子公司合并纳税，使得大部分控股公司开始编制合并财务报表。1940年，美国证券交易委员会规定证券上市公司必须编制和提供合并财务报表，使编报合并财务报表成为证券上市公司的法定义务，由此编报合并财务报表的企业越来越多。受美国合并财务报表的影响，一些发达资本主义国家在20世纪50年代后也逐步开始重视合并财务报表的作用。英国于1948年在公司法中规定，企业拥有子公司时必须在提供个别财务报表的基础上，公开反映企业集团财务报表（即合并财务报表）。法国证券交易委员会于1971年要求公开发行债券的公司、股票上市的公司以及所有公营企业编制合并财务报表。德国于1965年在公共公司法中也要求企业编制集团财务报表。日本从1977年开始要求编制和公布合并财务报表，并制定发布了合并财务报表准则及规则。

为协调各国合并财务报表的编制，原国际会计准则委员会早在1976年6月就制定发布《国际会计准则第3号——合并财务报表》，就合并财务报表的编制作出规定。1989年4月，原国际会计准则委员会在对原准则进行修订的基础上，发布了《国际会计准则第27号——合并财务报表和对子公司投资的会计》，取代原《国际会计准则第3号》。目前在合并财务报表方面仍有效的国际准则为国际会计准则理事会2011年5月制定发布的《国际财务报告准则第10号——合并财务报表》。

20世纪90年代初，随着我国确立社会主义市场经济体制改革目标，市场经济体制改革的深入，企业制度改革的深化以及股份制企业的试点，一些股份制试点企业开始公开发行股票，并在上海、深圳证券交易所上市交易，或到香港、纽约等证券市场上市交易。为了满足境内外证券上市的需要，这些股份制企业均已对外编报合并财务报表。中国证券监督管理委员会为规范上市企业会计信息的披露，要求上市公司对外披露其合并财务报表。为满足我国企业集团发展的需要，规范我国上市公司合并财务报表的编报，财政部于1995年年初发布实施了《合并会计报表暂行规定》，对合并财务报表编制原则、方法作了具体的规定，是我国合并财务报表的第一规定。2006年2月，为适应会计准则国际趋同的需要，我国制定发布了《企业会计准则第33号——合并财务报表》。2014年2月，在对原准则进行全面修订的基础上，发布了修订后的《企业会计准则第33号——合并财务报表》，并同时发布了相应的应用指南。

二、合并财务报表的特点及其作用

（一）合并财务报表的特点

合并财务报表是以整个企业集团为一个会计主体，以组成企业集团的母公司和子公司的个别财务报表（指企业单独编制的财务报表，为了与合并财务报表相区别，将其称之为个别财务报表）为基础，抵销内部交易或事项对个别财务报表的影响后编制而成的。与个别财务报表比较，它具有如下特点：

（1）合并财务报表反映的是母公司和子公司所组成的企业集团整体的财务状况、经营成果及其现金流量的情况，反映的对象是由若干个法人组成的会计主体，是经济意义上的会计主体，而不是法律意义上的主体。个别财务报表反映的则是单个企业法人的财务状况、经营成果及现金流量的情况，反映的对象是企业法人。对于由母公司和若干个子公司组成的企业集团来说，母公司和子公司编制的个别财务报表分别反映母公司本身或子公司本身各自的财务状况、经营成果及其现金流量的情况，而合并财务报表则反映母公司和子公司组成的集团这一会计主体综合的财务状况、经营成果及其现金流量的情况。

(2) 合并财务报表由企业集团中的母公司编制。个别财务报表是由独立的法人企业编制，通常情况下企业都需要编制个别财务报表；而合并财务报表仅由拥有子公司的母公司编制。也就是说，并不是企业集团中所有企业都要编制合并财务报表，更不是社会上所有企业都需要编制合并财务报表。

(3) 合并财务报表以个别财务报表为基础编制。企业编制个别财务报表，从设置账簿、审核原始凭证、编制记账凭证、登记会计账簿到编制财务报表，都有一套完整的会计核算方法体系。而合并财务报表不同，它是以纳入合并范围的企业个别财务报表为基础，根据其他有关资料，抵销有关交易或事项对个别财务报表的影响编制的。编制合并财务报表并不需要在现行会计核算方法体系之外单独设置一套账簿体系。合并财务报表是在对纳入合并范围的个别财务报表的数据进行加总的基础上，通过编制抵销分录将企业集团内部的经济业务对个别财务报表的影响予以抵销，然后合并财务报表各项目的数额编制。

(二) 合并财务报表的作用

作为财务报表，合并财务报表具有普通财务报表或个别财务报表所具有的功能和作用。但作为反映企业集团整体情况的财务报表，与个别财务报表相比，合并财务报表还具有其特有的功能和作用，主要表现在以下两个方面：

第一，合并财务报表能够对外提供反映由母子公司组成的企业集团整体经营情况的会计信息。在控股经营的情况下，母公司和子公司都是独立的法人实体，分别编报自身的财务报表，分别反映企业本身的生产经营情况，这些财务报表并不能够有效地提供反映整个企业集团的会计信息。为此，要了解控股公司整体经营情况，就需要将控股公司与被控股子公司的财务报表进行合并，通过编制合并财务报表提供反映企业集团整体经营的会计信息，以满足企业集团管理当局强化对被控股企业管理的需要。

第二，合并财务报表有利于避免一些企业集团利用内部控股关系，人为粉饰财务报表情况的发生。控股公司的发展带来了一系列新的问题，一些控股公司利用对子公司的控制，运用内部转移价格等手段，如低价向子公司提供原材料、高价收购子公司产品，出于避税考虑而转移利润；再如通过高价对企业集团内的其他企业销售，低价购买其他企业的原材料，转移亏损。通过编制合并财务报表，可以将企业集团内部交易所产生的收入及利润予以抵销，使财务报表反映企业集团客观真实的财务和经营情况，有利于防止和避免控股公司人为操纵利润、粉饰财务报表现象的发生。

第二节 合并财务报表与企业合并

一、企业合并的概念

企业合并是指为了达到某种经营目的，通过兼并、控股等形式控制和操纵其他企业生产经营活动等的行为。在欧美国家，随着垄断资本势力的不断膨胀扩大以及市场竞争的加剧，企业合并的现象频繁发生，欧美国家的大型跨国公司都有企业合并的经历。随着我国社会主义市场经济的发展和市场经济体制的完善，特别是随着现代企业制度的建立与完善，企业相互持股、相互并购的现象也越来越多。

按合并企业与被合并企业从事业务关联程度，企业合并可以分为横向合并、纵向合并和混合合并三种类型。

横向合并是指生产同类产品的企业之间发生的合并。横向合并在一定的范围内能实现规模经济。横向合并一方面可以迅速扩大生产规模，便于在更大范围内更高水平上实现专业化分工协作，采用技术先进的专用设备和工艺装备，从而提高产品质量，降低产品成本，增强市场竞争能力；另一方面，通过横向合并可以统筹安排产品销售和材料采购，节约固定费用，增强企业的盈利能力。在19世纪后期和20世纪初期，企业合并更多的是采用横向合并的类型。

纵向合并是指生产过程或经营环节相互衔接、密切联系的企业之间或者具有纵向协作关系的专业化企业之间发生的合并。纵向合并包括前向合并和后向合并。前向合并是向其产品的下游加工流程方向所发生的合并，如生产零件或原材料的企业合并机加工企业或装配企业。后向合并是向其产品的上游加工流程方向合并，如装配或制造企业合并零件或原材料生产企业。纵向合并可以缩短生产周期，节约运输、仓储费用；保证原材料及零部件及时供应，降低交易成本。纵向合并是20世纪20年代西方企业第二次合并高潮的主要类型。

混合合并是指生产经营的产品或服务彼此没有关联的企业之间发生的合并。混合合并包括产品扩张型混合合并、市场扩张型混合合并以及纯粹混合合并。产品扩张型混合合并是指产品生产技术或工艺相似企业间发生的合并，其目的是利用本身技术优势，扩大产品门类，通常以本企业产品生产技术或工艺为圆心，同心向外扩张，如汽车制造企业合并农用拖拉机或收割机制造企业。市场扩张型混合合并是指具有相同产品销售市场的企业间发生的合并，其目的是利用本身企业或被合并企业的市场优势，扩大市场销售额，通常以产品市场为圆心，同心向外扩张，如化肥制造企业合并农药生产企业就是利用化肥和农药面对的是同一农资市场，一家企业可利用另一家企业的市场销售网络优势迅速扩大销售量。纯粹混合合并是指产品和市场都无关联企业间的合并，如汽车制造企业合并旅游、餐饮等行业。混合合并可实现技术或市场共享，增加产品门类，扩大市场销售量，同时可实现多角化经营战略分散企业经营风险。混合合并是西方企业20世纪50年代前后第三次合并高潮中的主要类型。

二、企业合并的形式

企业合并从法律形式上来说，主要有吸收合并、新设合并以及控股合并三种形式。

吸收合并是指两家或两家以上的企业合并成为一家企业，其中一家企业保留原来的法人资格，而其他参与合并的企业法人资格随着合并而注销，成为原法人资格保留企业的一部分。前者称为合并企业，后者称为被合并企业。在合并后，合并企业对所有被合并企业的资产实施直接管理和控制。在吸收合并的情况下，被合并企业清算解散，其资产和负债转入合并企业，成为合并企业资产和负债的一个组成部分。

新设合并是指两家或两家以上的企业协议合并组成一家企业。在新设合并的情况下，原来的企业均清算解散，不复存在，原来的企业的资产和负债均转入新成立的企业，由新设立的企业直接控制和管理。

控股合并是指企业通过购买、收购其他企业的股份或相互交换股份取得对方股份等方式，达到对其他企业控制的一种合并形式。在控股合并的情况下，合并企业与被合并企业的法人资格仍然存在，均作为独立的法律主体，各自从事生产经营活动，分别编制各自的财务报表。从法律角度来讲，控股合并并不是法律意义上的合并，不属于法定合并的范畴。但由于控股企业通过控制对方的股份，能够对被控股企业的经营活动和财务政策实施控制、施加影响，使被控股企业的经营活动处于控股企业的实际控制下进行，从经济意义上讲，属于合并范畴。

三、企业合并与合并财务报表的关系

说到合并财务报表，往往与企业合并联系起来。企业合并与合并财务报表之间存在着一定的联系，企业合并有可能导致合并财务报表问题的产生，但企业合并并不必然导致合并财务报表编制问题。如前所述，合并财务报表是由母公司编制的反映母公司与其子公司组成的企业集团财务情况的报表，只有在存在由母公司和子公司组成的企业集团的情况下，才涉及合并财务报表的编制问题。

在发生吸收合并的情况下，合并后合并企业与被合并企业组成一个单一的法律主体和会计主体，并且在合并后仍然以合并企业原来的法人资格而存在，其合并后编制的财务报表与原来单个企业编制的财务报表相同，仍然是反映单一法律主体的财务报表，只不过合并后编制的财务报表反映的对象有所改变，反映的范围有所扩大而已，其编制的财务报表并不属于合并财务报表的范畴。在新设合并的情况下，合并完成后，原参与合并的企业组成一个新的法人企业，合并后组成的企业以新的法人资格从事经营活动，其编制的财务报表仍然是单一法人企业编制的财务报表，仍属于个别财务报表的范畴。对于新设立企业本身来讲，不涉及合并财务报表的编制问题。

在控股合并的情况下，合并企业通过收购被合并企业发行在外的股权，达到对其控制。控股合并完成后，从法律上来说，合并企业与被合并企业各自原来的法人资格并未发生变更，仍保留原有的法人资格，各自从事经营活动。但从经济意义来说，在控股合并完成后，合并企业成为母公司，被合并企业成为子公司，被合并企业在合并企业的直接控制下从事经营活动，其经营活动实质上成为控股企业经营活动的一部分。也就是说，在控股合并后，合并企业与被合并企业经营活动成为事实上的一个整体，合并企业从经济意义上通过取得被合并企业的股份，实现合并企业与被合并企业经营活动的一体化。为了全面反映控股合并所形成的控股企业与被控股企业所组成的企业集团整体的财务状况和经营成果，则需要在控股企业与被控股企业各自编制财务报表的基础上，以控股企业与被控股企业组成的企业集团作为一个会计主体，编制其合并财务报表。

四、合并财务报表与投资

如上所述，只有在控股合并的情况下，才存在着合并财务报表的编制问题。控股合并是通过收购或购买被合并企业发行在外的股权，取得对被合并企业控制权后实现的。对于购买取得的被购买企业或被合并企业的股权，在会计核算上则是将取得的股权作为长期股权投资核算。此外，企业通过直接对外投资，或与其他投资者合资举办企业，或独资举办企业的形式，设立子公司，使其在本企业的控制下从事经营活动，这种情况也涉及合并财务报表的编制问题。对于这些直接对外投资，如果能由此对被投资企业实施控制或具有重大影响时，在会计核算上也是将其作为长期股权投资核算。可以说，合并财务报表总是与股权投资相联系的，由于相互之间的股权投资或接受投资，在通过股权投资达到对被投资企业控制的程度时，则使股权投资企业与被投资企业形成母公司与子公司关系，并结成母子公司集团。此时，为全面综合反映母公司和子公司财务状况和经营成果，则需要编制合并财务报表。可以说，没有对外投资，就不会使两个企业形成母公司与子公司的关系，就没有母公司和子公司组成的企业集团，也就不存在合并财务报表的问题。

第三节　合并财务报表的合并理论

合并财务报表是以企业集团为会计主体编制的财务报表，编制合并财务报表首先就涉及如何界定企业集团范围的问题，确定哪些被投资企业需要纳入其投资企业的合并范围，确定编制合并财务报表时所采用的合并方法。企业集团的界定、合并范围的确定以及合并方法的选择，直接关系到合并财务报表提供什么样的信息、为谁提供信息等一系列问题，对合并财务报表的编制具有重要的意义。这些问题的解决，在很大程度上取决于编制合并财务报表所采用的合并理论。依据不同的合并理论，其确定的合并范围和选择的合并方法也各不相同。

编制合并财务报表的合并理论，到目前为止主要有母公司理论、实体理论（或主体）以及所有权理论等。绝大部分国家在其合并财务报表准则制度中或编制合并财务报表时，并不完全是按照某一合并理论，而是以某一合并理论为主，参考其他合并理论，结合自身的实际情况来考虑的。

一、母公司理论

所谓母公司理论，是将合并财务报表视为母公司本身的财务报表反映的范围扩大来看待，从母公司角度来考虑合并财务报表的合并范围、选择合并处理方法。母公司理论认为合并财务报表主要是为母公司的股东和债权人服务的，为母公司现实的和潜在的投资者服务的，强调的是母公司股东的利益。

在采用母公司理论的情况下，在确定合并范围时，通常更多的是以法定控制为基础，以持有多数股权或表决权作为是否将某一被投资企业纳入合并范围的依据，或者通过一家公司处于另一家公司法定支配下的控制协议来确定合并财务报表的合并范围。在母公司理论编制合并财务报表的情况下，所采用的合并处理方法都是从母公司本身的股东利益来考虑的，如对于子公司少数股东的权益，在合并资产负债表中通常视为一项负债来处理；对于企业集团内部销售收入的抵销，需要考虑销售的顺销（母公司将商品销售给子公司）和逆销（子公司将商品销售给母公司）两种情况，对于顺销，编制合并财务报表时只抵销子公司中母公司持有股权相对的份额，即多数股东股权的份额，而对于少数股东股权相对应的份额，则视为实现销售处理，不需要进行抵销处理。这一理论忽视了母公司股东以外的少数股东的利润和信息需要。

美国现行财务会计准则以及国际会计准则委员会,其合并财务报表相关的准则采用的主要是母公司理论。美国财务会计准则规定其合并财务报表只合并拥有多数股权的子公司。美国《会计研究公告》明确提出合并财务报表的目的是为母公司的股东和债权人服务,认为持有另一企业50%以上股份是编制合并财务报表的前提条件。英国会计准则在很大程度采用的也是母公司理论,英国会计准则将企业集团定义为母公司及其子公司,认为一家公司成为母公司的条件是持有另一家公司半数以上股权。

国际会计准则委员会有关合并财务报表的规定,也更多的是采用母公司理论。

二、实体理论

实体理论认为合并财务报表是企业集团各成员企业构成的经济联合体的财务报表,编制合并财务报表是为整个经济体服务的,它强调的是企业集团中所有成员企业所构成的经济实体,它对构成企业集团的持有多数股权的股东和拥有少数股权的股东一视同仁、同等对待,认为只要是企业集团成员股东,不论是拥有多数股权,还是拥有少数股权,都是共同组成的经济实体的股东。

在运用实体理论的情况下,对于少数股东权益,通常视为股东权益的一部分,在合并资产负债表中股东权益部分列示和反映。由于对构成企业集团的成员企业的所有股东均视为企业集团的股东,对于企业集团内部各成员企业相互之间发生的销售行为,其内部销售商品或提供劳务过程中所实现的销售损益,均属于未实现内部销售损益,应当予以抵销。无论是顺销还是逆销,其实现的内部销售损益,对于由成员企业全体股东构成的企业集团来说都是未实现内部销售损益,均属于抵销范围。

采用实体理论编制的合并财务报表,有利于企业集团内部管理人员从整体上把握企业集团经营活动的情况,相对来说更能够满足企业集团内部管理人员对财务信息的需要。

三、所有权理论

所有权理论运用于合并财务报表编制时,既不强调企业集团中存在的法定控制关系,也不强调企业集团各成员企业所构成的经济实体,而是强调编制合并财务报表的企业对另一企业的经济活动和财务决策具有重大影响的所有权。所有权理论认为,母公司理论和实体理论都不能解决隶属于两个或两个以上企业集团的企业的合并财务报表编制问题。如某一企业的全部股权由两个投资企业投资形成，各拥有其50%的股权，即共同控制企业。在这种情况下，其中任何一个投资企业都不能对该投资实施控制，根据母公司理论和实体理论都很难确定该企业的财务报表由哪一投资企业合并。因为在这种情况下，既没有单一的母公司，也没有少数股权的股东；既不存在法定支配权，也不存在单一的经济主体。为了弥补母公司理论和实体理论的不足，有的国家在编制合并财务报表时，就提出了所有权理论，以期解决共同控制下的合并财务报表的编制问题。

在采用所有权理论的情况下，对于其拥有所有权的企业的资产、负债和当期实现的净损益，均按照一定的比例合并计入合并财务报表。这也是一些国家合并财务报表相关准则规定采用比例合并法的理论基础。

第二章

合并财务报表的编制主体和合并范围的确定

第一节 合并财务报表的编制主体

一、编制合并财务报表的主体

合并财务报表的编制,首先就确定哪些企业和主体需要编制合并财务报表,以及由谁来编制合并财务报表的问题,即需要确定合并财务报表的编制主体。合并财务报表是反映企业集团的财务状况和经营成果的报表,编制合并财务报表的主体是企业集团。也就是说,只有企业集团才涉及合并财务报表的编制问题。对于一般企业来说,如果不属于企业集团,则不涉及合并财务报表的编制。企业集团是由若干个相互联系的企业组成的企业群体,具体承担编制合并财务报表的是组成某一企业集团中的母公司。

根据现行企业会计准则的规定,对其他企业拥有控制权,即拥有子公司的企业,为了综合反映由企业与其子公司组成的企业集团的财务状况、经营成果和现金流量的变动情况,都必须编制合并财务报表。也就是说,由母公司和子公司组成的企业集团编制合并财务报表,并且由企业集团中的母公司具体编制合并财务报表。

现行企业会计准则对于投资性主体编制合并财务报表的义务,作为特殊的豁免性规定。所谓投资性主体,是指以提供投资服务为目的而设立的特殊性实体,如投资性基金、风险投资基金等。对于投资性主体,除其持有为其投资活动提供相关服务的子公司,需要将其持有的这些为其投资活动提供服务的子公司纳入合并范围,编制合并财务报表外,如果未持有这些为其投资活动提供服务的子公司，则不需要编制合并财务报表。也就是说，对于投资性主体，因投资活动而持有某一被投资企业的权益性资本，即使达到能对其实施控制的程度，该被投资企业达到子公司的标准，也不需要将其纳入合并范围。如果投资性主体仅持有这样的子公司，则不需要编制合并财务报表。

之所以将投资主体排除在编制合并财务报表主体之外，其原因在于投资主体对被投资企业进行投资，并不是以取得对被投资企业的控制为目的，也并不是准备长期持有，而是为了从被投资企业中赚取更多的收益，或从被投资企业股票（或股权）价值的升值中取得收益，或从转让被投资企业获取收益。投资性主体认为某一被投资企业很有投资价值时，有可能增持其股权而达到对该被投资企业控制的程度，但其目的并不在于取得该被投资企业的控制权。如风险投资基金，当发现某一企业属于新兴产业，极具投资价值，由此对该企业进行大量投资，其目的在于未来该企业价值升值后予以转让，获取转让收益，并不准备长期持有该被投资企业。因此，投资性主体即使持有此类被投资企业半数以上股权或股份，拥有控制权，也没有必要将其纳入合并范围。作为投资性主体的投资者，并不需要了解被投资企业的资产、负债和损益情况，而更多的是关心被投资企业的股权或股票的价值，关心其持有的投资性主体份额的投资价值。

二、投资性主体的判断

作为投资性主体，必须满足和符合以下三个条件：一是该主体以向投资者提供投资管理服务为目的，从一个或多个投资者获取资金。这是投资性主体与其他主体的显著区别。二是该主体的唯一经营目的是通过资本增值、投资收益或两者兼有使投资者获得回报。投资性主体的经营目的一般可能通过其设立目的、投资管理方式、投资期限、投资退出战略等表现出来。如某一个基金在募集说明书中说明其投资的目的是为了实现资本增值，一般情况下其投资期限较长，制定了比较清晰的投资退出战略等，则表明这一基金与投资性主体的经营目的相符。三是该主体按照公允价值对几乎所有投资的业绩进行计量。

根据企业会计准则的规定，投资性主体通常具有以下四个特征：

1. 拥有一个以上投资

一个投资性主体通常会同时持有多项投资以分散风险、最大化回报。当主体刚设立尚未寻找到多个符合要求的投资项目，或者刚处置了部分投资尚未进行新的投资，或者该主体正处于清算过程中时，该投资性主体也可能仅持有一项投资，此时该主体仍然属于投资性主体。

2. 拥有一个以上投资者

投资性主体通常拥有多个投资者，当投资性主体刚刚设立正在积极识别合格投资者，或者原持有的权益已经赎回正在寻找新的投资者，或者处于清算过程中时，即使主体仅拥有一个投资者，该投资性主体仍应作为投资性主体。也有一些特殊的投资性主体，其投资者可以只有一个，但其目的是为了代表或支持一个较大的投资者集合的利益而设立的，如某企业设立一个年金基金，其目的是为了支持该企业职工退休后福利，该基金的投资者虽然只有一个，但却代表了一个较大的投资者集合的利益，仍属于投资性主体。

3. 投资者不是该主体的关联方

投资性主体通常拥有若干投资者，这些投资者不是其关联方，投资性主体只能获取资本增值和投资收益所形成的收益。但关联投资者的存在并不表明该主体一定不是投资性主体。如某基金的投资方之一可能是该基金的关键管理人员出资设立的企业，其目的是更好地激励基金的关键管理人员，这一安排并不影响该基金属于投资性主体。

4. 该主体的所有者权益以股权或类似权益存在

投资性主体通常是单独的法律主体，但并不是说投资性主体必须是单独的法律主体；其所有者权益通常采取股权或者类似权益的形式（如合伙权益），且净资产按照所有者权益比例份额享有。但有的投资性主体可以拥有不同类型的投资者，并且其中一些投资者可能仅对某类或某组特定投资拥有权利，或者不同类型的投资者对净资产享有不同比例的分配权。

三、投资性主体的持续判断

当投资性主体相关的事实和情况变化表明投资性主体的某一方面或几个方面已经发生变化，应当重新评估该投资性主体是否继续符合投资性主体的定义和特征。在有些情况下，作为非投资性主体的母公司可能转变为投资性主体；作为投资性主体的主体也可能转变为非投资性主体的母公司。作为投资性主体，应根据投资性主体的三个条件及其变化情况持续进行评估。

在对投资性主体进行持续评估时，确定某一非投资性主体已转变为投资性主体的，其编制合并财务报表只需要将为其投资活动提供相关服务的子公司纳入合并财务报表范围编制合并财务报表。对于原持有的对外投资包括对原来作为子公司投资核算的对外投资，应自转变为投资性主体之日起，不再对原作为子公司的被投资企业进行合并处理，同时自转变之日起对不再纳入合并财务报表范围的原子公司，按对该子公司投资在转变日的公允价值确认一项以公允价值计量且其变动计入当期损益的金额资产，同时将对该子公司投资在转变日的公允价值与其原账面价值的差额计入当期投资收益。

当在投资性主体持续评估中，确定投资性主体转变为非投资性主体的，应将已达到控制标准的原被投资企业作为子公司,将其纳入合并财务报表的合并范围;同时将转变日视为购买日,以原被投资企业在转变日的公允价值作为成本法核算的初始投资成本,自转变日起将纳入合并财务报表合并范围的子公司采用成本法进行后续计量。

第二节 合并范围确定的基础与控制的概念

一、合并财务报表合并范围确定的基础

合并财务报表的合并范围,是指纳入合并财务报表编报的子公司的范围,主要明确哪些被投资企业应当包括在其母公司合并财务报表的编报范围之内,哪些被投资企业应当排除在合并财务报表编报范围之外。它是编制合并财务报表的前提。合并财务报表合并范围的确定,在很大程度上取决于编制合并财务报表所运用的合并理论;还取决于各国会计所处的法律环境,受历史上惯例的影响。对于某一特定的国家或地区来说,其发布的会计准则已对所运用的会计理论进行选定。

国际财务报告准则是以控制作为确定合并财务报表合并范围的基础。目前大部分国家的合并财务报表均是以控制作为确定合并范围的基础,我国合并财务报表的合并范围也是以控制为基础进行确定的。

二、控制的概念

控制,是指投资企业拥有对被投资企业的权力,藉此权力参与被投资企业的相关活动而享有可变回报,并且有能力运用对被投资企业的权力影响其回报金额。控制的定义包含三项基本要素:一是拥有对被投资企业的权力;二是运用权力参与被投资企业的相关活动而享有可变回报;三是有能力运用对被投资企业的权力影响其回报金额。在判断投资企业是否能够控制被投资企业时,当且仅当具备上述三要素时,才能判明投资企业能够控制被投资企业。

1. 企业拥有对被投资企业的权力

所谓权力,是指投资企业对被投资企业拥有现时权力。拥有对被投资企业的权力是形成的控制的基础。当投资企业拥有对被投资企业的权力,目前能够主导被投资企业的相关活动,即能够主导对被投资企业的回报具有重要影响的活动时,投资企业对被投资企业拥有控制的权力。在这里,相关活动是指对被投资企

业的回报产生重大影响的活动。被投资企业的相关活动应当根据具体情况进行判断，通常包括商品或劳务的销售和购买、金融资产的管理、资产的购买和处置、研究与开发活动以及融资活动等。

权力最为直接的表现就是拥有被投资企业发行的权益工具（股票、股份）。持有被投资企业的权益工具，从而持有来自该权益工具（如股份）所赋予的表决权，则能够通过计算持有股份中的表决权数评估其持有的权力。通常情况下，投资企业通过持有表决权或其他类似的权利而拥有主导被投资企业相关活动的现时能力。

投资企业拥有对被投资企业的权力是判断控制的第一要素。投资企业是否对被投资企业拥有权力，往往与被投资企业的设立目的及筹划的架构相关，与被投资企业相关活动的决策机制相关。对是否控制被投资企业进行判断时，投资企业必须对被投资企业的设立目的和筹划进行评估，对被投资企业的相关活动以及对相关活动进行决策的机制进行识别，确定投资企业及涉入被投资企业的其他方拥有的与被投资企业相关的权利，以确定投资企业当前是否有能力主导被投资企业的相关活动。

2. 运用权力参与被投资企业的相关活动而享有可变回报

所谓可变回报，是指投资企业因参与被投资企业而获得的回报随着被投资企业的业绩变动而变动。可变回报这一特征，使其与对其他被投资企业的一般性债券投资相区别。可变回报可以只是正的，也可以只是负的。所谓正的可变回报，如被投资企业实现盈利，企业因投资而享有相应的盈利金额，形成正的可变回报；所谓负的可变回报，如被投资企业经营发生亏损，企业因投资而相应承担其中一定的份额，从而形成负的可变回报。获取可变回报是对被投资企业拥有权力的表现，企业对被投资企业拥有权力应通过获取可变回报表现出来。

在判断其享有被投资企业的回报是否变动以及如何变动时，投资企业应当根据合同安排的实质，而不是法律形式。如投资企业持有固定利率的交易性债券投资，虽然利率是固定的，但当利率取决于债券违约风险及债券发行方的信用风险时，由于某些特殊情况受其违约风险和信用风险的影响，固定利率也可能导致可变回报情况的发生。再如管理被投资企业资产获得的固定管理费也属于可变回报，因为管理者是否能获得此回报依赖于被投资企业是否能够产生足够的收益用于支付该固定管理费。回报的情形包括：①股利、被投资企业其他经济利益的分配以及投资企业对被投资企业投资的价值变动；②因向被投资企业的资产或负债提供服务而得到的补偿、因提供信用支持或流动性支持产生的费用或损失风险、清算被投资企业时对被投资企业资产与负债的剩余利益、税收回报，以及因参与被投资企业而获得的未来流动性；③其他利益持有者无法得到的回报。投资企业的可变回报通常体现为从被投资企业获取股利或利润。但被投资企业不进行利润分配并不必然表明投资企业不能获取可变回报。

3. 有能力运用对被投资企业的权力影响其回报金额

所谓影响回报金额，是指企业通过对被投资企业权力的行使，可以使其从被投资企业取得回报的金额发生增减变动。要能影响回报金额，必须对被投资企业经营决策特别是财务决策具有相当的影响力。只有当投资企业不仅拥有对被投资企业的权力、通过参与被投资企业的相关活动而享有可变回报，并且有能力运用对被投资企业的权力来影响其回报的金额时，投资企业才控制被投资企业。这种权力必须是现实的权力、当前的权力，其是否行使并不影响其影响回报金额的能力，并不影响其控制的存在。只要投资企业存在这种能够影响其在被投资企业的可变回报的权力，就意味对被投资企业存在控制。

上述控制的三大因素是相互联系一个整体，必须从以上三个因素的整体来理解控制的概念，而不仅仅从某一因素，单独将其割裂开来理解控制的概念。拥有对被投资企业的权力是形成对被投资企业控制的基础。如果不对被投资企业拥有权力，则不会导致控制的产生和存在。当企业拥有对被投资企业的权力，通过参与和主导被投资企业的相关活动才能享有可变回报。而企业所拥有的对被投资企业的权力达到一定程度时，才可能达到影响其在被投资企业的可变回报，从而影响其从被投资企业取得回报的金额。拥有并运用其对被投资企业的权力影响其回报金额，是投资企业拥有对被投资企业控制权最明显最直接的表现。

第三节 控制的评估

确定合并范围，首先需要判断投资企业是否控制被投资企业。为确定是否控制被投资企业，企业应全面评估控制的三要素。对于符合上述三个要素的被投资企业，应当将其作为子公司，纳入其合并财务报表的合并范围。

企业在对是否控制被投资企业进行评估时，应当在综合考虑所有相关事实和情况的基础上，对是否控制被投资企业进行判断。一旦相关事实和情况的变化导致对控制定义所涉及的相关要素发生变化的，应当进行重新评估。企业对被投资企业进行控制评估时，主要应综合考虑的相关事实和情况主要包括：

（1）被投资方的设立目的。
（2）被投资方的相关活动以及如何对相关活动作出决策。
（3）投资方享有的权利是否使其目前有能力主导被投资方的相关活动。
（4）投资方是否通过参与被投资方的相关活动而享有可变回报。
（5）投资方是否有能力运用对被投资方的权力影响其回报金额。
（6）投资方与其他方的关系。

一、被投资企业设立目的的评估

不同的企业可能有不同的设立目的,有的企业可能作为一般的工商企业而设立,而某些企业则可能为特殊目的而设立,如有的企业可能是作为承担某一特定项目设立的项目公司,也可能是为融资目的而设立的特殊企业。企业的设立目的往往涉及企业相关权力的安排、决策机制的构建以及利润分配的安排事项。对是否控制被投资企业进行判断,首先应对被投资企业的设立目的和筹划进行评估,以明确被投资企业的哪些活动是相关活动、相关活动的决策机制、谁拥有权力主导被投资企业的相关活动,以及谁能从被投资企业相关活动中获得回报。

在评估被投资企业设立目的和筹划时,首先应对企业等单位设立所依据的法律法规进行研究和评估。被投资企业可能是一个有限责任公司、股份有限公司,也可能是一个合伙企业、信托、专项资产管理计划等。在我国不同形式的企业依据不同的法律法规设立,其设立的目的和组织架构应符合国家相关法律的规定。对于根据不同法律设立的被投资企业,投资企业是否对其拥有权力,是否对其拥有控制权,应根据其设立所依据的相关法律进行评估。其次,还应根据被投资企业的章程、协议或类似文件的内容进行评估。一般说来,公司章程等类似文件中,在遵循相关法律的前提下,就公司运作的一些具体问题(如公司的组织架构、利润分配等)作进一步明确。被投资企业的投资者为设立企业签订的相关协议条款,也可能对企业运作方式等内容进行规定。在判断是否控制被投资企业时,应当对这些章程和协议条款的内容进行评估。

在评估被投资企业的目的与筹划时,应当考虑被投资企业设立时参与筹划作出的决策,并评估投资的条件和特点,确定是否向投资企业提供了足以获得权力的权利。参与设计可能表明投资企业有机会获得足以赋予其对被投资企业权力的权利。在评估是否控制被投资企业时,投资企业应确定自身是否因参与被投资企业而承担或获得其可变回报相关的风险或权利。

在被投资企业,通常赋予持有者一定比例表决权的普通股,但也可能存在着表决权不是确定控制被投资企业的决定性要素的情况,如表决权仅与行政事务相关,相关活动通过合同安排而决定。当对被投资企业的控制是通过持有其一定比例表决权或是潜在表决权实现时,在不存在其他改变决策安排的情况下,应主要根据通过行使表决权来决定被投资企业的财务和经营政策的情况判断控制。如不存在其他因素,通常持有半数以上表决权的企业对被投资企业拥有权力,能控制被投资企业。

但在被投资企业的章程或其他协议规定有某些特殊约定时,拥有半数以上但未达到约定比例的,并不一定表明对被投资企业拥有控制权。当表决权仅仅与被投资企业的日常行政管理活动有关,不能作为判断控制被投资企业的决定因素时,应当评估被投资企业设计用以承担的风险、被投资企业设计用以向投资企业传递的风险,以及投资企业是否承担上述部分或者全部风险。当被投资企业的相关活动由其他合同安排规定时,企业应结合被投资企业的设计所产生的风险和收益,以及投资企业面临的风险和收益判断对被投资企业的控制。

例如,A企业为一有限合伙企业,其全部资金用于对非关联方B公司的子公司C公司增资,经营期限为3年。C公司为专门建造某大型资产并用于租赁的项目公司,该大型资产的建造期为5年,A企业增资时,该大型资产已经建造2年。增资完成后,A企业持有C公司60%有表决权的股份;B公司持有C公司40%有表决权的股份。A公司相关的增资协议规定,B公司将在3年后以固定价格回购A企业持有的C公司股份。在本例中,被投资方C公司的业务活动是用5年的时间建造某大型资产,增资时C公司的资产建造已经开始,与该资产建造有关的重要事项的决策大多已完成;C公司作为项目公司承担的大型资产完成建造活动时,A企业的经营期限将结束并将持有的C公司股份以固定价格出售给B公司。在这种情况下,A企业并不能主导C公司的相关活动,A企业通过B公司回购C公司股份的方式收回其投资成本并取得收益,A企业并不是通过参与C公司取得可变回报。因此本例中,A企业即使拥有C公司半数以上的股份,也不能控制被投资方C公司。

二、被投资企业的相关活动及其决策机制的识别

根据控制概念,对被投资企业的权力表现为有能力主导被投资企业的相关活动,能够主导被投资企业的相关活动,则表现为对被投资企业拥有权力。为了判断对被投资企业的控制,需要对被投资企业的相关活动及其决策机制进行识别。为了获得对被投资企业的权力,投资企业必须拥有其当前能够主导被投资企业相关活动的现时权利。相关活动是对被投资企业的回报产生重大影响的活动。不同企业的相关活动可能是不完全相同的,应当根据企业的行业特征、业务特点、发展阶段、市场环境等具体情况来进行判断,这些活动一般包括下列活动:①商品或劳务的销售和购买;②金融资产的管理;③资产的购买和处置;④研究与开发;⑤融资活动。对大多数企业而言,经营和财务活动通常对其回报产生重大影响。

被投资企业通常从事若干相关活动,并且这些活动可能不是同时进行。当两个或两个以上投资企业能够分别单方面主导被投资企业的不同相关活动时,能够主导对被投资企业回报产生最重大影响的相关活动的一方,拥有对被投资企业的权力。此时,需要考虑的因素通常包括:①被投资企业的设立目的和设计;②影响被投资企业利润率、收入和企业价值的决定因素;③每一投资企业有关上述因

素的决策职权范围及其对被投资企业回报的影响程度；④投资企业承担可变回报风险的大小。

其次，判断对被投资企业是否控制，还应对被投资企业决策机制进行识别和评估。确定是否对被投资企业拥有权力，还取决于对相关活动的决策机制，如对被投资企业的经营、融资等活动作出决策的方式，任命被投资企业的关键管理人员、给付薪酬及终止劳动合同关系的决策方式等。相关活动一般由企业章程及协议中约定的权力机构（例如股东会、董事会）来决策，特殊情况下相关活动也可能根据合同协议约定等由其他主体决策，如专门设置的管理委员会等。有限合伙企业的相关活动，则可能由合伙人大会决策，也可能由普通合伙人或者投资管理公司等决策。

三、投资企业拥有被投资企业相关权力的评估

确定是否拥有权力，还应当考虑投资企业和其他企业持有的与被投资企业相关权利的性质。权力来源于权利。对于被投资企业而言，赋予投资企业权力的权利的性质可能有所不同。为拥有对被投资企业的权力，投资企业必须拥有现时权利，该权利赋予投资企业现时能力以主导被投资企业的相关活动。通常情况下，赋予投资企业权力的权利至少包括：①以被投资企业表决权（或潜在表决权）形式的权利。②任命、调整或辞退被投资企业关键管理人员的权利。关键管理人员是指有能力主导被投资企业相关活动的人员。③任命和解除可以主导被投资企业相关活动的其他企业的权利。④为了投资企业自身的利益，指示被投资企业进行某项交易或否决某项交易的权利。⑤其他赋予持有者主导被投资企业相关活动的权利（比如在管理合同中明确的决策权）。

投资企业在判断是否拥有对被投资企业的权力时，应当仅考虑与被投资企业相关的实质性权利，包括自身所享有的实质性权利以及其他方所享有的实质性权利。

1. 实质性权利与保护性权利

（1）实质性权利。实质性权利是持有人在对被投资企业相关活动进行决策时有实际能力行使的可执行权利。判断一项权利是否为实质性权利，应当综合考虑所有相关因素，包括权利持有人行使该项权利是否存在财务、价格、条款、机制、信息、运营、法律法规等方面的障碍；当权利由多方持有或者行使权利需要多方同意时，是否存在实际可行的机制使这些权利持有人在其愿意的情况下能够一致行使权利；权利持有人是否可从行使权利中获利等。实质性权利通常是当前可执行的权利，但某些情况下当前不可行使的权利也可能是实质性权利。

对于投资企业拥有的实质性权利，即使投资企业并未实际行使，在评估投资

企业对被投资企业是否拥有权力时，也必须予以考虑。有时其他投资企业也可能拥有可行使的实质性权利，使得投资企业不能控制被投资企业，如提出议案的主动性权利和对议案予以批准或否定的被动性权利。当这些权利不属于保护性权利时，其他方拥有的这些权利可能导致投资企业不能控制被投资企业。

（2）保护性权利。在评估权利是否赋予投资企业拥有对被投资企业的权力时，投资企业应评估自身持有的权利以及其他各方持有的权利是否为保护性权利。保护性权利是设计用于保护权利持有者的利益，而不赋予持有者对与这些权利相关的被投资企业的权力。保护性权利主要适用于特殊情况，是基于特定情况而设定的。投资企业如只持有对被投资企业的保护性权利，不能阻止其他利益方持有对被投资企业的权力。保护性权利包括以下情形：①贷款人限制借款人从事某些活动的权利，这些活动能够显著改变借款人的信用风险并损害贷款人的权利。②被投资企业非控制权益持有方有权批准超出正常经营所需的资本支出或发行权益工具或债务工具的权利。③当借款人难以满足特定的贷款偿付条件时，贷款人持有的可以得到借款人资产的权利。

保护性权利通常只能在被投资企业发生根本性改变或某些例外情况发生时才能够行使，它既没有赋予其持有人对被投资企业拥有权力，也不能阻止被投资企业的其他投资企业对被投资企业拥有权力。仅享有保护性权利的投资企业不拥有对被投资企业的权力。保护性权利通常只能在被投资企业发生根本性改变或某些例外情况发生时才能够行使，但并不是所有在例外情况下行使的权利或在不确定事项发生时才能行使的权利都是保护性权利。如当被投资企业的活动和回报已被预先设定，只有在发生某些特定事项时才需要进行决策，且这些决策对被投资企业的回报产生重大影响时，该特定事项引发的活动属于相关活动，就此行使的权利就不是保护性权利。对于有权主导这些相关活动的投资者，在判断其对被投资企业是否拥有权力时，不需要考虑这些特定事项是否已经发生。

2. 投资企业代理人和主要责任人

在有些情况下，投资企业可能将其决策权授予其他方行使，或其他方持有的对被投资企业的决策权也可能授予本企业代为行使。在此，对于拥有决策权的投资企业在判断是否控制被投资企业时，则需要考虑其决策行为是以主要责任人（即实际决策人）的身份进行还是以代理人的身份进行；在其他方拥有决策权时，投资企业还需要考虑其他方是否是以代理人的身份代表该投资企业行使决策权。

（1）投资企业的代理人。作为主要责任人的投资企业可能将其对被投资企业的某些或全部决策权授予代理人。代理人是相对于主要责任人而言的，代理人代表主要责任人行动并服务于该主要责任人的利益。代理人代表主要责任人行使决策权时，代理人并不对被投资企业拥有控制。在判断控制时，作为主要责任人的代理人的决策权应被视为由主要责任人直接持有，权力属于主要责任人，投资企业应当将其授予代理人的决策权视为自己直接持有的决策权。

在确定决策者是否为代理人时，应全面考虑其自身、被投资企业以及其他方相互之间的关系，特别需要考虑下列内容：①决策者对被投资企业的决策权范围。在评估决策权范围时，应考虑相关协议或法规允许决策者决策的活动，以及决策者对这些活动进行决策时的自主程度。与这一评估相关的因素包括：被投资企业的设立目的与筹划、被投资企业面临的风险及转移给其他投资企业的风险，以及决策者在筹划被投资企业过程中的参与程度。决策者参与被投资企业筹划的程度越深，则可能表明决策者有机会也有动机获得使其有能力主导被投资企业相关活动的权利；允许决策者主导被投资企业相关活动的决策权范围越广，越能表明决策者拥有权力，但这并不意味着该决策者一定是主要责任人。②其他方对被投资企业享有的实质性权利。其他方享有的实质性权利可能会影响决策者主导被投资企业相关活动的能力。其他方持有实质性罢免权或其他权利并不一定表明决策者是代理人，但存在其他方单独拥有实质性罢免权并能够无理由罢免决策者的事实，则足以表明决策者是代理人。在判断决策者是否是代理人时，应考虑其他方对被投资企业所拥有的限制决策者决策的实质性权利。与考虑上述罢免权的方法相似，如决策者决策所需取得认可的其他方的数量越少，该决策者越有可能是代理人。③决策者的薪酬。相对于被投资企业活动的预期回报，决策者薪酬的比重和变动性越大，则决策者越有可能不是代理人。当同时满足下列条件时，决策者则有可能是代理人：一是决策者的薪酬与其所提供的服务相称；二是薪酬协议仅包括在公平交易基础上相关类似服务和技能水平商定的安排中常见的条款、条件或金额。决策者不能同时满足上述两个条件的，则不可能是代理人。④决策者因持有被投资企业的其他利益而承担可变回报的风险。持有被投资企业其他利益表明该决策者可能是主要责任人。对于在被投资企业持有其他利益的决策者，在判断其是否为代理人时，应评估决策者因该利益所面临的可变回报的风险。评估时，一是应考虑决策者享有的经济利益（包括薪酬和其他利益）的比重和可变动性，决策者享有的经济利益的比重和变动性越大，该决策者越有可能是主要责任人；二是决策者面临的可变回报风险是否与其他投资企业不同，如不同是否会影响其行为。还应评估决策者所承担的可变回报风险相对于被投资企业回报总体变动的风险而言的程度。该评估主要应根据预期从被投资企业的活动中得到的回报，但也应考虑决策者通过持有其他利益而承担的被投资企业可变回报的最大风险。

当存在单独一方持有实质性罢免权并能无理由地罢免决策者时，决策者属于代理人。除此以外，则需综合考虑上述四项因素以判断决策者是否作为代理人行使决策权。

（2）实质代理人。在对控制进行判断时，投资企业还应当考虑与被投资企业所有其他方之间的关系、他们是否代表投资企业行动，以及其他方之间、其他方与投资企业之间如何互动的情况。当投资企业能够主导某一其他方代表投资企业行动时，被主导方为投资企业的实质代理人。在这种情况下，投资企业在判断是否控制被投资企业时，应将其实质代理人的决策权以及通过实质代理人而间接承担（或享有）的可变回报风险（或权利）与其自身的权利一并考虑。

根据各方之间的关系，表明其他方可能是投资企业的实质代理人的情况至少包括以下情况：投资企业的关联方；在投资企业出资或提供贷款取得的被投资企业中持有权益的一方；未经投资企业同意不得出售、转让或抵押其持有的被投资企业权益的一方；没有投资企业的财务支持难以获得资金支持其经营的一方；与投资企业的权力机构的多数成员或关键管理人员相同的被投资企业；与投资企业具有紧密业务往来的一方，如专业服务的提供者与其一家重要客户的关系。

四、参与被投资企业相关活动而享有可变回报的评估

可变回报是其金额不固定并可能随被投资企业业绩的变动而变动的回报。投资企业在判断其享有被投资企业的回报是否变动以及如何变动时，应当根据合同安排的实质，而不是法律形式。如投资企业持有固定利率的交易性债券投资时，虽然利率是固定的，但该利率取决于债券违约风险及债券发行方的信用风险，因此固定利率也可能属于可变回报。再如管理被投资企业资产获得的固定管理费也属于可变回报。这是因为管理者是否能获得此回报依赖于被投资企业是否能够产生足够的收益用于支付该固定管理费。

受法律法规的限制，投资企业有时无法通过分配被投资企业利润或盈余的形式获得回报，如当被投资企业的法律形式为信托机构时，其盈利可能不是以股利形式分配给投资者。此时，则需要根据具体情况，以投资企业的投资目的为基础，对投资企业是否获得除股利以外的其他可变回报进行综合分析确定。被投资企业不能进行利润分配并不必然表明投资企业不能获取可变回报。

五、有能力运用对被投资企业的权力影响其回报金额的评估

如前所述，只有当投资企业不仅对被投资企业拥有权力、通过参与被投资企业的相关活动而享有可变回报，并且有能力运用其对被投资企业持有的权力影响其回报的金额时，投资企业才控制被投资企业。

第四节　合并范围的确定

根据被投资企业的不同情况,在具体确定合并财务报表合并范围时,可以将被投资企业分为投资企业持有其多数表决权的被投资企业、持有其半数或半数以下表决权的被投资企业,以及其控制权来自表决权之外的其他权利的被投资企业。投资企业在具体确定合并财务报表合并范围时,可以按照上述分类,根据控制概念的三要素以及控制评估应综合考虑的相关事实和情况,对各被投资企业进行评估,确定是否将其纳入合并财务报表合并范围。

一、投资企业持有其半数以上表决权的被投资企业

(一)纳入合并范围的被投资企业

表决权是对被投资企业经营计划、投资企业案、年度财务预算方案和决算方案、利润分配方案和弥补亏损方案、内部管理机构的设置、聘任或解聘公司经理及确定其报酬、公司的基本管理制度等事项进行表决而持有的权利。通常情况下,投资企业通过表决权或其他类似权利拥有主导被投资企业相关活动的现时能力。在被投资企业的相关活动由多数表决权持有者的投票决定,或者多数表决权持有者任命管理层的大多数成员且管理层主导相关活动的情况下,投资企业对持有其半数以上表决权的被投资企业拥有控制权,应当将其纳入合并范围。

1. 投资企业持有其半数以上表决权的被投资企业

根据我国《公司法》的规定,公司制企业(包括股份有限公司和有限责任公司)的表决权比例通常与其出资比例或持股比例是一致的,持有被投资企业半数以上股权,则通常可以认为投资企业持有被投资企业多数表决权,能够对该被投资企业拥有控制权,应当将其纳入合并财务报表的合并范围。

投资企业持有被投资企业半数以上表决权包括以下三种情况:一是投资企业直接持有被投资企业半数以上表决权。如投资企业直接持有被投资企业50%以上股权,从而取得其半数以上表决权。二是投资企业间接持有被投资企业半数以上表决权。如企业虽然不直接持有某一企业的股权,但其控制的子公司持有该企业50%以上的股权,从而通过其子公司间接持有该企业的半数以上的表决权。三是投资企业以直接和间接方式合计持有被投资企业半数以上表决权。如投资企业自身持有某一被投资企业一定比例(低于50%)的股权,虽然不能对该被投资企业拥有控制权,但其控制的子公司同时持有该企业一定比例的股权,自身持

有的股权加上其子公司持有的股权合计持有该被投资企业 50% 以上的股权，从而持有其半数以上的表决权。在上述三种情况下，持有其半数以上表决权的被投资企业应纳入合并范围。

2. 投资企业通过与其他表决权持有人的协议能够控制其半数以上表决权的被投资企业

投资企业自身持有被投资企业的表决权虽然未达到半数，但通过与其他表决权持有人之间签订的协议使其可以控制足以主导被投资企业相关活动的表决权，即投资企业通过协议控制被投资企业半数以上表决权，从而拥有对被投资企业的控制权，也应当将其纳入合并财务报表的合并范围。也就是说，对于持有其表决权半数以下的被投资企业，投资企业不能仅就其持有的表决权来确定将该被投资企业排除在合并范围之外，还应当考虑是否存在与该被投资企业的其他投资者之间签订的协议合同等情况。

这里的关键是与其他表决权的持有人签订有协议，并且这类协议安排能够确保投资企业能够主导其他表决权持有人的表决，即其他表决权持有人按照投资企业的意愿进行表决，而不是投资企业与其他表决权持有人协商根据双方协商一致的结果进行表决。

（二）不纳入合并范围的被投资企业

上述两种情况下的表决权必须是实质性权利，必须是向投资企业提供主导相关活动的现时能力。这种现时能力通常是指当前决定被投资企业经营政策与财务政策的能力。如果另一企业拥有现时权利使其可以主导某一被投资企业的相关活动，而该企业并不是投资企业的代理人，则投资企业对该被投资企业不拥有控制权。也就是说，某一企业对被投资企业拥有控制权，另一企业对该被投资企业则不拥有控制权，对被投资企业的控制权具有排他性。当表决权不是实质性权利时，即使投资企业持有被投资企业多数表决权，投资企业也不拥有对被投资企业的控制权。如投资企业持有被投资企业多数表决权，但被投资企业相关活动是由政府、法院、管理部门、破产受益人、清算人或监管部门主导时，投资企业则对该投资企业不拥有控制权。

确定持有被投资企业半数以上表决权的投资企业是否拥有控制权，关键在于投资企业现时是否有能力主导被投资企业的相关活动。在以下两种情况下，投资企业虽然持有被投资企业半数以上表决权，但对被投资企业并不拥有控制权，不能将其纳入合并范围：

（1）存在其他协议等安排而赋予被投资企业的其他投资企业拥有其权力的被投资企业。如存在赋予其他企业拥有表决权或实质性潜在表决权的合同安排，且该其他企业不是投资企业的代理人时，投资企业则不拥有对被投资企业控制权。

(2) 投资企业拥有非实质性权利的表决权的被投资企业。如有确凿证据表明，由于客观原因无法获得必要的信息或存在法律法规的障碍，投资企业虽持有半数以上表决权但无法行使该表决权时，该投资企业不拥有对被投资企业的控制权。如上述所说的，投资企业持有其半数以上表决权的被投资企业的相关活动由政府、法院、管理部门、破产受益人、清算人或监管部门主导的情况下，投资企业对其不拥有控制的权力。

二、投资企业持有其半数或半数以下表决权的被投资企业

持有被投资企业半数以上表决权，是投资企业能够控制被投资企业的最为明显的标志，对于持有其半数及半数以下表决权的被投资企业，或虽持有其半数以上表决权但表决权比例仍不足以主导被投资企业相关活动的被投资企业，从持有和控制半数以上表决权进行判断，不应将其包括在投资企业的控制范围内。对于这种情况下的被投资企业，也不能简单地以不持有其半数以上表决权而将其排除在合并范围之外。对于这种情况下的被投资企业，投资企业应综合考虑下列事实和情况，判断其持有的表决权与相关事实和情况相结合是否赋予投资企业拥有对被投资企业的控制权。如果判断认定为被赋予对被投资企业的控制权，投资企业则应当将该被投资企业纳入合并范围。

(1) 投资企业持有的表决权份额相对于其他投资企业持有的表决权份额的大小，以及其他投资企业持有表决权的分散程度。投资企业持有的绝对表决权比例或相对于其他投资企业持有的表决权比例越高，其现时能够主导被投资企业相关活动的可能性越大，拥有控制权的可能性越大；为否决投资企业意见而需要联合的其他投资者越多，投资企业现时能够主导被投资企业相关活动的可能性越大，拥有控制权的可能性越大。

(2) 投资企业和其他投资企业持有的潜在表决权。潜在表决权是获得被投资企业表决权的权利，如可转换工具、可执行认股权证、远期股权购买合同或其他期权所产生的权利。确定潜在表决权是否赋予其持有者权力时需要考虑三方面：①潜在表决权工具的设立目的和设计，以及投资企业涉入被投资企业其他方式的目的和设计。②潜在表决权是否为实质性权利。在判断控制时仅考虑属于实质性权利要求的潜在表决权。③投资企业是否持有其他表决权或其他与被投资企业相关的表决权，这些权利与投资企业持有的潜在表决权结合后是否赋予投资企业拥有对被投资企业的控制权。

(3) 其他合同协议安排产生的权利。投资企业可能通过持有表决权和其他决策权相结合的方式使其当前能够主导被投资企业的相关活动。如投资合同或协议安排赋予投资企业能够聘任被投资企业董事会或类似权力机构多数成员，这些成

员能够主导董事会或类似权力机构对相关活动的决策，从而对被投资企业拥有控制权。但是在不存在其他权利时，仅仅是被投资企业对投资企业的经济依赖（如供应商和其主要客户的关系）不能认为会导致投资企业对被投资企业拥有权力。

（4）其他相关事实或情况。投资企业根据上述第（1）至（3）项所列情况尚不足以判断投资企业是否控制被投资企业时，则应综合考虑投资企业自身享有的权利、被投资企业以往表决权行使情况及下列事实或情况进行判断：一是投资企业是否能够任命或批准被投资企业的关键管理人员。这些关键管理人员应是能够主导被投资企业的相关活动的人员。二是投资企业是否能够出于自身利益决定或者否决被投资企业的重大交易。三是投资企业是否能够控制被投资企业董事会等类似权力机构成员的任命程序，或从其他表决权持有人手中获得代理表决权。四是投资企业与被投资企业的关键管理人员或董事会等类似权力机构中的多数成员是否存在关联关系（如被投资企业首席执行官与投资企业首席执行官为同一人）。五是投资企业与被投资企业之间是否存在特殊关系。这种特殊关系可能为投资企业享有权力提供证据。这种特殊关系通常包括：被投资企业的关键管理人员是投资企业的现任或前任职工；被投资企业的经营活动依赖于投资企业（如被投资企业依赖于投资企业提供经营活动所需的大部分资金，投资企业为被投资企业的大部分债务提供担保；被投资企业在关键服务、技术、供应或原材料方面依赖于投资企业；投资企业掌握诸如专利权、商标等对被投资企业经营至关重要的资产；被投资企业依赖于投资企业为其提供具备与被投资企业经营活动相关专业知识等的关键管理人员等）；被投资企业活动的重大部分有投资企业参与其中或者是以投资企业的名义进行；投资企业承担被投资企业可变回报风险（或享有可变回报的收益）的程度远超过其持有的表决权或其他类似权利的比例（如投资企业承担或有权获得被投资企业回报的比例为70%，但仅持有不到半数的表决权）等。

投资企业持有被投资企业表决权比例越低，否决投资企业提出的关于相关活动的议案所需一致行动的其他投资者数量越少，投资者就越需要在更大程度上运用上述证据，以判断是否拥有主导被投资企业相关活动的权利。在被投资企业的相关活动是通过表决权进行决策的情况下，当投资企业持有被投资企业的表决权比例不超过半数时，投资企业在考虑所有相关情况和事实后，能够判定投资企业对被投资企业拥有控制时，则应将其纳入合并范围。反之仍不能确定是否拥有被投资企业的控制权的，投资企业则不能控制该被投资企业，不应将其纳入合并财务报表的合并范围。

三、对被投资企业控制权来自表决权之外的其他权利的被投资企业

投资企业对被投资企业的权力通常来自表决权，但在有些情况下，投资企业

对一些主体的控制权不是来自表决权,而是由一项或多项合同安排决定,如证券化产品、资产支持融资工具、部分投资基金等结构化主体。结构化主体,是指在确定其控制方时没有将表决权或类似权利作为决定因素而设计的主体。主导该主体相关活动的依据通常是合同安排或其他安排形式。

由于某些被投资企业的相关活动并不是由表决权(或类似权利)所主导,投资企业在进行判断时通常应考虑下列内容:①设立被投资企业时的决策及投资企业的参与度。在评估被投资企业的设立目的和筹划时,投资企业应考虑设立被投资企业时的决策及投资企业的参与度,以判断相关交易条款与参与特点是否为投资企业提供了足以获得控制权的权利。参与被投资企业的设立本身,并不足以表明投资企业控制被投资企业,但可能使投资企业有机会获得使其拥有对被投资企业控制权的权利。②其他相关合同安排。投资企业需考虑结构化主体设立之初的合同安排是否赋予投资企业主导结构化主体相关活动的权利,如看涨期权、看跌期权、清算权等可能为投资企业提供控制权的合同安排。在评估对结构化主体是否拥有控制权时,应当考虑投资企业在这些合同安排中享有的决策权。③仅在特定情况或事项发生时开展的相关活动。结构化主体的活动及其回报在其筹划时就已经明确,当特定情况或事项发生时,只有对结构化主体回报产生重大影响的活动才属于相关活动。在这种情况下,对这些相关活动具有决策权的投资企业享有控制权,但应当注意的是决策权依赖于特定情况或特定事件的发生这一事实本身并不表示该权利为保护性权利。④投资企业对被投资企业做出的承诺。为确保结构化主体持续按照原定设计和筹划开展活动,投资企业可能会作出一些承诺(包括明确的承诺和暗示性的承诺),可能会扩大投资企业承担的可变回报风险,由此促使投资企业更有动机获取足够多的权利,使其能够主导结构化主体的相关活动,即对其持有控制权。

投资企业根据上述内容,判定能够对包括结构化主体在内的被投资企业拥有控制权时,则应将其纳入合并财务报表的合并范围。

第五节 对被投资企业可分割部分控制的评估与控制的持续评估

一、对被投资企业可分割部分控制的评估

投资企业对是否控制被投资企业进行判断,通常是以某一被投资企业的整体进行的,本书前文论述的,也就是就被投资企业整体的控制如何进行判断的内

容。投资企业按照上述对控制判断的要求，当判定对某一被投资企业不具有控制时，在某些情况下可能还需要对被投资企业的可分割部分进行控制判断。根据现行企业会计准则，当投资企业能够对不纳入合并范围的被投资企业的某一可分割部分判定为具有控制权的，也应将这一可分割部分作为一个单独主体，纳入投资企业合并财务报表的合并范围。

如果有确凿证据表明同时满足下列条件并且符合相关法律法规规定的，投资企业应当将被投资企业的一部分视为被投资企业可分割的部分（单独主体），进而判断是否控制该可分割的部分：①该部分的资产是偿付该部分负债或该部分权益的唯一来源，不能用于偿还该部分以外的被投资企业的其他负债；②除与该部分相关的各方外，其他方不享有与该部分资产相关的权利，也不享有与该部分资产剩余现金流量相关的权利。

该可分割部分的所有资产、负债及相关权益，实质上均与被投资企业的其他部分相隔离，即该可分割部分的资产产生的回报不能由该可分割部分以外的被投资企业其他部分所享有，该可分割部分的负债也不能以该可分割部分以外的被投资企业资产偿还。如果被投资企业的一部分资产和负债及相关权益满足上述条件，则构成单独主体，投资企业则应当基于控制的判断标准，确定是否能够控制该单独主体。如果投资企业能控制该单独主体，则应将其纳入合并范围。此时，其他方在考虑是否控制并合并被投资企业时，应仅对被投资企业的剩余部分进行评估，不包括该单独主体。

二、控制的持续评估

当被投资企业环境或情况发生变化时，投资企业在确定合并范围时需要对被投资企业的控制进行重新评估，评估控制的三项基本要素中的一项或多项是否发生了变化。当相关事实和情况的变化导致对控制定义所涉及的相关要素发生变化的，投资企业应重新评估对被投资企业是否具有控制。

（1）对被投资企业权力的行使方式是否发生变化。如决策机制的变化可能意味着投资企业不再通过表决权主导相关活动，而是由其他方通过协议或者合同赋予的其他权利来主导相关活动。

（2）某些事件即使不涉及投资企业，也可能导致该投资企业获得或丧失对被投资企业的权力。如其他方以前拥有的能阻止投资企业控制被投资企业的决策权到期失效，则可能使投资企业由此而获得权力。

（3）因其参与被投资企业相关活动而承担的可变回报的风险敞口是否发生变化。如果拥有权力的投资企业不再享有可变回报（如与业绩相关的管理费合同到期），则该投资企业将由于不满足控制要素中的第二要素而丧失对被投资企业的控制。

（4）投资企业作为代理人或主要责任人的判断是否发生变化。投资企业与其他方之间整体关系的变化可能意味着原为代理人的投资企业不再是代理人；反之亦然。如果投资企业或其他方的权利发生了变化，投资企业应重新评估其代理人或主要责任人的身份。投资企业有关控制的判断结论，或者初始评估其是主要责任人或代理人的结果，不会仅因为市场情况的变化（如因市场情况的变化导致被投资企业的可变回报发生变化）而发生变化，但非市场情况的变化可能会导致控制要素的一项或多项发生变化，或可能会导致主要责任人与代理人之间的关系发生变化。

第三章

合并财务报表的编制原则和程序

第一节 合并财务报表的内容和编制原则

一、合并财务报表的内容

根据《企业会计准则第33号——合并财务报表》，合并财务报表至少包括合并资产负债表、合并利润表、合并现金流量表和合并所有者权益变动表（或合并股东权益变动表），它们分别从不同的方面反映企业集团财务状况、经营成果及其现金流量情况，构成一个完整的合并财务报表体系。此外，还包括附注。

1. 合并资产负债表

合并资产负债表是以母公司和纳入合并范围的子公司的个别资产负债表为基础编制的，反映母公司和子公司所形成的企业集团某一特定日期财务状况的报表。

2. 合并利润表

合并利润表是以母公司和纳入合并范围的子公司的利润表为基础编制的，反映母公司和子公司所形成的企业集团整体在一定期间内经营成果的报表。

3. 合并现金流量表

合并现金流量表是反映母公司和子公司所形成的企业集团在一定期间现金流入、流出量以及现金净增减变动情况的报表。

4. 合并所有者权益变动表（或合并股东权益变动表）

合并所有者权益变动表（或合并股东权益变动表）是以母公司和纳入合并范围的子公司的个别报表为基础编制的，反映母公司在一定期间内，包括经营成果分配在内的所有者（或股东）权益增减变动情况的报表。它是从母公司的角度，站在母公司所有者的立场反映企业所有者（或股东）在母公司中的权益增减变动情况的。

二、合并财务报表的编制原则

合并财务报表作为财务报表，必须符合财务报表编制的一般原则和基本要求。这些基本要求包括真实可靠、内容完整。合并财务报表又与个别财务报表不同，它反映母公司和子公司组成的企业集团整体财务情况，反映的是若干个法人共同形成的会计主体的财务情况。因此，合并财务报表的编制除在遵循财务报表编制的一般原则和要求外，还应当遵循以下原则和要求：

1. 以个别财务报表为基础编制

合并财务报表并不是直接根据母公司和子公司账簿编制，而是利用母公司和子公司编制的反映各自财务状况和经营成果的财务报表提供的数据，通过合并财务报表的特有方法进行编制。以纳入合并范围的个别财务报表为基础，可以说是客观性原则在合并财务报表编制时的具体体现。个别财务报表，是单个独立企业编制的反映该企业财务状况、经营成果及现金流量的财务报表，与国际财务报告准则中所使用的单独财务报表并不是完全等同的概念。

2. 一体性原则

合并财务报表反映的是企业集团的财务状况和经营成果，反映的是由多个法人企业组成的一个会计主体的财务情况，在编制合并财务报表时应当将母公司和所有子公司作为整体来看待，视为一个会计主体，母公司和子公司发生的经营活动都应当从企业集团这一整体的角度进行考虑。因此，在编制合并财务报表时，对于母公司与子公司、子公司相互之间发生的交易和事项，应当视同同一会计主体内的内部交易和事项进行处理，视同同一会计主体之下的不同核算单位的内部业务处理。

3. 重要性原则

与个别财务报表相比，合并财务报表涉及多个法人主体，涉及的经营活动范围很广，母公司与子公司经营活动往往跨越不同行业界限，有时母公司与子公司经营活动甚至相差很大。这样，合并财务报表要综合反映这样的会计主体的财务情况，必然要涉及重要性的判断问题。特别是在拥有众多子公司的情况下，更是如此。在编制合并财务报表时，必须特别强调重要性原则的运用。如对一些项目在企业集团中的某一企业具有重要性，但对于整个企业集团则不一定具有重要性，在这种情况下根据重要性的要求对财务报表项目进行取舍，则具有重要的意义。此外，母公司与子公司、子公司相互之间发生的交易，对整个企业集团财务状况和经营成果影响不大时，为简化合并手续也应根据重要性原则进行取舍，可以不编制抵销分录而直接编制合并财务报表。

第二节 合并财务报表编制的前期准备事项

编制财务报表之前，企业必须进行必要的前期准备工作，以使编制的财务报表符合财务报表编制的一般要求。而合并财务报表的编制涉及多个子公司，有的合并财务报表的合并范围甚至包括数百个子公司，为了使编制的合并财务报表准确、全面反映企业集团的真实情况，则更需要做好一系列的前期准备事项。合并财务报表编制的前期准备事项至少包括统一母公司和子公司的会计政策、统一母公司和子公司的资产负债表日与会计期间、对子公司用外币表示的财务报表进行的折算、收集编制合并财务报表所必需的其他信息和资料。

一、统一母子公司的会计政策

会计政策是指企业进行会计核算和编制财务报表时所采用的会计原则、会计程序和会计处理方法，是编制财务报表的基础。会计政策一般体现在企业所采用的会计制度、会计准则以及相关法规之中。但具体到某一企业来说，其所采用的会计政策则表现为其内部制定的会计制度或会计规程。在会计制度、会计准则中对同一交易或事项存在有两种以上可供选择的会计处理方法的情况下，则涉及企业确定会计制度或会计准则所规定的某一具体会计处理方法，形成其特定会计政策。由于会计政策是进行会计处理和编制财务报表的基础，同一交易或事项，如果采用不同的会计处理方法，即采用不同的会计政策，则可能形成两种不同的核算结果，最终形成不同的财务报表。

统一母公司和子公司的会计政策是保证母子公司财务报表各项目反映内容一致的基础。在财务报表各项目所反映的内容一致的情况下，才能对其进行加总，编制合并财务报表。为此，在编制合并财务报表前，母公司应当对纳入合并范围的子公司的会计政策提出统一要求，统一要求子公司所采用的会计政策与母公司保持一致。从我国的情况来看，对于境内的子公司，要求子公司的会计政策与母公司的会计政策保持一致，可以说是一个不是问题的问题。母公司对子公司拥有控制权，可以对其相关活动施加影响和控制，完全可以要求子公司采用与母公司相一致的会计政策。

对一些境外子公司，出于编制合并财务报表的目的，也应当尽可能要求其采用与母公司会计政策相一致的会计政策，但由于其所在国或地区法律、会计准则等方面的原因，一些境外子公司可能难以做到与其母公司所采用的会计政策保持一致。在这种情况下,对于确实无法做到与母公司会计政策相一致的境外子公司,为了将其纳入合并财务报表,母公司应当要求该境外子公司按照与母公司相一致的会计政策,对其个别财务报表进行调整,重新编报财务报表,也可以由母公司根据自身所采用的会计政策对境外子公司报送的财务报表进行调整,重编或调整编制的境外子公司财务报表,以作为编制合并财务报表的基础。

二、统一母子公司的资产负债表日和会计期间

财务报表总是反映一定日期的财务状况和一定会计期间经营成果的,母公司和子公司的个别财务报表只有在反映财务状况的日期和反映经营成果的会计期间一致的情况下,才能进行合并。为了编制合并财务报表,必须统一企业集团内所有的子公司的资产负债表日和会计期间,使子公司的资产负债表日和会计期间与母公司的资产负债表日和会计期间保持一致,以便于子公司提供相同资产负债表日和会计期间的财务报表。

出于编制合并财务报表目的,对于境外子公司,母公司应当要求其境外子公司采用与其相同的资产负债表日和会计期间,但由于境外子公司所在地当地法律等的限制确实不能与母公司的资产负债表日和会计期间一致的,母公司应当按照自身的资产负债表日和会计期间对子公司的财务报表进行调整,以调整后的子公司财务报表为基础编制合并财务报表,也可以要求子公司按照母公司的资产负债表日和会计期间另行编制报送其个别财务报表。

三、子公司外币表示的财务报表的折算

对母公司和子公司的财务报表进行合并,其前提必须是母子公司个别财务报表所采用的货币计量单位一致。在我国允许外币业务比较多的企业采用某一外币作为记账本位币,境外企业一般也是采用其所在国或地区的货币作为其记账本位币。在将这些企业的财务报表纳入合并时,则必须将其折算为母公司所采用的记账本位币表示的财务报表。我国《企业会计准则第19号——外币折算》,对外币财务报表的折算规定具体的折算方法。为编制合并财务报表,母公司在取得子公司用外币表示的财务报表后,应按照《企业会计准则第19号——外币折算》中规定的方法进行折算,将其子公司用外币表示的财务报表折算为人民币表示的财务报表。

根据《企业会计准则第19号——外币折算》的规定,我国外币财务报表的折算方法采用的是现行汇率法。企业对外币表示的财务报表进行折算时,对于资产负债表中的资产和负债项目,采用资产负债表日的即期汇率折算;对于除"未

分配利润"项目外的所有者权益其他项目,采用发生时的即期汇率折算;对于利润表中的收入和费用项目,采用交易发生日的即期汇率折算,也可以采用按照系统合理的方法确定的、与交易发生日即期汇率近似的汇率折算;折算产生的外币财务报表折算差额,在资产负债表中所有者权益项目下单独列示。

四、编制合并财务报表相关资料的收集

合并财务报表以母公司和纳入合并范围的子公司的个别财务报表为基础,通过内部交易的抵销处理等一些特有的合并处理方法编制。编制合并财务报表除需要取得母子公司当期个别财务报表外,还需要取得母子公司、子公司相互之间的内部交易相关的资料。这些资料,有的需要从母公司内部收集取得,有的需要从子公司收集取得。大致来说,母公司为编制合并财务报表应当收集的有关资料主要包括以下内容:

(1) 母公司本身和纳入合并范围的子公司当期的个别财务报表。其中境外子公司的财务报表应是折算后以人民币表示的财务报表。

(2) 母公司对子公司长期股权投资与子公司所有者权益相关的资料信息。应包括自取得该子公司控制时资产和负债的公允价值、相关资产的折旧(摊销)年限和已折旧(摊销)年限等的相关资料;该子公司自取得控制权以来该子公司实现净利润,利润分配以及其他综合收益等情况的资料;以前年度长期股权投资与所有者权益抵销处理情况的相关资料等。

(3) 母公司与子公司、子公司相互之间发生的内部购销交易、债权债务相关资料,包括当期发生的内部购销交易及内部债权债务的情况,以及以前年度内部交易及其产生的现金流量和未实现内部销售损益的期初、期末余额及变动情况等资料。

(4) 子公司所有者权益变动和利润分配的有关资料。包括自母公司取得其控制权以来所有者权益的变动情况,以及利润分配情况等资料。

(5) 编制合并财务报表需要的其他资料。

第三节 合并财务报表的编制程序

一、合并财务报表的编制程序

合并财务报表的编制是一项极为复杂的工作,不仅涉及本企业会计业务和财

务报表，而且还涉及纳入合并范围的子公司的会计业务和财务报表。为了使合并财务报表的编制工作有条不紊地进行，必须按照一定的程序，有步骤地进行。合并财务报表编制程序大致如下：

1. 设置合并工作底稿

合并工作底稿的作用是为合并财务报表的编制提供基础。在合并工作底稿中，对母公司和纳入合并范围的子公司的个别财务报表各项目的数额进行汇总和抵销处理，最终计算得出合并财务报表各项目的合并数。合并工作底稿的参考格式如表3-1所示：

表3-1　　　　　　　　　　合并工作底稿

编制单位：　　　　　　　　　　　　　　　　　　　　　　　　　　单位：元

项目	母公司	子公司1	……	调整分录		抵销分录		少数股东权益	合并数
				借方	贷方	借方	贷方		
资产负债表项目									
货币资金									
……									
短期借款									
……									
实收资本									
……									
未分配利润									
少数股东权益									
……									
利润表项目									
营业收入									
营业成本									
……									
净利润									
所有者权益变动表项目									
未分配利润（期初）									
……									
未分配利润（期末）									

2. 将个别财务报表的数据过入合并工作底稿

将母公司、纳入合并范围的子公司的个别资产负债表、利润表及所有者权益变动表各项目的数据过入合并工作底稿,并在合并工作底稿中对母公司和子公司个别财务报表各项目的数据进行加总,计算得出个别资产负债表、个别利润表及个别所有者权益变动表各项目合计数额。

3. 编制抵销调整分录

通过抵销调整分录将母公司与子公司、子公司相互之间发生的交易或事项对个别财务报表有关项目的影响予以抵销调整。编制调整分录与抵销分录,进行抵销调整处理是合并财务报表编制的关键和主要内容,其目的在于将因会计政策及计量基础的差异而对个别财务报表的影响进行调整,以及将个别财务报表各项目的加总数据中重复的因素等予以抵销。

4. 计算合并财务报表各项目的合并数额

即在母公司和纳入合并范围的子公司个别财务报表各项目加总数额的基础上,分别计算财务报表中的资产项目、负债项目、所有者权益项目、收入项目和费用项目的合并数。其计算方法如下:

(1) 资产类项目,其合并数根据该项目加总的数额,加上该项目调整分录与抵销分录的借方发生额,减去该项目调整分录与抵销分录的贷方发生额计算确定。

(2) 负债类项目和所有者权益类项目,其合并数根据该项目加总的数额,减去该项目调整分录与抵销分录的借方发生额,加上该项目调整分录与抵销分录的贷方发生额计算确定。

(3) 有关收益类项目和相关利润分配项目,其合并数根据该项目加总的数额,减去该项目调整分录与抵销分录的借方发生额,加上该项目调整分录与抵销分录的贷方发生额计算确定。

(4) 有关成本费用类项目和相关利润分配的项目,其合并数根据该项目加总的数额,加上该项目调整分录与抵销分录的借方发生额,减去该项目调整分录与抵销分录的贷方发生额计算确定。

5. 填列合并财务报表

即根据合并工作底稿中计算出的资产、负债、所有者权益、收入、成本费用类各项目的合并数,填列正式的合并财务报表。

二、编制合并财务报表需要抵销调整的项目

(一) 编制合并资产负债表需要抵销调整的项目

合并资产负债表是以母公司和纳入合并范围的子公司的个别资产负债表为基

础编制的。个别资产负债表则是以单个企业为会计主体进行会计核算的结果,它从母公司本身或从子公司本身的角度对自身发生的交易或事项进行核算,反映的是其自身的财务状况。对于企业集团内部发生的交易,从发生内部交易的企业来看,发生交易的两方都在其个别资产负债表中进行了反映。如集团内部母公司与子公司之间发生的赊购赊销业务,对于赊销企业来说,一方面确认营业收入、结转营业成本、计算营业利润,并在其个别资产负债表中反映为应收账款;而对于赊购企业来说,在内部购入的存货期末未实现对外销售的情况下,则在其个别资产负债表中反映为存货和应付账款。在这种情况下,如果将资产、负债和所有者权益类各项目进行加总,加总数中必然包含有重复计算的因素,具体表现为应收账款和应付账款的虚增,同时由于内部交易形成的存货是以购入成本,即销货方的销售收入的金额作为其取得成本,其中则包含销货方高于其销售成本而实现的利润,造成存货金额虚增。作为反映企业集团整体财务状况的合并资产负债表,必须将这些重复计算的因素予以扣除,扣除这些重复虚增的因素,则需要对这些重复的因素进行抵销调整处理。这些涉及需要扣除重复因素的项目,就是合并财务报表编制时需要进行抵销处理的项目。

编制合并资产负债表时需要进行抵销处理的项目,主要包括:①母公司对子公司长期股权投资项目与子公司所有者权益(或股东权益)项目;②母公司与子公司、子公司相互之间发生的内部债权债务项目,具体包括内部应收应付账款、内部应收应付票据、持有至到期投资与应付债券等项目;③存货项目,即内部购进存货金额中包含的未实现内部销售损益;④固定资产项目(包括固定资产原价和累计折旧项目),即内部购进固定资产金额中包含的未实现内部销售损益;⑤无形资产项目,即内部购进无形资产金额包含的未实现内部销售损益。

(二)编制合并利润表和合并所有者权益变动表需要抵销调整的项目

合并利润表和合并所有者权益变动表是以母公司和纳入合并范围的子公司的个别利润表和个别所有者权益变动表为基础编制的。利润表和所有者权益变动表作为以单个企业为会计主体进行会计核算的结果,它从母公司本身或从子公司本身反映一定会计期间取得收入、发生成本、销售费用和管理费用等经营成果的形成及其分配情况。在以其个别利润表及个别所有者权益变动表为基础计算的收益和费用等项目的加总数额中,也包含有重复计算的因素。在编制合并利润表和合并所有者权益变动表时,也需要将这些重复的因素予以扣除。

编制合并利润表和合并所有者权益变动表时需要进行抵销处理的项目,主要包括:①内部销售收入和内部销售成本项目;②内部投资收益项目,包括内部利息收入与利息支出项目、长期股权投资产生的投资收益等项目;③资产减值损失项目,即与内部交易相关的内部应收账款、存货、固定资产、无形资产等项目的资产减值损失；④纳入合并范围的子公司利润分配项目；⑤其他综合收益项目等。

（三）编制合并现金流量表需要抵销的项目

合并现金流量表是综合反映母公司及其子公司组成的企业集团，在一定会计期间现金流入、现金流出以及现金流量增减变动情况的财务报表。合并现金流量表以母公司和子公司的现金流量表为基础，在抵销母公司与子公司、子公司相互之间发生内部交易对合并现金流量表的影响后，由母公司编制。

在以母公司和子公司个别现金流量表为基础编制合并现金流量表时，需要进行抵销的内容主要包括：①母公司与子公司、子公司相互之间当期以现金投资或收购股权增加的投资所产生的现金流量相互抵销；②母公司与子公司、子公司相互之间当期取得投资收益收到的现金与分配股利、利润或偿付利息支付的现金相互抵销；③母公司与子公司、子公司相互之间以现金结算债权与债务所产生的现金流量相互抵销；④母公司与子公司、子公司相互之间当期销售商品所产生的现金流量相互抵销；⑤母公司与子公司、子公司相互之间处置固定资产、无形资产和其他长期资产收回的现金净额与购建固定资产、无形资产和其他长期资产支付的现金相互抵销；⑥母公司与子公司、子公司相互之间当期发生的其他内部交易所产生的现金流量相互抵销。

第四章

长期股权投资的核算

第一节 长期股权投资的概述

一、长期股权投资的概念

长期股权投资是指购买其他企业股权或股份，或者直接投资组建合资企业，以享有被投资企业的可变回报为目的，并且准备长期持有的权益性投资。

长期股权投资的第一个特征是其准备长期持有，其持有时间至少在一年以上。这一特征，使长期股权投资与短期投资相区别。如果持有某项股票仅仅是为了短期持有，是为了通过转让获取交易差价，则应将其归为交易性金融资产，而不属于长期股权投资。

长期股权投资的第二特征是权益性，其投资对象为其他企业的股权或股份。这一特征，使长期股权投资与债权投资相区别。作为债权投资只能按投资时约定的条件从被投资企业收取相对固定的利息收入。而作为权益性投资的长期股权投资，其投资回报包括股利或股息，持有权益性投资，可以参与被投资企业实现净利润的分配，其投资回报是可变的。当被投资企业宣告发放股利或当被投资企业实现净利润时，持有长期股权投资可获得被投资企业净利润中相应的回报。

二、长期股权投资的分类

长期股权投资可以按不同的方法进行分类，如按长期股权投资的取得方式进行分类、按取得投资后对被投资企业的影响程度进行分类、按被投资企业的区域进行分类。不同的分类有不同的目的，满足不同的需要。

（一）长期股权投资按取得方式进行分类

长期股权投资按其取得方式，可以分为以支付现金和存款方式取得的长期股权投资、以发行有价证券方式取得的长期股权投资，以非货币性资产交换取得的长期股权投资，以债务重组方式取得的长期股权投资，以承担对方债务方式取得的长期股权投资，等等。

按长期股权投资的取得方式进行分类，主要原因在于不同方式取得的长期股权投资，其初始投资成本的计量方法不同。不同方式取得的长期股权投资初始成本的计量，原则上是以作为对价放弃的资产价值对其进行计价。要对长期股权投资的初始投资成本进行计量，首先需要解决作为取得长期股权投资的对价的计价问题。如以非货币性资产交换取得的长期股权投资，则涉及是采用放弃资产的公允价值进行计价，还是采用其账面价值进行计价；如采用公允价值进行计价，则还涉及公允价值的确定，以及公允价值与账面价值之间差额的处理问题。

（二）长期股权投资按对被投资企业的影响程度进行分类

长期股权投资表现为持有被投资企业一定份额的股权，持有被投资企业股权的份额不同，其对被投资企业的影响程度也不相同，持有的某些长期股权投资，可能对被投资企业有较大的影响力，甚至能藉此控制被投资企业的经营活动。按持有的长期股权投资对被投资企业的经营活动的影响程度，可以将长期股权投资划分为对子公司投资、对联营企业投资、对合营企业投资以及对其他企业的长期股权投资。按对被投资企业影响程度进行分类，主要涉及对不同类别的长期股权投资采用不同的后续确认计量方法。取得长期股权投资后，投资企业对被投资企业的影响程度不同，对被投资企业经营活动的参与程度也不同，投资所达到的目的也不相同，为了反映这些不同类别的长期股权投资在被投资企业中的权益情况及其影响程度，则要求对其采用不同的核算方法对其进行后续计量。

1. 对子公司投资

子公司是指为投资企业所控制的被投资企业。当通过长期股权投资，对被投资企业拥有权力，藉此权力参与被投资企业的相关活动而享有可变回报，并且有能力运用对被投资企业的权力影响其回报金额时，则表明投资企业对被投资企业拥有控制权。投资企业成为母公司，而被投资企业则成为其投资企业即母公司的子公司。这里的相关活动，是指对被投资企业的回报产生重大影响的活动，通常包括商品或劳务的销售和购买、金融资产的管理、资产的购买和处置、研究与开发活动以及融资活动等。企业应当在综合考虑被投资企业所有相关事实和情况的基础上，对是否控制被投资企业进行判断。一般来说，通过长期股权投资持有某一被投资企业50%以上的股权，该被投资企业则应归类为子公司。

当某一长期股权投资被划分为对子公司投资时,根据现行会计准则,对该长期股权投资进行后续计量时要求采用成本法,并且在一般的情况下还需要将其纳入合并财务报表的合并范围,编制合并财务报表。

2. 对联营企业投资

联营企业是指投资企业通过长期股权投资对其具有重大影响的被投资企业。重大影响,是指对一个企业的财务和经营政策有参与决策的权力,但并不能够控制或者与其他方一起共同控制这些政策的制定。实务中较为常见的重大影响,表现为在被投资企业的董事会或类似权力机构中派有代表,通过在被投资企业财务和经营决策制定过程中的发言权实施重大影响。投资企业直接或通过子公司间接持有被投资企业20%以上但低于50%的表决权时,一般认为对被投资企业具有重大影响,除非有明确的证据表明不能参与被投资企业的生产经营决策。

在确定是否对被投资企业具有重大影响时,一方面应考虑投资企业直接或间接持有被投资企业的表决权股份,同时还要考虑投资企业及其他方持有的当期可执行潜在表决权在假定转换为对被投资企业的股权后产生的影响,如被投资企业发行的当期可转换的认股权证、股份期权及可转换公司债券等所产生的影响。企业通常可以通过以下一种或几种情形来判断是否对被投资企业具有重大影响:

(1) 在被投资企业的董事会或类似权力机构中派有代表。在这种情况下,由于在被投资企业的董事会或类似权力机构中派有代表,并相应享有实质性的参与决策权,投资企业可以通过其代表参与被投资企业财务和经营政策的制定,从而对被投资企业施加重大影响。

(2) 参与被投资企业财务和经营政策制定过程。在这种情况下,在制定政策过程中可以为其自身利益提出建议和意见,从而可以对被投资企业施加重大影响。

(3) 与被投资企业之间发生重要交易。有关交易因对被投资企业的日常经营具有重要性,进而在一定程度上可以影响到被投资企业的生产经营决策。

(4) 向被投资企业派出管理人员。这种情况下,管理人员有权力主导被投资企业的相关活动,从而能够对被投资企业施加重大影响。

(5) 向被投资企业提供关键技术资料。因被投资企业的生产经营需要依赖投资企业的技术或技术资料,表明投资企业对被投资企业具有重大影响。

投资企业能够对其具有重大影响的被投资企业,通常称为联营企业。投资企业对被投资企业具有重大影响的长期股权投资,即为对联营企业投资。按现行企业会计准则,对联营企业投资,其后续计量应采用权益法。

3. 对合营企业投资

合营企业是指通过对其长期股权投资,与其他单位共同控制的被投资企业。持有的对合营企业的长期股权投资,则为对合营企业投资。共同控制是指按照相关约定对某项安排所共有的控制,并且该安排的相关活动必须经过分享控制权的所有参与方一致同意后才能决策。这里的相关活动,是指对某项安排的回报产生重大影响的活动。某项安排的相关活动应当根据具体情况进行判断,通常包括商品或劳务的销售和购买、金融资产的管理、资产的购买和处置、研究与开发活动以及融资活动等。

在判断是否存在共同控制时,应当首先判断所有参与方或参与方组合是否集体控制该项安排;其次再判断该安排相关活动的决策是否必须经过这些集体控制该安排的所有参与方一致同意。

根据现行会计准则的规定,投资企业对合营企业投资,在取得后的持有期间应当采用权益法核算。

至于对被投资企业既不具有控制和共同控制,也不具有重大影响的其他长期股权投资,则将其作为金融资产,按金融工具确认和计量相关准则的规定进行后续会计处理。

第二节 长期股权投资取得时的会计处理

长期股权投资取得时,应当按其初始投资成本进行计量。总体来说,长期股权投资的初始投资成本为取得长期股权投资而放弃资产的价值,或者说取得长期股权投资所支付的各种形式的对价。

在取得长期股权投资时支付的对价中包含的被投资企业已经宣告但尚未发放的现金股利或利润,由于该现金股利和利润在不久的将来将为持有长期股权投资者所收到,支付的对价中该现金股利或利润相应的金额属于预付性质,属于应收债权,在确定长期股权投资的初始成本时,不应将其包括在长期股权投资的初始投资成本之中。对于取得长期股权投资而支付的价款中包含的被投资企业已经宣告但尚未发放的现金股利或利润,应作为预付款或应收款项处理。

现行企业会计准则分别不同的方式,对长期股权投资取得时初始投资成本的计量作出了具体规定。

一、以支付现金和银行存款取得的长期股权投资

对于以支付现金和银行存款取得的长期股权投资,应当按照实际支付的购买价款作为长期股权投资的初始投资成本。其初始投资成本具体包括与取得长期股权投资直接相关的费用、税金及其他必要的支出。但支付价款中包含的被投资企业已宣告但尚未发放的现金股利或利润,应当作为应收项目处理,不得将其计入

取得长期股权投资的初始投资成本。

例4-1：20×1年2月10日，甲公司从乙公司原投资人购买其20%的股份，购买后该甲公司对乙公司具有重大影响，并准备长期持有。甲公司为取得乙公司20%的股权，实际购买价款为8 100万元，另外发生手续费、评估咨询费用等相关费用200万元。上述款项已于当日以银行存款支付，并于当日办理完毕相关的股权转让手续。甲公司支付的购买价款中包含有乙公司已宣告但尚未发放的现金股利100万元。该现金股利按公告将于近期发放。

本例中，甲公司取得乙公司20%股权的初始投资成本为8 200万元（8 100 + 200 - 100），甲公司应当按照初始投资成本将该长期股权投资确认入账。

借：长期股权投资——投资成本　　　　　　　　　　8 200
　　贷：银行存款　　　　　　　　　　　　　　　　　　8 200
借：应收股利　　　　　　　　　　　　　　　　　　　100
　　贷：银行存款　　　　　　　　　　　　　　　　　　100

二、以发行权益性证券取得的长期股权投资

所谓以发行权益性证券方式取得的长期股权投资，也就是通过发行本企业的股票，以发行的股票作为对价，从被投资企业的原所有者手中换取被投资企业的股权所进行的长期股权投资。以发行权益性证券取得的长期股权投资，应以该权益性证券发行时的公允价值确定其初始投资成本。对于发行权益性证券取得的长期股权投资，实际上可以理解为企业先发行权益性证券筹措资金，然后再以筹措的资金用于购买取得长期股权投资。权益性证券按公允价值发行时，以收到的发行价款作为取得长期股权投资的初始投资成本，也就是以公允价值作为其初始投资成本。发行权益性证券支付给证券承销机构等的手续费、佣金等与权益性证券发行直接相关的费用，从理论上来说属于权益性证券发行本身所发生的费用，不属于取得长期股权投资必须发生的成本。对于这一部分费用，应当按照《企业会计准则第37号——金融工具列报》的规定，将该费用从发行权益性证券所发生溢价发行收入中扣除；发行权益性证券的溢价收入不足于抵补发行权益性证券发生的相关费用时，应当依次冲减盈余公积和未分配利润。

通过发行债务性证券（债务性工具）取得的长期股权投资，应比照通过发行权益性证券取得的长期股权投资的情况进行会计处理。

例4-2：20×1年3月，甲公司通过增发5 000万股本公司普通股，从丙公司的原持有者取得丙公司20%的股权。甲公司发行的股票每股面值为1元，发行价格为每股4.8元，该股份发行款总额为24 000万元。为增发该股份，甲公司以银行存款向证券承销机构支付佣金和手续费等与增发该股份直接相关费用400万

元。甲公司取得丙公司 20% 的股权后对丙公司具有重大影响,并且准备长期持有。

本例中,甲公司增发该股份的发行价款总额为 24 000 万元,并以此作为对价取得丙公司 20% 的股权,甲公司应当以该金额作为其初始投资成本。至于增发该股份发生的手续费等直接相关费用,不能计入该长期股权投资的初始投资成本,而应冲减股本溢价。本例中,甲公司此次增发股份的股本溢价足以抵补本次增发股份发生的手续费等直接相关的费用。

借:长期股权投资——投资成本　　　　　　　　　　　24 000
　　贷:股本　　　　　　　　　　　　　　　　　　　　　　5 000
　　　　资本公积——股本溢价　　　　　　　　　　　　　19 000
借:资本公积——股本溢价　　　　　　　　　　　　　　 400
　　贷:银行存款　　　　　　　　　　　　　　　　　　　　 400

三、以债务重组方式取得的长期股权投资

债务重组,是指在债务人发生财务困难的情况下,债权人按照其与债务人达成的协议或法院裁定作出的让步事项。债务重组主要包括资产清偿债务、将债务转为资本、修改其他债务条件等形式。在采用以资产清偿债务进行债务重组的情况下,债权人可能收到债务人作为清偿债务的股份或股权等金融资产。在收到用于抵债的股份或股权时,作为债权人的企业将在债务重组中取得的股份或股权作为长期投资持有时,则取得了一项长期股权投资。对于该项在债务重组中取得的长期股权投资,企业应按收到的股份或股权的公允价值作为长期股权投资初始投资成本入账。由于债权人在债务重组中必须给予债务人某种程度上的让步,债务重组时其取得股份或股权的公允价值低于用于重组债权的账面价值,不能以重组债权的账面价值作为其取得的初始投资成本。

例 4-3:20×1 年 5 月,甲公司与丁公司签订一项债务重组协议。根据债务重组协议,丁公司以其持有的 A 公司 25% 股份清偿所欠甲公司的账款 5 000 万元。丁公司用于债务重组的 A 公司 25% 的股权,账面价值为 3 500 万元,重组时公允价值为 4 500 万元。甲公司用于债务重组的应收账款的账面金额为 5 000 万元,当年 4 月 30 日计提坏账准备的余额为 200 万元。甲公司和丁公司在 5 月底已实施该债务重组协议,A 公司 25% 股权的转移手续已办理完毕。甲公司取得 A 公司 25% 的股权后,准备长期持有。

本例中,甲公司通过该债务重组取得的 A 公司 25% 的股权公允价值为 4 500 万元,虽然甲公司用于该债务重组的应收账款账面价值为 4 800 万元 (5 000 - 200),但取得的 A 公司 25% 的股权的公允价值为 4 500 万元。甲公司取得的 A

公司股权应作为长期股权投资入账,其初始投资成本为 4 500 万元。至于应收账款账面价值与取得的长期股权投资的初始投资成本之间的差额 300 万元（4 800 - 4 500），则作为营业外支出（债务重组损失）。

借：长期股权投资——投资成本　　　　　　　　　4 500
　　坏账准备　　　　　　　　　　　　　　　　　　200
　　营业外支出——债务重组损失　　　　　　　　　300
　　贷：应收账款　　　　　　　　　　　　　　　　　　5 000

四、以非货币性资产交换方式取得的长期股权投资

非货币性资产交换，是指交易双方主要以存货、固定资产、无形资产和长期股权投资等非货币性资产进行的交换。非货币性资产交换不涉及或只涉及少量的货币性资产（即补价）。货币性资产是指企业持有的货币资金和将以固定或可确定的金额收取的资产，包括现金、银行存款、应收账款和应收票据以及准备持有至到期的债券投资等。在进行非货币性资产交换的情况下，作为非货币资产交换方的企业，可能是为取得某一企业的股份或股权而进行的。作为交换方之一的企业如果准备将换入的其他企业的股份或股权长期持有，则形成企业的一项长期股权投资。对于以非货币性资产交换方式取得的长期股权投资，在该交换具有商业实质且其公允价值能够可靠计量时，应当以换出资产的公允价值作为取得的股份或股权的长期股权投资的初始成本入账。如果非货币性资产交换不具有商业实质，或者虽然具有商业实质但换入资产和换出资产的公允价值均不能可靠计量时，则以换出资产的账面价值为基础确定换入取得的长期股权投资的初始成本。

非货币性资产交换中发生补价的，在以换出资产的公允价值作为换入取得的长期股权投资的初始投资成本的情况下，支付的补价或收到的补价应作为确定取得的长期股权投资初始投资成本的一个调整因素。支付补价的，应以换出资产的公允价值加上补价作为换入取得的长期股权投资的初始投资成本；而收到补价的，则应以换出资产的公允价值减去补价作为换入取得的长期股权投资的初始投资成本。

例 4-4：甲公司与乙公司签订一项资产交换协议。协议规定甲公司以一项生产用厂房与乙公司持有的 W 公司 22% 的股份相交换，甲公司另向乙公司支付补价 150 万元。甲公司用于交换的厂房的原价为 9 000 万元，已累计计提折旧为 4 000 万元，交换协议签订当日的公允价值为 8 000 万元。乙公司用于交换的 W 公司股权系作为长期股权投资持有的，其账面价值为 7 000 万元，公允价值 8 200 万元。甲公司和乙公司在资产交换协议签订日后 20 天内办理完毕资产移交和股权转移相关手续。甲公司已将补价 150 万元，以银行存款向乙公司支付。

本例中，甲公司通过该资产交换取得 W 公司 22% 的股份，用于交换的厂房的账面价值为 5 000 万元，但其公允价值为 8 000 万元，另支付补价 150 万元，为取得该股份而支付的资产公允价值总额为 8 150 万元，即换入取得的该股份的初始投资成本为 8 150 万元。至于乙公司资产交换取得的厂房，则以换出的 W 公司 22% 的股份的公允价值 8 200 万元，减去收到的补价 150 万元后的金额 8 050 万元，作为该固定资产原价确认入账。

借：固定资产清理	5 000
累计折旧	4 000
贷：固定资产——厂房	9 000
借：长期股权投资——投资成本	8 150
贷：固定资产清理	5 000
银行存款	150
营业外收入	3 000

例 4-5：甲公司与乙公司签订一项资产交换协议。协议规定甲公司以一项生产用厂房与乙公司持有的 W 公司 22% 的股份相交换，甲公司另向乙公司支付补价 150 万元。甲公司用于交换的厂房的原价为 9 000 万元，已累计计提折旧 4 000 万元。乙公司用于交换的 W 公司股权系作为长期股权投资持有的，其账面价值为 7 000 万元。甲公司和乙公司用于交换的资产的公允价值均不能可靠计量。甲公司和乙公司在资产交换协议签订日后 20 天内办理完毕资产移交和股权转移相关手续，甲公司已将补价 150 万元，以银行存款向乙公司支付。

本例中，由于甲公司和乙公司用于资产交换的资产的公允价值均不能可靠计量，甲公司通过该资产交换取得的 W 公司 22% 的股份，则应以换出资产账面价值为计量其初始投资成本的基础。甲公司用于交换的厂房的账面价值为 5 000 万元，另支付补价 150 万元，两者合计金额为 5 150 万元，由此取得的 W 公司 22% 的股份作为长期股权投资核算的初始投资成本则为 5 150 万元。至于乙公司则应以作为换出资产的 W 公司 22% 的股份的账面价值 7 000 万元，减去收到的补价 150 万元后的金额 6 850 万元，作为资产交换取得的厂房的取得成本确认入账。

借：固定资产清理	5 000
累计折旧	4 000
贷：固定资产——厂房	9 000
借：长期股权投资——投资成本	5 150
贷：固定资产清理	5 000
银行存款	150

第三节　导致形成企业合并的长期股权投资

当企业通过长期股权投资持有被投资企业的股权达到能够对其实施控制的程度时，对该被投资企业的长期股权投资则属于导致形成企业合并的长期股权投资。这种情况下形成的企业合并，属于控股合并。企业合并是指将两个或两个以上单独的企业组合形成一个报告主体的交易，包括控股合并、吸收合并和新设合并三种情况。在控股合并的情况下，投资企业和被投资企业在合并后，仍作为独立的法律主体各自独立开展经营活动。控股合并并不是法律意义上的合并，而是经济意义上的合并，由于长期股权投资导致对被投资企业的控制，被投资企业处于投资企业的控制之下从事经营活动，从经济意义上讲实现了投资企业与被投资企业经营活动的一体化。至于吸收合并和新设合并，在合并后被合并企业成为合并企业的一个部分，或合并后成立一个新企业，不涉及长期股权投资核算问题。一般来说，对外进行长期股权投资是导致控股合并的前提，企业通过对外进行长期股权投资，取得达到能够对该被投资企业实施控制程度的股权，从而取得对该被投资企业的控制，最终导致形成企业合并。

通过长期股权投资导致形成企业合并的情况下，投资企业成为母公司，被投资企业成为母公司的子公司。此时的长期股权投资，就是对子公司的长期股权投资，即对子公司投资。以不同方式取得的长期股权投资，当由其导致投资企业对被投资企业拥有控制权，能够对其实施控制时，均可以成为导致形成企业合并的长期股权投资。第二节所论述的长期股权投资取得时的初始投资成本的确认与计量原则和方法，均适用于导致形成企业合并的长期股权投资。

按照企业合并中各参与方在合并前是否为同一控制下的企业，可以将导致形成企业合并的长期股权投资，区分为导致形成非同一控制下企业合并的长期股权投资和导致形成同一控制下企业合并的长期股权投资两大类。同一控制下的企业合并的参与方，在合并前均属于同一主体的控制之下，相互之间属于关联方。同一控制下发生的企业合并在某种程度上可能不具有商业实质或不完全具有商业实质，其中导致同一控制下企业合并的长期股权投资也可能在某种程度上不具有商业实质。为了使会计信息更真实公允反映企业合并和长期股权投资的情况，现行会计准则对导致形成非同一控制下合并企业的长期投资和导致形成同一控制下企业合并的长期股权投资，分别规定了不同初始成本确认计量方法。考虑到导致形成企业合并的长期股权投资取得时初始投资成本确认计量的特殊性，本节专门对导致形成企业合并的长期股权投资的计量进行论述。

一、导致形成非同一控制下企业合并的长期股权投资

导致非同一控制下企业合并的长期股权投资，由于不是处于同一控制下的不同企业之间发生的交易行为，通常具有商业实质，其初始投资成本的确认和计量方法与普通长期股权投资的确认与计量方法基本相同。在导致非同一控制下企业合并的长期股权投资交易行为，即企业合并行为中，取得长期股权投资的企业称为购买方，取得对被投资企业控制权日称为购买日。导致形成企业合并的长期股权投资的初始投资成本，即为合并成本。

合并成本包括投资企业付出的资产、发生或承担的负债、发行的权益性工具或债务性工具的公允价值之和。投资企业为企业合并发生的审计、法律服务、评估咨询等中介费用以及其他相关费用，应于发生时计入当期损益；购买方作为合并对价发行的权益性工具或债务性工具的发行费用，应当计入权益性工具或债务性工具的初始确认金额。

进行具体会计处理时，对于以支付现金、转让非现金资产或承担债务方式等作为合并对价取得的长期股权投资，应按确定的购买日合并成本，借记"长期股权投资——投资成本"科目，按付出的合并对价的账面价值，贷记（或借记）有关资产负债相关的科目，按发生的直接相关费用（如资产处置费用），贷记"银行存款"等科目，按其差额，贷记"主营业务收入"、"营业外收入"、"投资收益"等科目或借记"管理费用"、"营业外支出"、"主营业务成本"等科目。

对于以发行权益性证券作为合并对价取得的长期股权投资，应在购买日按发行该权益性证券的公允价值，借记"长期股权投资——投资成本"本科目，按照发行的权益性证券的面值总额，贷记"股本"，按其差额，贷记"资本公积——资本溢价或股本溢价"。企业为合并发生的审计、法律服务、评估咨询等中介费用以及其他相关费用，应当于发生时借记"管理费用"科目，贷记"银行存款"等科目。

例4-6：甲公司20×1年1月1日以定向增发公司普通股的方式，取得A公司70%的股权。甲公司定向增发普通股10 000万股，普通股每股面值为1元，市场价格每股为2.95元。甲公司为发行该股票支付承销商等手续费、佣金等与股票发行直接相关的费用共计600万元；支付合并发生的审计、法律、评估咨询等中介费用共计300万元。

A公司20×1年1月1日可辨净资产的公允价值为36 000万元；股东权益的账面价值为32 000万元，其中股本20 000万元、资本公积8 000万元、盈余公积1 200万元、未分配利润2 800万元。

甲公司在取得A公司股权前，与A公司不存在关联关系。甲公司取得A公

司股权属于形成非同一控制下企业合并的长期股权投资。

(1) 本例有关计算如下：

甲公司对 A 公司长期股权投资初始投资成本 = 10 000 × 2.95
= 29 500（万元）

甲公司在 A 公司可辨认净资产公允价值中所享有的份额 = 36 000 × 70%
= 25 200（万元）

合并商誉 = 29 500 − 25 200
= 4 300（万元）

(2) 甲公司将购买取得 A 公司 70% 的股权作为长期股权投资入账。

借：长期股权投资——A 公司　　　　　　　　　　　29 500
　　贷：股本　　　　　　　　　　　　　　　　　　10 000
　　　　资本公积——股本溢价　　　　　　　　　　19 500

(3) 发行该股份发生的直接相关的费用和审计、法律等中介费用的会计处理。

借：资本公积——股本溢价　　　　　　　　　　　　600
　　贷：银行存款　　　　　　　　　　　　　　　　600
借：管理费用　　　　　　　　　　　　　　　　　　300
　　贷：银行存款　　　　　　　　　　　　　　　　300

应当注意的是，与一般情况下的长期股权投资初始投资成本不同，导致形成企业合并的长期股权投资的初始投资成本不包括为合并发生的审计、法律服务、评估咨询等中介费用以及其他相关费用，这些费用发生时计入当期管理费用。

二、导致形成同一控制下企业合并的长期股权投资

同一控制下企业合并，是指在合并前后均受同一方或相同的多方最终控制的企业之间发生的合并交易行为。一般说来，同一控制下企业合并被看作是两个或多个参与合并企业的权益的重新整合。从最终控制方的角度，这类企业合并并不会造成企业集团整体经济利益的流入和流出，最终控制方在合并前后实际控制的经济资源并没有发生变化。由于最终控制方的存在，同一控制下企业合并交易可能不具有商业实质或不完全具有商业实质，一般认为不作为出售或购买。在同一控制下，企业追加投资取得对被投资企业控制权日，称为合并日。由于同一控制下企业合并的特殊性，导致形成这一企业合并的长期股权投资的核算与一般的长期股权投资的核算不完全一致。导致形成同一控制下企业合并的长期股权投资，其初始投资成本应按合并日在所取得的被投资企业（被合并企业）净资产（所有者权益）账面价值中拥有的份额确定。

企业以支付现金、转让非现金资产或承担债务方式作为合并对价的，应当在

合并日按所取得的被投资企业（被合并企业）当日所有者权益的账面价值中拥有的份额作为长期股权投资的初始投资成本。如果被投资企业在合并日之前是最终控制方通过非同一控制下企业合并取得的，则以被投资企业在最终控制方合并财务报表中净资产的账面价值为基础计算确定其长期股权投资的初始投资成本。在被投资企业系非同一控制下企业合并取得的情况下，在最终控制方的合并财务报表中，该被投资企业的可辨认资产和负债是以最终控制方取得时的公允价值列报的，其中则可能包含有相关商誉。长期股权投资的初始投资成本与支付的现金、转让的非现金资产及所承担债务账面价值之间的差额，应调整资本公积（资本溢价或股本溢价）；资本公积（资本溢价或股本溢价）的余额不足冲减的，依次冲减盈余公积和未分配利润。

企业以发行权益性工具作为合并对价的，应按发行股份的面值总额作为股本，长期股权投资的初始投资成本与所发行股份面值总额之间的差额，应当调整资本公积（资本溢价或股本溢价）；资本公积（资本溢价或股本溢价）不足冲减的，依次冲减盈余公积和未分配利润。

企业为取得长期股权投资发生的审计、法律服务、评估咨询等中介费用以及其他相关费用，应在发生时计入当期损益。作为合并对价发行权益性工具所发生的发行费用等，应冲减资本公积（资本溢价或股本溢价），资本公积（资本溢价或股本溢价）不足冲减的，依次冲减盈余公积和未分配利润。

发行债务性工具作为合并对价而发生的交易费用，应当计入债务性工具的初始确认金额。

在这里必须注意的是，按合并日在被投资企业所有者权益中拥有的份额确定长期股权投资的初始投资成本时，其前提要求被投资企业采用的会计政策和会计期间与投资企业采用的会计政策和会计期间一致。会计政策不一致的，应根据重要性原则的要求，统一会计政策。

进行具体会计处理时，企业以支付现金、转让非现金资产或承担债务方式作为合并对价的，应在合并日按取得的被投资企业所有者权益账面价值中拥有的份额，借记"长期股权投资——投资成本"科目，按支付的合并对价的账面价值，贷记（或借记）有关资产负债科目，按其差额，贷记"资本公积——资本溢价或股本溢价"科目；如为借方差额，借记"资本公积——资本溢价或股本溢价"科目；资本公积（资本溢价或股本溢价）不足冲减的，应依次借记"盈余公积"、"利润分配——未分配利润"科目。

企业以发行权益性证券作为合并对价的，应在合并日按被投资企业所有者权益账面价值中拥有的份额，借记"长期股权投资——投资成本"科目，按照发行股份的面值总额，贷记"股本"，按其差额，贷记"资本公积——资本溢价或股本溢价"；如为借方差额，借记"资本公积——资本溢价或股本溢价"科目，资本公积（资本溢价或股本溢价）不足冲减的，应依次借记"盈余公积"、"利润分配——未分配利润"科目。

第四节 长期股权投资后续会计处理

在取得长期股权投资并将其确认入账后，随着长期股权投资的持续持有，则涉及对其进行后续确认和计量的问题。根据现行企业会计准则，当某一长期股权投资导致对被投资企业拥有控制权，被投资企业成为子公司时，对于子公司的长期股权投资应采用成本法进行后续核算；而当某一长期股权投资导致对被投资企业具有重大影响或共同控制时，即对联营企业的长期股权投资和对合营企业的长期股权投资，则要求采用权益法对其进行后续核算。

一、成本法

（一）成本法的适用范围

根据现行企业会计准则，企业对子公司长期股权投资应当采用成本法核算。

要求对子公司长期股权投资采用成本法核算，一是考虑到作为子公司投资企业的母公司应当将其拥有的子公司纳入合并财务报表的合并范围，通过编制合并财务报表，将子公司的资产、负债和所有者权益以及经营成果包括在母公司的合并财务报表之中，其在合并财务报表中反映的子公司的情况和提供的信息较权益法核算更为充分具体，没有必要再对子公司长期股权投资采用权益法核算。二是考虑到子公司采用权益法核算，其前提是要及时取得子公司当期实现净利润情况以及利润分配情况。但在实务工作中，子公司往往在会计年度结束后相当一段时间才能编制出其个别财务报表，计算得出其实现的净利润。有时在时间上难以满足母公司权益法核算的需要。三是由于母公司对子公司拥有控制权，子公司处于母公司控制下从事经营活动，子公司的经营成果也是处于母公司控制之下形成的。母公司对子公司的净利润形成和计算具有操控的空间。四是采用成本法在一定程度上可以降低在子公司实际宣告发放现金股利或利润之前，母公司垫付资金发放现金股利或利润的风险。

（二）成本法核算的基本程序

所谓成本法，是指在持有期间对子公司长期股权投资一直以成本反映在账簿和财务报表之中的核算方法。在采用成本法核算的情况下，长期股权投资在账簿中一直保持以成本进行记录;在被投资企业实际宣告分派现金股利或利润时,投资企业按其在被投资企业宣告分派的现金股利或利润的金额中享有的金额,确认当期投资收益。在采用成本法时,长期股权投资的账面价值并不反映投资企业在被投资企业所有者权益中拥有的份额,而只反映长期股权投资的初始投资成本。

成本法核算的基本程序:一是在长期股权投资取得时,按其初始投资成本确认入账;二是在被投资企业分派现金股利或利润时,按其在其中应享有的份额,确认当期投资收益。对于被投资企业因当期实现净利润或其他因素导致的所有者权益的变动,不需要进行会计处理。至于被投资企业将未分配利润或盈余公积转增股本(实收资本),如果被投资企业未提供等值现金股利或利润的选择权,投资企业不需要确认相关的投资收益。

例 4 – 7:甲公司 20 × 1 年 1 月 1 日,以 28 600 元的价格购买取得 A 公司 80% 的股权。甲公司在购买 A 公司过程中发生审计、评估和法律服务等相关费用 120 万元。上述价款均以银行存款支付。甲公司与 A 公司均为同一控制下的企业。A 公司采用的会计政策与甲公司一致。

20 × 1 年 A 公司实现净利润 10 500 万元,经公司董事会提议并经股东会批准,20 × 1 年提取盈余公积 2 000 万元,向股东宣告分派现金股利 4 500 万元。

本例有关会计处理如下:

(1) 20 × 1 年 1 月 1 日,甲公司应将对 A 公司长期股权投资确认入账。由于甲公司与 A 公司均为同一控制下的企业,按导致形成同一控制下企业合并的长期股权投资进行会计处理。甲公司在取得对 A 公司控制权日在 A 公司股东权益中拥有的份额为 25 600 万元(320 000 × 80%)。甲公司对 A 公司长期股权投资的初始投资成本为 28 600 万元。至于购买该股权过程中发生的审计、评估等相关费用,则直接计入当期损益,即计入当期管理费用。

借:长期股权投资——A 公司　　　　　　　　　　25 600
　　管理费用　　　　　　　　　　　　　　　　　　120
　　资本公积　　　　　　　　　　　　　　　　　3 000
　　贷:银行存款　　　　　　　　　　　　　　　28 720

(2) 20 × 1 年 1 月 1 日,由于 A 公司系甲公司拥有其 80% 股权的子公司,甲公司对该长期股权投资应采用成本法进行核算。A 公司宣告分派现金股利时,甲公司应将其在 A 公司宣告分派的现金股利中所享有的份额确认投资收益,并确认应收债权。

借:应收股利——A 公司　　　　　　　　　　　3 600
　　贷:投资收益　　　　　　　　　　　　　　3 600

通过上述会计处理后,甲公司 20 × 1 年 12 月 31 日对 A 公司长期股权投资的账面价值为 25 600 万元；20×1 年度对 A 公司投资收益为 3 600 万元。

在长期股权投资采用成本法核算的情况下，在其持有期间如存在减值迹象，则要求对其进行减值测试；当长期股权投资的可变现净值低于其账面价值时，应按资产减值准则的要求确认相应的资产减值损失并计提资产减值准备。

二、权益法

（一）权益法的适用范围

当企业通过长期股权投资对被投资企业具有重大影响或共同控制时，被投资企业则成为投资企业的联营企业或合营企业。对联营企业和合营企业的长期股权投资，应采用权益法核算。长期股权投资采用权益法核算，可以通过长期股权投资账面价值反映其在被投资企业所有者权益中拥有份额的增减变动情况。

（二）权益法核算的基本程序

采用权益法核算的长期股权投资，其基本程序如下：（1）初始投资或追加投资时，以初始投资成本或追加投资的投资成本，作为长期股权投资的入账价值。（2）持有投资期间，随着被投资企业所有者权益的增减变动相应调增或调减长期股权投资的账面价值：①对于因被投资企业实现净损益和其他综合收益而产生的所有者权益的变动，投资企业应当按其应享有的份额，同时确认投资损益和其他综合收益，并调增或调减长期股权投资的账面价值；②对于被投资企业宣告分派的现金股利或利润中享有的份额，调减长期股权投资的账面价值；③对于被投资企业除净损益、其他综合收益以及利润分配以外的因素产生的所有者权益的其他变动，相应调整长期股权投资的账面价值并同时确认资本公积（其他资本公积）。

1. 初始投资成本的调整

企业在取得对联营企业或合营企业长期股权投资时，因取得股权投资的方式不同，取得投资时初始投资成本与其在被投资企业所有者权益中拥有的份额之间可能存在差额。在采用权益法核算时，需要对该差额进行相应的处理，以使长期股权投资的账面价值反映其在被投资企业所有者权益中享有的份额。对于这一差额，应分别以下情况进行处理：（1）当初始投资成本大于取得投资时在被投资企业所有者权益中拥有的份额时，该差额属于企业在取得股权投资过程中通过作价体现出的与所取得股权份额相对应的商誉价值，此时不需要对长期股权投资初始投资成本进行调整。（2）初始投资成本小于取得投资时在被投资企业所有者权益中拥有的份额，这一差额体现为取得股权时交易对方在交易作价过程中所作的让步,这一差额应调增长期股权投资的账面价值,并将其确认为当期营业外收入。

例 4-8:甲公司 20×1 年 1 月 8 日,以 6 000 万元的价格购买取得乙公司 30% 的股权。当日乙公司股东权益总额为 25 000 万元(各项可辨认资产和负债的公允价值与其账面价值相同),其中股本为 10 000 万元,资本公积为 8 000 万元,盈余公积为 5 000 万元,未分配利润为 2 000 万元。甲公司取得乙公司股权后,对乙公司具有重大影响。

甲公司取得乙公司 30% 股权后,乙公司成为甲公司的联营企业,对乙公司长期股权投资应采用权益法核算。甲公司 20×1 年取得对乙公司长期股权投资相关的会计处理如下:

(1) 将甲公司对乙公司长期股权投资确认入账。

借:长期股权投资——投资成本　　　　　　　6 000
　　贷:银行存款　　　　　　　　　　　　　　　　6 000

(2) 按甲公司长期股权投资初始投资成本小于其在乙公司股东权益中拥有的份额的差额 7 500 万元,调整长期股权投资的账面价值并确认营业外收入。本例中长期股权投资的初始投资成本为 6 000 万元,而在乙公司股东权益中拥有的份额为 7 500 万元(25 000×30%)。甲公司应按该差额调增长期股权投资的账面价值,并相应确认营业外收入。

借:长期股权投资——投资成本　　　　　　　1 500
　　贷:营业外收入　　　　　　　　　　　　　　　1 500

通过上述处理后,甲公司对乙公司长期股权投资的投资成本调整为 7 500 万元,与其在乙公司股东权益中拥有的份额一致。

假定本例中乙公司的股东权益总额为 18 000 万元。甲公司持有乙公司 30% 的股权,在乙公司股东权益中拥有的份额为 4 800 万元,小于其取得乙公司 30% 股权的初始投资成本(6 000 万元),此时,甲公司不需要对该长期股权投资的账面价值进行调整。

2. 投资损益的确认

采用权益法核算时,在被投资企业实现净利润时,应按其持有股权比例计算确定其在被投资企业当期实现净利润中享有的份额,确认投资收益;而当被投资企业发生净亏损时,也应按其持有股权比例计算确定其在被投资企业当期发生的净亏损中应负担的份额,确认投资损失。进行具体会计处理时,应按其在被投资企业当期净利润中享有的份额,借记"长期股权投资——损益调整"科目,贷记"投资收益"科目,或按其在被投资企业当期净亏损中应负担的份额,借记"投资收益"科目,贷记"长期股权投资——损益调整"科目。

在确认投资收益或投资损失时,应注意的有:一是被投资企业采用的会计政策和会计期间与投资企业采用的会计政策和会计期间应当一致。如存在差异，则应按投资企业采用的会计政策和会计期间，对被投资企业的财务报表进行调整，然后在对被投资企业当期净损益进行调整的基础上计算确定当期投资收益或投资损失。二是当取得被投资企业股权时，被投资企业的可辨认资产和负债的账面价值与公允价值不一致时，应按账面价值与公允价值的差异，对被投资企业的当期损益进行调整，并以调整后被投资企业当期损益计算确定当期投资收益或投资损失。三是与联营企业或合营企业发生交易时，计算确定当期对联营企业或合营企业的投资收益还必须考虑未实现内部销售损益的影响。

3. 取得现金股利或利润的处理

采用权益核算时，企业在被投资企业宣告分派现金股利或利润时，应按其持有股权比例计算确定其在被投资企业宣告分派的现金股利或利润中享有的份额，调减长期股权投资的账面价值。进行具体会计处理时，在被投资企业宣告分派现金股利或利润时，应按持有股权比例计算确定在其中应分得的股利或利润的金额，借记"应收股利"科目，贷记"长期股权投资——损益调整"科目。

在这里应注意的是，对于被投资企业宣告分派的股票股利，由于分配股票股利只引起被投资企业所有者权益的结构发生变化，并不会引起被投资企业所有者权益总额发生变动，也不影响到企业在被投资企业所有者权益中拥有的份额发生变动，投资企业对此不需要进行会计处理。但在被投资企业分派股票股利后，企业持有的被投资企业的股份增加，应在股票股利除权时记录新增加的股份数量，以反映股份的变化情况。

4. 被投资企业其他综合收益变动的处理

被投资企业可能确认其他综合收益，从而导致其所有者权益发生增减变动。在长期股权投资采用权益法核算的情况下，为了使长期股权投资的账面价值反映其在被投资企业所有者权益中的变动情况，对于被投资企业确认的其他综合收益，应按其持有股权比例，确定应享有的份额，调整对该被投资企业长期股权投资的账面价值，同时确认其他综合收益。进行具体会计处理时，应按其在被投资企业当期确认的其他综合收益中享有的份额，借记"长期股权投资——其他综合收益"科目，贷记"其他综合收益"科目。

例4-9：接例4-8，甲公司持有乙公司30%的股份，对乙公司具有重大影响。乙公司20×1年度实现净利润3 000万元；因持有的可供出售金融资产公允价值变动确认其他综合收益的金额200万元；当年提取盈余公积700万元，宣告向股东分配现金股利1 800万元。甲公司和乙公司采用相同的会计政策和会计期间，双方之间未发生内部交易。

甲公司20×1年度对乙公司长期股权投资相关的会计处理如下：

（1）按乙公司当年实现净利润中享有的份额900万元（3 000×30%），确认投资收益并调整长期股权投资的账面价值。

  借：长期股权投资——损益调整   900
    贷：投资收益   900

（2）将乙公司当年确认的其他综合收益中享有的份额 60 万元（200 × 30%），确认其他综合收益并调整长期股权投资的账面价值。

  借：长期股权投资——其他综合收益   60
    贷：其他综合收益   60

（3）将乙公司当年宣告分派的现金股利中享有的份额 540 万元（1 800 × 30%），确认应收股利并调减长期股权投资的账面价值。

  借：应收股利——乙公司   540
    贷：长期股权投资——损益调整   540

上述会计处理后，甲公司 20×1 年 12 月 31 日对乙公司长期股权投资的账面价值为 7 920 万元（7 500 + 900 + 60 - 540）。

5. 被投资企业所有者权益的其他变动的处理

被投资企业的所有者权益，除实现净损益、确认其他综合收益以及利润分配引起其发生变动外，还可能由于其他原因导致其所有者权益发生增减变动。可能导致被投资企业所有者权益发生增减变动的其他因素主要包括被投资企业接受其他股东的资本性投入、被投资企业发行可分离交易的可转债中包含的权益成分、以权益结算的股份支付、其他股东对被投资企业增资等。对于这些因素引起的被投资企业的所有者权益的变动，企业应按其持有股权比例计算确定其在被投资企业所有者权益由这些因素产生的变动金额中享有的份额，调整长期股权投资的账面价值，并同时调整相关的资本公积（其他资本公积）。企业后续对该长期股权投资进行部分处置但对其剩余股权投资仍采用权益法核算时，应按处置比例将该确认的资本公积相应的部分结转为当期投资收益；当对处置后的剩余股权投资终止采用权益法核算时，则应将该确认的资本公积全部结转为当期投资收益。

例 4-10： 接例 4-9，20×2 年 1 月 1 日，乙公司为扩大生产规模，向丙公司定向增发 2 000 万股股份，每股价格为 3.2 元，收到丙公司投入的资金 6 400 万元。乙公司增资扩股后，其股东权益总额为 32 800 万元，其中股本为 12 000 万元，资本公积为 12 400 万元，盈余公积为 5 700 万元，未分配利润为 2 700 万元。甲公司持有乙公司的股权由 30% 降至 25%。

20×2 年度，乙公司全年实现净利润 4 000 万元，因持有的可供出售金融资产公允价值变动确认其他综合收益 260 万元。乙公司当年提取盈余公积 800 万元，宣告向股东分配现金股利 2 500 万元。

甲公司 20×2 年对乙公司长期股权投资相关的会计处理如下：

（1）20×2年1月1日，将乙公司当年增资扩股增加资本公积而产生的股东权益的变动，按新持股比例计算的其享有的份额，调增长期股权投资的账面价值。本例中，乙公司增资扩股后资本公积增加4 400万元（6 400 - 2 000），股东权益增至32 800万元，甲公司在乙公司股东权益中拥有的份额为8 200万元（32 800×25%）。因增资扩股，甲公司在乙公司股东权益中拥有的份额增加280万元（8 200 - 7 920）。对此，甲公司应将长期股权投资调增280万元，并确认资本公积。

　　借：长期股权投资——其他权益变动　　　　　　　　280
　　　　贷：资本公积　　　　　　　　　　　　　　　　　　　280

（2）20×2年12月31日，将乙公司当年实现净利润中享有的份额1 000万元（4 000×25%），确认投资收益并调整长期股权投资的账面价值。

　　借：长期股权投资——损益调整　　　　　　　　　1 000
　　　　贷：投资收益　　　　　　　　　　　　　　　　　　　1 000

（3）20×2年12月31日，将乙公司当年确认的其他综合收益中享有的份额65万元（260×25%），确认其他综合收益并调整长期股权投资的账面价值。

　　借：长期股权投资——其他综合收益　　　　　　　　65
　　　　贷：其他综合收益　　　　　　　　　　　　　　　　　65

（4）20×2年12月31日，将乙公司当年宣告分派的现金股利中享有的份额625万元（2 500×25%），确认应收股利并调减长期股权投资的账面价值。

　　借：应收股利——乙公司　　　　　　　　　　　　625
　　　　贷：长期股权投资——损益调整　　　　　　　　　　625

6. 被投资企业超额亏损的处理

长期股权投资采用权益法核算的情况下，对于被投资企业发生的净亏损，应按其持股比例计算确定分担的亏损金额，并确认投资损失。当被投资企业发生亏损时，企业应分担的被投资企业亏损额，原则上应以长期股权投资及其他实质上构成对被投资企业净投资的长期权益减记至零为限，但企业负有承担额外亏损义务的情况除外。这里"其他实质上构成对被投资企业净投资的长期权益"，通常是指长期应收项目，如对被投资企业的长期债权，该债权没有明确的清收计划、且在可预见的未来期间不准备收回，实质上构成对被投资企业的净投资。企业在其长期股权投资账面价值减记至零时，如果仍有未确认的投资损失，应以其他长期权益的账面价值为基础继续确认。

企业在确认对被投资企业投资损失后，被投资企业以后期间实现盈利的，应按以上相反顺序分别恢复其他长期权益和长期股权投资的账面价值，同时确认投资收益。即应当按顺序分别借记"长期应收款"、"长期股权投资"等科目，贷记"投资收益"科目。

第五节 长期股权投资后续会计处理的成本法与权益法的转换

一、股权投资由公允价值计量转为采用权益法核算

对于按照金融工具确认和计量准则进行会计处理的对被投资企业股权投资，因追加投资等原因导致持股比例上升，对被投资企业具有重大影响或共同控制的，应转为采用权益法核算。在转为采用权益法核算时，企业应按照金融工具确认和计量准则确定的原股权投资的公允价值加上追加投资取得新增投资支付对价的公允价值，作为转为采用权益法核算的长期股权投资的初始投资成本。如持有股权投资分类为可供出售金融资产的，在转为采用权益核算时，其公允价值与账面价值之间的差额，以及原计入其他综合收益的累计公允价值变动，应在转为采用权益法时结转为当期损益。

在上述会计处理的基础上，对计算确定的初始投资成本与按追加投资后的持股比例计算的在被投资企业可辨认净资产公允价值中享有的份额进行比较。初始投资成本低于应享有份额时，应按其差额调整长期股权投资的账面价值，并同时将其确认为当期营业外收入。

例 4-11：20×1 年 1 月 1 日，甲公司以 1 200 万元的价格购买取得乙公司 12% 的股权，并办理完毕相关转让手续。当日乙公司可辨认净资产公允价值为 8 000 万元。甲公司追加投资取得乙公司 12% 股权之前，甲公司持有乙公司 10% 的股权，其初始投资成本为 600 万元，甲公司将该股权作为可供出售金融资产核算。20×1 年 1 月 1 日该可供出售金融资产的账面价值为 1 000 万元，计入其他综合收益的累计公允价值变动为 400 万元。追加投资取得该股权后，甲公司能够对乙公司具有重大影响。

本例中，甲公司原持有乙公司 10% 的股权的公允价值为 1 000 万元，追加投资支付对价的公允价值为 1 200 万元，甲公司持有的乙公司 22% 的股权的初始投资成本为 2 200 万元。甲公司持有乙公司 22% 股权后在乙公司可辨认净资产公允价值中应享有的份额为 1 760 万元（8 000 万元×22%）。由于初始投资成本（2 200 万元）大于其在乙公司可辨认净资产公允价值拥有的份额（1 760 万元），甲公司无需调整长期股权投资的成本。由于对乙公司具有重大影响，甲公司在追加投资后对乙公司长期股权投资应采用权益法核算。

20×1 年 1 月 1 日，甲公司对乙公司长期股权投资的会计处理如下：

(1) 将采用权益法核算的长期股权投资的初始投资成本确认入账。

借：长期股权投资——投资成本　　　　　　　　2 200
　　贷：可供出售金融资产　　　　　　　　　　　　　　1 000
　　　　银行存款　　　　　　　　　　　　　　　　　　1 200

(2) 将原确认为其他综合收益确认的可供出售金融资产的公允价值变动结转当期投资收益。

借：其他综合收益　　　　　　　　　　　　　　400
　　贷：投资收益　　　　　　　　　　　　　　　　　　　400

二、股权投资由公允价值计量转为采用成本法核算

对于按照金融工具确认和计量准则进行会计处理的股权投资，因追加投资而取得对被投资企业控制权的，由此形成对被投资企业的控股合并，被投资企业成为投资企业的子公司，投资企业对于该被投资企业，即子公司的长期股权投资应转为采用成本法对其进行后续核算。对该股权投资转为采用成本法核算时，应以原股权投资的账面价值加上新增投资成本，作为转为采用成本法核算的长期股权投资的初始投资成本。

因追加投资而取得对被投资企业控制权，形成对被投资企业控股合并的，按照被投资企业与投资企业是否属于同一控制下的企业，对被投资企业的长期股权投资，可以划分为形成导致形成非同一控制下企业合并的长期股权投资和导致形成同一控制下企业合并的长期股权投资。对此，投资企业应分别导致形成非同一控制下企业合并的长期股权投资和导致形成同一控制下企业合并的长期股权投资，按企业会计准则中相应的规定进行会计处理。

在购买日前采用金融工具确认和计量原则进行会计处理的可供出售的金融资产原已计入其他综合收益的公允价值变动，应当在购买日将其结转为当期投资收益。

例 4 - 12：甲公司 20×1 年 1 月 1 日，以 2 000 万元（每股价格 4 元）购买取得丙公司股票 500 万股。甲公司以银行存款支付上述 2 000 万元购买款项，并以银行存款支付购买该股权发生的相关手续费 50 万元。此前甲公司与丙公司之间不存在关联方关系，购买后甲公司持有丙公司 5% 的股权。

20×3 年 1 月 1 日，甲公司收购丙公司 48% 的股权，共计 4 800 万股，每股价格为 5.4 元，购买价款为 25 920 万元。甲公司以银行存款支付上述购买价款 25 920 万元，另支付购买该股权发生的审计、法律服务、评估咨询等中介费用 800 万元。

收购丙公司 48% 的股权后，甲公司累计持有丙公司 53% 的股权，取得对丙

公司的控制权，丙公司成为甲公司的子公司。甲公司购买丙公司股权不属于一揽子交易。20×3年1月1日，丙公司可辨认净资产的公允价值为55 000万元。

丙公司的股票价格20×1年12月31日为每股4.5元，20×2年12月31日与20×3年1月1日均为每股5.4元。

本例有关会计处理如下：

（1）20×1年1月1日，由于取得丙公司5%的股权，甲公司应将取得的丙公司股权投资，作为可供出售金融资产核算。

借：可供出售金融资产　　　　　　　　　　　　2 050
　　贷：银行存款　　　　　　　　　　　　　　　　　2 050

（2）20×1年12月31日和20×2年12月31日，甲公司应分别将丙公司股票发生的公允价值变动，作为其他综合收益予以确认。

借：可供出售金融资产　　　　　　　　　　　　200
　　贷：其他综合收益　　　　　　　　　　　　　　　200
借：可供出售金融资产　　　　　　　　　　　　450
　　贷：其他综合收益　　　　　　　　　　　　　　　450

在购买日前，甲公司对持有的丙公司股权累计确认的综合收益为650万元，可供出售金融资产的账面价值为2 700万元（2 050+200+450）。

（3）20×3年1月1日，即购买日，甲公司追加投资取得的丙公司48%股权的投资成本25 920万元，应作为长期股权投资核算。本例中，丙公司购买日的可辨认净资产的公允价值为55 000万元，甲公司持有其53%的股权，在丙公司可辨认净资产公允价值中拥有的份额为29 150万元，高于追加投资后的长期股权投资的初始投资成本。同时，甲公司还应将原持有的丙公司5%的股权的账面价值2 700万元，从可供出售金融资产中划转为长期股权投资。至于购买日发生的中介费用800万元，甲公司应将其计入当期损益。

借：长期股权投资　　　　　　　　　　　　　　28 620
　　贷：银行存款　　　　　　　　　　　　　　　　　25 920
　　　　可供出售金融资产　　　　　　　　　　　　　2 700
借：管理费用　　　　　　　　　　　　　　　　800
　　贷：银行存款　　　　　　　　　　　　　　　　　800

（4）在购买日前，甲公司持有的丙公司5%的股权因持有期间其公允价值上涨累计确认其他综合收益650万元，应将其结转为当期投资收益。

借：其他综合收益　　　　　　　　　　　　　　650
　　贷：投资收益　　　　　　　　　　　　　　　　　650

三、股权投资由权益法核算转为采用成本法核算

对于对联营企业、合营企业长期股权投资,因追加投资而取得对被投资企业控制权的,被投资企业由联营企业、合营企业成为子公司,投资企业应对原联营企业、合营企业的股权投资转为采用成本法核算。对该股权投资转为采用成本法核算时,应以原股权投资的账面价值加上新增投资成本,作为转为采用成本法核算的长期股权投资的初始投资成本。

因追加投资而取得对被投资企业控制权,形成对被投资企业控股合并的,按照被投资企业与投资企业是否属于同一控制下的企业,对被投资企业的长期股权投资,可以划分为导致形成非同一控制下企业合并的长期股权投资和导致形成同一控制下企业合并的长期股权投资。对此,投资企业应分别导致形成非同一控制下企业合并的长期股权投资和导致形成同一控制下企业合并的长期股权投资,按企业会计准则中相应的规定进行会计处理。

企业通过多次交易追加投资实现非同一控制下企业合并的,应当按照原持有的被投资企业股权投资的账面价值加上追加投资的新增投资成本,作为取得控制权日(购买日)对该被投资企业长期股权投资的初始投资成本。对于购买日前采用权益法核算的长期股权投资,其账面价值反映其在被投资企业权益的增减变动情况。根据权益法核算的要求,采用权益法核算的长期股权投资的账面价值,包括长期股权投资的初始投资成本,持有后根据被投资企业实现净利润和股利或利润分配情况确认的损益调整,另外还包括被投资企业确认的其他综合收益中所拥有的份额。此时,应根据购买日前采用权益法核算的长期股权投资的账面价值,加上购买日追加投资新增的投资成本作为购买日对该被投资企业长期股权投资的初始投资成本,即作为对该子公司长期股权投资的初始投资成本。至于购买日前该股权投资确认的其他综合收益,在购买日前的长期股权投资采用权益法核算的情况下,在购买日对其不需要作特别的处理。

例 4 – 13:甲公司 20×1 年 1 月 1 日,以 13 100 万元的价格购买取得 B 公司 30% 的股权。购买该股权的价款以银行存款支付。当日,B 公司股东权益总额为 32 000 万元,其中股本为 20 000 万元,资本公积为 8 000 万元,盈余公积为 1 200 万元,未分配利润为 2 800 万元。甲公司与 B 公司为非同一控制下的企业,甲公司取得 B 公司 30% 的股权后,对其有重大影响。

B 公司 20×1 年度实现净利润 10 500 万元。经公司董事会提议并经股东会批准 20×1 年度提取盈余公积 2 000 万元,向股东分配现金股利 4 500 万元。

甲公司考虑到产业链的完整性和未来发展的需要,20×2 年 1 月 1 日追加投资 14 000 万元,购买取得 B 公司 25% 的股权。甲公司购买该股权的价款已以银

行存款支付。B公司当日股东权益总额（账面价值）为38 000万元，其中股本为20 000万元，资本公积为8 000万元，盈余公积为3 200万元，未分配利润为6 800万元；当日净资产（股东权益）的公允价值为44 000万元。

本例相关的会计处理如下：

(1) 20×1年1月1日，甲公司取得B公司30%股权的投资成本为13 100万元，在B公司股东权益中拥有的份额为9 600万元。甲公司应当以确定的投资成本，将对B公司的股权投资入账。

借：长期股权投资——投资成本　　　　　　　　13 100
　　贷：银行存款　　　　　　　　　　　　　　　　13 100

(2) 20×1年12月31日。甲公司持有B公司30%的股权，对其有重大影响，应采用权益法对B公司长期股权投资进行核算。B公司20×1年度实现净利润10 500万元，甲公司应将其在其中所享有的份额3 150万元确认为投资收益；B公司20×1年度宣告分派现金股利4 500万元，甲公司应按其享有的份额1 350万元调整长期股权投资的账面价值。

借：长期股权投资——损益调整　　　　　　　　3 150
　　贷：投资收益　　　　　　　　　　　　　　　　3 150
借：应收股利　　　　　　　　　　　　　　　　1 350
　　贷：长期股权投资——损益调整　　　　　　　　1 350

经过上述会计处理后，甲公司20×1年12月31日对B公司长期股权投资的账面价值为14 900万元（13 100 + 3 150 − 1 350）。而按其持有B公司30%的股权，甲公司在B公司股东权益中所拥有的份额为11 400万元（38 000×30%）。

(3) 20×2年1月1日，甲公司追加投资取得B公司25%的股权后，甲公司累计持有B公司55%的股权，取得对B公司的控制权。此时，甲公司以20×2年1月1日为购买日，实现对B公司的控股合并。由于取得B公司控制权前甲公司与B公司不属于同一控制下的企业，甲公司取得对B公司的控制权，属于分步方式实现非同一控制下的企业合并。甲公司应将取得B公司25%的股权作为长期股权投资确认入账。

①确定合并成本。通过多次交易分步实现非同一控制下企业合并的，应以购买日前持被合并企业的股权投资的账面价值与购买日新增投资成本之和，作为长期股权投资的初始投资成本。本例中，在追加投资取得该B公司25%的股权前，甲公司对B公司长期股权投资的账面价值为14 900万元（13 100 + 3 150 − 1 350）；此次追加投资取得B公司25%的股权发生的新增投资成本为14 000万元，取得B公司55%股权后对B公司长期股权投资的初始投资成本为28 900万元，即合并成本为28 900万元。

②将追加投资取得的B公司25%的股权，作为长期股权投资确认入账。

借：长期股权投资——投资成本　　　　　　　　　　　　　　14 000
　　　贷：银行存款　　　　　　　　　　　　　　　　　　　　14 000

企业通过追加投资分步取得同一控制下被投资企业的股权投资，最终形成企业合并的，在取得控制权日（即合并日），首先应根据追加投资后对被投资企业取得控制权日在被投资企业所有者权益账面价值中应享有的份额，确定长期股权投资的初始投资成本；其次对于确定的长期股权投资初始投资成本与合并对价账面价值之间的差额，应调整资本公积（资本溢价或股本溢价），资本公积不足冲减的，冲减留存收益。在这里，合并对价的账面价值是指追加投资取得被投资企业控制权日之前股权投资的账面价值，加上追加投资取得被投资企业新增股权支付的对价后的金额。

至于企业追加投资过程中发生的审计、法律服务、评估咨询等中介费用以及其他相关费用，应在发生时计入当期损益。购买方作为合并对价发行权益性工具或债务性工具发生的发行费用，应当计入权益性工具或债务性工具的初始确认金额。

例 4-14：甲公司 20×1 年 1 月 1 日，以 11 000 万元的价格取得 B 公司 30% 的股权。甲公司购买该股权的价款以银行存款支付。当日，B 公司股东权益总额为 32 000 万元，其中股本为 20 000 万元，资本公积为 8 000 万元，盈余公积为 1 200 万元，未分配利润为 2 800 万元。甲公司与 B 公司为同一控制下的企业。

B 公司 20×1 年度实现净利润 10 500 万元。经公司董事会提议并经股东会批准 20×1 年度提取盈余公积 2 000 万元，向股东分配现金股利 4 500 万元。

20×2 年 1 月 1 日，甲公司为实现对 B 公司的控制，追加投资购买取得 B 公司 25% 的股权，购买价款为 10 000 万元，款项已以银行存款支付。B 公司当日股东权益总额为 38 000 万元，其中股本为 20 000 万元，资本公积为 8 000 万元，盈余公积为 3 200 万元，未分配利润为 6 800 万元。甲公司通过此次追加投资购买 B 公司 25% 的股权后，累计持有 B 公司 55% 的股权，自 20×2 年 1 月 1 日取得对 B 公司的控制权。

本例有关会计处理如下：

（1）20×1 年 1 月 1 日，甲公司取得 B 公司 30% 股权的初始投资成本为 11 000 万元，在 B 公司股东权益中拥有的份额为 9 600 万元，按照现行企业会计准则，甲公司应当将其作为一般的长期股权投资进行核算。

借：长期股权投资——投资成本　　　　　　　　　　　　　　11 000
　　　贷：银行存款　　　　　　　　　　　　　　　　　　　　11 000

（2）20×1 年 12 月 31 日，甲公司应按权益法核算的要求，将对 B 公司长期股权投资所实现的投资收益入账。B 公司 20×1 年实现净利润 10 500 万元，向股东分配现金股利 4 500 万元。在采用权益法核算的情况下，甲公司应确认对 B 公司长期股权投资的投资收益 3 150 万元（10 500×30%），并按 B 公司已宣告分配现金股利中享有的份额 1 350 万元，确认应收债权并调整长期股权投资的账面价值。

借：长期股权投资——损益调整　　　　　　　　　　　3 150
　　贷：投资收益　　　　　　　　　　　　　　　　　　3 150
借：应收股利　　　　　　　　　　　　　　　　　　　　1 350
　　贷：长期股权投资——损益调整　　　　　　　　　　1 350

经过上述会计处理后，甲公司 20×1 年 12 月 31 日对 B 公司长期股权投资账面价值为 12 800 万元（11 000+3 150-1 350），而其在 B 公司股东权益中所拥有的金额为 11 400 万元，两者之间的差额为 1 400 万元。

(3) 20×2 年 1 月 1 日，甲公司应将对 B 公司追加投资确认入账。

借：长期股权投资——投资成本　　　　　　　　　　　10 000
　　贷：银行存款　　　　　　　　　　　　　　　　　　10 000

(4) 甲公司追加对 B 公司投资后，持有 B 公司 55% 的股权，形成同一控制下企业合并。合并日的合并对价的账面价值总额为 22 800 万元（12 800+10 000），而 B 公司当日股东权益总额为 38 000 万元。甲公司按持有 B 公司 55% 的股权计算，在 B 公司股东权益的账面价值中持有的份额为 20 900 万元（38 000×55%），即甲公司持有 B 公司 55% 股权的长期股权投资的投资成本为 20 900 万元。至于合并对价的账面价值与投资成本之间的差额 1 900 万元（22 800-20 900），应冲减资本公积。

借：资本公积　　　　　　　　　　　　　　　　　　　　1 900
　　贷：长期股权投资——投资成本　　　　　　　　　　1 900

通过上述会计处理后，甲公司对 B 公司长期股权投资的账面价值为 20 900 万元（22 800-20 900），与 B 公司股东权益中所拥有的份额相等。

四、股权投资由权益法核算转为以公允价值计量

原持有的对被投资企业具有重大影响或共同控制的长期股权投资，因处置部分股权投资等原因导致持股比例下降，不能对被投资企业具有重大影响或共同控制的，剩余股权投资应转为按金融工具确认和计量准则进行会计处理，以公允价值对持有的剩余股权进行计量。

在股权投资改按金融工具确认和计量准则进行处理时，应以该股权投资的公允价值作为其账面价值；在丧失重大影响或共同控制时的公允价值与账面价值之间的差额，应计入当期损益；原采用权益法核算确认的其他综合收益，应在终止采用权益法核算时，采用与被投资企业直接处置相关资产或负债相同的基础进行

会计处理;因被投资企业除净损益、其他综合收益和利润分配以外的其他所有者权益变动而确认的所有者权益,应当在终止采用权益法核算时全部转入当期损益。

例 4-15:甲公司原持有乙公司 30% 的股权,对于其具有重大影响,将其作为长期股权投资并采用权益法核算。20×2 年 10 月,甲公司将该项股权投资中持有的乙公司 20% 的股权转让给丙公司,取得转让价款 2 400 万元。甲公司与丙公司不存在关联关系,转让乙公司 20% 的股权的相关转让手续已于当日办理完毕。该股权转让后,甲持有乙公司的股权下降至 10%,对乙公司不具有重大影响。

20×2 年 10 月,转让乙公司 20% 股权前,甲公司该长期股权投资的账面价值为 3 240 万元,其中投资成本 2 580 万元,损益调整为 344 万元,其他综合收益为 200 万元(该其他综合收益系乙公司可供出售金融资产的累计公允价值变动产生的)。剩余股权的公允价值为 1 200 万元。

本例中,甲公司有关会计处理如下:

(1)确认甲公司转让乙公司 20% 的股权的长期股权投资的转让损益。本例中因转让而转销的长期股权投资账面价值为 2 160 万元(3 240×20%÷30%)。

借:银行存款 2 400
　　贷:长期股权投资 2 160
　　　　投资收益 240

(2)因终止权益法核算,将甲公司原长期股权投资账面价值中确认的其他综合收益全部转入当期投资损益。

借:其他综合收益 200
　　贷:投资收益 200

(3)将转让后甲公司持有乙公司 10% 的股权投资转为可供出售金融资产。当日该股权投资的公允价值为 1 200 万元,账面价值为 1 080 万元,两者之间的差额计入当期投资收益。

借:可供出售金融资产 1 200
　　贷:长期股权投资 1 080
　　　　投资收益 120

五、股权投资由成本法核算转为以公允价值计量

原持有的对被投资企业具有控制的长期股权投资,因部分处置等原因导致持股比例下降,不能再对被投资企业控制、共同控制或具有重大影响的,应将股权投资由成本法核算转为按金融工具确认和计量准则进行会计处理。在转为按金融工具确认和计量准则对股权投资进行会计处理时,应按剩余股权投资在丧失控制

权日的公允价值进行计量；公允价值与账面价值之间的差额，应将其结转为当期投资收益。至于转让出售股权结转的出售成本，则根据剩余股权与转让股权的比例对原长期股权投资的账面价值进行分配计算确定。

例 4-16：甲公司原持有乙公司 60% 股权，对乙公司拥有控制权，对该股权投资采用成本法核算。甲公司取得乙公司 60% 股权时的初始投资成本为 6 000 万元，乙公司可辨认资产和负债的公允价值与其账面价值相同。

20×2 年 1 月 10 日，甲公司将持有的乙公司 50% 的股权转让出售，收到转让价款 9 000 万元。购买该股权的丙公司与甲公司不存在关联关系，有关该股权转让相关的手续于当日办理完毕。转让后，甲公司剩余持有的乙公司股权投资的公允价值为 1 800 万元，对乙公司不再拥有控制权、共同控制权和重大影响。

甲公司对乙公司股权投资相关的会计处理如下：

（1）对转让出售乙公司 50% 的股权进行会计处理，确认股权投资转让产生的损益。转让出售该股权前，持有乙公司 60% 的股权时该长期股权投资的账面价值为 6 000 万元，转让乙公司 50% 股权相对应的转让成本为 5 000 万元。

借：银行存款　　　　　　　　　　　　　　　9 000
　　贷：长期股权投资　　　　　　　　　　　　5 000
　　　　投资收益　　　　　　　　　　　　　　4 000

（2）对剩余持有的股权投资由成本法转为以公允价值计量。甲公司剩余持有的乙公司 10% 的股权，不能控制和共同控制乙公司，也对乙公司不具有重大影响，应作为可供出售金融资产核算。剩余股权投资在转让日的公允价值为 1 800 万元，账面价值为 1 000 万元，两者之间的差额 800 万元则作为当期投资收益处理。

借：可供出售金融资产　　　　　　　　　　　1 800
　　贷：长期股权投资　　　　　　　　　　　　1 000
　　　　投资收益　　　　　　　　　　　　　　　800

六、股权投资由成本法核算转为采用权益法核算

因处置投资等原因导致对被投资企业丧失控制权，导致原子公司成为联营企业或合营企业时，应将原采用的成本法核算改为采用权益法核算该股权投资。

在将原采用成本法核算的股权投资转为采用权益法核算时，首先应按处置投资的比例结转应终止确认的长期股权投资成本；其次对剩余长期股权投资的成本与按照剩余持股比例计算的在被投资企业可辨认净资产公允价值中享有的份额进行比较，前者大于后者的，属于投资作价中体现的商誉部分，不调整长期股权投资的账面价值；前者小于后者的，在调整长期股权投资成本的同时，调整留存

收益。

对于原投资取得日至投资处置日之间被投资企业实现净损益中应享有的份额，应当调整长期股权投资的账面价值，其中原投资取得日至投资处置日当期期初被投资企业实现的净损益（扣除已宣告发放的现金股利或利润）中应享有的份额，应调整留存收益；投资处置当期期初至投资处置日被投资企业实现的净损益中享有的份额，应调整当期损益；在被投资企业其他综合收益变动中应享有的份额，在调整长期股权投资账面价值的同时，应将其计入其他综合收益；除净损益、其他综合收益和利润分配外的其他原因导致被投资企业所有者权益的其他变动中应享有的份额，在调整长期股权投资账面价值的同时，应调整资本公积（其他资本公积）。

股权投资由采用成本法核算转为采用权益法核算后，在以后期间应按权益法核算的要求，计算确认在被投资企业实现的净损益、其他综合收益和所有者权益其他变动中享有的份额，并进行相应会计处理。

例4-17：20×3年7月1日，甲公司将其持有的对乙公司25%股权，以3 600万元的价格转让出售给丙公司，并于当日办理完毕相关的转让手续。甲公司与丙公司不存在关联关系。转让乙公司25%的股权后，甲公司对乙公司不再控制，但对其具有重大影响。当日乙公司可辨认净资产公允价值总额为16 000万元。

甲公司对乙公司长期股权投资系20×1年1月1日与丙公司合资建立乙公司而形成的，甲公司拥有乙公司60%的股权，对乙公司拥有控制权。甲公司自取得之日起，对乙公司长期股权投资采用成本法进行核算，其初始投资成本5 400万元。甲公司与丙公司合资兴建乙公司时，乙公司股东权益总额为9 000万元。

至20×3年1月1日，乙公司累计实现净利润3 800万元，累计向投资者分配现金股利2 000万元；20×3年1月1日至6月30日，乙公司实现净利润800万元。

20×3年6月30日，乙公司股东权益总额为11 600万元；甲公司对乙公司长期股权投资的账面价值为5 400万元。

转让乙公司25%的股权后，甲公司继续持有乙公司35%的股权，对乙公司仍具有重大影响。甲公司每年按净利润的10%计提盈余公积。

本例中，甲公司对乙公司长期股权投资的有关会计处理如下：

（1）将转让出售乙公司25%股权确认入账，并确认转让该股权产生的损益。本例中，甲转让乙公司25%的股权的成本为2 250万元（9 000×25%）。

借：银行存款　　　　　　　　　　　　　　　　3 600
　　贷：长期股权投资　　　　　　　　　　　　　2 250
　　　　投资收益　　　　　　　　　　　　　　　1 350

（2）调整长期股权投资账面价值。甲公司剩余持有的对乙公司长期股权投资的账面价值（投资成本）为3 150万元，乙公司设立至20×3年1月1日，累计实现净利润减去累计分配现金股利后的余额为1 800万元，甲公司剩余持有的乙公司35%的股权享有的金额为630万元，应按该金额调增长期股权投资的账面价值，并调整留存收益，其中63万元（630×10%）应调整盈余公积，567万元应调整未分配利润。20×3年1月1日至20×3年6月30日，乙公司实现的净利润800万元中甲公司剩余持有35%的股权享有的份额为280万元，应调增对乙公司长期股权投资的账面价值。

借：长期股权投资　　　　　　　　　　　　　910
　　贷：盈余公积　　　　　　　　　　　　　　63
　　　　利润分配——未分配利润　　　　　　 567
　　　　投资收益　　　　　　　　　　　　　 280

经过上述处理后，20×3年6月30日甲公司剩余持有的乙公司35%的股权采用权益法核算的账面价值为4 060万元（3 150 + 630 + 280）。乙公司当日股东权益总额为11 600万元，甲公司在其中拥有的份额为4 060万元。甲公司20×3年6月30日对乙公司长期股权投资的账面价值与其在乙公司股东权益中拥有的份额相等。

第五章

长期股权投资与所有者权益的合并处理（一）

一般情况下，企业取得子公司的途径主要有两条：一是通过企业合并，对现有企业的股权进行并购，使其成为子公司，这里包括购买同一控制下的企业的股权使其成为子公司、购买非同一控制下的企业的股权使其成为子公司两种情况。二是直接投资组建新的被投资企业使其成为子公司，这里包括单独投资组建全资子公司、与其他企业合资组建非全资子公司等情况。对于同一控制下企业合并而取得的子公司，母公司对于子公司的资产和负债按合并日子公司各项资产和负债的账面价值计量，在编制合并财务报表时也不涉及按公允价值对子公司个别财务报表调整的问题。而对母公司非同一控制下企业合并取得的子公司，企业会计准则要求按购买日公允价值对被购买方企业的资产、负债等进行计量，在编制合并财务报表时以购买日确定的各项可辨认资产、负债的公允价值为基础对子公司的财务报表进行调整。也就是说，在编制合并财务报表时，对于子公司提供的个别财务报表，需要按照购买日其资产、负债等的公允价值进行调整后，才能用于编制合并财务报表。至于直接投资组建的子公司，其各项资产和负债在一般情况下均按取得成本作为其账面价值，并在其个别财务报表中反映，因而不涉及按公允价值进行调整的问题，对其进行合并与同一控制下取得的子公司合并相同。

为了便于读者理解合并财务报表的编制原理，本章先以同一控制下取得的子公司为例讲解长期股权投资与所有者权益的抵销处理，以及合并资产负债表、合并利润表及合并所有者权益变动表的编制。然后以此为基础，介绍非同一控制下取得的子公司的长期股权投资与所有者权益的抵销处理及合并财务报表的编制。

第一节 同一控制下取得子公司合并日合并财务报表的编制

一、同一控制下取得子公司时的长期股权投资的核算

企业通过在市场购买取得被投资企业的股权，当购买取得的股权达到能够控制被投资企业时，则形成企业合并。如果购买取得的股权是同一控制下的其他企业的股权，这一企业合并则属于同一控制下的企业合并。如果购买取得的股权是非同一控制下的其他企业的股权，这一企业合并则属于非同一控制下的企业合并。本章首先论述取得同一控制下其他企业的股权的核算。

同一控制下的企业合并，是指在合并前后均受同一方或相同的多方控制下企业之间发生的企业合并行为。在同一控制下的参与企业合并的企业属于关联方，相互之间发生的企业合并交易属于关联方交易。企业会计准则对同一控制下企业合并的会计处理专门作了规定。根据企业会计准则的规定，同一控制下的企业合并，母公司以支付现金、转让非现金资产或承担债务方式作为合并对价的，在合并日按照取得被合并方（即子公司）所有者权益账面价值的份额作为长期股权投资的初始投资成本。长期股权投资初始投资成本与支付的现金、转让的非现金资产以及所承担债务账面价值之间的差额，调整资本公积；资本公积不足冲减的，调整留存收益。母公司以发行权益性证券作为合并对价的，在合并日按照取得子公司所有者权益账面价值的份额作为长期股权投资的初始投资成本。按照发行股份的面值总额作为股本，长期股权投资初始投资成本与所发行股份面值总额之间的差额则调整资本公积；资本公积不足冲减的，调整留存收益。

例 5-1：甲公司 20×1 年 1 月 1 日以 28 600 万元的价格取得 A 公司 80% 的股权。甲公司在购买 A 公司过程中发生审计、评估和法律服务等相关费用 120 万元。上述价款均以银行存款支付。甲公司与 A 公司均为同一控制下的企业。A 公司采用的会计政策与甲公司一致。A 公司 20×2 年 1 月 1 日的资产负债表见表 5-2 中 A 公司的数据。

由于甲公司与 A 公司均为同一控制下的企业，按同一控制下企业合并的规定进行处理。根据 A 公司资产负债表，A 公司股东权益总额为 32 000 万元，其中股本为 20 000 万元，资本公积 8 000 万元，其他综合收益为 0，盈余公积为 1 200 万元，未分配利润为 2 800 万元。合并后，甲公司在 A 公司股东权益中所拥有的份额为 25 600 万元。A 公司股东权益中不属于甲公司所拥有的份额，则属于少数

股东权益。少数股东权益是相对于多数股东权益而言的,本例中则是相对甲公司拥有 A 公司多数股权而言的。甲公司对 A 公司长期股权投资的初始投资成本为 28 600 万元。至于购买该股权过程中发生的审计、评估等相关费用,则直接计入当期损益,即计入当期管理费用。对于该长期股权投资,其账务处理如下:

借:长期股权投资——A 公司　　　　　　　　　　25 600
　　管理费用　　　　　　　　　　　　　　　　　　　120
　　资本公积——股本溢价　　　　　　　　　　　　3 000
　　贷:银行存款　　　　　　　　　　　　　　　　　　　28 720

在同一控制下取得子公司长期股权投资后,母公司采用成本法对其核算,并以成本法核算的结果在母公司个别财务报表之中反映。在采用成本法对长期股权投资进行核算的情况下,长期股权投资在以其取得成本入账后,持有期间一直以取得成本进行记录;当被投资企业宣告分派现金股利时,则按其宣告分派的现金股利中享有的金额,确认当期投资收益。而在被投资企业当年实现净利润但未宣告分派现金股利的情况下,不需要确认投资收益。

例 5 – 2:接例 5 – 1。A 公司 20×1 年全年实现净利润 10 500 万元,经公司董事会提议并经股东会批准,20×1 年提取盈余公积 2 000 万元,向股东宣告分派现金股利 4 500 万元。由于 A 公司系甲公司拥有其 80% 股权的子公司,在日常核算中,甲公司对该长期股权投资采用成本法进行核算。

本例中,甲公司只能对 A 公司宣告分派的现金股利中属于自己享有的部分,作为投资收益入账。其账务处理如下:

借:应收股利——A 公司　　　　　　　　　　　　3 600
　　贷:投资收益　　　　　　　　　　　　　　　　　　3 600

通过上述账务处理后,甲公司在 20×1 年 12 月 31 日编制个别资产负债表中对 A 公司长期股权的账面价值为 25 600 万元;在 20×1 年度利润表中对 A 公司投资收益的金额为 3 600 万元。

二、合并日合并财务报表的编制

根据企业会计准则,母公司需要在合并日编制合并日的合并资产负债表。母公司将购买取得的子公司股权登记入账后,就可以编制合并日的合并资产负债表。编制合并日合并资产负债表时,只需将对子公司长期股权投资与子公司所有者权益中母公司所拥有的份额相抵销。在合并日,不需要编制合并资产负债表以外的其他合并财务报表。

例 5 – 3:接例 5 – 1,甲公司按照企业会计准则的规定,在 20×1 年 1 月 1 日对 A 公司长期股权投资进行相应的账务处理,并编制了 20×1 年 1 月 1 日的资产负债表。甲公司编制的 20×1 年 1 月 1 日的资产负债表和 A 公司 20×1 年 1 月 1 日的个别资产负债表如表 5-1 所示：

表 5-1　　　　　　　　　　　　　资产负债表

会企 01 表

编制单位：甲公司、A 公司　　　　20×1 年 1 月 1 日　　　　　　　　　单位：万元

资产	甲公司	A公司	负债和股东权益	甲公司	A公司
流动资产：			流动负债：		
货币资金	9 000	4 200	短期借款	12 000	5 000
交易性金融资产	4 000	1 800	交易性金融负债	3 800	0
应收票据	5 700	3 000	应付票据	10 000	3 000
应收账款	6 000	4 000	应付账款	18 000	4 200
减：坏账准备	200	80	预收款项	3 000	1 300
应收账款净额	5 800	3 920	应付职工薪酬	6 000	1 600
预付款项	2 000	880	应交税费	2 000	1 200
应收股利	4 200	0	应付股利	4 000	4 000
其他应收款	0	0	其他应付款	0	0
存货	31 000	20 000	其他流动负债	1 200	700
其他流动资产	1 300	1 200	流动负债合计	60 000	21 000
流动资产合计	62 000	35 000			
			非流动负债：		
非流动资产：			长期借款	4 000	3 000
可供出售金融资产	11 400	0	应付债券	20 000	2 000
持有至到期投资	10 000	0	长期应付款	2 000	
长期股权投资	25 600	0	其他非流动负债		
固定资产原价	30 000	20 000	非流动负债合计	26 000	5 000
减：累计折旧	9 000	2 000	负债合计	86 000	26 000
固定资产净值	21 000	18 000			
在建工程	20 000	3 400	股东权益：		
无形资产	4 000	1 600	股本	40 000	20 000
商誉	2 000		资本公积	10 000	8 000
其他非流动资产			其他综合收益	0	0
非流动资产合计	94 000	23 000	盈余公积	11 000	1 200
			未分配利润	9 000	2 800
			股东权益合计	70 000	32 000
资产总计	156 000	58 000	负债和股东权益总计	156 000	58 000

在本例中，对于甲公司为购买 A 公司所发生的审计及评估等费用实际上已支付给会计师事务所等中介机构，不属于甲公司与 A 公司所构成的企业集团内部交易，不涉及抵销处理的问题。故在编制合并财务表时，只需要将甲公司对 A 公司的长期股权与 A 公司的所有者权益中所拥有的份额予以抵销。至于 A 公司所有

者权益中除甲公司拥有份额以外的金额6 400万元,属于A公司少数股东拥有的权益,在编制合并财务报表时应转为少数股东权益。按照现行企业会计准则,少数股东权益在合并资产负债表中的"股东权益"部分列示。

编制合并日合并资产负债表时,其合并抵销处理如下:

借:股本　　　　　　　　　　　　　　　　　　　　20 000
　　资本公积　　　　　　　　　　　　　　　　　　 8 000
　　盈余公积　　　　　　　　　　　　　　　　　　 1 200
　　未分配利润　　　　　　　　　　　　　　　　　 2 800
　　贷:长期股权投资　　　　　　　　　　　　　　　25 600
　　　　少数股东权益　　　　　　　　　　　　　　 6 400

根据上述抵销分录,编制合并工作底稿如表5-2所示:

表5-2　　　　　　　　　　　　合并工作底稿
20×1年1月1日　　　　　　　　　　　　　　　　　　　单位:万元

项　目	甲公司	A公司	合计数	抵销分录		少数股东权益	合并数
				借方	贷方		
流动资产:							
货币资金	9 000	4 200	13 200				13 200
交易性金融资产	4 000	1 800	5 800				5 800
应收票据	4 700	3 000	7 700				7 700
应收账款	6 000	4 000	10 000				10 000
减:坏账准备	200	80	280				280
应收账款净额	5 800	3 920	9 720				9 720
预付款项	2 000	880	2 880				2 880
应收股利	4 200	0	4 200				4 200
其他应收款	0	0	0				0
存货	31 000	20 000	51 000				51 000
其他流动资产	1 300	1 200	2 500				2 500
流动资产合计	62 000	35 000	97 000				97 000
非流动资产:							
可供出售金融资产	11 400	0	11 400				11 400
持有至到期投资	10 000	0	10 000				10 000
长期股权投资	25 600	0	25 600		25 600		0
固定资产原价	30 000	20 000	50 000				50 000
减:累计折旧	9 000	2 000	11 000				11 000
固定资产净值	21 000	18 000	39 000				39 000
在建工程	20 000	3 400	23 400				23 400
无形资产	4 000	1 600	5 600				5 600

第五章 长期股权投资与所有者权益的合并处理（一）

续表

项目	甲公司	A公司	合计数	抵销分录 借方	抵销分录 贷方	少数股东权益	合并数
商誉	2 000		2 000				2 000
其他非流动资产							
非流动资产合计	94 000	23 000	117 000		25 600		91 400
资产总计	156 000	58 000	214 000		25 600		188 400
流动负债：							
短期借款	12 000	5 000	17 000				17 000
交易性金融负债	3 800	0	3 800				3 800
应付票据	10 000	3 000	13 000				13 000
应付账款	18 000	4 200	22 200				22 200
预收款项	3 000	1 300	4 300				4 300
应付职工薪酬	6 000	1 600	7 600				7 600
应交税费	2 000	1 200	3 200				3 200
应付股利	4 000	4 000	8 000				8 000
其他应付款	0	0	0				0
其他流动负债	1 200	700	1 900				1 900
流动负债合计	60 000	21 000	81 000				81 000
非流动负债：							
长期借款	4 000	3 000	7 000				7 000
应付债券	20 000	2 000	22 000				22 000
长期应付款	2 000		2 000				2 000
其他非流动负债	0	0	0				0
非流动负债合计	26 000	5 000	31 000				31 000
负债合计	86 000	26 000	112 000				112 000
股东权益：							
股本	40 000	20 000	60 000	20 000			40 000
资本公积	10 000	8 000	18 000	8 000			10 000
其他综合收益	0	0	0	0			0
盈余公积	11 000	1 200	12 200	1 200			11 000
未分配利润	9 000	2 800	11 800	2 800			9 000
股东权益合计	70 000	32 000	102 000	32 000			70 000
少数股东权益						6 400	6 400
负债和股东权益总计	156 000	58 000	214 000	32 000	32 000		188 400

第二节 同一控制下取得子公司合并日后合并财务报表的编制

在取得子公司后,子公司在母公司的控制下从事经营活动,并按照母公司统一的会计政策进行日常核算,编制个别财务报表。根据现行会计准则,母公司在取得子公司后,应当将所有子公司的财务报表予以合并,编制和对外报送合并财务报表。

编制合并日后合并财务报表时,首先应将母公司对子公司长期股权投资由按成本法核算的结果调整为权益法核算的结果,使母公司对子公司长期股权投资项目反映其在子公司所有者权益中所拥有权益的变动情况;其次对母公司对子公司长期股权投资与子公司所有者权益项目,以及其他内部交易相关的项目进行抵销处理,将内部交易对个别财务报表的影响予以抵销;最后在编制合并工作底稿的基础上,编制合并财务报表。

一、子公司长期股权投资成本法核算结果的调整

母公司在日常会计核算中,对子公司长期股权投资采用成本法核算,在其个别财务报表中长期股权投资是以成本法核算的结果反映的,即在其个别资产负债表中长期股权投资项目反映的是对子公司的初始投资成本,而不是其在子公司所有者权益中所拥有的份额。同时,在母公司个别利润表投资收益项目中,对子公司投资收益反映的是子公司当期宣告分派的现金股利中母公司所享有的数额,也不是子公司当期实现的净利润中所享有的份额。

母公司在编制合并财务报表时,首先必须编制调整分录,将母公司对子公司长期股权投资由成本法核算的结果调整为权益法核算的结果,使母公司对子公司长期股权投资反映其在子公司所有者权益中所拥有的份额,使利润表中对子公司的投资收益反映其在子公司当期实现的净利润中所持有的份额。从理论上说,母公司可以按照权益法核算的要求,按照对子公司长期股权投资调整为权益法核算的结果,重新编制一份当期母公司的财务报表,用于编制合并财务报表。但目前一般的做法是在合并工作底稿中,按照权益法核算的要求,通过编制调整分录,将长期股权投资成本法核算的结果调整为权益法核算的结果,然后在此基础上再编制内部交易抵销调整分录,将母公司与子公司、子公司相互之间的内部交易对个别财务报表的影响抵销后编制合并财务报表。

将成本法核算的结果调整为权益法核算的结果时,母公司应当自取得对子公

司控制的年度开始,逐年按照子公司当年实现的净利润中属于自己享有的份额,调整增加对子公司长期股权投资的金额,并调整增加当年投资收益;对于子公司当年分派的现金股利或宣告分派的股利中自己享有的份额,则调整冲减长期股权投资的金额,同时调整减少原投资收益。之所以要按子公司当年分派或宣告分派的现金股利调整减少投资收益,是因为在成本法核算的情况下,母公司在当年的财务报表中已按子公司分派或宣告分派的现金股利或利润确认投资收益。如果子公司当年发生净亏损,则按照上述程序,按子公司当年净亏损额中母公司应承担的亏损金额,调减母公司对子公司长期股权投资的金额和投资收益的金额。

在取得对子公司控制的第二年,将成本法核算的结果调整为权益法核算的结果时,则在调整计算第一年年末权益法核算的对子公司长期股权投资的金额的基础上,按第二年子公司实现的净利润中母公司所拥有的份额,调增长期股权投资的金额;按子公司第二年分派或宣告分派的现金股利中母公司所拥有的份额,调减长期股权投资的金额。以后年度的调整,则比照上述做法进行调整处理。

至于子公司除净损益以外所有者权益的其他变动,在按照权益法对成本法核算的结果进行调整时,应当根据子公司本期除损益以外的所有者权益的其他变动而计入资本公积和其他综合收益的金额中所享有的金额,对长期股权投资的金额进行调整,即按照子公司当期计入资本公积和其他综合收益的金额中母公司所享有的份额,在增加长期股权投资金额的同时,增加资本公积和其他综合收益。在以后年度将成本法调整为权益法核算的结果时,都必须考虑这一因素对长期股权投资的金额进行调整。

例 5 – 4:接例 5 – 3。甲公司于 20 × 1 年 1 月 1 日,以 28 600 元的价格取得 A 公司 80% 的股权,使其成为子公司。甲公司和 A 公司 20 × 1 年度个别财务报表如表 5 – 3 ~ 表 5 – 5 所示:

表 5 – 3　　　　　　　　　　资产负债表

会企 01 表

编制单位:甲公司、A 公司　　　20 × 1 年 12 月 31 日　　　　　　　单位:万元

资产	甲公司	A 公司	负债和股东权益	甲公司	A 公司
流动资产:			流动负债:		
货币资金	5 700	6 500	短期借款	10 000	4 800
交易性金融资产	3 000	5 000	交易性金融负债	4 000	2 400
应收票据	7 200	3 600	应付票据	13 000	3 600
应收账款	9 000	5 400	应付账款	18 000	5 200
减:坏账准备	500	300	预收款项	4 000	3 900
应收账款净额	8 500	5 100	应付职工薪酬	5 000	1 600
预付款项	1 500	2 500	应交税费	2 700	1 400

续表

资产	甲公司	A公司	负债和股东权益	甲公司	A公司
应收股利	3 600	0	应付股利	5 000	4 500
其他应收款	500	1 300	其他应付款	300	700
存货	37 000	18 000	其他流动负债	2 000	900
其他流动资产	3 000	1 000	流动负债合计	64 000	29 000
流动资产合计	70 000	43 000			
			非流动负债:		
非流动资产:			长期借款	4 000	5 000
可供出售金融资产	8 000	0	应付债券	20 000	7 000
持有至到期投资	13 000	4 000	长期应付款	6 000	
长期股权投资	25 600	0	其他非流动负债		
固定资产原价	38 000	30 000	非流动负债合计	30 000	12 000
减：累计折旧	10 000	4 000	负债合计	94 000	41 000
固定资产净值	28 000	26 000			
在建工程	13 000	4 200	股东权益:		
无形资产	6 000	1 800	股本	40 000	20 000
商誉	0		资本公积	10 000	8 000
其他非流动资产	16 400		其他综合收益	0	0
非流动资产合计	110 000	36 000	盈余公积	18 000	3 200
			未分配利润	18 000	6 800
			股东权益合计	86 000	38 000
资产总计	180 000	79 000	负债和股东权益总计	180 000	79 000

表 5-4　　　　　　　　　　　利润表

会企 02 表

编制单位：甲公司、A公司　　　　　20×1 年度　　　　　　　　单位：万元

项　目	甲公司	A公司
一、营业收入	150 000	94 800
减：营业成本	92 000	73 000
营业税金及附加	1 800	1 000
销售费用	5 200	3 400
管理费用	6 000	3 900
财务费用	1 200	800
资产减值损失	600	300

第五章 长期股权投资与所有者权益的合并处理（一）

续表

项　目	甲公司	A 公司
加：公允价值变动收益	0	0
投资收益	5 800	200
二、营业利润	49 000	12 600
加：营业外收入	1 600	2 400
减：营业外支出	2 600	1 000
其中：非流动资产处置损失		
三、利润总额	48 000	14 000
减：所得税费用	12 000	3 500
四、净利润	36 000	10 500
五、其他综合收益的税后净额	0	0
六、综合收益总额	36 000	10 500
七、每股收益：		
（一）基本每股收益	略	略
（二）稀释每股收益	略	略

表 5-5　　　　　　　　　　　　　股东权益变动表

会企04 表

编制单位：甲公司、A 公司　　　　　20×1 年度　　　　　　　　　　　单位：元

项　目	甲公司					A 公司				
	股本	资本公积	盈余公积	未分配利润	股东权益合计	股本	资本公积	盈余公积	未分配利润	股东权益合计
一、上年年末余额	40 000	10 000	11 000	9 000	70 000	20 000	8 000	1 200	2 800	32 000
加：会计政策变更										
前期差错更正										
二、本年年初余额	40 000	10 000	11 000	9 000	70 000	20 000	8 000	1 200	2 800	32 000
三、本年增减变动金额										
（一）综合收益总额				36 000	36 000				10 500	10 500
（二）股东投入和减少资本										
1. 股东投入资本										
2. 股份支付计入股东权益的金额										
3. 其他										
（三）利润分配										
1. 提取盈余公积			7 000	7 000				2 000	2 000	

续表

项 目	甲公司					A 公司				
	股本	资本公积	盈余公积	未分配利润	股东权益合计	股本	资本公积	盈余公积	未分配利润	股东权益合计
2. 对股东的分配				20 000	20 000				4 500	4 500
3. 其他										
(四) 股东权益内部结转										
1. 资本公积转增股本										
2. 盈余公积转增股本										
3. 盈余公积弥补亏损										
4. 其他										
四、本年年末余额	40 000	10 000	18 000	18 000	86 000	20 000	8 000	3 200	6 800	38 000

A 公司 20×1 年 1 月 1 日股东权益总额为 32 000 万元，其中股本为 20 000 万元，资本公积 8 000 万元，其他综合收益为 0，盈余公积为 1 200 万元，未分配利润为 2 800 万元；20×1 年 12 月 31 日，股东权益总额为 38 000 万元，其中股本为 20 000 万元，资本公积 8 000 万元，其他综合收益为 0，盈余公积为 3 200 万元，未分配利润为 6 800 万元。

A 公司 20×1 年全年实现净利润 10 500 万元，经公司董事会提议并经股东会批准，20×2 年提取盈余公积 2 000 万元，向股东宣告分派现金股利 4 500 万元。

本例中，A 公司当年实现净利润 10 500 万元，经公司董事会提议并经股东会批准，20×1 年提取盈余公积 2 000 万元，向股东宣告分派现金股利 4 500 万元。甲公司对 A 公司长期股权投资取得时的账面价值为 25 600 万元，20×1 年 12 月 31 日仍为 25 600 万元，甲公司当年确认投资收益 3 600 万元。

将成本法核算的结果调整为权益法核算的结果相关的调整分录如下：

借：长期股权投资——A 公司　　　　　　　　8 400　　　①
　　贷：投资收益　　　　　　　　　　　　　　　　8 400
借：投资收益　　　　　　　　　　　　　　　3 600　　　②
　　贷：长期股权投资——A 公司　　　　　　　　3 600

经过上述调整分录后，甲公司对 A 公司长期股权投资的金额为 30 400 万元（25 600 + 8 400 − 3 600）。甲公司对 A 公司长期股权投资的金额 30 400 万元正好与甲公司在 A 公司股东权益中所拥有的份额相等。

二、母子公司内部交易的合并处理

在合并工作底稿中，按照上述权益法核算的要求，对长期股权投资的金额进行调整后,长期股权投资的金额正好反映母公司在子公司所有者权益中所拥有的份额。为编制合并财务报表,在此基础上还必须进行合并抵销处理,将母公司对子公司长期股权投资的金额与其在子公司所有者权益中所拥有的份额相抵销。其次,当母公司与子公司之间、纳入合并范围的子公司相互之间发生购销交易时,还需要将发生的内部交易对个别财务报表的影响予以抵销。

编制合并财务报表时,首先必须将母公司对子公司长期股权与子公司所有者权益中所拥有的份额予以抵销。根据母公司在子公司所有者权益中拥有份额的多少不同,可以将子公司分为全资子公司和非全资子公司。对于全资子公司,进行抵销处理时将对子公司长期股权投资的金额与子公司所有者权益全额进行抵销;而对于非全资子公司,则将长期股权投资与子公司所有者权益中母公司所拥有的金额进行抵销,不属于母公司的份额,即属于子公司少数股东的权益,则应将其转为少数股东权益。

例 5-5: 接例 5-4,甲公司编制取得的子公司合并日后第一年的合并财务报表,即 20×1 年度合并财务报表,需要进行的合并抵销处理如下:

(1) 本例经过调整后甲公司对 A 公司长期股权投资的金额为 30 400 万元;A 公司股东权益总额为 38 000 万元,甲公司拥有 80% 的股权,即在子公司股东权益中拥有的份额为 30 400 万元;其余的 20% 股权则属于少数股东权益。长期股权投资与子公司所有者权益抵销时,其抵销分录如下:

借:股本 20 000 ③
　　资本公积 8 000
　　盈余公积 3 200
　　未分配利润 6 800
　贷:长期股权投资 30 400
　　　少数股东权益 7 600 (38 000 × 20%)

(2) 将母公司对子公司的投资收益与子公司当年利润分配相抵销,使合并财务报表反映母公司股东权益变动的情况。从单一企业来讲,当年实现的净利润加上年初未分配利润是企业利润分配的来源,企业对其进行分配,提取盈余公积、向股东分配股利以及留待以后年度的未分配利润(未分配利润可以理解为将这部分利润分配到下一会计年度,留待下一年度再进行分配的利润)等,则是利润分配的去向。子公司当年实现的净利润,可以分为两部分:一部分属于母公司所有,即母公司的投资收益;另一部分则属于少数股东所有,即少数股东本期收益。也就是说,母公司从子公司当年实现净利润中所享有的投资收益,加上少数股权本期损益,再加上年初未分配利润,形成子公司当年可供分配的利润;而子公司当年提取盈余公积、向股东分配利润以及作为留待以后年度进行分配的年末未分配利润,则是子公司当年利润分配的结果。为了使合并财务报表反映母公司股东权益的变动情况及其财务状况,则必须将母公司投资收益、少数股东收益和子公司年初未分配利润与子公司当年利润分配以及子公司年末未分配利润的金额相抵销。甲公司进行上述抵销处理时,其抵销分录如下:

借:投资收益　　　　　　　　　　　8 400(10 500×80%)　　　④
　　少数股东本期损益　　　　　　　2 100(10 500×20%)
　　未分配利润(年初)　　　　　　　2 800
　　贷:提取盈余公积　　　　　　　　　　　　　　　　　　2 000
　　　　向股东分配利润　　　　　　　　　　　　　　　　　4 500
　　　　未分配利润　　　　　　　　　　　　　　　　　　　6 800

(3) 本例中 A 公司本年宣告分派现金股利 4 500 万元,现金股利款项尚未支付,A 公司在其个别资产负债表中计列应付股利 4 500 万元。甲公司根据 A 公司宣告的分派现金股利的公告,按其所享有的金额,已确认应收股利 3 600 万元,并在其资产负债表中计列应收股利 3 600 万元。这一应收股利和应付股利,属于母公司与子公司组成的企业集团的内部债权债务,在编制合并财务报表时必须将其予以抵销。其抵销分录如下:

借:应付股利　　　　　　　　　　　　　　　　　　3 600　　　⑤
　　贷:应收股利　　　　　　　　　　　　　　　　　　　　3 600

根据上述调整分录①、②和抵销分录③至⑤,编制合并工作底稿如表 5-6 所示:

表 5-6　　　　　　　　　　合并工作底稿

20×2 年度　　　　　　　　　　　　　　　　　　　　单位:万元

项目	母公司	子公司	合计数	调整分录		抵销分录		少数股东权益	合并数
				借方	贷方	借方	贷方		
资产负债表项目									
流动资产:									
货币资金	5 700	6 500	12 200						12 200
交易性金融资产	3 000	5 000	8 000						8 000
应收票据	7 200	3 600	10 800						10 800
应收账款	9 000	5 400	14 400						14 400
减:坏账准备	500	300	800						800
应收账款净额	8 500	5 100	13 600						13 600
预付款项	1 500	2 500	4 000						4 000
应收股利	3 600	0	3 600				3 600⑤		0
其他应收款	500	1 300	1 800						1 800

第五章 长期股权投资与所有者权益的合并处理（一）

续表

项目	母公司	子公司	合计数	调整分录 借方	调整分录 贷方	抵销分录 借方	抵销分录 贷方	少数股东权益	合并数
存货	37 000	18 000	55 000						55 000
其他流动资产	3 000	1 000	4 000						4 000
流动资产合计	70 000	43 000	113 000				3 600		109 400
非流动资产：									
可供出售金融资产	8 000	0	8 000						8 000
持有至到期投资	13 000	4 000	17 000						17 000
长期股权投资	25 600	0	25 600	8 400①	3 600②		30 400③		0
固定资产原价	38 000	30 000	68 000						68 000
减：累计折旧	10 000	4 000	14 000						14 000
固定资产净值	28 000	26 000	54 000						54 000
在建工程	13 000	4 200	17 200						17 200
无形资产	6 000	1 800	7 800						7 800
商誉	0		0						0
其他非流动资产	16 400		16 400						16 400
非流动资产合计	110 000	36 000	146 000	8 400	3 600		30 400		120 400
资产总计	180 000	79 000	259 000	8 400	3 600		30 400		229 800
流动负债：									
短期借款	10 000	4 800	14 800						14 800
交易性金融负债	4 000	2 400	6 400						6 400
应付票据	13 000	3 600	16 600						16 600
应付账款	18 000	5 200	23 200						23 200
预收款项	4 000	3 900	7 900						7 900
应付职工薪酬	5 000	1 600	6 600						6 600
应交税费	2 700	1 400	4 100						4 100
应付股利	5 000	4 500	9 500			3 600⑤			5 300
其他应付款	300	700	1 000						1 000
其他流动负债	2 000	900	2 900						2 900
流动负债合计	64 000	29 000	93 000			3 600			89 400
非流动负债：									
长期借款	4 000	5 000	9 000						9 000
应付债券	20 000	7 000	27 000						27 000

续表

项　目	母公司	子公司	合计数	调整分录 借方	调整分录 贷方	抵销分录 借方	抵销分录 贷方	少数股东权益	合并数
长期应付款	6 000		6 000						6 000
其他非流动负债									
非流动负债合计	30 000	12 000	42 000						42 000
负债合计	94 000	41 000	135 000			3 600			131 400
股东权益：									
股本	40 000	20 000	60 000			20 000③			40 000
资本公积	10 000	8 000	18 000			8 000③			10 000
其他综合收益	0	0	0						0
盈余公积	18 000	3 200	21 200			3 200③			18 000
未分配利润（见本表最后）									
股东权益合计	86 000	38 000	124 000						90 800
少数股东权益							7 600③	7 600	7 600
负债和股东权益总计	180 000	79 000	259 000						219 800
利润表项目									
一、营业收入	150 000	94 800	244 800						244 800
减：营业成本	92 000	73 000	165 000						165 000
营业税金及附加	1 800	1 000	2 800						2 800
销售费用	5 200	3 400	8 600						8 600
管理费用	6 000	3 900	9 900						9 900
财务费用	1 200	800	2 000						2 000
资产减值损失	600	300	0						900
加：公允价值变动收益	0	0	0						0
投资收益	5 800	200	6 000	3 600②	8 400①	8 400④			2 400
二、营业利润	49 000	12 600	61 600	3 600	8 400	8 400			58 000
加：营业外收入	1 600	2 400	4 000						4 000
减：营业外支出	2 600	1 000	3 600						3 600
三、利润总额	48 000	14 000	62 000	3 600	8 400	8 400			58 400
减：所得税费用	12 000	3 500	15 500						15 500
四、净利润	36 000	10 500	46 500	3 600	8 400	8 400			42 900
少数股东本期损益						2 100④		2 100	2 100
归属母公司股东损益									40 800

续表

项目	母公司	子公司	合计数	调整分录 借方	调整分录 贷方	抵销分录 借方	抵销分录 贷方	少数股东权益	合并数
五、其他综合收益的税后净额	0	0	0						0
六、综合收益总额	36 000	10 500	46 500	3 600	8 400	10 500			40 800
股东权益变动表项目									
一、年初未分配利润	9 000	2 800	11 800			2 800④			9 000
二、本年增减变动金额									
综合收益总额	36 000	10 500	46 500	3 600	8 400	10 500			40 800
三、利润分配									
1. 提取盈余公积	7 000	2 000	9 000				2 000④		7 000
2. 对股东的分配	20 000	4 500	24 500				4 500④		20 000
四、年末未分配利润	18 000	6 800	24 800	3 600	8 400	6 800③ 20 100	6 800④ 13 300		22 800

注：24 800 + (8 400 + 13 300) - (3 600 + 20 100) = 22 800（万元）

三、合并财务报表的格式

企业会计准则对合并财务报表的格式作了明确的规定。总体上来说，合并财务报表的格式与个别财务报表的格式基本相似。从合并资产负债表来说，主要是在"所有者权益（股权权益）"部分增加了反映少数股东权益情况的"少数股东权益"项目。从合并利润表来说，增加了"归属于母公司股东的净利润"和"少数股东损益"项目。从合并股东权益变动表来说，增加了反映少数股东权益的相关项目。合并财务报表具体格式见表5-7～表5-9。

根据上述合并工作底稿，可以编制甲公司20×1年度合并资产负债表、合并利润表和合并股东权益变动表如下：

1. 合并资产负债表

表5-7　　　　　　　　　　合并资产负债表

会企01表

编制单位：甲公司　　　　　20×1年12月31日　　　　　单位：万元

资产	年初数	年末数	负债和股东权益	年初数	年末数
流动资产：			流动负债：		
货币资金		12 200	短期借款		14 800

续表

资产	年初数	年末数	负债和股东权益	年初数	年末数
交易性金融资产		8 000	交易性金融负债		6 400
应收票据		10 800	应付票据		16 600
应收账款		14 400	应付账款		23 200
减：坏账准备		800	预收款项		7 900
应收账款净额		13 600	应付职工薪酬		6 600
预付款项		4 000	应交税费		4 100
应收股利		0	应付股利		5 300
其他应收款		1 800	其他应付款		1 000
存货		55 000	其他流动负债		2 900
其他流动资产		4 000	流动负债合计		89 400
流动资产合计		109 400			
			非流动负债：		
非流动资产：			长期借款		9 000
可供出售金融资产		8 000	应付债券		27 000
持有至到期投资		17 000	长期应付款		6 000
长期股权投资		0	其他非流动负债		0
固定资产原价		68 000	非流动负债合计		42 000
减：累计折旧		14 000	负债合计		131 400
固定资产净值		54 000			
在建工程		17 200	股东权益：		
无形资产		7 800	股本		40 000
商誉		0	资本公积		10 000
其他非流动资产		16 400	其他综合收益		0
非流动资产合计		120 400	盈余公积		18 000
			未分配利润		22 800
			归属于母公司股东权益合计		90 800
			少数股东权益		7 600
资产总计		229 800	负债和股东权益总计		229 800

2. 合并利润表

表 5-8 合并利润表

会企02表

编制单位：甲公司　　　　　　　　20×1年度　　　　　　　　单位：万元

项　　目	上年数	本年数
一、营业收入		244 800
减：营业成本		165 000
营业税金及附加		2 800
销售费用		8 600
管理费用		9 900
财务费用		2 000
资产减值损失		0
加：公允价值变动收益		0
投资收益		2 400
二、营业利润		58 000
加：营业外收入		4 000
减：营业外支出		3 600
其中：非流动资产处置损失		0
三、利润总额		58 400
减：所得税费用		15 500
四、净利润		42 900
归属于母公司股东的净利润		40 800
少数股东损益		2 100
五、其他综合收益税后的净额		0
六、综合收益总额		40 800
七、每股收益：		
（一）基本每股收益		略
（二）稀释每股收益		略

3. 合并股东权益变动表

表 5-9

合并股东权益变动表

20×1 年度

编制单位：甲公司　　　　　　　　　　　　　　　　　　　　　　　会企 04 表
　　　　　　　　　　　　　　　　　　　　　　　　　　　　　　　　单位：万元

项目	本年金额							上年金额						
	归属于母公司股东权益					少数股东权益	股东权益合计	归属于母公司股东权益					少数股东权益	股东权益合计
	股本	资本公积	盈余公积	未分配利润	其他			股本	资本公积	盈余公积	未分配利润	其他		
一、上年年末余额	40 000	10 000	11 000	9 000			70 000							
加：会计政策变更						6 400	6 400							
前期差错更正														
二、本年年初余额	40 000	10 000	11 000	9 000		6 400	76 400							
三、本年增减变动金额				40 800		2 100	42 900							
（一）综合收益总额				40 800		2 100	42 900							
（二）股东投入和减少资本														
1. 股东投入资本														
2. 股份支付计入股东权益的金额														
3. 其他														
（三）利润分配			7 000	27 000		900	20 900							
1. 提取盈余公积			7 000	7 000										

续表

项目	本年金额								上年金额						
	归属于母公司股东权益					少数股东权益	股东权益合计		归属于母公司股东权益					少数股东权益	股东权益合计
	股本	资本公积	盈余公积	未分配利润	其他				股本	资本公积	盈余公积	未分配利润	其他		
2. 对股东的分配				20 000		900	20 900								
3. 其他															
(四) 股东权益内部结转															
1. 资本公积转增股本															
2. 盈余公积转增股本															
3. 盈余公积弥补亏损															
4. 其他															
四、本年年末余额	40 000	10 000	18 000	22 800	—	7 600	98 400								

四、同一控制下取得子公司合并日以后期间合并财务报表的编制

对于同一控制下取得的子公司,母公司对其长期股权投资一直采用成本法核算,在其个别财务报表中也是以投资成本列报和反映其对子公司长期股权投资的;同时,在母公司个别利润表中对子公司投资收益反映的也是子公司当期宣告分派的现金股利中母公司所享有的数额,而不是子公司当期实现的净利润中所享有的份额。在连续编制合并财务报表时,首先需要将母公司对子公司长期股权投资由按成本法核算的结果调整为权益法核算的结果,使母公司对子公司长期股权投资项目反映其在子公司所有者权益中所拥有权益的变动情况。在连续编制合并财务报表时,相对于首次编制合并财务报表,则相对复杂一点。在采用权益法核算长期股权投资的情况下,对于投资企业来说,在取得该长期股权投资的当期就需要根据被投资企业当期实现净利润,计算确定在其中应享有的金额并调增长期股权的账面价值;同时还需要根据被投资企业利润分配的金额,计算确定应获得的现金股利并调减长期股权投资的账面价值;对于被投资企业当期确认其他综合收益的,也需要根据被投资企业当期确认的其他综合收益中应享有的金额,调增长期股权投资的账面价值;此外,当被投资企业所有者权益当期发生除净损益和其他综合收益以外的其他变动的,投资企业也需要根据其应享有的金额,调整长期股权投资的账面价值。由此,自取得子公司控制权的合并日起,子公司实现净利润、分配股利、确认其他综合收益以及确认其他所有者权益的金额的变动,都会影响到母公司对子公司长期股权投资采用权益法核算的结果。为此,在将对子公司长期股权投资由成本法核算的结果调整为权益法核算的结果时,需要根据取得子公司的合并日以后导致子公司所有者权益发生变动的所有情况和因素的影响,对长期股权投资的账面价值进行调整。

一般情况下,由于采用权益法对长期股权投资进行核算,是逐年进行的,由此对子公司长期股权投资由成本法核算的结果调整为权益法核算的结果时,也应逐年对长期股权投资的账面价值进行调整,使对子公司长期股权投资的账面价值反映其在子公司所有者权益中享有的份额。如在合并日的第二年编制合并财务报表时,则首先需要按照第一年编制合并财务报表时对子公司长期股权投资由成本法核算的结果调整为权益法核算的结果所进行的调整,对本年母公司个别财务报表中对子公司长期股权投资和投资收益进行调整;在此基础上,再根据第二年子公司实现净利润、利润分配、其他综合收益以及所有者权益的其他变动情况,对长期股权投资进行调整。通过上述调整后使母公司对子公司长期股权投资的金额反映其在该子公司所有者权益中应享有的份额。

至于第三年连续编制合并财务报表,将对子公司长期股权投资由成本法核算

的结果调整为权益法核算的结果时,则首先按第一年和第二年编制合并财务报表时对子公司长期股权投资由成本法核算的结果调整为权益法核算的结果所进行的调整,对本年母公司个别财务报表中对子公司的长期股权投资和投资收益进行调整;在此基础上,再根据第三年子公司实现净利润、利润分配、其他综合收益以及所有者权益的其他变动情况,对长期股权投资进行调整。通过上述调整后使母公司对子公司长期股权投资的金额反映其在该子公司所有者权益中应享有的份额。

在对子公司长期股权投资由成本法核算的结果调整为权益法核算的结果后,则对母公司对子公司长期股权投资与子公司所有者权益项目,以及其他内部交易相关的项目进行抵销处理,将内部交易对个别财务报表的影响予以抵销。最后在编制合并工作底稿的基础上,编制合并财务报表。现举例说明如下。

例 5-6:接例 5-5。甲公司和 A 公司 20×2 年度个别财务报表(简表)如表 5-10 至表 5-12 所示:

表 5-10　　　　　　　　　　　　资产负债表(简表)

会企 01 表

编制单位:甲公司、A 公司　　　　20×2 年 12 月 31 日　　　　　　　　　单位:万元

资产	甲公司	A 公司	负债和股东权益	甲公司	A 公司
流动资产:			流动负债:		
货币资金	3 000	2 600	短期借款	11 000	6 000
应收股利	5 600	500	应付股利	25 000	7 000
其他流动资产	121 400	50 900	其他流动负债	41 000	16 000
流动资产合计	130 000	54 000	流动负债合计	77 000	29 000
非流动资产:			非流动负债:		
可供出售金融资产	2 500	2 000	长期借款	20 000	12 000
持有至到期投资	3 000	4 000	其他非流动负债	30 000	8 000
长期股权投资	45 000	5 000	非流动负债合计	50 000	20 000
其他非流动资产	49 500	27 000	负债合计	127 000	49 000
非流动资产合计	100 000	38 000			
			股东权益:		
			股本	40 000	20 000
			资本公积	10 000	8 000

续表

资产	甲公司	A公司	负债和股东权益	甲公司	A公司
			其他综合收益	0	0
			盈余公积	26 000	5 600
			未分配利润	27 000	9 400
			股东权益合计	103 000	43 000
资产总计	230 000	92 000	负债和股东权益总计	230 000	92 000

表 5-11　　　　　　　　　利润表（简表）

会企02表

编制单位：甲公司、A公司　　　　20×2年度　　　　单位：万元

项　目	甲公司	A公司
一、营业收入	243 000	119 000
减：营业成本	180 000	94 000
营业税金及附加	2 000	1 200
销售费用	5 800	3 500
管理费用	7 200	4 800
财务费用	1 200	900
资产减值损失	800	400
加：公允价值变动收益	0	0
投资收益	11 200	800
二、营业利润	57 200	15 000
加：营业外收入	1 200	1 800
减：营业外支出	2 400	800
三、利润总额	56 000	16 000
减：所得税费用	14 000	4 000
四、净利润	42 000	12 000
五、其他综合收益税后的净额	0	0
六、综合收益总额	42 000	12 000

表 5-12 股东权益变动表（简表）

会企04表

编制单位：甲公司、A公司　　　　20×2年度　　　　　　　　单位：万元

项目	甲公司					A公司				
	股本	资本公积	盈余公积	未分配利润	股东权益合计	股本	资本公积	盈余公积	未分配利润	股东权益合计
一、上年年末余额	40 000	10 000	18 000	18 000	86 000	20 000	8 000	3 200	6 800	38 000
加：会计政策变更										
前期差错更正										
二、本年年初余额	40 000	10 000	18 000	18 000	86 000	20 000	8 000	3 200	6 800	38 000
三、本年增减变动金额										
（一）综合收益总额				42 000	42 000				12 000	12 000
（二）股东投入和减少资本										
（三）利润分配										
1. 提取盈余公积			8 000	8 000				2 400	2 400	
2. 对股东的分配				25 000	25 000				7 000	7 000
3. 其他										
（四）股东权益内部结转										
1. 资本公积转增股本										
2. 盈余公积转增股本										
3. 盈余公积弥补亏损										
4. 其他										
四、本年年末余额	40 000	10 000	26 000	27 000	103 000	20 000	8 000	5 600	9 400	43 000

A公司20×2年1月1日股东权益总额为38 000万元，其中股本为20 000万元，资本公积8 000万元，其他综合收益为0，盈余公积为3 200万元，未分配利润为6 800万元；20×2年12月31日，股东权益总额为43 000万元，其中股本为20 000万元，资本公积8 000万元，其他综合收益为0，盈余公积为5 600万元，未分配利润为9 400万元。

A公司20×2年全年实现净利润12 000万元，经公司董事会提议并经股东会批准，20×2年提取盈余公积2 400万元，向股东宣告分派现金股利7 000万元。

对于本例，编制合并财务报表时，应当进行如下调整抵销处理：

1. 对子公司长期股权投资由成本法核算调整为权益法核算的结果

本例中，A公司当年实现净利润12 000万元，经公司董事会提议并经股东会批准，20×2年提取盈余公积2 400万元，向股东宣告分派现金股利7 000万元。甲公司对A公司长期股权投资取得时的账面价值为25 600万元，20×2年12月31日仍为25 600万元，甲公司当年确认对A公司投资收益3 600万元。为此，

将对子公司长期股权投资由成本法核算的结果调整为权益法核算的结果时，其相关的调整分录如下：

（1）根据 20×2 年度 A 公司实现的净利润及利润分配情况，对长期股权投资进行调整：

  借：长期股权投资——A 公司　　　　　　　　　　8 400　　　①
    贷：投资收益　　　　　　　　　　　　　　　　　　8 400
  借：投资收益　　　　　　　　　　　　　　　　　3 600　　　②
    贷：长期股权投资——A 公司　　　　　　　　　　　3 600

（2）根据 20×2 年度 A 公司实现的净利润及利润分配情况，对长期股权投资进行调整：

  借：长期股权投资——A 公司　　　　　　　　　　9 600　　　③
    贷：投资收益　　　　　　　　　　　　　　　　　　9 600
  借：投资收益　　　　　　　　　　　　　　　　　5 600　　　④
    贷：长期股权投资——A 公司　　　　　　　　　　　5 600

经过上述调整分录后，甲公司对 A 公司长期股权投资的金额为 34 400 万元（25 600 + 8 400 - 3 600 + 9 600 - 5 600）。甲公司对 A 公司长期股权投资的金额 34 400 万元正好与甲公司在 A 公司股东权益中所拥有的份额 34 400 万元（43 000 × 80%）相等。

2. 对母公司对子公司长期股权投资与子公司所有者权益相关项目进行合并抵销处理

本例经过上述调整后甲公司对 A 公司长期股权投资的金额为 34 400 万元；A 公司股东权益总额为 43 000 万元，甲公司拥有 80% 的股权，即在子公司股东权益中拥有的份额为 34 400 万元；其余的 20% 股权在子公司所有者权益中享有的金额 8 600 万元，则属于少数股东权益。长期股权投资与子公司所有者权益抵销时，其抵销分录如下：

  借：股本　　　　　　　　　　　　　　　　　　20 000　　　⑤
    资本公积　　　　　　　　　　　　　　　　　　8 000
    盈余公积　　　　　　　　　　　　　　　　　　5 600
    未分配利润　　　　　　　　　　　　　　　　　9 400
    贷：长期股权投资　　　　　　　　　　　　　　　34 400
      少数股东权益　　　　　　　　　　　　　　　8 600

同时，还必须将母公司对子公司的投资收益与子公司当年利润分配相抵销。本例中，A 公司当年实现净利润 12 000 万元，甲公司享有的投资收益为 9 600 万元（12 000 万元 × 80%），A 公司的少数股东享有的投资收益为 2 400 万元（12 000 万元 × 20%）。将母公司投资收益与子公司当年利润分配抵销时，其抵销分录如下：

借：投资收益	9 600	⑥
少数股东本期损益	2 400	
未分配利润（年初）	6 800	
贷：提取盈余公积	2 400	
向股东分配利润	7 000	
未分配利润	9 400	

此外，还需要将子公司宣告发放的现金股利和母公司确认的应收股利予以抵销。本例中 A 公司本年宣告分派现金股利 7 000 万元，在其个别资产负债表中计列应付股利 7 000 万元；甲公司根据 A 公司宣告的分派现金股利的公告，按其所享有的金额，确认应收股利 5 600 万元，并在其资产负债表中计列应收股利 5 600 万元。将应收股利与应付股利予以抵销时，其抵销分录如下：

借：应付股利	5 600	⑦
贷：应收股利	5 600	

3. 根据上述调整分录①至④和抵销分录⑤至⑦
编制合并工作底稿如表 5 – 13 所示：

表 5 – 13   合并工作底稿

20 × 2 年度   单位：万元

项目	母公司	子公司	合计数	调整分录		抵销分录		少数股东权益	合并数
				借方	贷方	借方	贷方		
资产负债表项目									
流动资产：									
货币资金	3 000	2 600	5 600						5 600
应收股利	5 600	500	6 100				5 600⑦		500
其他流动资产	121 400	50 900	172 300						172 300
流动资产合计	130 000	54 000	184 000				5 600		178 400
非流动资产：									
可供出售金融资产	2 500	2 000	4 500						4 500
持有至到期投资	3 000	4 000	7 000						7 000
长期股权投资	45 000	5 000	50 000	8 400① 9 600③	3 600② 5 600④		34 400⑤		24 400
其他非流动资产	49 500	27 000	76 500						76 500
非流动资产合计	100 000	38 000	138 000	18 000	9 200		34 400		112 400
资产总计	230 000	92 000	322 000	18 000	9 200		40 000		290 800

续表

项　　目	母公司	子公司	合计数	调整分录 借方	调整分录 贷方	抵销分录 借方	抵销分录 贷方	少数股东权益	合并数
流动负债：									
短期借款	11 000	6 000	17 000						17 000
应付股利	25 000	7 000	32 000			5 600⑦			26 400
其他流动负债	41 000	16 000	57 000						57 000
流动负债合计	77 000	29 000	106 000			5 600			100 400
非流动负债：									
长期借款	20 000	12 000	32 000						32 000
其他非流动负债	30 000	8 000	38 000						38 000
非流动负债合计	50 000	20 000	70 000						70 000
负债合计	127 000	49 000	176 000			5 600			170 400
股东权益：									
股本	40 000	20 000	60 000			20 000⑤			40 000
资本公积	10 000	8 000	18 000			8 000⑤			10 000
其他综合收益	0	0	0						0
盈余公积	26 000	5 600	31 600			5 600⑤			26 000
未分配利润（见本表最后一行）									35 800
股东权益合计	103 000	43 000	146 000						111 800
少数股东权益						8 600⑤		8 600	8 600
负债和股东权益总计	230 000	92 000	322 000						290 800
利润表项目									
一、营业收入	243 000	119 000	362 000						362 000
营业成本	180 000	94 000	274 000						274 000
营业税金及附加	2 000	1 200	3 200						3 200
销售费用	5 800	3 500	9 300						9 300
管理费用	7 200	4 800	12 000						12 000
财务费用	1 200	900	2 100						2 100
资产减值损失	800	400	1 200						1 200
公允价值变动收益	0	0	0						0
投资收益	11 200	800	12 000	3 600② 5 600④	8 400① 9 600③	9 600⑥			11 200
二、营业利润	57 200	15 000	72 200	9 200	18 000	9 600			71 400
营业外收入	1 200	1 800	3 000						3 000
营业外支出	2 400	800	3 200						3 200
三、利润总额	56 000	16 000	72 000	9 200	18 000	9 600			71 200

续表

项目	母公司	子公司	合计数	调整分录 借方	调整分录 贷方	抵销分录 借方	抵销分录 贷方	少数股东权益	合并数
所得税费用	14 000	4 000	18 000						18 000
四、净利润	42 000	12 000	54 000	9 200	18 000	9 600			53 200
少数股权本期损益						2 400⑥		2 400	2 400
归属母公司股东损益									50 800
五、其他综合收益的税后净额	0	0	0						0
六、综合收益总额	42 000	12 000	54 000	9 200	18 000	12 000			50 800
股东权益变动表项目									
一、年初未分配利润	18 000	6 800	24 800			6 800⑥			18 000
二、本年增减变动金额									
综合收益总额	42 000	12 000	54 000	9 200	18 000	12 000			50 800
三、利润分配									
1. 提取盈余公积	8 000	2 400	10 400				2 400⑥		8 000
2. 对股东的分配	25 000	7 000	32 000				7 000⑥		25 000
四、年末未分配利润	27 000	9 400	36 400	9 200	18 000	9 400⑤ 28 200	9 400⑥ 18 800		35 800

注：36 400 +（18 000 + 18 800）-（9 200 + 28 200）= 35 800（万元）

第三节 非同一控制下取得子公司购买日合并财务报表的编制

一、非同一控制下取得子公司长期股权投资的核算

（一）非同一控制下取得子公司长期股权投资购买日的核算

非同一控制是指企业合并中参与合并的各方在合并前后不受同一方或相同的多方最终控制的状况。在非同一控制下，参与合并的企业相互之间在合并前不存在着关联关系，其相互之间的并购行为具有商业实质，一般说来其并购价格具有公允性。非同一控制下企业合并，既可能是吸收合并和新设合并，也可能是控股合并。母公司在非同一控制下取得子公司的控制权，属于控股合并。母公司取得子公司控股权后，子公司仍然作为一个独立的法律主体从事经营活动，只不过是处于母公司的控制下从事经营活动而已。在非同一控制下取得子公司时，母公司

对其长期股权投资的核算,涉及购买日合并成本的确定、分配及相关的账务处理。

1. 购买日合并成本的确定

购买日是指母公司实际取得子公司控制权的日期。确定购买子公司股权的合并成本时,对于一次交易实现的企业合并,其合并成本为母公司在购买日为取得对子公司控制权而交付的资产、发生或承担的负债以及发行的权益性证券的公允价值。

在确定合并成本时,母公司为进行企业合并所发生的各项直接相关费用也应当计入合并成本。如果在合并合同或协议中对可能影响合并成本的未来事项作出约定的,购买日如果估计未来事项很可能发生并且对合并成本的影响金额能够可靠计量的,母公司也应当将其计入合并成本。

在企业合并中,母公司如果以转移资产、发生或承担负债的方式支付合并对价,在确定合并成本时,在购买日也需要对这些作为企业合并对价交付的资产、发生或承担的负债,应当按照公允价值计量,公允价值与其账面价值的差额计入当期损益。

2. 合并成本的分配

在购买日,母公司应当对合并成本进行分配,确认所取得子公司的各项可辨认资产、负债及或有负债的价值。当母公司合并成本大于合并中取得的子公司可辨认净资产公允价值中所享有的份额时,应将其差额确认为商誉;当母公司合并成本小于合并中取得的子公司可辨认净资产公允价值中所享有的份额时,首先应对取得的子公司各项可辨认资产、负债及或有负债的公允价值和合并成本的计量进行复核,在复核后则将经过复核的差额计入当期损益。

例5-7:甲公司20×1年1月1日以定向增发公司普通股的方式,购买取得A公司70%的股权。A公司20×1年1月1日资产负债表及评估确认的资产负债数据见表5-14。甲公司定向增发普通股10 000万股,普通股每股面值为1元,市场价格每股为2.95元。甲公司并购A公司属于非同一控制下的企业合并,假定不考虑甲公司增发该普通股所发生的审计评估以及发行等其他相关的费用。

表5-14　　　　　　　　　　资产负债表

会企01表

编制单位:甲公司、A公司　　　　20×1年1月1日　　　　　　　　单位:万元

资产	甲公司	A公司		负债和股东权益	甲公司	A公司	
		账面价值	公允价值			账面价值	公允价值
流动资产:				流动负债:			
货币资金	8 000	4 200	4 200	短期借款	12 000	5 000	5 000

续表

资产	甲公司	A 公司 账面价值	A 公司 公允价值	负债和股东权益	甲公司	A 公司 账面价值	A 公司 公允价值
交易性金融资产	4 000	1 800	1 800	交易性金融负债	3 800	0	0
应收票据	5 700	3 000	3 000	应付票据	10 000	3 000	3 000
应收账款	6 000	4 000	4 000	应付账款	18 000	4 200	4 200
减：坏账准备	200	80	180	预收款项	3 000	1 300	1 300
应收账款净额	5 800	3 920	3 820	应付职工薪酬	6 000	1 600	1 600
预付款项	2 000	880	880	应交税费	2 000	1 200	1 200
应收股利	0	0	0	应付股利	4 000	4 000	4 000
其他应收款	0	0	0	其他应付款	0	0	0
存货	31 000	20 000	21 100	其他流动负债	1 200	700	700
其他流动资产	5 500	1 200	1 200	流动负债合计	60 000	21 000	21 000
流动资产合计	62 000	35 000	36 000				
				非流动负债：			
非流动资产：				长期借款	4 000	3 000	3 000
可供出售金融资产	6 000	0	0	应付债券	20 000	2 000	2 000
持有至到期投资	11 000	0	0	长期应付款	2 000		
长期股权投资	29 500	0	0	其他非流动负债			
固定资产原价	30 000	20 000	23 000	非流动负债合计	26 000	5 000	5 000
减：累计折旧	9 000	2 000	2 000	负债合计	86 000	26 000	26 000
固定资产净值	21 000	18 000	21 000				
在建工程	20 000	3 400	3 400	股东权益：			
无形资产	4 000	1 600	1 600	股本	50 000	20 000	
商誉	0	0		资本公积	29 500	8 000	
其他非流动资产	32 000			其他综合收益	0	0	
非流动资产合计	123 500	23 000	26 000	盈余公积	11 000	1 200	
				未分配利润	9 000	2 800	
				股东权益合计	99 500	32 000	36 000
资产总计	185 500	58 000	62 000	负债和股东权益总计	185 500	58 000	62 000

（1）本例有关计算如下：

甲公司合并成本 = 29 500（万元）

甲公司在 A 公司可辨认净资产公允价值中所享有的份额 = 36 000 × 70%
$$= 25\ 200（万元）$$

合并商誉 = 29 500 − 25 200
$$= 4\ 300（万元）$$

（2）甲公司将购买取得 A 公司 70% 的股权作为长期股权投资入账：

借：长期股权投资——A 公司　　　　　　　　　　　　　　　29 500
　　贷：股本　　　　　　　　　　　　　　　　　　　　　　　10 000
　　　　资本公积　　　　　　　　　　　　　　　　　　　　　19 500

甲公司购买 A 公司 70% 的股权所形成的商誉，在甲公司个别财务报表中表示为对 A 公司长期股权投资的一部分；编制合并财务报表时，则通过将长期股权投资与在子公司所有者权益中所享有的份额相抵销，其抵销差额在合并资产负债表中表现为合并商誉。

甲公司在将对 A 公司长期股权投资 29 500 万元登记入账后编制其个别资产负债表（见表 5-14 中的"资产"中"甲公司"栏和"负债和股东权益"中的"甲公司"栏的数据）。

（二）非同一控制下取得子公司长期股权投资购买日后的核算

母公司在非同一控制下取得子公司后，在持有期间内对该长期股权投资应当采用成本法核算，即在持有该长期股权投资期间，除增加或减少投资外，其账面价值维持初始投资成本不变；当子公司实现净利润并宣告分派现金股利时，按照其在子公司分派现金股利中所享有的份额，将其确认为当期投资收益。其会计处理与一般长期股权投资核算的方法和程序相同。

例 5-8：接例 5-7，A 公司 20×1 年全年实现净利润 10 500 万元，A 公司当年提取盈余公积 2 000 万元，向股东分配现金股利 4 500 万元。

在本例中，甲公司在 A 公司 20×1 年实现净利润 10 500 万元中享有的金额为 8 400 万元，在 A 公司当年向股东分配现金股利 4 500 万元中享有 3 600 万元。根据企业会计准则的规定，甲公司对 A 公司的长期股权投资采用成本法核算。根据成本法的规定，本例中甲公司只能按照其在 A 公司宣告分派的现金股利中所享有的金额，即 3 600 万元，确认当期对 A 公司长期股权投资的投资收益，其账务处理如下：

借：应收股利——A 公司　　　　　　　　　　　　　　　　3 600
　　贷：投资收益　　　　　　　　　　　　　　　　　　　　3 600

二、购买日合并财务报表的编制

根据企业会计准则，母公司在非同一控制下取得子公司时应当编制购买日的合并财务报表，包括购买日的合并资产负债表、合并利润表、合并现金流量表以及合并所有者权益变动表（或股东权益变动表）。母公司编制购买日的合并资产负债表时，企业合并取得的子公司各项可辨认资产、负债及或有负债，应当以公允价值在合并财务报表中列示。母公司合并成本大于取得的子公司可辨认净资产公允价值中所享有的份额的差额,作为合并商誉在合并资产负债表中列示。

对于非同一控制取得的子公司,编制购买日合并财务报表时,首先应当将非同一控制下取得的子公司财务报表按购买日资产、负债等的公允价值进行调整;然后,在按公允价值对子公司购买日财务报表进行调整的基础上,对母公司对子公司长期股权投资与子公司所有者权益等项目进行抵销处理,将长期股权投资与子公司所有者权益予以抵销;最后通过编制合并工作底稿,编制购买日合并资产负债表。

(一) 按公允价值对非同一控制下取得子公司的财务报表进行调整

对于合并后成为子公司的被投资企业来说,企业合并只是使其所有者发生了变更,合并前由另一投资者所拥有和控制,合并后由新的母公司所拥有和控制,子公司仍然作为持续经营的主体从事经营活动,只不过是在新的母公司控制下进行经营活动而已。对于母公司为实施企业合并而对子公司净资产进行资产评估所产生的公允价值的变动,子公司作为持续经营的主体,一般情况下并不对其进行调整处理,即一般不将该评估所产生的资产、负债的公允价值变动登记入账,其对外提供的财务报表仍然是以各项资产和负债原账面价值为基础编制的,其提出的购买日财务报表一般也是以各项资产和负债原账面价值为基础编制的。为此,母公司要编制购买日的合并财务报表,则必须按照子公司购买日资产、负债的公允价值对其财务报表项目进行调整。

此时对财务报表进行的调整,是根据购买日子公司各资产、负债的公允价值,对子公司的财务报表相关项目进行调整。这一调整是通过在合并工作底稿中编制调整分录进行的,实际上相当于将子公司各项资产、负债的公允价值变动模拟入账,然后重新编制购买日子公司的财务报表。对于在同一控制下企业合并所取得的子公司,企业会计准则要求以其账面价值在合并财务报表中反映,故不涉及按公允价值对子公司财务报表进行调整的问题。

例 5-9:接例 5-7,甲公司 20×1 年 1 月 1 日以定向增发公司普通股的方式,购买取得 A 公司 70% 的股权。A 公司 20×1 年 1 月 1 日资产负债表及评估确认的资产负债数据见表 5-14。根据该表,购买日 A 公司股东权益总额为 32 000 万元,可辨认净资产的公允价值为 36 000 万元,其中应收账款账面价值为 3 920 万元,公允价值为 3 820 万元,公允价值减值 100 万元;存货的账面价值为 20 000 万元,公允价值为 21 100 万元,公允价值增值 1 100 万元;固定资产账面价值为 20 000 万元,公允价值为 23 000 万元,公允价值增值 3 000 万元。

根据企业会计准则的规定,对于非同一控制下企业合并取得的子公司,在合并财务报表时应当以公允价值反映其资产和负债。在本例中,A 公司资产和负债应当以公允价值反映于合并财务报表之中,在编制合并财务报表时应根据资产和负债公允价值的增值或减值调增或调减相关资产和负债项目。为便于读者理解，本例中不考虑购买日资产和负债公允价值增值相关的所得税影响，本书第十一章中专门对购买日资产和负债公允价值增值相关所得税影响的合并处理进行论述，读者可以结合其中的内容阅读。其在合并工作底稿中调整分录如下：

借：存货	1 100　　①
固定资产原价	3 000
贷：坏账准备	100
资本公积	4 000

上述调整实际上等于将资产、负债的公允价值变动模拟入账。调整后的子公司资产负债表实际上是以公允价值反映资产和负债的。在此基础上将子公司个别财务报表与母公司的个别财务报表进行合并，子公司的资产和负债则是以公允价值反映于合并资产负债表之中。

（二）母公司长期股权投资与子公司所有者权益的抵销处理

编制购买日的合并资产负债表时，需要将母公司对子公司长期股权投资与子公司所有者权益中所拥有的份额予以抵销。对于非同一控制下取得的子公司长期股权投资进行账务处理时，母公司按子公司资产、负债的公允价值确定其在子公司所有者权益中所拥有的份额，合并成本超过这一金额的差额则作为合并商誉处理。经过上述按公允价值对子公司财务报表调整处理后，在编制合并财务报表时则可以将长期股权投资与子公司所有者权益中所拥有的份额相抵销。在非全资子公司的情况下，不属于母公司所拥有的份额在抵销处理时则结转为少数股东权益。应当注意的是，在抵销处理时，母公司在子公司所有者权益中所拥有的份额是按资产和负债的公允价值为基础计算确定的，也是按公允价值进行抵销；少数股权权益也是按资产和负债的公允价值为基础计算确定的。

例 5-10：接例 5-7 和例 5-9，在按其资产和负债的公允价值对 A 公司财务报表调整后，其股东权益总额为 36 000 万元，甲公司在其中所拥有的份额为 25 200 万元（36 000×70%）；少数股权投资权益则为 10 800 万元（36 000×30%）。甲公司对 A 公司长期股权投资的金额为 29 500 万元，超过其在 A 公司所有者权益中所拥有的份额 25 200 万元的金额 4 300 万元，则为合并商誉处理。

甲公司将长期股权投资与其在 A 公司所有者权益中所拥有的份额相抵销时，其抵销分录如下：

借：股本	20 000　　②
资本公积	12 000
盈余公积	1 200
未分配利润	2 800

				商誉				4 300	
				贷：长期股权投资				29 500	
				少数股东权益				10 800	

（三）编制合并工作底稿并编制合并财务报表

在按公允价值对子公司财务报表项目进行调整，并编制合并抵销分录将母公司对子公司长期股权投资与子公司所有者权益中母公司所拥有的份额进行抵销处理后，则可以编制购买日合并工作底稿。

根据例 5-9 和例 5-10 中的调整分录和抵销分录，甲公司可以编制购买日合并工作底稿如表 5-15 所示：

表 5-15　　　　　　　　　合并工作底稿

20×1 年 1 月 1 日　　　　　　　　　　　　　　　　单位：万元

项　　目	母公司	子公司	合计数	调整分录		抵销分录		少数股东权益	合并数
				借方	贷方	借方	贷方		
资产负债表项目									
流动资产：									
货币资金	8 000	4 200	12 200						12 200
交易性金融资产	4 000	1 800	5 800						5 800
应收票据	5 700	3 000	8 700						8 700
应收账款	6 000	4 000	10 000						10 000
减：坏账准备	200	80	280	100①					380
应收账款净额	5 800	3 920	9 720		100				9 620
预付款项	2 000	880	2 880						2 880
应收股利	0	0	0						0
其他应收款	0	0	0						0
存货	31 000	20 000	51 000	1 100①					52 100
其他流动资产	5 500	1 200	6 700						6 700
流动资产合计	62 000	35 000	97 000	1 100	100				98 000
非流动资产：									
可供出售金融资产	6 000	0	6 000						6 000
持有至到期投资	11 000	0	11 000						11 000
长期股权投资	29 500						29 500②		0
固定资产原价	30 000	20 000	50 000	3 000①					53 000
减：累计折旧	9 000	2 000	11 000						11 000
固定资产净值	21 000	18 000	39 000	3 000					42 000

续表

项目	母公司	子公司	合计数	调整分录		抵销分录		少数股东权益	合并数
				借方	贷方	借方	贷方		
在建工程	20 000	3 400	23 400						23 400
无形资产	4 000	1 600	5 600						5 600
商誉	0		0	4 300②					4 300
其他非流动资产	32 000	0	32 000						32 000
非流动资产合计	123 500	23 000	146 500	4 100	100	4 300	29 500		124 300
资产总计	185 500	58 000	243 500	4 100	100	4 300	29 500		222 300
流动负债:									
短期借款	12 000	5 000	17 000						17 000
交易性金融负债	3 800	0	3 800						3 800
应付票据	10 000	3 000	13 000						13 000
应付账款	18 000	4 200	22 200						22 200
预收款项	3 000	1 300	4 300						4 300
应付职工薪酬	6 000	1 600	7 600						7 600
应交税费	2 000	1 200	3 200						3 200
应付股利	4 000	4 000	8 000						8 000
其他应付款	0	0	0						0
其他流动负债	1 200	700	1 900						1 900
流动负债合计	60 000	21 000	81 000						81 000
非流动负债:									
长期借款	4 000	3 000	7 000						7 000
应付债券	20 000	2 000	22 000						22 000
长期应付款	2 000		2 000						2 000
其他非流动负债									
非流动负债合计	26 000	5 000	31 000						31 000
负债合计	86 000	26 000	112 000						112 000
股东权益:									
股本	50 000	20 000	60 000			20 000②			50 000
资本公积	29 500	8 000	18 000	4 000①		12 000②			29 500
盈余公积	11 000	1 200	12 200			1 200②			11 000
未分配利润	9 000	2 800	11 800			2 800②			9 000
股东权益合计	99 500	32 000	131 500	4 000		36 000			99 500
少数股东权益							10 800②	10 800	10 800
负债和股东权益总计	185 500	58 000	243 500	4 000		36 000	10 800		222 300

注：243 500 + (4 000 + 10 800) − 36 000 = 222 300（万元）

根据上述合并工作底稿计算得出的合并资产负债表各项目的合并数,则可以编制购买日的合并资产负债表。本例编制的合并资产负债表略。

第四节 非同一控制下取得子公司购买日后合并财务报表的编制

一、非同一控制下取得子公司购买日当期合并财务报表的编制

母公司在非同一控制下取得子公司后,在未来持有该子公司的情况下,每一会计期末都需要将其纳入合并范围,编制合并财务报表。根据企业会计准则,对于非同一控制下取得的子公司,要求以公允价值将非同一控制下取得的子公司的资产和负债反映于合并财务报表之中。

在对非同一控制下取得的子公司编制合并财务报表时,首先应当以购买日确定的各项可辨认资产、负债及或有负债的公允价值为基础对子公司的财务报表进行调整。这是因为子公司在被母公司并购后,通常并不按评估确认的资产和负债的公允价值对其账簿记录进行调整,其提出的财务报表仍然是按原账面价值为基础编制的。要在合并财务报表中以公允价值反映子公司的资产和负债,则必须将非同一控制下企业合并所取得的子公司的资产、负债公允价值与原账面价值之间的差额,通过编制相应的调整分录,在合并工作底稿中对子公司财务报表进行调整。通过调整,使子公司的资产和负债按公允价值反映。

其次,由于母公司对子公司长期股权投资采用成本法进行核算,为了便于编制合并财务报表,还需要将对子公司长期股权投资按成本法核算的结果,调整为按权益法核算的结果。在子公司个别财务报表中,当期实现的净利润是基于子公司各项资产、负债的账面价值核算的结果。在调整为权益法核算的结果时,必须确定基于购买日子公司相关资产和负债的公允价值为基础计算的相应会计期间的净利润,并以此净利润为依据将长期股权投资由成本法核算的结果调整为权益法核算的结果。

再次,通过编制合并抵销分录,将母公司对子公司长期股权投资与子公司所有者权益,以及其他内部交易对个别财务报表的影响予以抵销。

最后,在编制合并工作底稿的基础上,编制合并财务报表。

例5-11:接例5-10。甲公司20×1年1月1日以定向增发普通股的方式,购买持有A公司70%的股权。甲公司对A公司长期股权投资的账面金额为29 500万元。甲公司购买日合并资产负债表各项目的数据见表5-15,对于A公

司在合并资产负债表中确认合并商誉 4 300 万元。

甲公司和 A 公司 20×1 年 12 月 31 日个别资产负债表、利润表和股东权益变动表如表 5-16~表 5-18 所示：

表 5-16   资产负债表

会企 01 表

编制单位：甲公司、A 公司　　　20×1 年 12 月 31 日　　　　　单位：万元

资产	甲公司	A公司	负债和股东权益	甲公司	A公司
流动资产：			流动负债：		
货币资金	5 700	6 500	短期借款	10 000	4 800
交易性金融资产	3 000	5 000	交易性金融负债	4 000	2 400
应收票据	7 200	3 600	应付票据	13 000	3 600
应收账款	9 000	5 400	应付账款	18 000	5 200
减：坏账准备	500	300	预收款项	4 000	3 900
应收账款净额	8 500	5 100	应付职工薪酬	5 000	1 600
预付款项	1 500	2 500	应交税费	2 700	1 400
应收股利	3 150	0	应付股利	5 000	4 500
其他应收款	500	1 300	其他应付款	300	700
存货	37 000	18 000	其他流动负债	2 000	900
其他流动资产	3 450	1 000	流动负债合计	64 000	29 000
流动资产合计	70 000	43 000			
			非流动负债：		
非流动资产：			长期借款	4 000	5 000
可供出售金融资产	9 000	0	应付债券	20 000	7 000
持有至到期投资	14 000	4 000	长期应付款	6 000	
长期股权投资	29 500	0	其他非流动负债		
固定资产原价	38 000	30 000	非流动负债合计	30 000	12 000
减：累计折旧	10 000	4 000	负债合计	94 000	41 000
固定资产净值	28 000	26 000			
在建工程	13 000	4 200	股东权益：		
无形资产	6 000	1 800	股本	50 000	20 000
商誉			资本公积	29 500	8 000
其他非流动资产	40 000		其他综合收益	0	0
非流动资产合计	139 500	36 000	盈余公积	18 000	3 200
			未分配利润	18 000	6 800
			股东权益合计	115 500	38 000
资产总计	209 500	79 000	负债和股东权益总计	209 500	79 000

第五章　长期股权投资与所有者权益的合并处理（一）

表 5-17　　　　　　　　　　　　　利润表

会企 02 表

编制单位：甲公司、A 公司　　　　　20×1 年度　　　　　　　　单位：万元

项　目	甲公司	A 公司
一、营业收入	150 000	94 800
减：营业成本	93 000	73 000
营业税金及附加	1 800	1 000
销售费用	5 200	3 400
管理费用	6 000	3 900
财务费用	1 200	800
资产减值损失	600	300
加：公允价值变动收益	0	0
投资收益	6 800	200
二、营业利润	49 000	12 600
加：营业外收入	1 600	2 400
减：营业外支出	2 600	1 000
其中：非流动资产处置损失		
三、利润总额	48 000	14 000
减：所得税费用	12 000	3 500
四、净利润	36 000	10 500
五、其他综合收益的税后净额		
六、综合收益总额		
七、每股收益：		
（一）基本每股收益		
（二）稀释每股收益		

表 5-18　　　　　　　　　　　　　股东权益变动表

会企 04 表

编制单位：甲公司、A 公司　　　　　20×1 年度　　　　　　　　单位：万元

项　目	甲公司					A 公司				
	股本	资本公积	盈余公积	未分配利润	股东权益合计	股本	资本公积	盈余公积	未分配利润	股东权益合计
一、上年年末余额	40 000	10 000	11 000	9 000	70 000	20 000	8 000	1 200	2 800	32 000
加：会计政策变更										
前期差错更正										
二、本年年初余额	40 000	10 000	11 000	9 000	70 000	20 000	8 000	1 200	2 800	32 000
三、本年增减变动金额										
（一）综合收益总额				36 000	36 000				10 500	10 500

续表

项目	甲公司					A公司				
	股本	资本公积	盈余公积	未分配利润	股东权益合计	股本	资本公积	盈余公积	未分配利润	股东权益合计
(二)股东投入和减少资本										
1. 股东投入资本	10 000	19 500			29 500					
2. 股份支付计入股东权益的金额										
3. 其他										
(三)利润分配										
1. 提取盈余公积			7 000	7 000				2 000	2 000	
2. 对股东的分配				20 000	20 000				4 500	4 500
3. 其他										
(四)股东权益内部结转										
1. 资本公积转增股本										
2. 盈余公积转增股本										
3. 盈余公积弥补亏损										
4. 其他										
四、本年年末余额	50 000	29 500	18 000	18 000	115 500	20 000	8 000	3 200	6 800	38 000

在购买日，A公司股东权益总额为32 000万元，其中股本为20 000万元，资本公积为8 000万元，其他综合收益为0，盈余公积1 200万元，未分配利润为2 800万元。A公司购买日应收账款账面价值为3 920万元，公允价值为3 820万元；存货的账面价值为20 000万元，公允价值为21 100万元；固定资产账面价值为20 000万元、公允价值为23 000万元。

根据上述财务报表，A公司20×1年12月31日股东权益总额为38 000万元，其中股本为20 000万元，资本公积为8 000万元，其他综合收益为0，盈余公积3 200万元，未分配利润为6 800万元。A公司20×1年全年实现净利润10 500万元，提取盈余公积2 000万元，向股东分配现金股利4 500万元。

至20×1年12月31日，购买日的应收账款已按其账面金额如数收回，评估确认的坏账已核销；购买日发生评估增值的存货，当年已全部实现对外销售；购买日固定资产原价评估增值系公司用办公楼增值，其采用的折旧方法为年限平均法，剩余折旧年限为20年。假定该办公楼评估增值在未来20年内平均摊销。

1. 甲公司20×1年年末编制合并财务表时相关项目计算如下：

A公司本年净利润 = 10 500 + [100(购买日应收账款公允价值减值的实现而调减资产减值损失) - 1 100(购买日存货公允价值增值的实现而调增营业成本) - 150(固定资产公允价值增值3 000万元按剩余折旧年限20年计算折旧而调增管

理费用)] = 9 350(万元)

A 公司本年年末未分配利润 = 2 800(年初未分配利润) + 9 350 - 2 000(提取盈余公积) - 4 500(分派现金股利) = 5 650(万元)

甲公司本年投资 A 公司的投资收益 = 9 350 × 70%
= 6 545(万元)

A 公司少数股东本年收益 = 9 350 × 30%
= 2 805(万元)

甲公司本年 12 月 31 日对 A 公司长期股权投资 = 29 500 + 6 545 - 4 500(分派股利) × 70% = 32 895(万元)

A 公司本年年末调整后股东权益总额 = 20 000(股本) + 8 000(资本公积) + 4 000(公允价值增值引起的资本公积) + 3 200(盈余公积,当年计提 2 000) + 5 650(未分配利润) = 40 850(万元)

A 公司本年年末调整后少数股东权益 = 40 850 × 30%
= 12 255(万元)

2. 甲公司 20 × 1 年编制合并财务报表时,应当进行如下调整抵销处理:

(1) 按购买日公允价值增值对 A 公司财务报表项目进行调整。根据购买日 A 公司资产和负债的公允价值与账面价值之间的差额,调整 A 公司相关公允价值变动的资产和负债项目及资本公积项目。为便于读者理解,本例中不考虑购买日资产和负债公允价值增值相关的所得税影响,本书第十一章中专门对购买日资产和负债公允价值增值相关所得税影响的合并处理进行论述,读者可以结合其中的内容阅读。在合并工作底稿中,其调整分录如下:

借:存货	1 100	①
固定资产原价	3 000	
贷:坏账准备	100	
资本公积	4 000	

因购买日 A 公司资产和负债的公允价值与原账面价值之间的差额对 A 公司本年净利润的影响,调整 A 公司年初未分配利润及相关项目。之所以进行这一调整,是由于子公司个别财务报表是以其资产、负债的原账面价值为基础编制的,其当年计算的净利润也是基于其资产和负债的原账面价值进行计算的结果,而公允价值与原账面价值存在差额的资产或负债,在经营过程中因使用、销售或偿付而实现其公允价值,其实现的公允价值对子公司当期净利润的影响需要在净利润计算中予以反映。

(2) 按购买日公允价值当年实现情况对 A 公司当年净利润进行调整。本例中,因 A 公司在购买日资产和负债公允价值发生增值,相关资产的使用对 A 公司当年净利润影响金额计算如下:①应收账款公允价值减值影响当年净利润的金额。购买日应收账款账面价值为 3 920 万元，公允价值为 3 820 万元。至 20×1 年 12 月 31 日，A 公司应收账款按原账面金额如数收回，评估确认的坏账 100 万元核销，相应减少资产减值损失而调增当年净利润 100 万元。②存货公允价值增值影响当年净利润的金额。购买日存货账面价值为 20 000 万元，公允价值为 21 100 万元，该存货当年已全部实现对外销售，公允价值增值 1 100 万元相应增加当期销售成本，从而调减当年净利润 1 100 万元。③固定资产公允价值增值影响当年净利润的金额。购买日 A 公司办公楼账面价值为 20 000 万元，公允价值为 23 000 万元，评估发生公允价值增值 3 000 万元。随着办公楼继续使用而计提折旧，采用确定的年限平均法，按剩余折旧年限 20 年和其公允价值计算折旧，增加计提折旧 150 万元（3 000 万元÷20 年＝150 万元），相应调减 A 公司当年净利润 150 万元。

对此，编制合并财务报表时，其调整分录如下：

借：营业成本	1 100	②
管理费用	150	
坏账准备	100	
贷：存货	1 100	
累计折旧	150	
资产减值损失	100	

（3）按权益法核算要求对甲公司对 A 公司长期股权投资项目进行调整。根据上述计算，按购买日 A 公司资产和负债的公允价值与原账面价值之间的差额对 A 公司本年净利润的影响，调整后 A 公司当年实现净利润为 9 350 万元，母公司按其持股比例计算的投资收益为 6 545 万元，A 公司少数股东本期收益为 2 805 万元。A 公司本年宣告分派现金股利 4 500 万元，甲公司应收股利为 3 150 万元，A 公司少数股东应收股利 1 350 万元。根据上述计算，对甲公司对 A 公司长期股权投资及相关项目进行调整的调整分录如下：

借：长期股权投资	6 545	③
投资收益	3 150	
贷：投资收益	6 545	
长期股权投资	3 150	

（4）长期股权投资与所有者权益的抵销。将甲公司对 A 公司的长期股权投资与其在 A 公司股东权益中拥有的份额予以抵销。其抵销分录如下：

借：股本	20 000	④
资本公积	12 000	
盈余公积	3 200	
未分配利润	5 650	

商誉	4 300
贷：长期股权投资	32 895
少数股东权益	12 255

（5）投资收益与子公司利润分配等项目的抵销。将甲公司对 A 公司投资收益与 A 公司本年利润分配有关项目的金额予以抵销。在合并工作底稿中其抵销分录如下：

借：投资收益	6 545	⑤
少数股东本期损益	2 805	
未分配利润（年初）	2 800	
贷：提取盈余公积	2 000	
向股东分配利润	4 500	
未分配利润	5 650	

（6）应收股利与应付股利的抵销。本例中 A 公司本年宣告分派现金股利 4 500 万元，股利款项尚未支付，A 公司已将其计列应付股利 4 500 万元。甲公司根据 A 公司宣告分派现金股利公告，按照其所享有的金额，已确认应收股利，并在其资产负债表中计列应收股利 3 150 万元。这属于母公司与子公司之间的债权债务，在编制合并财务报表时必须将其予以抵销，其抵销分录如下：

| 借：应付股利 | 3 150 | ⑥ |
| 贷：应收股利 | 3 150 | |

3. 编制合并工作底稿并编制合并财务报表

根据上述调整分录和抵销分录，甲公司可以编制合并工作底稿如表 5-19 所示：

表 5-19　　　　　　　　　合并工作底稿

（20×1 年度）　　　　　　　　　　　　　单位：万元

项目	母公司	子公司	合计数	调整分录		抵销分录		少数股东权益	合并数
				借方	贷方	借方	贷方		
资产负债表项目									
流动资产：									
货币资金	5 700	6 500	12 200						12 200
交易性金融资产	3 000	5 000	8 000						8 000
应收票据	7 200	3 600	10 800						10 800
应收账款	9 000	5 400	14 400						14 400
减：坏账准备	500	300	800	100②	100①				800
应收账款净额	8 500	5 100	13 600	100	100				13 600

续表

项目	母公司	子公司	合计数	调整分录 借方	调整分录 贷方	抵销分录 借方	抵销分录 贷方	少数股东权益	合并数
预付款项	1 500	2 500	4 000						4 000
应收股利	3 150	0	3 150				3 150⑥		0
其他应收款	500	1 300	1 800						1 800
存货	37 000	18 000	55 000	1 100①	1 100②				55 000
其他流动资产	3 450	1 000	4 450						4 450
流动资产合计	70 000	43 000	113 000	1 200	1 200		3 150		109 850
非流动资产：									
可供出售金融资产	9 000	0	9 000						9 000
持有至到期投资	14 000	4 000	18 000						18 000
长期股权投资	29 500	0	29 500	6 545③	3 150③		32 895④		0
固定资产原价	38 000	30 000	68 000	3 000①					71 000
减：累计折旧	10 000	4 000	14 000		150②				14 150
固定资产净值	28 000	26 000	54 000	3 000	150				56 850
在建工程	13 000	4 200	17 200						17 200
无形资产	6 000	1 800	7 800						7 800
商誉						4 300④			4 300
其他非流动资产	40 000	0	40 000						40 000
非流动资产合计	139 500	36 000	175 500	9 545	3 300	4 300	32 895		153 150
资产总计	209 500	79 000	288 500	10 745	4 500	4 300	36 045		263 000
流动负债：									
短期借款	10 000	4 800	14 800						14 800
交易性金融负债	4 000	2 400	6 400						6 400
应付票据	13 000	3 600	16 600						16 600
应付账款	18 000	5 200	23 200						23 200
预收款项	4 000	3 900	7 900						7 900
应付职工薪酬	5 000	1 600	6 600						6 600
应交税费	2 700	1 400	4 100						4 100
应付股利	5 000	4 500	9 500			3 150⑥			6 350
其他应付款	300	700	1 000						1 000

第五章 长期股权投资与所有者权益的合并处理（一）

续表

项　　目	母公司	子公司	合计数	调整分录 借方	调整分录 贷方	抵销分录 借方	抵销分录 贷方	少数股东权益	合并数
其他流动负债	2 000	900	2 900						2 900
流动负债合计	64 000	29 000	93 000			3 150			89 850
非流动负债：									
长期借款	4 000	5 000	9 000						9 000
应付债券	20 000	7 000	27 000						27 000
长期应付款	6 000		6 000						6 000
其他非流动负债									
非流动负债合计	30 000	12 000	42 000						42 000
负债合计	94 000	41 000	135 000						131 850
股东权益：									
股本	50 000	20 000	70 000			20 000④			50 000
资本公积	29 500	8 000	37 500	4 000①		12 000④			29 500
其他综合收益	0	0	0						
盈余公积	18 000	3 200	21 200			3 200④			18 000
未分配利润									21 395
股东权益合计	115 500	38 000							118 895
少数股东权益						12 255④	12 255		12 255
负债和股东权益总计	209 500	79 000							263 000
利润表项目									
一、营业收入	150 000	94 800	244 800						244 800
减：营业成本	93 000	73 000	166 000	1 100②					167 100
营业税金及附加	1 800	1 000	2 800						2 800
销售费用	5 200	3 400	8 600						8 600
管理费用	6 000	3 900	9 900	150②					10 050
财务费用	1 200	800	2 000						2 000
资产减值损失	600	300	900	100②					800
加：公允价值变动收益	0	0	0						0
投资收益	6 800	200	7 000	3 150③	6 545③	6 545⑤			3 850
二、营业利润	49 000	12 600	61 600	4 400	6 645	6 545			57 300
加：营业外收入	1 600	2 400	4 000						4 000
减：营业外支出	2 600	1 000	3 600						3 600
三、利润总额	48 000	14 000	62 000	4 400	6 645	6 545			57 700
减：所得税费用	12 000	3 500	15 500						15 500

· 111 ·

续表

项目	母公司	子公司	合计数	调整分录 借方	调整分录 贷方	抵销分录 借方	抵销分录 贷方	少数股东权益	合并数
四、净利润	36 000	10 500	46 500	4 400	6 645	6 545			42 200
少数股东本期损益						2 805⑤		2 805	2 805
归属母公司股东净利润									39 395
五、其他综合收益的税后净额	0	0	0						0
六、综合收益总额	36 000	10 500	46 500	4 400	6 645	9 350			39 395
股东权益变动表项目									
一、年初未分配利润	9 000	2 800	11 800			2 800⑤			9 000
二、本年增减变动金额									
综合收益总额	36 000	10 500	46 500	4 400	6 645	9 350			39 395
三、利润分配									
1. 提取盈余公积	7 000	2 000					2 000⑤		7 000
2. 对股东的分配	20 000	4 500					4 500⑤		20 000
四、年末未分配利润	18 000	6 800	24 800	4 400	6 645	5 650④ 17 800	5 650⑤ 12 150		21 395

注：24 800 + (6 645 + 12 150) - (4 400 + 17 800) = 21 395（万元）

甲公司在编制上述合并工作底稿，计算各项目合并数后，根据合并数编制合并资产负债表、合并利润表以及合并股东权益变动表。甲公司编制的合并资产负债表、合并利润表以及合并股东权益变动表略。

二、非同一控制下取得子公司购买日以后期间合并财务报表的编制

对于非同一控制下取得的子公司，在连续编制合并财务报表的情况下，首先就涉及对购买日子公司资产和负债公允价值列报所产生的公允价值增值或减值合并抵销的处理。现行企业会计准则要求在合并财务报表中以公允价值列报非同一控制下取得的子公司的资产和负债。在初次编制合并财务报表时，如上所述，需要将取得的子公司的资产和负债公允价值的变动，在子公司按账面价值列报的基础上，通过编制调整分录对相关资产和负债项目进行调整，将其调整为公允价值。在连续编制合并财务报表时，同样也需要将取得的子公司资产和负债的公允价值增值或减值，通过调整处理将其包括于合并财务报表之中。

其次，通过企业合并取得的子公司的资产和负债的公允价值高于或低于资产和负债的账面价值，子公司以其资产和负债的账面价值为依据计算各期净利润，母公司在计算对该子公司长期股权投资收益时，需要按资产和负债的公允价值为

基础对其进行调整,这相当于子公司按取得该子公司时净资产的公允价值模拟编制子公司的当期利润表。在取得该子公司后的第二年编制合并财务报表时,母公司使用子公司常规提供的其个别财务报表作为合并财务报表的基础,由于按资产公允价值为基础模拟计算的当期净利润与其提供常规财务报表的净利润存在差异,由此在编制合并财务报表时,需要按该差异调整期初未分配利润的金额。这一调整,就是按取得子公司第一年子公司净资产公允价值随着资产和负债的使用偿付而实现的金额,调整其期初未分配利润。这一调整处理,一直要持续到发生公允价值增值或减值的资产退出企业或负债偿付完毕的前一年。

再次,通过企业合并取得的子公司公允价值高于或低于其账面价值的资产和负债仍处于使用过程中,母公司编制合并财务报表时仍需要按涉及公允价值与账面价值存在差异的相关资产和负债的使用情况,对该子公司的当期净利润进行调整,并以调整后的净利润计算确定对该子公司长期股权投资所取得的投资收益,以其为基础进行合并调整抵销处理。

至于长期股权投资与子公司所有者权益、投资收益与子公司利润相关的合并抵销处理,与同一控制下取得的子公司合并日第二年以后的合并抵销处理基本相似。在此不再重复。

至于非同一控制下取得的子公司第三年及其以后年度连续编制合并财务报表,可以按上述思路,比照进行合并抵销处理。但必须注意的是,在第三年及其以后的年度,涉及需要进行年初未分配利润调整的因素,包括取得该子公司购买日年度至编制合并财务报表当年的上一年度,既要考虑取得的子公司净资产公允价值增值或减值因素,也涉及长期股权投资由成本法核算的结果调整为权益法核算的结果的因素。如对于长期股权投资由成本法核算的结果调整为权益法核算的结果,需要考虑自取得该子公司购买日当年至编制合并财务报表当年的前一年度实现净利润和利润分配情况,以这些资料为基础对该子公司长期股权投资的账面金额进行调整。这一因素也涉及需要对编制合并财务报表时的年初未分配利润进行调整。以下举例说明。

例 5 – 12:接例 5 – 11 甲公司和 A 公司 20×2 年 12 月 31 日个别资产负债表、利润表和所有者权益变动表如表 5 – 20 ~ 表 5 – 22 所示。

表 5 – 20　　　　　　　　　　　资产负债表

编制单位:甲公司、A 公司　　　　20×2 年 12 月 31 日

会企 01 表
单位:万元

资产	甲公司	A 公司	负债和股东权益	甲公司	A 公司
流动资产:			流动负债:		
货币资金	8 900	9 400	短期借款	8 000	5 800

续表

资产	甲公司	A公司	负债和股东权益	甲公司	A公司
交易性金融资产	4 800	7 800	交易性金融负债	4 000	2 100
应收票据	7 100	3 900	应付票据	15 000	5 600
应收账款	9 800	5 700	应付账款	14 800	5 300
减：坏账准备	800	400	预收款项	4 000	3 300
应收账款净额	9 000	5 300	应付职工薪酬	5 800	1 800
预付款项	2 600	2 900	应交税费	2 200	1 700
应收股利	4 200	0	应付股利	8 000	6 000
其他应收款	3 700	1 600	其他应付款	2 000	1 500
存货	37 900	23 000	其他流动负债	1 200	900
其他流动资产	2 800	1 100	流动负债合计	65 000	34 000
流动资产合计	81 000	55 000			
			非流动负债：		
非流动资产：			长期借款	3 000	4 000
可供出售金融资产	8 000	0	应付债券	20 000	7 000
持有至到期投资	14 000	4 200	长期应付款	4 000	0
长期股权投资	29 500	0	其他非流动负债	0	0
固定资产原价	46 000	32 000	非流动负债合计	27 000	11 000
减：累计折旧	13 000	7 000	负债合计	92 000	45 000
固定资产净值	33 000	25 000			
在建工程	7 000	3 200	股东权益：		
无形资产	5 000	1 600	股本	50 000	20 000
商誉	0	0	资本公积	29 500	8 000
其他非流动资产	40 000	0	其他综合收益	0	0
非流动资产合计	136 500	34 000	盈余公积	24 000	5 600
			未分配利润	22 000	10 400
			股东权益合计	125 500	44 000
资产总计	217 500	89 000	负债和股东权益总计	217 500	89 000

表 5-21　　　　　　　　　　　利润表

会企02表

编制单位：甲公司、A公司　　　　20×2年度　　　　　　　单位：万元

项　　目	甲公司	A公司
一、营业收入	180 000	117 000
减：营业成本	131 000	89 300
营业税金及附加	2 800	1 900
销售费用	5 800	4 700

续表

项　目	甲公司	A公司
管理费用	6 900	4 400
财务费用	2 000	1 200
资产减值损失	1 000	100
加：公允价值变动收益	0	0
投资收益	7 000	1 300
二、营业利润	37 500	16 700
加：营业外收入	3 700	1 100
减：营业外支出	1 200	1 800
其中：非流动资产处置损失		
三、利润总额	40 000	16 000
减：所得税费用	10 000	4 000
四、净利润	30 000	12 000
五、其他综合收益的税后净额	0	0
六、综合收益总额	30 000	12 000
七、每股收益：		
（一）基本每股收益	略	略
（二）稀释每股收益	略	略

表 5－22　　　　　　　　　　　股东权益变动表

会企04表

编制单位：甲公司、A公司　　　　20×2年度　　　　　　　单位：万元

项　目	甲公司					A公司				
	股本	资本公积	盈余公积	未分配利润	股东权益合计	股本	资本公积	盈余公积	未分配利润	股东权益合计
一、上年年末余额	50 000	29 500	18 000	18 000	115 500	20 000	8 000	3 200	6 800	38 000
加：会计政策变更										
前期差错更正										
二、本年年初余额	50 000	29 500	18 000	18 000	115 500	20 000	8 000	3 200	6 800	38 000
三、本年增减变动金额										
（一）综合收益总额				30 000	30 000				12 000	12 000
（二）股东投入和减少资本										
1. 股东投入资本										
2. 股份支付计入股东权益的金额										
3. 其他										

续表

项目	甲公司					A公司				
	股本	资本公积	盈余公积	未分配利润	股东权益合计	股本	资本公积	盈余公积	未分配利润	股东权益合计
（三）利润分配										
1. 提取盈余公积			6 000	6 000				2 400	2 400	
2. 对股东的分配				20 000	20 000				6 000	6 000
3. 其他										
（四）股东权益内部结转										
1. 资本公积转增股本										
2. 盈余公积转增股本										
3. 盈余公积弥补亏损										
4. 其他										
四、本年年末余额	50 000	29 500	24 000	22 000	125 500	20 000	8 000	5 600	10 400	44 000

A公司在购买日股东权益总额为32 000万元，其中股本为20 000万元，资本公积为8 000万元，其他综合收益为0，盈余公积为1 200万元，未分配利润为2 800万元。A公司购买日应收账款账面价值为3 920万元，公允价值为3 820万元；存货的账面价值20 000万元，公允价值为21 100万元；固定资产账面价值为20 000万元，公允价值为23 000万元。

至20×1年12月31日止，应收账款按购买日公允价值的金额收回；购买日的存货，当年已全部实现对外销售；购买日固定资产公允价值增加的系公司管理用办公楼，该办公楼采用的折旧方法为年限平均法，剩余折旧年限为20年。假定该办公楼评估增值在未来20年内平均摊销。

A公司20×2年12月31日股东权益总额为44 000万元，其中股本为20 000万元，资本公积为8 000万元，其他综合收益为0，盈余公积为5 600万元，未分配利润为10 400万元。A公司20×1年全年实现净利润12 000万元，提取盈余公积2 400万元，向股东分配现金股利6 000万元。

1. 甲公司编制20×2年度合并财务表时相关项目计算如下：

A公司本年净利润 = 12 000 − 150（固定资产公允价值增值计算的折旧）
　　　　　　　 = 11 850（万元）

A公司本年年初未分配利润 = 6 800 + 100（上年实现的购买日应收账款公允价值减值） − 1 100（上年实现的购买日存货公允价值增值） − 150（固定资产公允价值增值计算的折旧） = 5 650（万元）

A公司本年年末未分配利润 = 5 650 + 11 850 − 2 400（提取盈余公积） − 6 000（分派股利） = 9 100（万元）

甲公司本年对 A 公司长期股权投资的投资收益 = 11 850 × 70%
= 8 295（万元）

A 公司少数股东本年收益 = 11 850 × 30%
= 3 555（万元）

甲公司本年年末对 A 公司长期股权投资 = 32 895（上年年末长期股权投资余额）+ 8 295 - 6 000（分派股利）× 70% = 36 990（万元）

A 公司本年年末调整后股东权益总额 = 20 000（股本）+ 8 000（资本公积）+ 4 000（公允价值增值引起的资本公积）+ 5 600（盈余公积，上年计提 3 200，本年计提 2 400）+ 9 100（未分配利润）= 46 700（万元）

A 公司本年 12 月 31 日调整后少数股东权益 = 46 700 × 30%
= 14 010（万元）

2. 甲公司 20 × 2 年编制合并财务报表时，应当进行的调整抵销处理如下：

（1）按公允价值对 A 公司财务报表项目进行调整。因购买日 A 公司资产和负债的公允价值与账面价值之间的差额，调整 A 公司年初未分配利润及相关项目。其调整分录如下：

借：未分配利润（年初）　　　　　　　　　　1 100　　①
　　固定资产原价　　　　　　　　　　　　　3 000
　　贷：未分配利润（年初）　　　　　　　　　　　100
　　　　资本公积　　　　　　　　　　　　　　　4 000

（2）因购买日 A 公司资产和负债的公允价值与原账面价值之间的差额对 A 公司上年净利润的影响，调整 A 公司年初未分配利润及相关项目。其调整分录如下：

借：未分配利润（年初）　　　　　　　　　　1 100　　②
　　未分配利润（年初）　　　　　　　　　　　150
　　未分配利润（年初）　　　　　　　　　　　100
　　贷：未分配利润（年初）　　　　　　　　　1 100
　　　　累计折旧　　　　　　　　　　　　　　150
　　　　未分配利润（年初）　　　　　　　　　100

上述调整分录简化为：

借：未分配利润（年初）　　　　　　　　　　　150　　②'
　　贷：累计折旧　　　　　　　　　　　　　　150

（3）因购买日 A 公司固定资产公允价值与原账面价值之间的差额对 A 公司本年净利润的影响，调整 A 公司固定资产折旧相关的项目及累计折旧项目。至于应收账款公允价值减值和存货公允价值增值，由于在上一年已全部实现，不涉及对本年实现净利润的影响。其调整分录如下：

| 借：管理费用 | 150 | ③ |
| 贷：累计折旧 | 150 | |

（4）按照权益法对甲公司财务报表项目进行调整。

因购买日 A 公司资产和负债的公允价值与原账面价值之间的差额对 A 公司上年净利润的影响而对甲公司对 A 公司长期股权投资权益法核算的影响，调整甲公司对 A 公司长期股权投资及相关项目。其调整分录如下：

借：长期股权投资	6 545	④
未分配利润（年初）	3 150	
贷：未分配利润（年初）	6 545	
长期股权投资	3 150	

甲公司对 A 公司长期股权投资由成本法核算的结果调整为权益法核算的结果。即根据调整后 A 公司本年实现净利润以及本年分派现金股利中所拥有的份额，调整本年甲公司对 A 公司的投资收益。其调整分录如下：

借：长期股权投资	8 295	⑤
投资收益	4 200	
贷：投资收益	8 295	
长期股权投资	4 200	

（5）长期股权投资与子公司所有者权益的抵销。

将甲公司对 A 公司的长期股权投资与其在 A 公司所有者权益中拥有的份额予以抵销。其抵销分录如下：

借：股本	20 000	⑥
资本公积	12 000	
盈余公积	5 600	
未分配利润	9 100	
商誉	4 300	
贷：长期股权投资——A 公司	36 990	
少数股东权益	14 010	

（6）投资收益与子公司利润分配等项目的抵销。

将甲公司对 A 公司投资收益与 A 公司本年利润分配有关项目的金额予以抵销。其抵销分录如下：

借：投资收益	8 295	⑦
少数股东本期损益	3 555	
未分配利润（年初）	5 650	
贷：提取盈余公积	2 400	
向股东分配利润	6 000	

未分配利润（年末） 9 100

（7）应收股利与应付股利的抵销。本例中A公司本年宣告分派现金股利6 000万元，股利款项尚未支付，A公司已将其计列应付股利6 000万元。甲公司根据A公司宣告的分派现金股利的公告，按照其所享有的金额，已确认应收股利，并在其资产负债表中计列应收股利4 200万元。这属于母公司与子公司之间的债权债务，在编制合并财务报表时必须将其予以抵销，其抵销分录如下：

借：应付股利 4 200 ⑧
　　贷：应收股利 4 200

3. 编制合并工作底稿并编制合并财务报表

根据上述调整分录和抵销分录，甲公司可以编制合并工作底稿如表5-23所示：

表5-23 合并工作底稿

20×2年　　　　　　　　　　　　　　　　　　　　单位：万元

项目	母公司	子公司	合计数	调整分录		抵销分录		少数股东权益	合并数
				借方	贷方	借方	贷方		
资产负债表项目									
流动资产：									
货币资金	8 900	9 400	18 300						18 300
交易性金融资产	4 800	7 800	12 600						12 600
应收票据	7 100	3 900	11 000						11 000
应收账款	9 800	5 700	15 500						15 500
坏账准备	800	400	1 200						1 200
应收账款净额	9 000	5 300	14 300						14 300
预付款项	2 600	2 900	5 500						5 500
应收股利	4 200	0	4 200				4 200⑧		0
其他应收款	3 700	1 600	5 300						5 300
存货	37 900	23 000	60 900						60 900
其他流动资产	2 800	1 100	3 900						3 900
流动资产合计	81 000	55 000	136 000				4 200		131 800
非流动资产：									
可供出售金融资产	8 000	0	8 000						8 000

续表

项目	母公司	子公司	合计数	调整分录 借方	调整分录 贷方	抵销分录 借方	抵销分录 贷方	少数股东权益	合并数
持有至到期投资	14 000	4 200	18 200						18 200
长期股权投资	29 500	0	29 500	6 545④ 8 295⑤	3 150④ 4 200⑤		36 990⑥		0
固定资产原价	46 000	32 000	78 000	3 000①					81 000
减：累计折旧	13 000	7 000	20 000		150② 150③				20 300
固定资产净值	33 000	25 000	58 000	3 000	150				60 700
在建工程	7 000	3 200	10 200						10 200
无形资产	5 000	1 600	6 600						6 600
商誉		0				4 300⑥			4 300
其他非流动资产	40 000	0	40 000						40 000
非流动资产合计	136 500	34 000	170 500	17 840	7 650	4 300	36 990		148 000
资产总计	217 500	89 000	306 500	17 840	7 650	4 300	36 990		279 800
流动负债：									
短期借款	8 000	5 800	13 800						13 800
交易性金融负债	4 000	2 100	6 100						6 100
应付票据	15 000	5 600	20 600						20 600
应付账款	14 800	5 300	20 100						20 100
预收款项	4 000	3 300	7 300						7 300
应付职工薪酬	5 800	1 800	7 600						7 600
应交税费	2 200	1 700	3 900						3 900
应付股利	8 000	6 000	14 000			4 200⑧			9 800
其他应付款	2 000	1 500	3 500						3 500
其他流动负债	1 200	900	2 100						2 100
流动负债合计	65 000	34 000	99 000			4 200			94 800
非流动负债：									
长期借款	3 000	4 000	7 000						7 000
应付债券	20 000	7 000	27 000						27 000
长期应付款	4 000		4 000						4 000
其他非流动负债									
非流动负债合计	27 000	11 000	38 000						38 000
负债合计	92 000	45 000	137 000						132 800

第五章 长期股权投资与所有者权益的合并处理(一)

续表

项　目	母公司	子公司	合计数	调整分录 借方	调整分录 贷方	抵销分录 借方	抵销分录 贷方	少数股东权益	合并数
股东权益:									
股本	50 000	20 000	70 000			20 000⑥			50 000
资本公积	29 500	8 000	37 500		4 000①	12 000⑥			29 500
其他综合收益	0	0	0						0
盈余公积	24 000	5 600	29 600			5 600⑥			24 000
未分配利润	22 000	10 400	32 400						29 490
股东权益合计	125 500	44 000	169 500						132 990
少数股东权益							14 010⑥	14 010	14 010
负债和股东权益总计	217 500	89 000	306 500						279 800
利润表项目									
一、营业收入	180 000	117 000	297 000						297 000
减:营业成本	131 000	89 300	220 300						220 300
营业税金及附加	2 800	1 900	4 700						4 700
销售费用	5 800	4 700	10 500						10 500
管理费用	6 900	4 400	11 300	150③					11 450
财务费用	2 000	1 200	3 200						3 200
资产减值损失	1 000	100	1 100						1 100
加:公允价值变动收益	0	0	0						0
投资收益	7 000	1 300	8 300	4 200⑤	8 295⑤	8 295⑦			4 100
二、营业利润	37 500	16 700	54 200	4 350	8 295	8 295			49 850
加:营业外收入	3 700	1 100	4 800						4 800
减:营业外支出	1 200	1 800	3 000						3 000
三、利润总额	40 000	16 700	56 700	4 350	8 295	8 295			51 650
减:所得税费用	10 000	4 000	14 000						14 000
四、净利润	30 000	12 000	42 000	4 350	8 295	8 295			37 650
少数股东本期损益						3 555⑦		3 555	3 555
归属于母公司股东利润									34 095
五、其他综合收益的税后净额	0	0	0						0
六、综合收益总额	30 000	12 000	42 000	4 350	8 295	11 850			34 095
股东权益变动表项目									
一、年初未分配利润	18 000	6 800	24 800	1 100① 150② 3 150④	100① 6 545④	5 650⑦			21 395

续表

项　目	母公司	子公司	合计数	调整分录		抵销分录		少数股东权益	合并数
				借方	贷方	借方	贷方		
二、本年增减变动金额									
综合收益总额	30 000	12 000	42 000	4 350	8 295	11 850			34 095
三、利润分配									
1. 提取盈余公积	6 000	2 400	8 400				2 400⑦		6 000
2. 对股东的分配	20 000	6 000	26 000				6 000⑦		20 000
四、年末未分配利润	22 000	10 400	32 400	8 750	14 940	9 100⑥ 26 600	9 100⑦ 17 500		29 490

注：32 400 +（14 940 + 17 500）-（8 750 + 26 600）= 29 490（万元）

甲公司在编制上述合并工作底稿后，根据其中的合并数，编制合并资产负债表、合并利润表以及合并股东权益变动表。甲公司编制的合并资产负债表、合并利润表以及合并股东权益变动表略。

第六章

长期股权投资与所有者权益的合并处理（二）

本书第五章就一次性股权投资取得的子公司相关的合并财务报表编制进行了论述。但在实际经济生活中，大多数企业合并是通过多次股权交易，分次取得被投资企业的股权而使其成为子公司的。通过多次股权交易取得的子公司，对子公司股权投资的核算及合并日或购买日及其以后会计期间合并财务报表编制有其特殊性。相对于一次性股权投资取得子公司的情况，在分次股权投资取得子公司的情况下，其合并日或购买日合并财务报表的编制以及以后期间合并财务报表的编制都较为复杂。本章主要介绍分次股权投资取得子公司情况下的合并财务报表的编制。

第一节 同一控制下分步取得子公司合并日合并财务报表的编制

一、同一控制下分步取得子公司长期股权投资的核算

所谓分步取得子公司，是指通过两次及两次以上股权交易取得被投资企业控股权，使其成为子公司的情况。在分步取得子公司的情况下，在其成为子公司之前，至少要发生两次股权交易。母公司通过第一次股权交易，持有被投资企业股权的比例低于一般情况下达到对其具有控制权的比例，即低于50%。根据现行企业会计准则，企业取得被投资企业股权但不能对其有重大影响时，对该企业的股权投资采用成本法核算；取得被投资企业股权后对被投资企业有重大影响时，则对该企业的股权投资采用权益法核算；而当取得该被投资企业50%以上股权，拥有其控制权时，则应当采用成本法对其长期股权投资进行核算。由此，企业在

第一次通过股权交易持有被投资企业的股权时,根据其持有股权的比例及其对被投资企业的影响程度,在日常核算中,分别采用成本法或权益法核算。在第二次及以后追加投资时,随着持有被投资企业股权的增加,可能需要根据其持有股权的比例情况及其对被投资企业影响程度的增加,调整和变更原来对该投资企业的长期股权投资的日常核算方法。当经过若干次追加投资后,达到持有被投资企业过半数控股权,则该被投资企业成为子公司,母公司对子公司长期股权投资的核算,则应调整变更为采用成本法进行日常核算。因此,在经过多次追加投资取得子公司的情况下,在被投资企业成为子公司之前,需要根据持有股权比例的变动情况,对原来采用的成本法调整变更为权益法,然后再由权益法变更为成本法,对其持有的长期股权投资的账面价值进行相应调整处理。

如本书第五章所述,企业对外长期股权投资时,在不属于导致企业合并的情况下,按照一般长期股权投资进行核算,即以支付现金取得的长期股权投资,按实际支付的购买价款作为初始投资成本。这里的初始投资成本包括与取得长期股权投资直接相关的费用、税金及其他必要支出。以发行权益性证券取得的长期股权投资,则按发行权益性证券的公允价值作为初始投资成本。

例 6-1:甲公司于 20×1 年 1 月 1 日,以 11 000 万元取得 B 公司 30% 的股权。购买该股权的价款以银行存款支付。当日,B 公司股东权益总额为 32 000 万元,其中股本为 20 000 万元,资本公积为 8 000 万元,其他综合收益为 0,盈余公积为 1 200 万元,未分配利润为 2 800 万元。

20×1 年 12 月 31 日,B 公司 20×1 年度实现净利润 10 500 万元。经公司董事会提议并经股东会批准 20×2 年度提取盈余公积 2 000 万元,向股东分配现金股利 4 500 万元。假定甲公司与 B 公司为同一控制下的企业。

20×1 年 1 月 1 日,甲公司取得 B 公司 30% 股权的成本为 11 000 万元,虽然 30% 的股权在 B 公司股东权益中拥有的份额只有 9 600 万元,按照现行企业会计准则,甲公司应当将其视为一般的长期股权投资核算。甲公司对 B 公司长期股权投资账务处理如下:

借:长期股权投资——投资成本　　　　　　　　　　11 000
　　贷:银行存款　　　　　　　　　　　　　　　　　　11 000

20×1 年 12 月 31 日,甲公司还应将对 B 公司长期股权投资所实现的投资收益入账。由于甲公司拥有 B 公司 30% 的股权,按企业会计准则的规定,应有采用权益法核算。本例中 B 公司 20×1 年实现净利润 10 500 万元,提取盈余公积 2 000 万元,向股东分配现金股利 4 500 万元。

在采用权益法核算的情况下,应当根据被投资企业实现的净利润和向股东分配的现金股利,确认投资收益并调整长期股权投资的账面价值。对此,甲公司 20×1 年 12 月 31 日与该长期股权投资相关的会计处理如下:

借：长期股权投资——损益调整　　　　　　　　　　　　3 150
　　　贷：投资收益　　　　　　　　　　　　　　　　　　　3 150
借：应收股利　　　　　　　　　　　　　　　　　　　　1 350
　　　贷：长期股权投资——损益调整　　　　　　　　　　　1 350

经过上述会计处理后，甲公司20×1年12月31日对B公司长期股权投资账面价值为12 800万元（11 000 + 3 150 - 1 350）。而其在B公司股东权益中所拥有的金额为11 400万元，两者之间的差额为1 400万元。

企业对原被投资企业追加投资，仍然按其投资成本将取得的长期股权入账。企业追加投资累计达到能对被投资企业实施控制时，则属于企业合并。如果该被投资企业属于同一控制下的企业，则属于同一控制下的企业合并。根据现行企业会计准则，对于这一投资行为，则应当按同一控制下的企业合并进行核算。

例6-2：接例6-1。甲公司20×2年1月1日，为实现对B公司的控制，追加投资购买取得B公司25%的股权，购买价款为10 000万元，款项已以银行存款支付。B公司当日股东权益总额为38 000万元，其中股本为20 000万元，资本公积为8 000万元，其他综合收益为0，盈余公积为3 200万元，未分配利润为6 800万元。

甲公司通过此次追加投资购买B公司25%的股权后，累计持有B公司55%的股权，在当日即20×2年1月1日取得对B公司的控制权。假定甲公司与B公司属于同一控制下企业，由此导致的对B公司合并属于同一控制下的企业合并。

在本例中，甲公司首先应当将追加对B的长期股权投资入账。其账务处理如下：

借：长期股权投资——投资成本　　　　　　　　　　　　10 000
　　　贷：银行存款　　　　　　　　　　　　　　　　　　　10 000

根据现行企业会计准则，对于同一控制下企业合并所取得的子公司，合并方在该企业合并中取得的资产和负债，应当按照合并日在被合并企业的账面价值计量，合并方取得的净资产账面价值与支付的合并对价之间的差额，应当调整资本公积；资本公积不足冲减的则调整留存收益。具体来说，当合并对价高于合并日在被投资企业净资产的账面价值中应享有的份额，按高于的差额冲减资本公积，资本公积不足以冲减的，企业应当依次冲减盈余公积和未分配利润。而当合并对价低于合并日在被投资企业净资产的账面价值中应享有的份额，按低于的差额增加资本公积。

本例中，第一次投资取得B公司30%的股权后对B公司长期股权投资的账面价值为12 800万元（采用权益法核算的结果）。由于在第二次追加投资后，甲公司取得对B公司的控制权，并实现了对B公司同一控制下的企业合并。甲公司追加投资后对B公司实现合并后的合并成本为22 800万元（12 800 + 10 000）。B

公司当日净资产的账面价值（股东权益总额）为 38 000 万元。甲公司按持有 B 公司 55% 的股权计算在 B 公司净资产的账面价值中享有的份额为 20 900 万元（38 000×55%）。即甲公司取得 B 公司 55% 股权的长期股权投资的初始投资成本为 20 900 万元。至于合并成本与合并日在 B 公司净资产的账面价值中享有的份额之间的差额为 1 900 万元（22 800 – 20 900），甲公司应当按这一差额对长期股权投资的账面价值进行调整，并冲减资本公积。其账务处理如下：

借：资本公积　　　　　　　　　　　　　　　　　　　　1 900
　　贷：长期股权投资——投资成本　　　　　　　　　　　1 900

通过上述账务处理后，甲公司对 B 公司长期股权投资的账面价值为 20 900 万元（22 800 – 20 900），与其在 B 公司股东权益中所拥有的份额相等。

二、合并日合并财务报表的编制

根据现行企业会计准则，企业在实现同一控制下的企业合并时，必须编制合并日的合并资产负债表。在合并资产负债表中，通过合并取得的子公司的资产和负债以账面价值反映。

对于同一控制下企业合并取得的子公司，母公司在合并日已经按照企业会计准则的要求，对其账面价值进行调整，包括按照长期股权投资的账面价值与其在子公司所有者权益（净资产账面价值）之间的差额对长期股权投资所进行的调整。调整后母公司长期股权投资的账面价值与其在子公司所有者权益中所拥有的份额相等。故在编制合并日的合并资产负债表时，只需要直接将母公司对子公司长期股权投资与其在子公司所有者权益中所拥有的份额进行抵销。

例 6 – 3：接例 6 – 2。甲公司和 B 公司 20×2 年 1 月 1 日个别资产负债表数据见表 6 – 1。甲公司资产负债表系合并日上述账务处理完毕后编制的个别资产负债表。

甲公司在编制合并日合并资产负债表时，应当将甲公司对 B 公司长期股权投资与 B 公司股东权益予以抵销，其在合并工作底稿中的抵销分录如下。

借：股本　　　　　　　　　　　　　　　　　　　　　　20 000
　　资本公积　　　　　　　　　　　　　　　　　　　　 8 000
　　盈余公积　　　　　　　　　　　　　　　　　　　　 3 200
　　未分配利润　　　　　　　　　　　　　　　　　　　 6 800
　　贷：长期股权投资　　　　　　　　　　　　　　　　20 900
　　　　少数股东权益　　　　　　　　　　　　　　　　17 100

表 6-1 资产负债表

会企 01 表

编制单位：甲公司、B 公司　　20×2 年 1 月 1 日　　单位：万元

资产	甲公司	B 公司		负债和股东权益	甲公司	B 公司	
		账面数	公允价值			账面数	公允价值
流动资产：				流动负债：			
货币资金	5 700	6 500	6 500	短期借款	10 000	4 800	4 800
交易性金融资产	3 000	5 000	5 000	交易性金融负债	4 000	2 400	2 400
应收票据	7 200	3 600	3 600	应付票据	13 000	3 600	3 600
应收账款	9 000	5 400	5 400	应付账款	18 000	5 200	5 200
减：坏账准备	500	300	300	预收款项	4 000	3 900	3 900
应收账款净额	8 500	5 100	5 100	应付职工薪酬	5 000	1 600	1 600
预付款项	1 500	2 500	2 500	应交税费	2 700	1 400	1 400
应收股利	1 350	0	0	应付股利	5 000	4 500	4 500
其他应收款	500	1 300	1 300	其他应付款	300	700	700
存货	37 000	18 000	18 000	其他流动负债	2 000	900	900
其他流动资产	5 250	1 000	1 000	流动负债合计	64 000	29 000	29 000
流动资产合计	70 000	43 000	43 000				
				非流动负债：			
非流动资产：				长期借款	4 000	5 000	5 000
可供出售金融资产	8 000	0	0	应付债券	20 000	7 000	7 000
持有至到期投资	13 000	4 000	5 000	长期应付款	6 000		
长期股权投资	20 900	0	0	其他非流动负债			
固定资产原价	38 000	30 000	35 000	非流动负债合计	30 000	12 000	12 000
减：累计折旧	10 000	4 000	4 000	负债合计	94 000	41 000	41 000
固定资产净值	28 000	26 000	31 000				
在建工程	13 000	4 200	4 200	股东权益：			
无形资产	6 000	1 800	1 800	股本	40 000	20 000	
商誉	2 000	0	0	资本公积	10 000	8 000	
其他非流动资产	19 100	0	0	其他综合收益	0	0	
非流动资产合计	110 000	36 000	42 000	盈余公积	18 000	3 200	
				未分配利润	18 000	6 800	
				股东权益合计	86 000	38 000	44 000
资产总计	180 000	79 000	85 000	负债和股东权益总计	180 000	79 000	85 000

表 6-2　　　　　　　　　　　　　合并工作底稿

20×2 年 1 月 1 日　　　　　　　　　　　　　　单位：万元

项　目	甲公司	B 公司	合计数	调整分录 借方	调整分录 贷方	抵销分录 借方	抵销分录 贷方	少数股东权益	合并数
流动资产：									
货币资金	5 700	6 500	12 200						12 200
交易性金融资产	3 000	5 000	8 000						8 000
应收票据	7 200	3 600	10 800						10 800
应收账款	9 000	5 400	14 400						14 400
减：坏账准备	500	300	800						800
应收账款净额	8 500	5 100	13 600						13 600
预付款项	1 500	2 500	4 000						4 000
应收股利	1 350	0	1 350						1 350
其他应收款	500	1 300	1 800						1 800
存货	37 000	18 000	55 000						55 000
其他流动资产	5 250	1 000	6 250						6 250
流动资产合计	70 000	43 000	113 000						113 000
非流动资产：									
可供出售金融资产	8 000	0	8 000						8 000
持有至到期投资	13 000	4 000	17 000						17 000
长期股权投资	20 900	0	20 900				20 900		0
固定资产原价	38 000	30 000	68 000						68 000
减：累计折旧	10 000	4 000	14 000						14 000
固定资产净值	28 000	26 000	54 000						54 000
在建工程	13 000	4 200	17 200						17 200
无形资产	6 000	1 800	7 800						7 800
商誉	2 000	0	2 000						2 000
其他非流动资产	19 100	0	19 100						19 100
非流动资产合计	110 000	36 000	146 000				20 900		125 100
资产总计	180 000	79 000	259 000				20 900		238 100
流动负债：									
短期借款	10 000	4 800	14 800						14 800
交易性金融负债	4 000	2 400	6 400						6 400
应付票据	13 000	3 600	16 600						16 600
应付账款	18 000	5 200	23 200						23 200

续表

项目	甲公司	B公司	合计数	调整分录 借方	调整分录 贷方	抵销分录 借方	抵销分录 贷方	少数股东权益	合并数
预收款项	4 000	3 900	7 900						7 900
应付职工薪酬	5 000	1 600	6 600						6 600
应交税费	2 700	1 400	4 100						4 100
应付股利	5 000	4 500	9 500						9 500
其他应付款	300	700	1 000						1 000
其他流动负债	2 000	900	2 900						2 900
流动负债合计	64 000	29 000	93 000						93 000
非流动负债:									
长期借款	4 000	5 000	9 000						9 000
应付债券	20 000	7 000	27 000						27 000
长期应付款	6 000		6 000						6 000
其他非流动负债									
非流动负债合计	30 000	12 000	42 000						42 000
负债合计	94 000	41 000	135 000						135 000
股东权益:									
股本	40 000	20 000	60 000			20 000			40 000
资本公积	10 000	8 000	18 000			8 000			10 000
其他综合收益	0	0	0						0
盈余公积	18 000	3 200	21 200			3 200			18 000
未分配利润	18 000	6 800	24 800			6 800			18 000
股东权益合计	86 000	38 000	124 000			38 000			86 000
少数股东权益							17 100	17 100	17 100
负债和股东权益总计	180 000	79 000	259 000			38 000	17 100		238 100

第二节 同一控制下取得子公司合并日后合并财务报表的编制

在取得子公司后,子公司作为一独立法人主体从事生产经营活动,按相关规定编制其个别财务报表。子公司在以后期间通过经营活动实现净利润,影响子公司所有者权益发生增减变动,从而也影响母公司在其子公司所有者权益中拥有的份额发生增减变动;同时子公司以后期间实现的净利润又是母公司对其长期股权投资的投资收益的一个来源。

母公司在取得子公司的当期和以后会计期间,采用成本法对子公司长期股权投资进行日常核算。当子公司宣告分派现金股利时，则按其在子公司宣告分派的现金股利中应享有的份额，确认当期投资收益并反映于其个别财务报表之中。母公司在取得子公司后的当期和以后会计期间需要将其纳入其合并范围，编制合并财务报表。

对于同一控制下企业合并取得的子公司，在合并日以后的会计期间编制合并财务报表时，首先应当按照长期股权投资权益法核算的要求，对个别财务报表中长期股权投资项目及投资收益等相关项目进行调整，使母公司对该子公司长期股权投资的账面价值反映其在子公司所有者权益中所拥有的份额。其次则是进行合并抵销处理，将母公司与子公司相互之间的内部交易和事项对个别财务报表的影响予以抵销。

例6-4：接例6-3，甲公司和B公司20×2年度个别财务报表如表6-3~表6-5所示：

表6-3　　　　　　　　　　　　　　资产负债表

会企01表

编制单位：甲公司、B公司　　　　20×2年12月31日　　　　　　　单位：万元

资产	甲公司	B公司	负债和股东权益	甲公司	B公司
流动资产：			流动负债：		
货币资金	8 900	9 400	短期借款	8 000	5 800
交易性金融资产	4 800	5 800	交易性金融负债	4 000	2 100
应收票据	7 100	3 900	应付票据	15 000	5 600
应收账款	9 800	5 700	应付账款	14 800	5 300
减：坏账准备	800	400	预收款项	4 000	3 300
应收账款净额	9 000	5 300	应付职工薪酬	5 800	1 800
预付款项	2 600	2 900	应交税费	2 200	1 700
应收股利	3 300	0	应付股利	8 000	6 000
其他应收款	3 700	2 600	其他应付款	2 000	1 500
存货	36 900	23 000	其他流动负债	1 200	900
其他流动资产	3 700	2 100	流动负债合计	65 000	34 000
流动资产合计	80 000	55 000			
			非流动负债：		
非流动资产：			长期借款	3 000	4 000
可供出售金融资产	8 000	0	应付债券	20 000	7 000
持有至到期投资	13 000	4 200	长期应付款	4 000	
长期股权投资	20 900	0	其他非流动负债		
固定资产原价	46 000	32 000	非流动负债合计	27 000	11 000
减：累计折旧	13 000	7 000	负债合计	92 000	45 000

续表

资产	甲公司	B公司	负债和股东权益	甲公司	B公司
固定资产净值	33 000	25 000			
在建工程	7 000	3 200	股东权益：		
无形资产	5 000	1 600	股本	40 000	20 000
商誉	2 000	0	资本公积	10 000	8 000
其他非流动资产	19 100	0	其他综合收益	0	0
非流动资产合计	108 000	34 000	盈余公积	24 000	5 600
			未分配利润	22 000	10 400
			股东权益合计	96 000	44 000
资产总计	188 000	89 000	负债和股东权益总计	188 000	89 000

表6-4　　　　　　　　　　　　　　利润表

编制单位：甲公司、B公司　　　　20×2年度

会企02表

单位：万元

项　目	甲公司	B公司
一、营业收入	180 000	117 000
减：营业成本	130 000	89 300
营业税金及附加	2 800	1 900
销售费用	6 200	4 660
管理费用	6 700	4 900
财务费用	2 000	1 360
资产减值损失	800	280
加：公允价值变动收益	0	0
投资收益	6 000	1 100
二、营业利润	37 500	15 700
加：营业外收入	3 700	1 200
减：营业外支出	1 200	900
其中：非流动资产处置损失		
三、利润总额	40 000	16 000
减：所得税费用	10 000	4 000
四、净利润	30 000	12 000
五、其他综合收益的税后净额	0	0
六、综合收益总额	30 000	12 000
七、每股收益：		
（一）基本每股收益	略	略
（二）稀释每股收益	略	略

表 6-5　　　　　　　　　　　　　股东权益变动表

编制单位：甲公司、B 公司　　　　　20×2 年度　　　　　　　　　　会企 04 表
单位：万元

项目	甲公司					B 公司				
	股本	资本公积	盈余公积	未分配利润	股东权益合计	股本	资本公积	盈余公积	未分配利润	股东权益合计
一、上年年末余额	40 000	10 000	18 000	18 000	86 000	20 000	8 000	3 200	6 800	38 000
加：会计政策变更										
前期差错更正										
二、本年年初余额	40 000	10 000	18 000	18 000	86 000	20 000	8 000	3 200	6 800	38 000
三、本年增减变动金额										
（一）综合收益总额				30 000	30 000				12 000	12 000
（二）股东投入和减少资本										
1. 股东投入资本										
2. 股份支付计入股东权益的金额										
3. 其他										
（三）利润分配										
1. 提取盈余公积			6 000	6 000				2 400	2 400	
2. 对股东的分配				20 000	20 000				6 000	6 000
3. 其他										
（四）股东权益内部结转										
1. 资本公积转增股本										
2. 盈余公积转增股本										
3. 盈余公积弥补亏损										
4. 其他										
四、本年年末余额	40 000	10 000	24 000	22 000	96 000	20 000	8 000	5 600	10 400	44 000

如表 6-5 所示，B 公司 20×2 年 12 月 31 日股东权益总额为 44 000 万元，其中股本为 20 000 万元，资本公积为 8 000 万元，其他综合收益为 0，盈余公积为 5 600 万元，未分配利润为 10 400 万元。B 公司本年年初未分配利润为 6 800 万元。B 公司当年实现净利润 12 000 万元，提取盈余公积 2 400 万元，向股东分配现金股利 6 000 万元。

甲公司 20×2 年 12 月 31 日编制合并财务报表时，应当进行如下合并处理：

（1）对 B 公司长期股权投资账面价值进行调整，将成本法核算结果调整为权益法核算结果。

借：长期股权投资　　　　　　　　　　　　6 600　　　　①
　　贷：投资收益　　　　　　　　　　　　　　　　6 600

| 借：投资收益 | 3 300 | ② |
| 贷：长期股权投资 | | 3 300 |

这里必须注意的是，甲公司在20×2年1月1日对追加取得B公司25%的股权按同一控制下企业合并的要求进行账面价值调整时，甲公司在20×1年1月1日取得B公司30%的股权后B公司当年实现净利润中享有的份额，因采用权益法核算，已按其数额对长期股权投资的账面价值进行了调整。在20×2年1月1日对长期股权投资账面价值进行调整处理后，甲公司对B公司长期股权投资的账面价值20 900万元与B公司股东权益中所拥有的份额20 900万元（38 000×55%）已一致，即反映了其在B公司股东权益中所拥有的份额。所以，对于20×1年B公司当年实现的净利润，不需要再进行调整处理。

第一调整分录是按权益法确认甲公司对B公司长期股权投资当年的投资收益6 600万元（12 000×55%）；第二调整分录则是将本期按成本法确认的投资收益3 300万元（6 000×55%）予以冲销。通过这一调整分录的调整后，甲公司对B公司长期股权投资的账面价值调整为24 200万元（20 900 + 6 600 - 3 300）。

（2）将甲公司对B公司长期股权投资与其在B公司股东权益中拥有的份额相抵销。

借：股本	20 000	③
资本公积	8 000	
盈余公积	5 600	
未分配利润	10 400	
贷：长期股权投资	24 200	
少数股东权益	19 800	

（3）将甲公司对B公司长期股权投资的投资收益与B公司利润分配等项目抵销。

借：未分配利润（年初）	6 800	④
投资收益	6 600	
少数股东收益	5 400	
贷：提取盈余公积	2 400	
向股东分派利润	6 000	
未分配利润（年末）	10 400	

（4）将甲公司当年应收股利与B公司应付股利予以抵销。20×2年B公司宣告向股东分派现金股利6 000万元，甲公司享有3 300万元。

| 借：应付股利 | 3 300 | ⑤ |
| 　贷：应收股利 | 3 300 | |

根据上述调整与抵销分录，可编制合并工作底稿如表6-6所示：

表6-6 合并工作底稿

20×2年度 单位:万元

项目	甲公司	B公司	合计数	调整分录 借方	调整分录 贷方	抵销分录 借方	抵销分录 贷方	少数股东权益	合并数
资产负债表项目									
流动资产:									
货币资金	8 900	9 400	18 300						18 300
交易性金融资产	4 800	5 800	10 600						10 600
应收票据	7 100	3 900	11 000						11 000
应收账款	9 800	5 700	15 500						15 500
减:坏账准备	800	400	1 200						1 200
应收账款净额	9 000	5 300	14 300						14 300
预付款项	2 600	2 900	5 500						5 500
应收股利	3 300	0	3 300				3 300⑤		0
其他应收款	3 700	2 600	6 300						6 300
存货	36 900	23 000	59 900						59 900
其他流动资产	3 700	2 100	5 800						5 800
流动资产合计	80 000	55 000	135 000				3 300		131 700
非流动资产:									
可供出售金融资产	8 000	0	8 000						8 000
持有至到期投资	13 000	4 200	17 200						17 200
长期股权投资	20 900	0	20 900	6 600①	3 300②		24 200③		0
固定资产原价	46 000	32 000	78 000						78 000
减:累计折旧	13 000	7 000	20 000						20 000
固定资产净值	33 000	25 000	58 000						58 000
在建工程	7 000	3 200	10 200						10 200
无形资产	5 000	1 600	6 600						6 600
商誉	2 000	0	2 000						2 000
其他非流动资产	19 100	0	19 100						19 100
非流动资产合计	108 000	34 000	142 000	6 600	3 300		24 200		121 100
资产总计	188 000	89 000	277 000	6 600	3 300		27 500		252 800
流动负债:									
短期借款	8 000	5 800	13 800						13 800
交易性金融负债	4 000	2 100	6 100						6 100
应付票据	15 000	5 600	20 600						20 600

续表

项 目	甲公司	B公司	合计数	调整分录 借方	调整分录 贷方	抵销分录 借方	抵销分录 贷方	少数股东权益	合并数
应付账款	14 800	5 300	20 100						20 100
预收款项	4 000	3 300	7 300						7 300
应付职工薪酬	5 800	1 800	7 600						7 600
应交税费	2 200	1 700	3 900						3 900
应付股利	8 000	6 000	14 000			3 300⑤			10 700
其他应付款	2 000	1 500	3 500						3 500
其他流动负债	1 200	900	2 100						2 100
流动负债合计	65 000	34 000	99 000						95 700
非流动负债：									
长期借款	3 000	4 000	7 000						7 000
应付债券	20 000	7 000	27 000						27 000
长期应付款	4 000		4 000						4 000
其他非流动负债									
非流动负债合计	27 000	11 000	38 000						38 000
负债合计	92 000	45 000	137 000			3 300			133 700
股东权益：									
股本	40 000	20 000	60 000			20 000③			40 000
资本公积	10 000	8 000	18 000			8 000③			10 000
其他综合收益	0	0	0						0
盈余公积	24 000	5 600	29 600			5 600③			24 000
未分配利润（见本表最后）	22 000	10 400	32 400						25 300
股东权益合计	96 000	44 000	140 000						99 300
少数股东权益						19 800③	19 800		19 800
负债和股东权益总计	188 000	89 000	277 000						252 800
利润表项目									
一、营业收入	180 000	117 000	297 000						297 000
减：营业成本	130 000	89 300	219 300						219 300
营业税金及附加	2 800	1 900	4 700						4 700
销售费用	6 200	4 660	10 860						10 860
管理费用	6 700	4 900	11 600						11 600
财务费用	2 000	1 360	3 360						3 360
资产减值损失	800	280	1 080						1 080

续表

项　目	甲公司	B公司	合计数	调整分录 借方	调整分录 贷方	抵销分录 借方	抵销分录 贷方	少数股东权益	合并数
加：公允价值变动收益	0	0	0						0
投资收益	6 000	1 100	7 100	3 300②	6 600①	6 600④			3 800
二、营业利润	37 500	15 700	53 200	3 300	6 600	6 600			49 900
加：营业外收入	3 700	1 200	4 900						4 900
减：营业外支出	1 200	900	2 100						2 100
三、利润总额	40 000	16 000	56 000	3 300	6 600	6 600			52 700
减：所得税费用	10 000	4 000	14 000						14 000
四、净利润	30 000	12 000	42 000	3 300	6 600	6 600			38 700
少数股东本期损益						5 400④		5 400	5 400
归属母公司股东损益									33 300
五、其他综合收益的税后净额	0	0	0						0
六、综合收益总额	30 000	12 000	42 000	3 300	6 600	12 000			33 300
股东权益变动表项目									
一、年初未分配利润	18 000	6 800				6 800④			18 000
二、本年增减变动金额									
综合收益总额	30 000	12 000	42 000	3 300	6 600	12 000			33 300
三、利润分配									
1. 提取盈余公积	6 000	2 400					2 400④		6 000
2. 对股东的分配	20 000	6 000					6 000④		20 000
四、年末未分配利润	22 000	10 400	32 400	3 300	6 600	10 400③ 29 200	10 400④ 18 800		25 300

注：32 400 + (6 600 + 18 800) − (3 300 + 29 200) = 25 300（万元）

第三节　非同一控制下分步取得子公司购买日合并财务报表的编制

一、非同一控制下分步取得子公司长期股权投资的核算

对于非一同控制下分步取得子公司，在初次购买其股权进行长期股权投资时，按照一般的长期股权投资进行核算。企业取得长期股权投资后，首先应当确定该长期股权投资的初始投资成本。在以支付现金取得长期股权投资的情况下，

应当按实际支付的购买价款作为长期股权投资的初始投资成本。初始投资成本包括与取得长期股权投资直接相关的费用、税金及其他必要的支出。如果是以发行权益性证券取得的长期股权投资，则以发行权益性证券的公允价值作为其初始投资成本。其次，在取得该长期股权投资当期和以后的期间，根据对被投资企业的影响程度，确定其日常核算所采用的核算方法。当通过该长期股权投资能够对被投资企业具有重大影响时，则应采用权益法对其进行日常核算，并以权益法核算的结果编制其个别财务报表。

例6-5：甲公司于20×1年1月1日，以13 100万元取得B公司30%的股权。购买该股权的价款以银行存款支付。当日，B公司股东权益总额为32 000万元，其中股本为20 000万元，资本公积为8 000万元，其他综合收益为0，盈余公积为1 200万元，未分配利润为2 800万元。甲公司与B公司为非同一控制下的企业，甲取得B公司30%的股权后，对其有重大影响。

B公司20×1年度实现净利润10 500万元。经公司董事会提议并经股东会批准20×1年度提取盈余公积2 000万元，向股东分配现金股利4 500万元。

本例中，甲公司取得B公司30%股权的投资成本为13 100万元，虽然30%的股权在B公司股东权益中拥有的份额为9 600万元，但按照现行企业会计准则，甲公司应当以确定的投资成本入账，即编制以下会计分录将该对B公司的股权投资入账；

借：长期股权投资——投资成本　　　　　　　　　　　13 100
　　贷：银行存款　　　　　　　　　　　　　　　　　　　　13 100

甲公司通过长期股权投资后持有B公司30%的股权，对其有重大影响，应采用权益法对B公司长期股权投资进行日常核算。取得对B公司长期股权投资的当年B公司实现净利润10 500万元，甲公司应将其在其中所享有的份额作为投资收益确认，并调整长期股权投资的账面价值。本例中B公司20×1年度实现净利润10 500万元，甲公司当年应确认的投资收益为3 150万元（10 500×30%）；B公司当年宣告分派现金股利4 500万元，甲公司按其享有的金额，确认应收股利并调整长期股权投资的账面价值。

借：长期股权投资——损益调整　　　　　　　　　　　3 150
　　贷：投资收益　　　　　　　　　　　　　　　　　　　　3 150
借：应收股利　　　　　　　　　　　　　　　　　　　　1 350
　　贷：长期股权投资——损益调整　　　　　　　　　　　　1 350

经过上述会计处理后，甲公司20×1年12月31日对B公司长期股权投资的账面价值为14 900万元（13 100+3 150-1 350）。而按其持有的股权30%，甲公司在B公司股东权益中所拥有的份额为11 400万元（38 000×30%）。

企业在对原被投资企业追加投资，仍然以其投资成本将取得的长期股权投资确认入账。当企业对原被投资企业追加投资达到取得其控制权时，则形成控股合并，如果被投资企业是非同一控制下的企业，则该长期股权投资导致形成非同一控制下的企业合并，被投资企业成为投资企业的子公司。此时，则按照企业合并相关的会计处理方法进行处理。

在追加投资取得被投资企业股权，分步实现非同一控制下企业合并的情况下，应当以原持有的长期股权投资的账面价值加上追加投资的新增投资成本之和，作为对该子公司长期股权投资的初始投资成本，并在实现非同一控制下的企业合并的当期和以后期间，采用成本法对该长期股权进行日常核算。

如果企业在购买日之前持有的股权投资，采用金融工具相关的准则进行会计处理，追加投资取得对被投资企业的控制权而实现非同一控制下企业合并的，则以购买日前所持有股权投资按照金融工具相关准则确定的股权投资的公允价值加上追加投资的新增投资成本之和，作为对该子公司的初始投资成本。至于购买日原持有股权的公允价值与其账面价值之间的差额以及原计入其他综合收益的累计公允价值变动，则应全部结转为当期的投资收益。

例 6 - 6：接例 6 - 5，甲公司考虑到产业链完整性和未来发展的需要，于 20×2 年 1 月 1 日，追加投资 14 000 万元，购买取得 B 公司 25% 的股权。甲公司购买该股权的价款已以银行存款支付。B 公司当日股东权益总额（账面价值）为 38 000 万元，其中股本为 20 000 万元，资本公积为 8 000 万元，其他综合收益为 0，盈余公积为 3 200 万元，未分配利润为 6 800 万元；当日净资产（股东权益）的公允价值为 44 000 万元。甲公司和 B 公司 20×2 年 1 月 1 日资产负债表及 B 公司当时资产、负债的公允价值见表 6 - 7。

本例中，甲公司原来持有 B 公司 30% 的股权，追加取得 25% 的股权后，累计持有 B 公司 55% 的股权，取得对 B 公司的控制权。此时甲公司以 20×2 年 1 月 1 日为购买日，实现对 B 公司的控股合并。由于取得 B 公司控制权前甲公司与 B 公司不存在同一控制的关系，甲公司取得对 B 公司的控制权，属于分步方式实现的非同一控制下的企业合并。因此，甲公司在将取得 B 公司 25% 的股权作为长期股权投资确认入账，对相关账户进行调整的同时，还必须编制购买日合并资产负债表。

甲公司追加对 B 公司长期股权投资形成的企业合并相关的会计处理如下：

（1）确定合并成本。根据现行企业会计准则，通过多次交易分步实现非同一控制下企业合并的，在母公司个别财务报表中，以购买日前持有对被合并企业股权投资的账面价值与购买日新增投资成本之和，作为其初始投资成本。在本例中，在取得该 B 公司 25% 的股权前，甲公司对 B 公司长期股权投资的账面价值为 14 900 万元（13 100 + 3 150 - 1 350），此次追加投资，增加取得 B 公司 25% 的股权发生的新增投资成本为 14 000 万元，取得 B 公司 55% 股权后长期股权投资的初始投资成本为 28 900 万元,则应当以 28 900 万元作为合并成本。

(2) 将追加投资取得的 B 公司 25% 的股权,作为长期股权投资确认入账。

借:长期股权投资——投资成本　　　　　　　　　14 000
　　贷:银行存款　　　　　　　　　　　　　　　　　　　14 000

二、购买日合并财务报表的编制

根据现行企业会计准则,企业通过多次交易取得非同一控制下的子公司时,应当编制购买日的合并财务报表。在非同一控制下企业合并取得的子公司,其资产和负债应当以购买日的公允价值反映在合并财务报表之中。

在编制购买日的合并资产负债表时,对于非同一控制下取得的子公司,首先应当将非同一控制下取得的子公司财务报表按购买日资产、负债等的公允价值进行调整;然后,在按公允价值对子公司购买日财务报表进行调整的基础上,对母公司对子公司长期股权投资与子公司所有者权益等项目进行抵销处理,将对子公司长期股权投资与子公司所有者权益中拥有的份额相抵销;最后通过编制合并工作底稿,编制购买日合并资产负债表。

例 6-7:接例 6-6,甲公司对合并日上述账务处理完毕后编制的个别资产负债表和 B 公司 20×2 年 1 月 1 日资产负债表,以及 20×2 年 1 月 1 日 B 公司资产和负债经评估确认的金额如表 6-7 所示:

表 6-7　　　　　　　　　　资产负债表

会企 01 表

编制单位:　　　　　　　　20×2 年 1 月 1 日　　　　　　　　单位:万元

资产	甲公司	B 公司		负债和股东权益	甲公司	B 公司	
		账面数	公允价值			账面数	公允价值
流动资产:				流动负债:			
货币资金	5 700	6 500	6 500	短期借款	10 000	4 800	4 800
交易性金融资产	3 000	5 000	5 000	交易性金融负债	4 000	2 400	2 400
应收票据	7 200	3 600	3 600	应付票据	13 000	3 600	3 600
应收账款	9 000	5 400	5 400	应付账款	18 000	5 200	5 200
减:坏账准备	500	300	300	预收款项	4 000	3 900	3 900
应收账款净额	8 500	5 100	5 100	应付职工薪酬	5 000	1 600	1 600
预付款项	1 500	2 500	2 500	应交税费	2 700	1 400	1 400
应收股利	1 350	0	0	应付股利	5 000	4 500	4 500
其他应收款	500	1 300	1 300	其他应付款	300	700	700

续表

资产	甲公司	B公司 账面数	B公司 公允价值	负债和股东权益	甲公司	B公司 账面数	B公司 公允价值
存货	37 000	18 000	18 000	其他流动负债	2 000	900	900
其他流动资产	5 250	1 000	1 000	流动负债合计	64 000	29 000	29 000
流动资产合计	70 000	43 000	43 000				
				非流动负债:			
非流动资产:				长期借款	4 000	5 000	5 000
可供出售金融资产	8 000	0	0	应付债券	20 000	7 000	7 000
持有至到期投资	13 000	4 000	5 000	长期应付款	6 000		
长期股权投资	28 900	0	0	其他非流动负债			
固定资产原价	38 000	30 000	35 000	非流动负债合计	30 000	12 000	12 000
减:累计折旧	10 000	4 000	4 000	负债合计	94 000	41 000	41 000
固定资产净值	28 000	26 000	31 000				
在建工程	13 000	4200	4 200	股东权益:			
无形资产	6 000	1 800	1 800	股本	40 000	20 000	
商誉	2 000			资本公积	10 000	8 000	
其他非流动资产	11 100	0	0	其他综合收益	0	0	
非流动资产合计	110 000	36 000	42 000	盈余公积	18 000	3 200	
				未分配利润	18 000	6 800	
				股东权益合计	86 000	38 000	44 000
资产总计	180 000	79 000	85 000	负债和股东权益总计	180 000	79 000	85 000

B公司20×2年1月1日经确认的资产和负债公允价值变动情况:一是持有至到期投资的公允价值增值1 000万元,该持有至到期投资到期日为20×5年1月1日;二是固定资产中一项销售部门使用的营业大楼公允价值增值5 000万元。该营业大楼自20×2年1月1日起的剩余使用年限为25年,采用年限平均法计提固定资产折旧。

1. 甲公司购买日合并财务报表编制相关项目计算如下:

购买日前对B公司长期股权投资的账面价值 = 13 100 + 3 150 − 1 350
$$= 14\ 900\ (万元)$$

购买日对B公司长期股权投资的账面价值 = 14 900 + 14 000
$$= 28\ 900\ (万元)$$

购买日甲公司在B公司股东权益中所拥有的份额 = 44 000 × 55%
$$= 24\ 200\ (万元)$$

购买日少数股东权益 = 44 000 × 45%
$$= 19\ 800\ (万元)$$

合并商誉 = 28 900 − 24 200
　　　　 = 4 700（万元）

购买日后调整后的 B 公司的资本公积 = 8 000 + 6 000（资产公允价值增值）
　　　　　　　　　　　　　　　　 = 14 000（万元）

2. 甲公司购买日合并资产负债表编制相关的调整抵销处理如下：

（1）按购买日公允价值增值对 B 公司财务报表项目进行调整。根据购买日 B 公司资产和负债的公允价值与账面价值之间的差额，调整 B 公司相关公允价值变动的资产和负债项目及资本公积项目。为便于读者理解，本例中不考虑购买日资产和负债公允价值增值相关的所得税影响，本书第十一章中专门对购买日资产和负债公允价值增值相关所得税影响的合并处理进行论述，读者可以结合其中的内容阅读。

借：持有至到期投资　　　　　　　　　　　　　　1 000　　　①
　　固定资产　　　　　　　　　　　　　　　　　5 000
　贷：资本公积　　　　　　　　　　　　　　　　　　　　6 000

这一调整，是由于子公司个别财务报表是以其资产、负债的原账面价值为基础编制的，其当年计算的净利润也是基于其资产和负债的原账面价值进行计算的结果，而公允价值与原账面价值存在差额的资产或负债，在经营过程中因使用、销售或偿付而实现其公允价值，其实现的公允价值对子公司当期净利润的影响需要在净利润计算中予以反映。

（2）将甲公司对 B 公司长期股权投资与其在 B 公司股东权益中所拥有的份额相抵销。

借：股本　　　　　　　　　　　　　　　　　　　20 000　　　②
　　资本公积　　　　　　　　　　　　　　　　　14 000
　　盈余公积　　　　　　　　　　　　　　　　　 3 200
　　未分配利润　　　　　　　　　　　　　　　　 6 800
　　商誉　　　　　　　　　　　　　　　　　　　 4 700
　贷：长期股权投资　　　　　　　　　　　　　　　　28 900
　　　少数股东权益　　　　　　　　　　　　　　　　19 800

（3）将甲公司确认的对 B 公司应收股利与 B 公司应付甲公司股利予以抵销。本例中 B 公司本年宣告分派现金股利 4 500 万元，股利款项尚未支付，计列应付股利 4 500 万元。甲公司根据购买日前持有 B 公司 30% 股权和 B 公司宣告的分派现金股利的公告，已确认应收股利 1 350 万元，并在其资产负债表中计列应收股利 1 350 万元。

借：应付股利　　　　　　　　　　　　　　　　　1 350　　　③
　贷：应收股利　　　　　　　　　　　　　　　　　　　1 350

3. 根据上述调整分录和抵销分录，可编制购买日合并工作底稿如表 6-8 所示。

表 6-8　　　　　　　　　　　　　合并工作底稿

20×2年1月1日　　　　　　　　　　　　　　　　　　　　　单位：万元

项目	甲公司	B公司	合计数	调整分录		抵销分录		少数股东权益	合并数
				借方	贷方	借方	贷方		
资产负债表项目									
流动资产：									
货币资金	5 700	6 500	12 200						12 200
交易性金融资产	3 000	5 000	8 000						8 000
应收票据	7 200	3 600	10 800						10 800
应收账款	9 000	5 400	14 400						14 400
减：坏账准备	500	300	800						800
应收账款净额	8 500	5 100	13 600						13 600
预付款项	1 500	2 500	4 000						4 000
应收股利	1 350	0	1 350				1 350③		0
其他应收款	500	1 300	1 800						1 800
存货	37 000	18 000	55 000						55 000
其他流动资产	5 250	1 000	6 250						6 250
流动资产合计	70 000	43 000	113 000				1 350		111 650
非流动资产：									
可供出售金融资产	8 000	0	8 000						8 000
持有至到期投资	13 000	4 000	17 000	1 000①					18 000
长期股权投资	28 900	0	28 900				28 900②		0
固定资产原价	38 000	30 000	68 000	5 000①					73 000
减：累计折旧	10 000	4 000	14 000						14 000
固定资产净值	28 000	26 000	54 000	5 000					59 000
在建工程	13 000	4 200	17 200						17 200
无形资产	6 000	1 800	7 800						7 800
商誉	2 000	0	2 000			4 700②			6 700
其他非流动资产	11 100	0	11 100						11 100
非流动资产合计	110 000	36 000	146 000	6 000		4 700	28 900		127 800
资产总计	180 000	79 000		6 000		4 700	28 900		239 450
流动负债									
短期借款	10 000	4 800	14 800						14 800
交易性金融负债	4 000	2 400	6 400						6 400
应付票据	13 000	3 600	16 600						16 600

续表

项　　目	甲公司	B公司	合计数	调整分录 借方	调整分录 贷方	抵销分录 借方	抵销分录 贷方	少数股东权益	合并数
应付账款	18 000	5 200	23 200						23 200
预收款项	4 000	3 900	7 900						7 900
应付职工薪酬	5 000	1 600	6 600						6 600
应交税费	2 700	1 400	4 100						4 100
应付股利	5 000	4 500	9 500			1 350③			8 150
其他应付款	300	700	1 000						1 000
其他流动负债	2 000	900	2 900						2 900
流动负债合计	64 000	29 000	93 000			1 350			91 650
非流动负债:									
长期借款	4 000	5 000	9 000						9 000
应付债券	20 000	7 000	27 000						27 000
长期应付款	6 000	0	6 000						6 000
其他非流动负债	0	0	0						0
非流动负债合计	30 000	12 000	42 000						42 000
负债合计	94 000	41 000	135 000			1 350			133 650
股东权益:									
股本	40 000	20 000	60 000			20 000②			40 000
资本公积	10 000	8 000	18 000	6 000①		14 000②			10 000
其他综合收益	0	0	0						0
盈余公积	18 000	3 200	21 200			3 200②			18 000
未分配利润	18 000	6 800	24 800			6 800②			18 000
股东权益合计	86 000	38 000	124 000	6 000		44 000			86 000
少数股东权益								19 800③	19 800
负债和股东权益总计	180 000	79 000	259 000	6 000		45 350		19 800	239 450

第四节　非同一控制下分步取得子公司购买日后合并财务报表的编制

与本书第五章论述的非同一控制下取得的子公司购买日以后合并财务报表的编制的情况相同,母公司在非同一控制下取得子公司后,在未来持有该子公司的情况下,每一会计期末都需要将其纳入合并范围,编制合并财务报表。

在对非同一控制下取得的子公司编制合并财务报表时,首先,应当以购买日确定的各项可辨认资产、负债及或有负债的公允价值为基础对子公司的财务报表进行调整,通过调整使子公司的资产和负债以公允价值反映于合并财务报表之中。其次,需要将母公司对子公司长期股权投资采用成本法核算的结果,调整为权益法核算的结果,对母公司财务报表进行相应的调整。在调整为权益法核算的结果时,必须确定基于购买日子公司相关资产和负债的公允价值计算的相应会计期间的净利润,并以此净利润为基础,将长期股权投资由成本法核算的结果调整为权益法核算的结果。再次,则是通过编制合并抵销分录,将母公司对子公司长期股权投资与子公司所有者权益等内部交易对个别财务报表的影响予以抵销。最后,则是在编制合并工作底稿的基础上,计算合并财务报表各项目的合并数,编制合并财务报表。

例 6-8:接例 6-7,甲公司和 B 公司 20×2 年度个别财务报表如表 6-9 ~ 表 6-11 所示。

表 6-9　　　　　　　　　　　　资产负债表

编制单位:甲公司、B 公司　　　　20×2 年 12 月 31 日　　　　　　　　　会企 01 表
　　　　　　　　　　　　　　　　　　　　　　　　　　　　　　　　　　　单位:万元

资产	甲公司	B 公司	负债和股东权益	甲公司	B 公司
流动资产:			流动负债:		
货币资金	8 900	9 400	短期借款	8 000	5 800
交易性金融资产	4 800	5 800	交易性金融负债	4 000	2 100
应收票据	7 100	3 900	应付票据	15 000	5 600
应收账款	9 800	5 700	应付账款	14 800	5 300
减:坏账准备	800	400	预收款项	4 000	3 300
应收账款净额	9 000	5 300	应付职工薪酬	5 800	1 800
预付款项	2 600	2 900	应交税费	2 200	1 700
应收股利	3 300	0	应付股利	8 000	6 000
其他应收款	3 700	2 600	其他应付款	2 000	1 500
存货	36 900	23 000	其他流动负债	1 200	900
其他流动资产	3 700	2 100	流动负债合计	65 000	34 000
流动资产合计	80 000	55 000			
			非流动负债:		
非流动资产:			长期借款	3 000	4 000
可供出售金融资产	8 000	0	应付债券	20 000	7 000
持有至到期投资	13 000	4 200	长期应付款	4 000	
长期股权投资	28 900	0	其他非流动负债		

续表

资产	甲公司	B公司	负债和股东权益	甲公司	B公司
固定资产原价	46 000	32 000	非流动负债合计	27 000	11 000
减：累计折旧	13 000	7 000	负债合计	92 000	45 000
固定资产净值	33 000	25 000			
在建工程	7 000	3 200	股东权益：		
无形资产	5 000	1 600	股本	40 000	20 000
商誉	2 000	0	资本公积	10 000	8 000
其他非流动资产	11 100	0	其他综合收益	0	0
非流动资产合计	108 000	34 000	盈余公积	24 000	5 600
			未分配利润	22 000	10 400
			股东权益合计	96 000	44 000
资产总计	188 000	89 000	负债和股东权益总计	188 000	89 000

表 6-10   利润表

会企02表

编制单位：甲公司、B公司　　　　20×2 年度　　　　单位：万元

项目	甲公司	B公司
一、营业收入	180 000	117 000
减：营业成本	130 000	89 300
营业税金及附加	2 800	1 900
销售费用	6 200	4 660
管理费用	6 700	4 900
财务费用	2 000	1 360
资产减值损失	800	280
加：公允价值变动收益	0	0
投资收益	6 000	1 100
二、营业利润	37 500	15 700
加：营业外收入	3 700	1 200
减：营业外支出	1 200	900
其中：非流动资产处置损失		
三、利润总额	40 000	16 000
减：所得税费用	10 000	4 000
四、净利润	30 000	12 000
五、其他综合收益的税后净额	0	0
六、综合收益总额	30 000	12 000
七、每股收益：		
（一）基本每股收益	略	略
（二）稀释每股收益	略	略

表 6-11 股东权益变动表

会企04表

编制单位：甲公司、B公司　　　　　　20×2年度　　　　　　单位：万元

项目	甲公司					B公司				
	股本	资本公积	盈余公积	未分配利润	股东权益合计	股本	资本公积	盈余公积	未分配利润	股东权益合计
一、上年年末余额	40 000	10 000	18 000	18 000	86 000	20 000	8 000	3 200	6 800	38 000
加：会计政策变更										
前期差错更正										
二、本年年初余额	40 000	10 000	18 000	18 000	86 000	20 000	8 000	3 200	6 800	38 000
三、本年增减变动金额										
（一）综合收益总额				30 000	30 000				12 000	12 000
（二）股东投入和减少资本										
1. 股东投入资本										
2. 股份支付计入股东权益的金额										
3. 其他										
（三）利润分配										
1. 提取盈余公积			6 000	6 000				2 400	2 400	
2. 对股东的分配				20 000	20 000				6 000	6 000
3. 其他										
（四）股东权益内部结转										
1. 资本公积转增股本										
2. 盈余公积转增股本										
3. 盈余公积弥补亏损										
4. 其他										
四、本年年末余额	40 000	10 000	24 000	22 000	96 000	20 000	8 000	5 600	10 400	44 000

如上述财务报表所示，20×2年12月31日B公司股东权益总额为44 000万元，其中股本为20 000万元，资本公积为8 000万元，其他综合收益为0，盈余公积5 600万元，未分配利润为10 400万元。B公司20×3年全年实现净利润12 000万元，当年提取盈余公积2 400万元，向股东分配现金股利6 000万元。

至20×2年12月31日止，B公司上述发生公允价值增值的持有至到期投资仍继续持有，继续持有期间未作调整；销售部门用营业大楼仍处于正常使用中，按剩余使用年限25年，采用年限平均法继续计提折旧。

1. 甲公司 20×2 年合并财务报表编制相关项目计算如下：

B 公司 20×2 年度实现净利润 = 12 000 - 200（固定资产公允价值增值计算的折旧）= 11 800（万元）

200 万元是固定资产公允价值增值 5 000 万元按剩余折旧年限 25 年计提折旧额。

调整后的 B 公司当年年末未分配利润 = 6 800（年初）+ 11 800 - 2 400（提取盈余公积）- 6 000（分派股利）= 10 200（万元）

调整后的甲公司当年对 B 公司长期股权投资收益 = 11 800 × 55%
$$= 6\ 490（万元）$$

调整后的 B 公司当年少数股东收益 = 11 800 × 45%
$$= 5\ 310（万元）$$

调整后的甲公司当年年末对 B 公司长期股权投资 = 28 900 + 6 490（调整后投资收益）- 3 300（分派股利）= 32 090（万元）

调整后的 B 公司当年年末股东权益总额 = 20 000（股本）+ 8 000（盈余公积）+ 6 000（购买日资产公允值增值的盈余公积）+ 5 600（盈余公积）+ 10 200（未分配利润）= 49 800（万元）

调整后的 B 公司当年年末少数股权权益 = 49 800 × 45%
$$= 22\ 410（万元）$$

2. 甲公司 20×2 年合并资产负债表编制相关的调整抵销处理如下：

（1）按购买日公允价值增值对 B 公司财务报表项目进行调整。根据购买日 B 公司资产和负债的公允价值与账面价值之间的差额，调整 B 公司相关公允价值变动的资产和负债项目及资本公积项目。为便于读者理解，本例中不考虑购买日资产和负债公允价值增值相关的所得税影响，本书第十一章中专门对购买日资产和负债公允价值增值相关所得税影响的合并处理进行论述，读者可以结合其中的内容阅读。

借：持有至到期投资　　　　　　　　　　　　　　　1 000　　　①
　　固定资产原价　　　　　　　　　　　　　　　　5 000
　　贷：资本公积　　　　　　　　　　　　　　　　　　　　6 000

（2）按购买日公允价值当年实现情况对 B 公司当年净利润进行调整。本例中，因 B 公司在购买日销售部门用营业大楼公允价值增值 5 000 万元。该营业大楼在 20×2 年年末仍处于正常使用中。按购买日起剩余使用年限 25 年，采用年限平均法计提折旧，根据其公允价值增值，该营业大楼当年应增加计提折旧 200 万元，并相应调增 B 公司当年营业费用。由此导致影响当年未分配利润减少 200 万元。

借：销售费用　　　　　　　　　　　　　　　　　　　200　　　②

  贷：累计折旧   200

  （3）按权益法核算要求对甲公司对 B 公司长期股权投资项目进行调整。根据上述计算，按购买日 B 公司资产和负债的公允价值与原账面价值之间的差额对 B 公司本年净利润的影响，调整后 B 公司当年实现净利润为 11 800 万元，母公司按其持股比例计算的投资收益为 6 490 万元，B 公司少数股东本期收益为 5 310 万元。B 公司本年宣告分派现金股利 6 000 万元，甲公司应收股利为 3 300 万元。根据上述计算，对甲公司对 B 公司长期股权投资及相关项目进行调整如下：

  借：长期股权投资   6 490 ③
    投资收益   3 300
    贷：投资收益   6 490
      长期股权投资   3 300

  （4）长期股权投资与所有者权益的抵销。将甲公司对 B 公司的长期股权投资与其在 B 公司股东权益中拥有的份额予以抵销，其抵销分录如下：

  借：股本   20 000 ④
    资本公积   14 000
    盈余公积   5 600
    未分配利润   10 200
    商誉   4 700
    贷：长期股权投资   32 090
      少数股东权益   22 410

  （5）投资收益与子公司利润分配等项目的抵销。将甲公司对 B 公司投资收益与 B 公司本年利润分配有关项目的金额予以抵销，其抵销分录如下：

  借：投资收益   6 490 ⑤
    少数股东本期损益   5 310
    未分配利润（年初）   6 800
    贷：提取盈余公积   2 400
      向股东分配利润   6 000
      未分配利润   10 200

  （6）应收股利与应付股利的抵销。本例中 B 公司 20×2 年宣告分派现金股利 6 000 万元，股利款项尚未支付，B 公司已将其计列应付股利 6 000 万元。甲公司根据 B 公司宣告的分派现金股利的公告，按照其所享有的金额，已确认应收股利，并在其资产负债表中计列应收股利 3 300 万元。这属于母公司与子公司之间的债权债务，在编制合并财务报表时必须将其予以抵销。

  借：应付股利   3 300 ⑥
    贷：应收股利   3 300

3. 根据上述调整分录和抵销分录，甲公司可以编制合并工作底稿如表6-12所示。

表6-12 合并工作底稿
20×2年度
单位：万元

项目	甲公司	B公司	合计数	调整分录 借方	调整分录 贷方	抵销分录 借方	抵销分录 贷方	少数股东权益	合并数
资产负债表项目									
流动资产：									
货币资金	8 900	9 400	18 300						18 300
交易性金融资产	4 800	5 800	10 600						10 600
应收票据	7 100	3 900	11 000						11 000
应收账款	9 800	5 700	15 500						15 500
减：坏账准备	800	400	1 200						1 200
应收账款净额	9 000	5 300	14 300						14 300
预付款项	2 600	2 900	5 500						5 500
应收股利	3 300	0	3 300				3 300⑥		0
其他应收款	3 700	2 600	6 300						6 300
存货	36 900	23 000	59 900						59 900
其他流动资产	3 700	2 100	5 800						5 800
流动资产合计	80 000	55 000	135 000				3 300		131 700
非流动资产：									
可供出售金融资产	8 000	0	8 000						8 000
持有至到期投资	13 000	4 200	17 200	1 000①					18 200
长期股权投资	28 900	0	28 900	6 490③	3 300③		32 090④		0
固定资产原价	46 000	32 000	78 000	5 000①					83 000
减：累计折旧	13 000	7 000	20 000		200②				20 200
固定资产净值	33 000	25 000	58 000	5 000	200				62 800
在建工程	7 000	3 200	10 200						10 200
无形资产	5 000	1 600	6 600						6 600
商誉	2 000	0	2 000			4 700④			6 700
其他非流动资产	11 100	0	11 100						11 100

续表

项　目	甲公司	B公司	合计数	调整分录 借方	调整分录 贷方	抵销分录 借方	抵销分录 贷方	少数股东权益	合并数
非流动资产合计	108 000	34 000	142 000	12 490	3 500	4 700	32 090		123 600
资产总计	188 000	89 000	277 000	12 490	3 500	4 700	35 390		255 300
流动负债：									
短期借款	8 000	5 800	13 800						13 800
交易性金融负债	4 000	2 100	6 100						6 100
应付票据	15 000	5 600	20 600						20 600
应付账款	14 800	5 300	20 100						20 100
预收款项	4 000	3 300	7 300						7 300
应付职工薪酬	5 800	1 800	7 600						7 600
应交税费	2 200	1 700	3 900						3 900
应付股利	8 000	6 000	14 000			3 300⑥			10 700
其他应付款	2 000	1 500	3 500						3 500
其他流动负债	1 200	900	2 100						2 100
流动负债合计	65 000	34 000	99 000			3 300			95 700
非流动负债：									
长期借款	3 000	4 000	7 000						7 000
应付债券	20 000	7 000	27 000						27 000
长期应付款	4 000		4 000						4 000
其他非流动负债									
非流动负债合计	27 000	11 000	38 000						38 000
负债合计	92 000	45 000	137 000			3 300			133 700
股东权益：									
股本	40 000	20 000	60 000			20 000④			40 000
资本公积	10 000	8 000	18 000	6 000①		14 000④			10 000
其他综合收益	0	0	0						0
盈余公积	24 000	5 600	29 600			5 600④			24 000
未分配利润（见本表最后一行）	22 000	10 400	32 400						25 190
股东权益合计	96 000	44 000	140 000						99 190
少数股东权益						22 410④		22 410	22 410
负债和股东权益总计	188 000	89 000	277 000						255 300

续表

项　　目	甲公司	B公司	合计数	调整分录 借方	调整分录 贷方	抵销分录 借方	抵销分录 贷方	少数股东权益	合并数
利润表项目									
一、营业收入	180 000	117 000	297 000						297 000
减：营业成本	130 000	89 300	219 300						219 300
营业税金及附加	2 800	1 900	4 700						4 700
销售费用	6 200	4 660	10 860	200②					11 060
管理费用	6 700	4 900	11 600						11 600
财务费用	2 000	1 360	3 360						3 360
资产减值损失	800	280	1 080						1 080
加：公允价值变动收益	0	0	0						0
投资收益	6 000	1 100	7 100	3 300③	6 490③	6 490⑤			3 800
二、营业利润	37 500	15 700	53 200	3 500	6 490	6 490			49 700
加：营业外收入	3 700	1 200	4 900						4 900
减：营业外支出	1 200	900	2 100						2 100
三、利润总额	40 000	16 000	56 000	3 500	6 490	6 490			52 500
减：所得税费用	10 000	4 000	14 000						14 000
四、净利润	30 000	12 000	42 000	3 500	6 490	6 490			38 500
少数股东本期损益						5 310⑤		5 310	5 310
归属母公司股东损益									33 190
五、其他综合收益的税后净额									
六、综合收益总额	30 000	12 000	42 000	3 500	6 490	11 800			33 190
股东权益变动表项目									
一、年初未分配利润	18 000	6 800	24 800			6 800⑤			18 000
二、本年增减变动金额									
综合收益总额	30 000	12 000	42 000	3 500	6 490	11 800			33 190
三、利润分配									
1. 提取盈余公积	6 000	2 400	8 400			2 400⑤			6 000
2. 对股东的分配	20 000	6 000	26 000			6 000⑤			20 000
四、年末未分配利润	22 000	10 400	32 400	3 500	6 490	10 200④ 28 800	10 200⑤ 18 600		25 190

注：32 400 +（6 490 + 18 600）-（3 500 + 28 800）= 25 190（万元）

第七章

内部商品交易及其减值的合并处理

第一节 内部商品交易的合并处理

所谓内部商品交易，是指企业集团成员企业中的一方将其产品或商品销售给另一成员企业的行为。从购买企业来说，可能将购进的产品或商品作为一般商品对外进行销售，或将其作为生产产品或商品的原材料，也可能将其作为固定资产使用。本书为了论述合并财务报表编制的方便，将购买企业购进的产品或商品作为一般商品或作为原材料使用的企业集团内部购销行为，作为内部商品交易；而将购进的产品或商品作为固定资产使用的企业集团内部购销行为，作为固定资产内部交易。本章主要论述内部商品交易的合并处理。至于固定资产等长期资产的内部交易，将单列一章进行论述。

一、内部商品交易当期的合并处理

企业集团内部发生内部商品交易时，企业集团成员企业一方将产品或商品销售给另一成员企业，各成员企业都从自身的角度，以自身独立的会计主体，对其进行核算并反映损益情况。从销售企业来说，以其内部销售确认当期销售收入，结转相应的成本，并计算当期销售损益。从购买企业来说，其购进的商品可能用于对外销售，也可能是作为生产产品的原材料使用。在购买企业将内部购进的商品用于对外销售时，可能出现以下三种情况：第一种情况是内部购进商品全部实现对外销售；第二种情况是内部购进的商品全部未实现销售，形成期末存货；第三种情况是内部购进的商品部分实现对外销售部分，部分形成期末存货。因此，对内部销售收入和内部销售成本进行抵销处理时，应分别不同的情况进行处理。

1. 购买企业内部购入的商品当期全部实现销售时的抵销处理

在这种情况下，从销售企业来说，在日常会计核算中，销售给其他成员企业的商品与销售给集团外部企业情况下的会计处理相同,即在销售当期确认销售收入,结转销售成本,计算损益,并在其个别利润表中分别反映在营业收入、营业成本以及营业利润之中。对于购买企业来说,首先将内部购进的商品以其取得成本作为入账价值入账;然后在将其对外销售时,根据内部购进商品销售情况确认销售收入,相应结转销售成本,并在其个别利润表中分别作为营业收入、营业成本以及营业利润的一部分予以反映。这也就是说,对于同一购销业务,在销售企业和购买企业的个别利润表都分别作为营业收入、营业成本以及营业利润反映。但从企业集团整体来看,这一购销业务对外只是实现了一次销售,其销售收入是购买企业最终将该内部购进商品销售到企业集团之外所实现的销售收入,其销售成本则是销售企业的销售该商品的成本,即最初取得该商品的取得成本。销售企业销售该商品的收入属于内部销售收入,在不考虑销售商品发生的运杂费的情况下,销售企业的这一销售收入的金额就是购买企业该存货的取得成本。购买企业销售该商品的销售成本则属于内部销售成本。因此,在编制合并财务报表时,应当将内部销售收入与内部销售成本予以抵销。进行抵销处理时,应借记"营业收入"等项目,贷记"营业成本"等项目。

例 7-1: 甲公司为 A 公司的母公司,甲公司已将 A 公司纳入其合并财务报表合并范围。甲公司本期个别利润表的营业收入中有 3 000 万元,是向 A 公司销售产品取得的销售收入,该产品销售成本为 2 100 万元。A 公司在本期将该产品全部售出,实现销售收入为 3 750 万元,相应结转该购进商品的销售成本为 3 000 万元,并在其个别利润表中包括在相应项目金额中列示。

本例中,甲公司编制合并财务报表时,应将内部销售收入 3 000 万元和内部销售成本 3 000 万元予以抵销。

借:营业收入　　　　　　　　　　　　　　　　　　　　　3 000
　　贷:营业成本　　　　　　　　　　　　　　　　　　　　　3 000

2. 购买企业内部购进的商品未实现对外销售时的抵销处理

在内部购进的商品未实现对外销售的情况下,从销售企业来说,同样是按照一般的销售业务确认销售收入,结转销售成本,计算销售利润,并在其个别利润表中列示;从购买企业来说,则以其向销售企业支付的商品购买价款作为该存货的取得成本入账,期末则将该内部购进的存货包括在存货项目中,在其个别资产负债表中列示。这一业务从整个企业集团来看,实际上只是商品存放地点发生变动,作为购销对象的产品,只不过是从销售企业的存放地点转移到购买企业的存放地点,并没有真正实现企业集团对外销售,在企业集团的合并财务报表中不应确认销售收入、结转销售成本以及计算损益。对于这一内部购销业务,在编制合并财务报表时,应当将销售企业由此确认的内部销售收入和内部销售成本予以抵销。

至于销售企业该内部销售商品的销售收入与销售成本之间的差额，即销售企业该内部销售的销售毛利，则作为购买企业购入存货成本的一个组成部分，计入该内部购进存货的入账价值之中，购买企业在其个别资产负债表列示的存货价值中就包含有销售企业实现的销售毛利。存货价值中包含的未实现内部销售损益是由于企业集团内部商品购销活动所引起的。在内部购销活动中，销售企业将集团内部销售作为收入确认并计算销售利润。而购买企业则是以支付的购货价款作为其成本入账，在本期内未对外销售则在期末形成存货，该存货价值中也相应地包括两部分内容，一部分为真正的存货成本（即销售企业销售该商品的销售成本，即其最初取得该商品时的取得成本）；另一部分为销售企业的销售毛利（即销售企业销售收入减去其销售成本的差额）。对于期末存货价值中包括的这部分销售毛利，从企业集团整体来看，并不是真正实现的利润。因为从整个企业集团整体来看，集团内部企业之间的商品购销活动实际上相当于一个企业内部物资调拨活动，既不会实现利润，也不会增加商品的价值。正是从这一意义上来说，将期末存货价值中包括的销售企业作为利润确认的部分，称之为未实现内部销售损益。如果合并财务报表将母公司与子公司财务报表中的存货简单相加，则虚增存货成本。因此，在编制合并资产负债表时，应当将存货价值中包含的未实现内部销售损益予以抵销。

例7-2：甲公司为A公司的母公司，甲公司已将A公司纳入其合并财务报表的合并范围。甲公司本期个别利润表的营业收入中有2 000万元，是向A公司销售商品实现的收入，该销售商品的销售成本为1 400万元，销售毛利率为30%。A公司本期从甲公司购入的商品在本期均未实现对外销售。

本例中，A公司期末存货中包含有2 000万元从甲公司购进的商品，该存货中包含的未实现内部销售利润为600万元。对此，甲公司编制合并财务报表应将内部销售收入、内部销售成本及存货价值中包含的未实现内部销售利润予以抵销。

借：营业收入　　　　　　　　　　　　　　　　2 000
　　贷：营业成本　　　　　　　　　　　　　　　1 400
　　　　存货　　　　　　　　　　　　　　　　　　600

对于第三种情况，即内部购进的商品部分实现对外销售部分形成期末存货的情况，可以将内部购买商品分解为两部分来理解：一部分为当期购进并全部实现对外销售；另一部分为当期购进但未实现对外销售而形成期末存货。例7-1介绍的就是前一部分的抵销处理；例7-2介绍的则是后一部分的抵销处理。将例7-1和例7-2的抵销处理合并在一起，就是第三种情况下的合并抵销处理。

例7-3：甲公司本期个别利润表的营业收入中有5 000万元，是向A公司销售商品取得的销售收入，该产品销售成本为3 500万元。A公司在本期将该批内部购进商品的 60% 实现对外销售，其销售收入为 3 750 万元，销售成本为 3 000 万元，并列示于其个别利润表中；该批购进商品的另外 40% 则形成 A 公司期末存货，在 A 公司个别资产负债表中列示有从甲公司购进商品形成的存货 2 000 万元。

本例中，A 公司内部购进存货价值中包含未实现内部销售利润 600 万元。此时，甲公司编制合并财务报表时，应将内部销售收入、内部销售成本以及内部购进存货价值中包含的未实现内部销售利润予以抵销。

借：营业收入（3 000 + 2 000）　　　　　　　　　　　　5 000
　　贷：营业成本（3 000 + 1 400）　　　　　　　　　　　　4 400
　　　　存货　　　　　　　　　　　　　　　　　　　　　　600

根据上述抵销分录，编制合并工作底稿（局部）如表 7 - 1 所示：

表 7 - 1　　　　　　　　　　合并工作底稿（局部）

单位：万元

项　目	甲公司	A 公司	合计	调整分录		抵销分录		少数股东权益	合并数
				借方	贷方	借方	贷方		
资产负债表项目									
……									
存货		2 000	2 000				600		1 400
……									
利润表项目									
营业收入	5 000	3 750	8 750			5 000			3 750
营业成本	3 500	3 000	6 500				4 400		2 100
……									
营业利润	1 500	750	2 250			5 000	4 400		1 650
……									
净利润	1 500	750	2 250			5 000	4 400		1 650
股东权益变动表项目									
未分配利润（年初）	0	0	0						0
……									
未分配利润（年末）	1 500	750	2 250			5 000	4 400		1 650

对于内部销售收入的抵销，也可按照如下方法进行抵销处理：（1）按照内部销售收入的数额，借记"营业收入"项目，贷记"营业成本"项目；（2）按照期末存货价值中包含的未实现内部销售损益的数额，借记"营业成本"项目，贷

记"存货"项目。

例 7 – 4：甲公司与 A 公司内部销售业务资料见例 7 – 2。

本例中，A 公司本期期末内部购进存货价值中包含的未实现内部销售利润为 600 万元，甲公司编制合并财务报表时，需要将其内部销售收入、内部销售成本以及期末存货中包含的未实现内部销售利润 600 万元予以抵销。

① 借：营业收入　　　　　　　　　　　　　　　　　2 000
　　　贷：营业成本　　　　　　　　　　　　　　　　　　2 000
② 借：营业成本　　　　　　　　　　　　　　　　　　600
　　　贷：存货　　　　　　　　　　　　　　　　　　　　600

在合并工作底稿中，按上述抵销分录进行抵销的结果与例 7 – 2 的抵销结果相同。

3. 购买企业内部购进的商品作为固定资产使用时的抵销处理

在集团内成员企业将自身的产品销售给其他成员企业作为固定资产使用的情况下，对于销售企业来说是作为普通商品销售进行会计处理的，即在销售时确认收入，结转成本和计算损益，并以此在其个别财务报表中列示；对于购买企业来说，则以购买价格（在此不考虑安装及运输费用）作为固定资产原值入账，该固定资产入账价值中既包括销售企业销售该产品的成本，也包括销售企业由于该产品销售所实现的销售利润；从整个企业集团来说，这一交易相当于企业集团内部自行建造固定资产，自行建造固定资产只能以其建造成本作为其入账价值，而不能也不会产生利润，在合并财务报表中该内部交易形成的固定资产只能以销售企业生产该产品的成本作为固定资产原价在合并财务报表中反映。因此，编制合并利润表时，应将销售企业由于该内部固定资产交易所实现的销售收入，结转的销售成本予以抵销；并将该内部交易形成的固定资产原价中包含的未实现内部销售损益予以抵销。

例 7 – 5：母公司当年个别利润表的营业收入中有 500 万元，营业成本中的 400 万元，分别为向子公司销售其生产的设备所取得的销售收入和结转的销售成本（即该设备生产成本为 400 万元）。子公司个别资产负债表的固定资产原价中有一项 500 万元的固定资产，是从母公司购入的其生产的普通设备。该固定资产当年 12 月购入并投入使用，当年未计提折旧。

本例中，子公司从母公司购入的该固定资产，其原价中包含有 100 万元（500 – 400）未实现内部销售利润。对此，在编制合并财务报表时，需要将母公司相应的销售收入和销售成本予以抵销，并将该固定资产原价中包含的未实现内部销售利润予以抵销。

借：营业收入　　　　　　　　　　　　　　　　　　500
　　贷：营业成本　　　　　　　　　　　　　　　　　　400
　　　　固定资产原价　　　　　　　　　　　　　　　　100

二、连续编制合并财务报表时内部交易商品的合并处理

在连续编制合并财务报表的情况下,特殊之处就在于对期初未分配利润的调整问题。在上期企业集团内部购进商品全部实现对外销售的情况下,销售企业通过内部销售实现利润,而购买企业则以内部销售企业的销售收入的金额,作为其从内部成员企业购入商品的取得成本,在此基础上作价销售,按内部购进商品的取得成本结转销售成本,计算确定当期实现的利润。从整个企业集团来看,随着编制合并财务报表时内部销售收入与内部销售成本的抵销,在合并财务报表中该商品销售最终实现的利润则由销售企业实现的利润和购买企业实现的利润两部分构成。由于不涉及内部存货价值中包含的未实现内部销售损益的合并处理,在下期连续编制合并财务报表时不涉及对其进行处理问题。

但在上期内部购进并形成期末存货的情况下,随着上期编制合并财务报表时将内部购进存货价值中包含的未实现内部销售损益的抵销,直接导致上期合并财务报表中合并净利润数额的减少,导致合并所有者权益变动表中期末未分配利润数额的减少。由于本期编制合并财务报表时是以母公司和子公司本期个别财务报表为基础,因此上期内部销售所产生的未实现内部销售损益在母公司和子公司个别财务报表中作为其实现利润的一部分,也包括在其期初未分配利润之中,以母公司和子公司个别财务报表中期初未分配利润为基础计算得出的合并期初未分配利润的数额与上期合并财务报表中的期末未分配利润的数额不一致。因此,上期编制合并财务报表时抵销的内部购进存货中包含的未实现内部销售损益,也对本期合并财务报表中的期初未分配利润产生影响。本期编制合并财务报表时,必须在合并母公司和子公司期初未分配利润的基础上,将上期抵销的未实现内部销售损益对本期期初未分配利润的影响予以抵销,调整本期期初未分配利润的数额。

在连续编制合并财务报表的情况下,首先必须将上期抵销的存货价值中包含的未实现内部销售损益对本期期初未分配利润的影响予以抵销,调整本期期初未分配利润的数额;然后再对本期内部购进存货的相关情况进行合并处理。其具体合并处理程序和方法如下:

(1)将上期抵销的存货价值中包含的未实现内部销售损益,对本期期初未分配利润的影响进行抵销。即按照上期内部购进存货价值中包含的未实现内部销售损益的数额,借记"期初未分配利润"项目,贷记"营业成本"项目。这一抵销分录,可以理解为上期内部购进的存货中包含的未实现内部销售损益在本期视同为实现利润,将未实现内部销售损益转为实现利润,冲减当期的合并销售成本。

(2)对于本期发生的内部购销活动,将内部销售收入、内部销售成本及内部

购进存货中未实现内部销售损益予以抵销。即按照销售企业内部销售收入的数额，借记"营业收入"项目，贷记"营业成本"项目。

（3）将期末内部购进存货价值中包含的未实现内部销售损益予以抵销。对于期末内部购买形成的存货（包括上期结转形成的本期存货），应按照购买企业期末内部购入存货价值中包含的未实现内部销售损益的数额，借记"营业成本"项目，贷记"存货"项目。这一抵销分录实际上可以理解为本期期末内部存货全部作为本期购进形成的存货处理，按本期销售企业的销售毛利率进行合并处理。

例 7-6：接例 7-3。甲公司本期个别财务报表中向 A 公司销售商品实现销售收入 6 000 万元，销售成本为 4 200 万元，甲公司本期销售毛利率与上期相同，为 30%。A 公司个别财务报表中从甲公司购进商品本期实现对外销售收入为 5 625 万元，销售成本为 4 500 万元，销售毛利率为 20%；期末内部购进形成的存货为 2 500 万元（期初存货 1 000 万元 + 本期购进存货 6 000 万元 - 本期销售成本 4 500 万元）。

本例中，A 公司内部购进存货价值中包含的未实现内部销售利润，本期期初为 600 万元，本期期末为 750 万元。此时，编制合并财务报表时应进行如下合并处理：

（1）根据上期编制合并财务报表时抵销的内部购进存货价值中包含的未实现内部销售利润的金额，调整期初未分配利润。

借：未分配利润（年初）　　　　　　　　　　　　600　　　①
　　贷：营业成本　　　　　　　　　　　　　　　　　　600

（2）根据本期内部销售收入的金额，抵销本期内部销售收入和内部销售成本。

借：营业收入　　　　　　　　　　　　　　　　6 000　　　②
　　贷：营业成本　　　　　　　　　　　　　　　　　　6 000

（3）根据期末内部购进存货价值中包含的未实现内部销售利润的金额，抵销本期期末存货中包含的未实现内部销售利润。

借：营业成本　　　　　　　　　　　　　　　　　750　　　③
　　贷：存货　　　　　　　　　　　　　　　　　　　　750

根据上述合并抵销分录，编制合并工作底稿（局部）如表 7-2 所示：

表 7-2　　　　　　　　合并工作底稿（局部）

单位：万元

项目	甲公司	A公司	合计	调整分录		抵销分录		少数股东权益	合并数
				借方	贷方	借方	贷方		
资产负债表项目									
……									

续表

项　　目	甲公司	A公司	合计	调整分录 借方	调整分录 贷方	抵销分录 借方	抵销分录 贷方	少数股东权益	合并数
存货		2 500	2 500				750③		1 750
……									
利润表项目									
营业收入	6 000	5 625	11 625			6 000②			5 625
营业成本	4 200	4 500	8 700			750③	600① 6 000②		2 850
……									
营业利润	1 800	1 125	2 925			6 750	6 600		2 775
……									
净利润	1 800	1 125	2 925			6 750	6 600		2 775
股东权益变动表项目									
未分配利润（年初）	1 500	750	2 250			600①			1 650
……									
未分配利润（年末）	3 300	1 875	5 175			7 350	6 600		4 425

第二节　内部交易商品相关减值的合并处理

一、内部交易商品初次计提存货减值的合并处理

根据现行企业会计准则规定，企业应当定期或者至少于年度终了时，对存货进行全面清查，采用成本与可变现净值孰低法对期末存货进行计价，并且要求按单个存货项目计提存货跌价准备，确认存货减值损失。其存货清查的范围包括所有的存货，既包括从企业集团外部购进形成的存货，也包括从企业集团内部购进形成的存货。采用成本与可变现净值孰低法进行期末计价的范围，自然也包括从企业集团内部购进形成的期末存货。当企业本期对期末存货确认资产减值损失和计提的跌价准备中包括对内部销售形成的存货确认的资产减值损失和其计提的跌价准备时，编制合并财务报表时则涉及如何将对内部购进的存货确认的资产减值损失和计提的存货跌价准备进行抵销处理的问题。

某一商品因毁损、陈旧过时而导致其可变现净值下跌，对于单个企业来说，需要对其确认资产减值损失，计提跌价准备；对于整个企业集团来说，对这一毁

损、陈旧的商品同样需要确认资产减值损失，计提跌价准备。也就是说，某一商品在企业集团内某一成员企业确认减值损失，计提跌价准备，对于企业集团来说也同样必须确认减值损失，计提跌价准备。至于某一商品计提跌价准备的金额，从单一企业来说，为该商品可变现净值低于其取得成本的差额；而从企业集团来说，则是该商品可变现净值与企业集团范围内该商品的最初取得成本之间的差额。

从商品的可变现净值来说，某一商品的可变现净值，不论对于企业集团还是对于持有该商品的企业来说，应当是一致的。从商品的取得成本来说，持有内部购进商品的企业，该商品的取得成本包括销售企业所实现的利润；而对于企业集团整体来说，则是指最初从外部购买该商品的成本或生产该商品的生产成本。合并财务报表中确认的资产减值损失和计提存货跌价准备应当是将该商品的可变现净值与企业集团该商品的最初取得成本进行比较确定的金额。

对内部销售形成的存货计提跌价准备的合并处理，从购买企业来看有两种情况：第一种情况是购买企业本期期末内部购进存货的可变现净值低于其取得成本，但高于销售企业销售该存货的成本（销售企业取得该存货的成本）。第二种情况是，购买企业本期期末内部购进存货的可变现净值既低于其该存货的取得成本，也低于销售企业的该存货的取得成本。

在第一种情况下，从购买企业个别财务报表来说，购买企业按该存货的可变现净值低于其取得成本的金额，一方面需要计提相应的存货跌价准备，并在其个别资产负债表中通过抵销存货项目的金额的方式列示；另一方面将确认的资产减值损失在利润表中作为资产减值损失列示。但从合并财务报表来说，随着内部购进存货包含的未实现内部销售损益的抵销，该存货在合并财务报表中列示的金额为抵销未实现内部销售损益后的成本。当该存货的可变现净值低于购买企业的取得成本，但高于该存货在合并财务报表中成本（即销售企业取得该存货的最初取得成本）时，则不需要计提存货跌价准备。个别财务报表中计列的存货跌价准备则应予以抵销。进行合并处理时，应当按照购买企业本期计提存货跌价准备的金额，借记"存货跌价准备"项目，贷记"资产减值损失"项目。

例7-7：甲公司为A公司的母公司，甲公司已将A公司纳入其合并财务报表合并范围。甲公司本期向A公司销售商品2 000万元，其销售成本为1 400万元。

A公司购进的该商品当期全部未实现对外销售而形成期末存货。A公司期末对存货进行检查时，发生该商品已经部分陈旧，其可变现净值已降至1 840万元。A公司本期期末对该存货确认资产减值损失，计提存货跌价准备160万元，并在其个别财务报表中列示。

在本例中，该存货的可变现净值降至1 840万元，高于抵销未实现内部销售利润后的金额 1 400 万元。从整个企业集团来考虑，对该内部交易形成的存货不需要确认资产减值损失和计提存货跌价准备。在编制本期合并财务报表时，应将 A 公司在其个别财务报表中确认的资产减值损失和计提的存货跌价准备予以抵销。

（1）将内部销售收入与内部销售成本抵销。

借：营业收入　　　　　　　　　　　　　　　　2 000　　①
　　　贷：营业成本　　　　　　　　　　　　　　　　　　2 000

（2）将内部购进存货价值中包含的未实现内部销售利润抵销。

借：营业成本　　　　　　　　　　　　　　　　　600　　②
　　　贷：存货　　　　　　　　　　　　　　　　　　　　　600

（3）将 A 公司本期对内部购进存货确认的资产减值损失和计提的存货跌价准备予以抵销。

借：存货跌价准备　　　　　　　　　　　　　　　160　　③
　　　贷：资产减值损失　　　　　　　　　　　　　　　　160

根据上述合并抵销分录，编制合并工作底稿（局部）如表 7-3 所示：

表 7-3　　　　　　　　　　合并工作底稿（局部）

单位：万元

项目	甲公司	A 公司	合计	调整分录		抵销分录		少数股东权益	合并数
				借方	贷方	借方	贷方		
资产负债表项目									
……									
存货		2 000	2 000				600②		1 400
减：存货跌价准备		160	160			160③			0
存货净额		1 840	1 840			160	600		1 400
……									
利润表项目									
营业收入	2 000	0	2 000			2 000①			0
营业成本	1 400	0	1 400			600②	2 000①		0
……									
资产减值损失		160	160				160③		0
……									
营业利润	600	-160	440			2 600	2 160		0
……									

续表

项　　目	甲公司	A公司	合计	调整分录		抵销分录		少数股东权益	合并数
				借方	贷方	借方	贷方		
净利润	600	-160	440			2 600	2 160		0
股东权益变动表项目									
未分配利润（年初）	0	0	0						0
……									
未分配利润（年末）	600	-160	440			2 600	2 160		0

在第二种情况下，从购买企业个别财务报表来说，购买企业按该存货的可变现净值低于其取得成本的金额确认资产减值损失和计提存货跌价准备，一方面在其个别资产负债表中通过抵销存货项目列示；另一方面在利润表中作为资产减值损失列示。购买企业在个别财务报表中确认的存货跌价准备的金额，既包括购买企业该商品取得成本高于销售企业销售成本的差额（即抵销的未实现内部销售损益），也包括销售企业销售成本高于该商品可变现净值的差额。从合并财务报表来说，随着内部购进存货价值中包含的未实现内部销售损益的抵销，合并财务报表中列示的该存货的金额为抵销未实现内部销售损益后的成本。相对于购买企业该存货的取得成本高于销售企业取得成本的差额部分计提的跌价准备的金额，因未实现内部销售损益的抵销而已被抵销，故在编制合并财务报表时，也须将这部分金额的资产减值损失和计提的存货跌价准备予以抵销。相对于销售企业取得成本高于该存货可变现净值的部分而确认资产减值损失和计提的跌价准备的金额，无论从购买企业来说，还是对于整个企业集团来说，都是必须确认的资产减值损失和计提的存货跌价准备，在合并财务报表中应当予以反映。为此，编制合并财务报表时，则应当按购买企业本期计提的存货跌价准备中相当于内部购进商品取得成本高于销售企业取得成本的数额，借记"存货跌价准备"项目，贷记"资产减值损失"项目。

例7-8：甲公司为A公司的母公司。甲公司本期向A公司销售商品2 000万元，其销售成本为1 400万元，并以此在其个别利润表中列示。

A公司购进的该商品当期全部未实现对外销售而形成期末存货。期末对存货进行检查时，发现该存货已经部分陈旧，其可变现净值降至1 320万元。A公司期末对该存货确认资产减值损失并计提存货跌价准备680万元。

在本例中，A公司本期计提存货跌价准备680万元，其中的600万元是相对于A公司取得成本2 000万元高于甲公司销售该商品的取得成本1 400万元部分计提的，另外80万元则是相对于甲公司销售该商品的取得成本1 400万元高于其可变现净值1 320万元的部分计提的。此时，随着合并财务报表编制时，将内部购进存货中包含的未实现内部销售利润的抵销，即抵销未实现内部销售利润 600 万元后，在合并财务报表中该存货的成本已恢复到销售企业（甲公司）销售该存货的销售成本 1 400 万元。由于该存货的可变现净值降至 1 320 万元，从合并财务报表考虑，在合并财务报表中该存货应当确认存货减值损失并计提存货跌价准备 80 万元。A 公司确认资产减值损失和计提存货跌价准备中相当于抵销的未实现内部销售利润的数额 600 万元部分，在合并财务报表中属于不需要确认资产减值损失和计提存货跌价准备的金额，必须将其予以抵销；而对于 A 公司另外确认资产减值损失和计提存货跌价准备的 80 万元，从整个企业集团来说，则必须确认资产减值损失和计提存货跌价准备，故不需要进行抵销处理。

在编制本期合并财务报表时，应进行如下抵销处理：

（1）将内部销售收入与内部销售成本抵销。

借：营业收入　　　　　　　　　　　　　　　　　2 000　　①
　　贷：营业成本　　　　　　　　　　　　　　　　　　2 000

（2）将内部购进形成的存货价值中包含的未实现内部销售利润抵销，并调整营业成本。

借：营业成本　　　　　　　　　　　　　　　　　　600　　②
　　贷：存货　　　　　　　　　　　　　　　　　　　　600

（3）将 A 公司本期计提的存货跌价准备中相当于未实现内部销售利润的部分抵销。

借：存货跌价准备　　　　　　　　　　　　　　　　600　　③
　　贷：资产减值损失　　　　　　　　　　　　　　　　600

根据上述合并抵销分录，编制合并工作底稿（局部）如表 7-4 所示。

表 7-4　　　　　　　　合并工作底稿（局部）

单位：万元

项　目	甲公司	A 公司	合计	调整分录 借方	调整分录 贷方	抵销分录 借方	抵销分录 贷方	少数股东权益	合并数
资产负债表项目									
……									
存货		2 000	2 000				600②		1 400
减：存货跌价准备		680	680			600③			80
存货净额		1 320	1 320			600	600		1 320
……									
利润表项目									
营业收入	2 000	0	0			2 000①			0

续表

项目	甲公司	A公司	合计	调整分录 借方	调整分录 贷方	抵销分录 借方	抵销分录 贷方	少数股东权益	合并数
营业成本	1 400	0	1 400			600②	2 000①		0
……									
资产减值损失	0	680	680				600③		80
……									
营业利润	600	-680	-80			2 600	2 600		-80
……									
净利润	600	-680	-80			2 600	2 600		-80
股东权益变动表项目									
未分配利润（年初）	0	0	0						0
……									
未分配利润（年末）	600	-680	-80			2 600	2 600		-80

二、连续编制合并财务报表时内部交易商品相关减值的合并处理

从合并财务报表来讲，存货跌价准备的抵销是与当期资产减值损失的抵销相对应的，上期存货跌价准备抵销的数额，即是上期资产减值损失抵减的数额，最终将影响到本期合并所有者权益变动表中的期初未分配利润数额，导致其增加。由于利润表和所有者权益变动表是反映企业一定会计期间经营成果和所有者权益变动情况的财务报表，其上期未分配利润就是本期所有者权益变动表中期初未分配利润。本期编制合并财务报表是以本期母公司和子公司当期的个别财务报表为基础编制的，随着上期编制合并财务报表时内部购进存货计提的跌价准备和资产减值损失的抵销，将对本期合并财务报表中期初未分配利润产生影响，导致期初未分配利润相应增加。为此，编制合并财务报表时，必须根据上期因存货跌价准备和资产减值损失的抵销对本期期初未分配利润的影响予以抵销，调整本期期初未分配利润的数额。

在连续编制合并财务报表进行合并处理时，首先，应将以前资产减值损失和存货跌价准备抵销对本期期初未分配利润的影响予以抵销，即根据上期资产减值损失和存货跌价准备抵销的数额，借记"存货跌价准备"项目，贷记"期初未分配利润"项目，对期初未分配利润进行调整。

其次，对于本期对内部购进存货在个别财务报表中计提或者冲销的存货跌价准备的数额与当期确认的资产减值损失予以抵销，借记"存货跌价准备"项目，贷记"资产减值损失"项目。至于这一抵销中的存货跌价准备的数额，应当分别

不同的情况进行处理。当本期内部购进存货的可变现净值低于持有该存货企业的取得成本但高于抵销未实现内部销售损益后的取得成本（即销售企业最初取得该存货的取得成本）时，其抵销存货跌价准备的金额为本期对内部购进存货确认的资产减值损失的金额，即本期内部购进存货跌价准备的增加额。当本期内部购进存货的可变现净值低于抵销未实现内部销售损益后的取得成本（即销售企业最初取得该存货的取得成本）时，其抵销的存货跌价准备的金额，为相对于购买企业该内部购进存货的取得成本高于销售企业取得成本的差额部分计提的跌价准备扣除期初内部购进存货计提的存货跌价准备的金额后的余额，即本期期末存货中包含的未实现内部销售损益的金额减去以前期间内部购进存货计提的存货跌价准备后的余额（即减去调整期初未分配利润的金额后的余额）。也就是说，在这种情况下，该内部购进存货在合并财务报表中应保有的存货跌价准备的金额为该存货可变现净值低于销售企业最初取得该存货的取得成本的金额，购买企业内部购进的该存货累计计提的存货跌价准备的金额高于这一金额的金额均是需要抵销的金额。在这种情况下，购买企业累计计提的存货跌价准备中需要抵销的金额，就是内部购进存货价值中包含的未实现内部销售利润的金额。由于内部购进存货计提的存货跌价准备是累计形成的，以前期间计提的存货跌价准备的金额（即以前期间对内部购进存货确认的资产减值损失的金额）抵销时，相应调整期初未分配利润；而本期在内部购进存货未实现内部销售利润限额内增加计提的存货跌价准备的数额，则是应抵销当期内部购进存货的资产减值损失的金额。

例7-9：接例7-8，甲公司与A公司之间上期内部销售情况、内部销售及存货跌价准备的抵销处理，以及合并工作底稿（局部）见例7-7。

A公司与甲公司之间本期未发生内部销售。本例期末存货系上期内部销售结存的存货。A公司本期期末对存货清查时，该内部购进存货的可变现净值为1 200万元，A公司期末存货跌价准备余额为800万元。

本例中，该内部购进存货的可变现净值由上期期末的1 320万元降至1 200万元，既低于A公司从甲公司购买取得该存货的取得成本，也低于抵销未实现内部销售利润后的金额（即甲公司销售该商品的成本1 400万元）。A公司本期期末对该内部购进存货计提的跌价准备余额为800万元，具体包括上一期间计提的存货跌价准备680万元、本年追加计提120万元。在编制上一期间合并财务报表时，已将其中的600万元与上一期间确认的资产减值损失相抵销，在合并财务报表中对该内部购进存货保有的存货跌价准备为80万元。本期编制合并财务报表时，应根据上一期间抵销的存货跌价准备和资产减值损失600万元的金额，调整期初未分配利润。这一抵销存货跌价准备的600万元，就是该内部购进存货价值中是包含的未实现内部销售利润的金额。

至于上一期间未抵销的存货跌价准备80万元，则是上一期间甲公司集团该存货的取得成本高于其可变现净值而计提的存货跌价准备，留存于合并财务报表之中的金额。本期 A 公司因该内部购进存货的可变现净值降至 1 200 万元而对其补提 120 万元存货跌价准备，并在其个别利润表确认 120 万元的资产减值损失。上一期间的 80 万元加上本期补提的 120 万元存货跌价准备，对甲公司集团来说，是由于该存货的取得成本 1 400 万元高于其可变现净值 1 200 万元而累计计提的存货跌价准备，也是在本期合并财务报表中应保有的存货跌价准备的金额。

甲公司编制本期合并财务报表时，应进行如下合并处理：

（1）将内部购进存货价值中包含的未实现内部销售利润予以抵销，并调整期初未分配利润。

借：未分配利润（年初）　　　　　　　　　　　　　　　600　　　①
　　贷：存货　　　　　　　　　　　　　　　　　　　　　　　600

（2）根据上一期间抵销资产减值损失和存货跌价准备对期初未分配利润的影响，调整期初未分配利润。

借：存货跌价准备　　　　　　　　　　　　　　　　　　600　　　②
　　贷：未分配利润（年初）　　　　　　　　　　　　　　　　600

根据上述合并抵销分录，编制合并工作底稿（局部）如表 7-5 所示：

表 7-5　　　　　　　　　合并工作底稿（局部）

单位：万元

项目	甲公司	A公司	合计	调整分录 借方	调整分录 贷方	抵销分录 借方	抵销分录 贷方	少数股东权益	合并数
资产负债表项目									
……									
存货		2 000	2 000				600①		1 400
减：存货跌价准备		800	800			600②			200
存货净额		1 200	1 200			600	600		1 200
……									
利润表项目									
营业收入	0	0	0						0
营业成本	0	0	0						0
……									
资产减值损失	0	120	120						120
……									
营业利润	0	-120	-120						-120
……									

第七章　内部商品交易及其减值的合并处理

续表

项目	甲公司	A公司	合计	调整分录		抵销分录		少数股东权益	合并数
				借方	贷方	借方	贷方		
净利润	0	-120	-120						-120
股东权益变动表项目									
未分配利润（年初）	0	-80	-80			600①	600②		-80
……									
未分配利润（年末）	0	-200	-200			600	600		-200

例7-10：接例7-7，甲公司上期向A公司销售商品2 000万元，其销售成本为1 400万元；A公司内部购进的该商品当期未实现对外销售全部形成期末存货。A公司期末对存货进行检查时，发现该存货已经部分陈旧，其可变现净值降至1 840万元，A公司期末对该存货计提存货跌价准备160万元。在编制上期合并财务报表时，已将该存货跌价准备予以抵销，其抵销处理见例7-7。

甲公司本期向A公司销售商品3 000万元，甲公司销售该商品的销售成本为2 100万元。

A公司本期对外销售内部购进商品实现的销售收入为4 000万元，销售成本为3 200万元，其中上期从甲公司购进的商品本期全部售出，销售收入为2 500万元，销售成本为2 000万元；本期从甲公司购进的商品对外销售其中的40%，销售收入为1 500元，销售成本为1 200万元。A公司本期购进商品中的60%形成期末存货，其取得成本为1 800万元，期末可变现净值为1 620万元，A公司期末对该内部购进存货计提存货跌价准备180万元。

本例编制合并财务报表时的抵销处理如下：

（1）根据上一期间抵销内部购进存货价值中包含的未实现内部销售利润对本期期初未分配利润的影响，调整期初未分配利润

　　借：未分配利润（年初）　　　　　　　　　　　　　　600　　①
　　　　贷：营业成本　　　　　　　　　　　　　　　　　　　　600

（2）根据上一期间对内部购进存货确认的资产减值损失（即计提存货跌价准备）对本期期初未分配利润的影响，调整期初未分配利润。由于上期内部购进存货在本期全部实现对外销售，在实现销售后已将该内部购进存货相关的存货跌价准备转销，冲减当期销售成本，抵销时则调整本期营业成本。

　　借：营业成本　　　　　　　　　　　　　　　　　　　160　　②
　　　　贷：未分配利润（年初）　　　　　　　　　　　　　　　160

（3）根据本期内部销售收入和内部销售成本及期末存货价值中包含的未实现内部销售利润，抵销内部销售收入和内部销售成本以及存货价值中包含的未实现

内部销售利润。

  借：营业收入   3 000 ③
    贷：营业成本   2 460
      存货   540

（4）A公司本期期末内部购进存货账面金额（即取得成本）1 800万元，期末其可变现净值为1 620万元，A公司本期期末对该内部购进存货计提存货跌价准备180万元。从企业集团来看，该存货最初取得成本为1 260万元，低于该存货期末可变现净值，不需要确认资产值损失和计提存货跌价准备。A公司在其个别财务报表中确认的资产减值损失和计提的存货跌价准备180万元，应予以抵销。

  借：存货跌价准备   180 ④
    贷：资产减值损失   180

根据上述合并抵销分录，编制合并工作底稿（局部）如表7-6所示：

表7-6   合并工作底稿（局部）

单位：万元

项目	甲公司	A公司	合计	调整分录		抵销分录		少数股东权益	合并数
				借方	贷方	借方	贷方		
资产负债表项目									
……									
存货		1 800	1 800				540③		1 260
减：存货跌价准备		180	180			180④			0
存货净额		1 620	1 620			180	540		1 260
……									
利润表项目									
营业收入	3 000	4 000	7 000			3 000③			4 000
营业成本	2 100	3 040	5 140			160②	600① 2 460③		2 240
……									
资产减值损失	0	180	180				180④		0
……									
营业利润	900	780	1 680			3 160	3 240		1 760
……									

续表

项　　目	甲公司	A公司	合计	调整分录 借方	调整分录 贷方	抵销分录 借方	抵销分录 贷方	少数股东权益	合并数
净利润	900	780	1 680			3 160	3 240		1 760
股东权益变动表项目									
未分配利润（年初）	600	-160	440			600①	160②		0
……									
未分配利润（年末）	1 500	620	2 120			3 760	3 400		1 760

第八章

长期资产内部交易的合并处理

第一节 长期资产内部交易概述及固定资产内部交易当期的合并处理

一、长期资产内部交易概述

所谓长期资产，是指使用期限在一年以上的资产，包括固定资产和无形资产等。长期资产内部交易，是指企业集团内部发生的，交易一方的成员企业与长期资产有关的购销业务。根据销售企业销售的是产品、还是固定资产或无形资产，可以将企业集团长期资产内部交易划分为两种类型：第一种类型是企业集团内部企业将自身使用的长期资产变卖给企业集团内的其他企业作为长期资产使用；第二种类型是企业集团内部企业将自身生产的产品销售给企业集团内的其他企业作为长期资产使用。此外，还有另一类型的长期资产内部交易，即企业集团内部企业将自身使用的长期资产变卖给企业集团内的其他企业作为普通商品销售。这种类型的长期资产交易，属于长期资产的内部处置，在企业集团内部发生的情况极少，而且一般情况下发生的数量也不大。

严格来说，长期资产内部交易属于内部商品交易的范畴，其在编制合并财务报表时的抵销处理与一般内部商品交易的抵销处理有相通之处。但由于固定资产或无形资产取得并投入使用后，往往要跨越若干个会计期间，并且在使用过程中通过计提折旧或摊销等方式将其自身价值转移到产品生产成本或相应会计期间的期间费用之中，因而其抵销处理又有其特殊性。

一是固定资产和无形资产跨越若干会计期间，涉及该固定资产或无形资产的存续期间对编制合并财务报表的期初未分配利润的调整问题，而且涉及期初未分配利润调整的期间较存货内部交易要长得多。

二是固定资产投入使用需要计提折旧,无形资产投入使用也需要对其价值进行摊销,由此涉及每一期间折旧额或每一期间摊销额中包含的未实现内部销售损益的抵销问题。同时,由于固定资产每期计提的折旧通过累计折旧进行累计,累计折旧也涉及其中包含的未实现内部销售损益的抵销问题。同样,内部交易无形资产当期摊销和累计摊销也涉及其中包含的未实现内部销售损益的抵销问题。因此长期资产内部交易的抵销处理,要比一般的内部交易商品的抵销处理要复杂得多。

二、固定资产内部交易的合并处理

企业集团内部成员企业将其自用的固定资产变卖给集团内部的其他成员企业,对于销售企业来说,在其个别资产负债表中表现为固定资产原价和累计折旧的减少,同时在其个别利润表中表现为固定资产处置损益,当变卖收入大于该固定资产净值时,表现为本期营业外收入;当变卖收入小于固定资产净值时,则表现为本期营业外支出。对于购买企业来说,在其个别财务报表中则表现为固定资产的增加,该固定资产原价中包括该固定资产原持有企业(即销售企业)因销售变卖该固定资产所实现的损益。但从整个企业集团来看,这一交易属于集团内部固定资产调拨性质,应当既不产生收益也不会发生损失,固定资产既不增值也不减值。因此,必须将销售企业因该固定资产交易所实现的损益予以抵销,同时将购买企业固定资产原价中包含的未实现内部销售损益的数额予以抵销。通过抵销,使其在合并财务报表中该固定资产原价仍然以原来的成本反映,仍然以原来的折旧额计提折旧和形成累计折旧。

在合并工作底稿中编制抵销分录时,应当按照该内部交易固定资产的转让价格与其原账面价值之间的差额,借记"营业外收入"项目,贷记"固定资产原价"项目。如果该内部交易的固定资产转让价格低于其原账面价值,则按其差额,借记"固定资产原价"项目,贷记"营业外支出"项目。

例 8 - 1: A 公司和 B 公司为甲公司控制下的两个子公司,均纳入甲公司合并财务报表合并范围。A 公司将其净值为 1 280 万元的某厂房,以 1 500 万元的价格变卖给 B 公司作为固定资产使用。A 公司因该固定资产内部交易实现营业外收入 220 万元,并列示于其个别利润表之中。B 公司以 1 500 万元的金额将该厂房作为其固定资产的原价入账,并列示于其个别资产负债表之中。

在该固定资产内部交易中,A 公司因交易实现营业外收入 220 万元。甲公司编制合并财务报表时,必须将因该固定资产交易实现的营业外收入与固定资产原值中包含的未实现内部销售损益的数额予以抵销。其抵销分录如下:

借：营业外收入　　　　　　　　　　　　　　　　　　　　220
　　　　贷：固定资产原价　　　　　　　　　　　　　　　　　　220
　　通过上述抵销处理后，该固定资产内部交易所实现的损益予以抵销，该厂房的原价通过抵销处理后调整为1 280万元。
　　企业集团内部成员企业将自身生产的产品销售给企业集团内部的其他成员企业作为固定资产使用，对于销售企业来说，在其个别利润表中以其向另一成员企业出售该产品收入的价款作为销售收入确认，同时结转该产品销售成本并确认该产品销售的损益。对于购买企业来说，则以其支付的价款作为固定资产原价并在其个别财务报表中列示。从整个企业集团来看，则相当于通过在建工程自建固定资产，它不能产生利润，作为固定资产原价确认的也只能是其建造成本。因此，必须将销售该产品的内部销售收入和内部销售成本予以抵销，购买企业取得的固定资产原价中包含的销售企业确认的损益部分也应予以抵销，在合并财务报表中净利润反映的是扣除这部分未实现内部销售损益后的利润，固定资产原价反映的是抵销这部分未实现内部销售损益后的原价。
　　在合并工作底稿中编制抵销分录将其抵销时，应当借记"营业收入"项目，贷记"营业成本"项目和"固定资产原价"项目。其中借记"营业收入"项目的数额，为销售企业销售该产品的销售收入；贷记"营业成本"项目的数额为销售企业销售该产品结转的销售成本；贷记"固定资产原价"项目的数额为销售企业销售该产品的销售收入与销售成本之间的差额，即该内部交易所形成的固定资产原价中包含的未实现内部销售损益的数额。
　　例8-2：A公司和B公司为甲公司控制下的两个子公司，A公司和B公司均纳入甲公司合并财务报表的合并范围。A公司于20×1年12月，将自己生产的产品销售给B公司作为固定资产使用，A公司销售该产品的销售收入为1 680万元，销售成本为1 200万元，B公司以1 680万元的价格，购入该产品并将其作为固定资产的原价入账。
　　此时，与一般的内部商品交易的抵销处理相似，甲公司编制合并财务报表时，应当将该产品的销售收入1 680万元及其销售成本1 200万元，以及B公司固定资产原价中包含的未实现内部销售损益480万元（1 680 - 1 200）予以抵销。在合并工作底稿中应进行如下抵销处理：
　　借：营业收入　　　　　　　　　　　　　　　　　　　　1 680
　　　　贷：营业成本　　　　　　　　　　　　　　　　　　　1 200
　　　　　　固定资产原价　　　　　　　　　　　　　　　　　　480
　　其合并工作底稿（局部）如表8-1所示：

表 8−1　　　　　　　　　　合并工作底稿（局部）

单位：万元

项目	A公司	B公司	合计	调整分录		抵销分录		少数股东权益	合并数
				借方	贷方	借方	贷方		
资产负债表项目									
……									
固定资产原价		1 680	1 680				480		1 200
累计折旧			0						0
固定资产净值		1 680	1 680				480		1 200
……									
利润表项目									
营业收入	1 680		1 680			1 680			0
营业成本	1 200		1 200				1 200		
……									
营业利润	480		480			1 680	1 200		0
……									
净利润	480		480			1 680	1 200		0
股东权益变动表项目									
未分配利润（年初）	0		0						0
……									
未分配利润（年末）	480		480			1 680	1 200		0

第二节　不计提折旧的内部交易固定资产的合并处理

一、不计提折旧的内部交易固定资产持有期间的合并处理

固定资产的使用往往跨越几个会计期间，内部交易固定资产不仅与发生交易当期相关，而且与以后使用该固定资产的会计期间相关。在编制合并财务报表时，对于不计提折旧的固定资产，不仅在该交易发生的当期要考虑固定资产原价中包含的未实现内部销售损益的抵销，而且在以后持有该固定资产的会计期间也必须考虑其原价中包含的未实现内部销售损益的抵销。

在以后的会计期间,由于该固定资产仍为购买企业持有并在经营活动中所使用,在购买企业的个别财务报表中仍然以其原价列示,其原价中仍然包含未实现内部销售损益。而对于销售企业来说,由于在前期个别财务报表中已经确认该固定资产内部交易实现的损益,并作为前期净利润和期末未分配利润的一部分而结转到以后的会计期间。也就是说,在该固定资产内部交易之后第二年及以后的会计期间,销售企业的期初未分配利润中包括有以前会计期间固定资产内部交易所实现的损益。因此,在编制合并财务报表时,一方面必须将购买企业持有该固定资产的原价中所包含的未实现内部销售损益予以抵销;另一方面还应将销售企业由于以前会计期间该固定资产内部交易确认的损益对合并期初未分配利润的影响予以抵销,即将期初未分配利润中包含的未实现内部销售损益的数额予以抵销。

例8-3:接例8-2,20×2年12月31日,B公司仍持有该内部交易形固定资产。在B公司个别资产负债表中,该固定资产以1 680万元原价列示。其他相关资料及20×1年度合并工作底稿(局部)见例8-2。

本例B公司持有的该内部交易固定资产原价为1 680万元,其中包含有A公司销售该资产所实现的利润480万元。甲公司编制合并财务报表时,应当进行如下抵销处理:

借:未分配利润(年初)　　　　　　　　　　　　　　　480
　　贷:固定资产原价　　　　　　　　　　　　　　　　　　　480

其合并工作底稿(局部)如表8-2所示。

表8-2　　　　　　　　合并工作底稿(局部)

单位:万元

项目	A公司	B公司	合计	调整分录		抵销分录		少数股东权益	合并数
				借方	贷方	借方	贷方		
资产负债表项目									
……									
固定资产原价		1 680	1 680				480		1 200
累计折旧			0						0
固定资产净值			1 680				480		1 200
……									
利润表项目									
营业收入	0	0	0						0
营业成本	0	0	0						
……									

项目	A公司	B公司	合计	调整分录 借方	调整分录 贷方	抵销分录 借方	抵销分录 贷方	少数股东权益	合并数
营业利润	0	0	0						0
……									
净利润	0	0	0						0
股东权益变动表项目									
未分配利润（年初）	480		480			480			0
……									
未分配利润（年末）	480		480			480			0

在 B 公司处置该内部交易固定资产会计期间之前的各会计期间，甲公司编制合并财务报表时，都必须在合并工作底稿中重复上述抵销处理，将 B 公司持有的内部交易固定资产原价中包含的未实现内部销售损益的数额和期初未分配利润中包含的 A 公司该固定资产内部交易所确认的内部销售损益的数额予以抵销，直至该固定资产退出甲公司企业集团范围的会计期间之前的会计期间为止。假定上例中 B 公司在 20×5 年将该内部交易固定资产转让给企业集团外的其他企业，则甲公司编制合并财务报表时，至 20×4 年都必须重复上述合并处理。

二、不计提折旧的内部交易固定资产变卖期间的合并处理

在对内部交易固定资产变卖处理的会计期间，对于购买企业来说，其变卖取得的变卖价款收入减去该固定资产原价后的差额，作为营业外收入（或营业外支出）在其个别利润表中列示；对于销售企业来说，因该内部交易固定资产实现的利润，作为期初未分配利润的一部分结转到本期；对于整个企业集团来说，该内部交易固定资产已经销售转出企业集团，包括在该内部交易固定资产中的未实现内部销售损益已成为当期实现损益。在对内部交易固定资产进行变卖处理的会计期间，固定资产已退出企业集团，在购买企业该内部交易固定资产已不再存在，不存在固定资产原价中包含的未实现内部销售损益的抵销。但由于销售企业期初未分配利润中包含有因该固定资产内部交易所确认的内部销售损益，因此必须将期初未分配利润中包含的未实现内部销售损益予以抵销，调整期初未分配利润的数额。这一合并处理的含义，相当于该内部资产固定资产自生产完工当期起一直作为存货留存在企业集团内，在购买企业变卖该固定资产的会计期间，才真正实现对外销售。该内部交易固定资产通过购买企业的变卖，使企业集团当期该内部交易固定资产实现的损益为原销售企业因该销售内部交易固定资产所实现的损

益,加上购买企业因变卖该固定资产当期所实现的损益。当期进行抵销处理时,应当按照该内部交易固定资产原价中包含的未实现内部销售损益的金额,借记"期初未分配利润"项目,贷记"营业外收入(或营业外支出)"项目。

例8-4:接例8-3,B公司20×5年将该固定资产以2 000万元销售给企业集团外的其他单位。B公司在其个别利润表中列示有因该内部交易固定资产转让所实现的营业外收入320万元。B公司该内部交易固定资产的原价中包含有未实现内部销售损益480万元。其他相关资料及以前年度的合并工作底稿(局部)见例8-2和例8-3。

本例中,B公司转让该内部交易固定资产所实现的营业外收入,由于销售给集团外的其他单位,对于企业集团来说属于已实现的损益。甲公司编制合并财务报表时,应当将期初该内部交易固定资产原价中包含的未实现内部销售损益转为当期实现利润,同时调整期初未分配利润的数额。其抵销处理如下:

借:未分配利润(年初)　　　　　　　　　　　　　　480
　　贷:营业外收入　　　　　　　　　　　　　　　　　　　480

其合并工作底稿(局部)如表8-3所示。

表8-3　　　　　　　　　合并工作底稿(局部)

单位:万元

项　目	A公司	B公司	合计	调整分录		抵销分录		少数股东权益	合并数
				借方	贷方	借方	贷方		
资产负债表项目									
……									
固定资产原价		0	0						0
累计折旧			0						0
固定资产净值			0						0
……									
利润表项目									
营业收入	0	0	0						0
营业成本	0	0	0						0
……									
营业外收入		320	320				480		800
……									

续表

项目	A公司	B公司	合计	调整分录 借方	调整分录 贷方	抵销分录 借方	抵销分录 贷方	少数股东权益	合并数
营业利润	0	0	0						0
……									
净利润	0	0	0						0
股东权益变动表项目									
未分配利润（年初）	480		480			480			0
……									
未分配利润（年末）	480	320	800			480	480		800

第三节　计提折旧的内部交易固定资产的合并处理

内部交易固定资产不仅影响到本期合并财务报表的编制，还影响到以后内部成员企业持有该固定资产期间各期的合并财务报表的编制；同时该内部交易固定资产在购买企业持有期间若一直处于使用过程，则必须计提折旧，在编制合并财务报表时不仅要考虑购买企业该内部交易固定资产原价中包含的未实现内部销售损益的抵销处理，而且还必须考虑到购买企业使用该固定资产计提折旧时多计提（或少计提）折旧对整个企业集团合并损益的影响。这是因为内部交易固定资产原价中包含有未实现内部销售损益，以该包含未实现内部销售损益的原价为依据计提折旧，则各期计提的折旧额都大于以不包括未实现内部销售利润的固定资产原价为依据计提的折旧金额，或小于不包括未实现内部销售损益的固定资产原价为依据计提的折旧金额。

一、计提折旧的内部交易固定资产交易当期的合并处理

在发生固定资产内部交易时，购买企业以实际支付的购买价款，作为该固定资产的取得成本，在其个别资产负债表中则作为该固定资产的原价列示，因此首先就必须将该固定资产原价中包括的未实现内部销售损益予以抵销。其次，购买企业购买该固定资产后当期投入使用并计提折旧，其折旧费用计入当期损益，由于购买企业是以该固定资产的取得成本作为其原价计提折旧，在取得成本中包含有销售企业由于该固定资产交易所实现的损益（即未实现内部销售损益），相应

的在该内部交易固定资产使用过程中其各期计提的折旧中也包含有未实现内部销售损益摊销的金额,因此还必须将当期该内部交易固定资产计提的折旧中相当于未实现内部销售损益的摊销金额即多计提折旧的数额,从该固定资产当期计提的累计折旧和当期折旧费用中予以抵销。其合并处理如下:

(1)将内部交易固定资产相关的销售收入、销售成本以及其原价中包含的未实现内部销售损益予以抵销。即按销售企业因该固定资产内部交易所实现的销售收入,借记"营业收入"项目;按其销售成本,贷记"营业成本"项目;按该内部交易固定资产的销售收入与销售成本之间的差额(即该固定资产原价中包含的未实现内部销售损益的数额),贷记"固定资产原价"项目。

(2)将当期内部交易固定资产因原价中包含未实现内部销售损益而多计提(或少计提)的折旧费用予以抵销,并调整当期累计折旧。企业对固定资产计提折旧进行会计处理时,一方面根据该固定资产的使用部门等具体情况,将其计提折旧作为当期成本或费用处理,另一方面形成相应的累计折旧。对因内部交易固定资产当期使用多计提(或少计提)的折旧进行抵销处理时,应按当期多计提的数额,借记"累计折旧"项目,贷记"管理费用"等项目。为便于理解,简化合并抵销处理,本节有关内部交易固定资产均假定为管理用固定资产,其各期多计提的折旧费用均通过"管理费用"项目进行抵销处理。

当该内部交易固定资产由生产部门使用时,从理论上来说,当期多计提的折旧应当分别若干部分进行抵销处理,当期进入产品成本的多计提折旧的部分,抵销当期存货成本;当期进入已销售产品销售成本的多计提折旧的部分,抵销当期销售成本;其他既未进入期末库存产品也未进入销售产品的部分,则抵销当期生产成本,也就是抵销存货。

例8-5:A公司和B公司为甲公司控制下的两个子公司,A公司和B公司均纳入甲公司合并财务报表的合并范围。A公司于20×1年1月1日,将自己生产的产品销售给B公司作为固定资产使用,A公司销售该产品的销售收入为1 680万元,销售成本为1 200万元。B公司以1 680万元的价格作为该固定资产原价入账。B公司购买的该固定资产用于公司行政管理。该固定资产属于不需要安装的固定资产,当月投入使用,其折旧年限为4年,预计净残值为零。为简化合并处理,假定该内部交易固定资产在交易当年按12个月计提折旧。

甲公司在编制合并财务报表时,应当进行如下抵销处理:

(1)将该内部交易固定资产相关销售收入与销售成本及其原价中包含的未实现内部销售损益予以抵销。

本例中,A公司因该内部交易确认销售收入1 680万元,结转销售成本1 200万元;B公司该固定资产原价为1 680万元,其中包含的未实现内部销售损益为480万元(1 680 - 1 200)。在合并工作底稿中应进行如下抵销处理:

借：营业收入　　　　　　　　　　　　　　　　　　1 680　　①
　　贷：营业成本　　　　　　　　　　　　　　　　　　　1 200
　　　　固定资产原价　　　　　　　　　　　　　　　　　　480

（2）将当年该内部交易固定资产因原价中包含未实现内部销售损益而多计提的折旧予以抵销，并调整当年累计折旧。

该内部交易固定资产在 B 公司按 4 年的折旧年限计提折旧，每年计提折旧 420 万元，其中每年计提的折旧和累计折旧中均包含有未实现内部销售损益的摊销额 120 万元。在合并工作底稿中应进行如下抵销处理：

借：累计折旧　　　　　　　　　　　　　　　　　　　120　　②
　　贷：管理费用　　　　　　　　　　　　　　　　　　　120

其合并工作底稿（局部）如表 8-4 所示。

表 8-4　　　　　　　　　　合并工作底稿（局部）

单位：万元

项目	A公司	B公司	合计	调整分录		抵销分录		少数股东权益	合并数
				借方	贷方	借方	贷方		
资产负债表项目									
……									
固定资产原价		1 680	1 680				480①		1 200
累计折旧		420	420			120②			300
固定资产净值			1 260			120	480		900
……									
利润表项目									
营业收入	1 680		1 680			1 680①			0
营业成本	1 200		1 200				1 200①		0
……									
管理费用		420	420				120②		300
……									
营业利润	480	-420	60			1 680	1 320		-300
……									
净利润	480	-420	60			1 680	1 320		-300
股东权益变动表项目									
未分配利润（年初）	0	0	0						0
……									
未分配利润（年末）	480	-420	480			1 680	1 320		-300

通过上述抵销分录，在合并工作底稿中累计折旧额减少120万元，其合并数为300万元；管理费用减少120万元，其合并数为300万元。这300万元，实际上相当企业集团生产的原价为1 200万元固定资产，在企业集团内部使用，按其确定的折旧方法和折旧年限和预计净残值，每年计提折旧300万元，计入管理费用，进而影响当期净利润和期末未分配利润减少300万元。

二、内部交易固定资产持有期间的合并处理

内部交易固定资产持有至处置之前的会计期间，内部交易固定资产仍为购买企业所持有，并处于使用过程中，在其个别财务报表中分别列示有该内部交易固定资产的原价、至当期期末的累计折旧，以及当期该固定资产因使用而计提折旧计入当期成本或费用的金额。因此，在交易当期以后的会计期间，由于内部交易固定资产仍然以其包含未实现内部销售损益在内的原价，在购买企业的个别资产负债表中列示，编制合并财务报表时，首先必须将其原价中包含的未实现内部销售损益予以抵销。相应地，销售企业在发生内部交易期间因内部交易固定资产所确认的内部销售损益，构成当期净利润的一部分并结转到以后的会计期间，反映在其个别所有者权益变动表中，由此在以后的会计期间必须将期初未分配利润中包含的未实现内部销售损益予以抵销，以调整期初未分配利润的数额。其次，对于内部交易固定资产在以前会计期间计提折旧而形成的期初累计折旧，由于是以前会计期间按包含有未实现内部销售损益的原价为依据计提并累积而形成的，相对于未包含未实现内部销售损益的金额计提折旧和累计折旧，其中包含有因包含未实现内部销售损益的固定资产原价为依据而多计提的累计折旧的金额，在编制合并财务报表时一方面必须将多计提的累计折旧的金额，从期初累计折旧中予以抵销；另一方面由于以前会计期间累计折旧抵销而影响期初未分配利润，还必须同时按累计折旧抵销的金额，调整期初未分配利润。通过这一抵销，使该内部交易固定资产以前会计期间的累计折旧恢复到按不包含未实现内部销售损益的原价计提累计折旧的数额。最后，该内部交易固定资产在本期使用并计提折旧，由于固定资产原价中包含有未实现内部销售损益而多计提折旧，计入本期有关成本费用项目的金额并形成累计折旧的金额，也包含当期多计提折旧的金额。为此，一方面必须将本期因多计提折旧而计入当期成本费用的数额予以抵销；另一方面将因本期多计提折旧而形成的累计折旧额予以抵销。通过这一抵销，使该内部交易固定资产本期计提的累计折旧恢复到以不包含未实现内部销售损益的原价计提的累计折旧的数额。其具体合并处理如下：

（1）将内部交易固定资产原价中包含的未实现内部销售损益予以抵销，并调整期初未分配利润。即按内部交易固定资产原价中包含的未实现内部销售损益的

数额，借记"期初未分配利润"项目，贷记"固定资产原价"项目。

（2）将以前会计期间内部交易固定资产因包含未实现内部销售损益而多计提的累计折旧予以抵销，并调整期初未分配利润。即按以前会计期间抵销该内部交易固定资产因包含未实现内部销售损益而多计提（或少计提）的累计折旧额，借记"累计折旧（或期初未分配利润）"项目，贷记"期初未分配利润（或累计折旧）"项目。

（3）将当期该内部交易固定资产因原价中包含未实现内部销售损益而多计提的折旧费用予以抵销，并调整本期计提的累计折旧额。即按本期该内部交易固定资产多计提的折旧额，借记"累计折旧"项目，贷记"管理费用"等费用项目。

例8-6：接例8-5，B公司20×2年其个别资产负债表中，该内部交易固定资产原价为1 680万元，累计折旧为840万元，该固定资产净值为840万元。该内部交易固定资产20×2年计提折旧为420万元。其他相关资料及20×1年度合并工作底稿（局部）见例8-5。

甲公司编制20×2年度合并财务报表时，应当进行如下抵销处理：

（1）借：未分配利润（年初）　　　　　　　　　　480　　　①
　　　　贷：固定资产原价　　　　　　　　　　　　　　　480
（2）借：累计折旧　　　　　　　　　　　　　　120　　　②
　　　　贷：未分配利润（年初）　　　　　　　　　　　　120
（3）借：累计折旧　　　　　　　　　　　　　　120　　　③
　　　　贷：管理费用　　　　　　　　　　　　　　　　　120

其合并工作底稿（局部）如表8-5所示。

表8-5　　　　　　　　　合并工作底稿（局部）

单位：万元

项目	A公司	B公司	合计	调整分录 借方	调整分录 贷方	抵销分录 借方	抵销分录 贷方	少数股东权益	合并数
资产负债表项目									
……									
固定资产原价	0	1 680	1 680				480①		1 200
累计折旧	0	840	840			120② 120③			600
固定资产净值	0	840	840			<u>240</u>	<u>480</u>		600
……									
利润表项目									
营业收入	0								0

续表

项　目	A公司	B公司	合计	调整分录 借方	调整分录 贷方	抵销分录 借方	抵销分录 贷方	少数股东权益	合并数
营业成本	0								0
……									
管理费用	0	420	420				120③		300
……									
营业利润	0	-420	-420				120		-300
……									
净利润	0	-420	-420				120		-300
股东权益变动表项目									
未分配利润（年初）	480	-420	60			480①	120②		-300
……									
未分配利润（年末）	480	-840	-360			480	240		-600

例8-7：接例8-6，B公司20×3年个别资产负债表中，该内部交易固定资产原价为1 680万元，累计折旧为1 260万元，该固定资产净值为420万元。该内部交易固定资产20×3年计提折旧为420万元。其他相关资料及20×1年度、20×2年合并工作底稿（局部）分别见例8-5、例8-6。

甲公司编制20×3年度合并财务报表时，应当进行如下抵销处理：

（1）借：未分配利润（年初）　　　　　　　　　480　　　①
　　　　贷：固定资产原价　　　　　　　　　　　　　480
（2）借：累计折旧　　　　　　　　　　　　　　240　　　②
　　　　贷：未分配利润（年初）　　　　　　　　　　240
（3）借：累计折旧　　　　　　　　　　　　　　120　　　③
　　　　贷：管理费用　　　　　　　　　　　　　　120

其合并工作底稿（局部）如表8-6所示：

表8-6　　　　　　　　合并工作底稿（局部）

单位：万元

项　目	A公司	B公司	合计	调整分录 借方	调整分录 贷方	抵销分录 借方	抵销分录 贷方	少数股东权益	合并数
资产负债表项目									
……									
固定资产原价	0	1 680	1 680				480①		1 200

续表

项　　目	A公司	B公司	合计	调整分录		抵销分录		少数股东权益	合并数
				借方	贷方	借方	贷方		
累计折旧	0	1 260	1 260			240② 120③			900
固定资产净值	0	420	420			360	480		300
……									
利润表项目									
营业收入	0								0
营业成本	0								0
……									
管理费用	0	420	420				120③		300
……									
营业利润	0	-420	-420				120		-300
……									
净利润	0	-420	-420				120		-300
股东权益变动表项目									
未分配利润（年初）	480	-840	-360			480①	240②		-600
……									
未分配利润（年末）	480	-1 260	-780			480	360		-900

三、内部交易固定资产清理期间的合并处理

对于销售企业来说，因该内部交易固定资产实现的利润，作为期初未分配利润的一部分结转到以后的会计期间，直到购买企业对该内部交易固定资产进行清理的会计期间。从购买企业来说，对内部交易固定资产进行清理的会计期间，在其个别财务报表中表现为固定资产原价和累计折旧的减少；该固定资产清理收入减去该固定资产净值以及有关清理费用后的余额，则在其个别利润表中以营业外收入（或营业外支出）项目列示。固定资产清理时可能出现三种情况：（1）期满清理；（2）超期清理；（3）提前清理。编制合并财务报表时，应当根据具体情况进行合并处理。

（一）内部交易固定资产使用期限届满进行清理时的合并处理

在内部交易固定资产使用期限届满进行清理的会计期间期末，购买企业该内部资产固定资产实体已不复存在，因此不存在未实现内部销售损益抵销的问题，

包括未实现内部销售损益在内的该内部交易固定资产的价值全部转移到各会计期间实现的损益之中。从整个企业集团来说,随着该内部交易固定资产的使用期满,其包含的未实现内部销售损益也转化为已实现利润。从销售企业来说,因该内部交易固定资产销售所实现的利润,作为期初未分配利润的一部分已结转到购买企业对该内部交易固定资产使用期满进行清理的会计期间。为此,编制合并财务报表时首先必须调整期初未分配利润。另外,在固定资产进行清理的会计期间,在未进行清理前仍处于使用之中,仍需计提折旧,本期计提折旧中仍然包含有因内部未实现销售损益而多计提折旧,因此也需要将当期多计提的折旧予以抵销。

例8-8:接例8-7,20×4年12月该内部交易固定资产使用期满,B公司于20×4年12月对其进行清理。在清理前,B公司对该内部交易固定资产计提折旧420万元。对该固定资产清理时B公司实现固定资产清理净收益14万元,在20×4年度个别利润表中以营业外收入项目列示。随着对该内部交易固定资产的清理,该固定资产的原价和累计折旧转销,在20×4年12月31日个别资产负债表固定资产中已无该内部交易固定资产列示。其他相关资料及20×1年度、20×2年度、20×3年度合并工作底稿(局部)分别见例8-5、例8-6、例8-7。

此时,甲公司编制合并财务报表时,应当进行如下抵销处理:

(1)按该内部交易固定资产原价中包含的未实现内部销售损益,调整其初未分配利润。

　　借:未分配利润(年初)　　　　　　　　　　　　480　　　①
　　　　贷:营业外收入　　　　　　　　　　　　　　　　480

(2)按以前会计期间该内部交易固定资产因原价中包含未实现内部销售损益而多计提累计折旧的数额,调整期初未分配利润。

　　借:营业外收入　　　　　　　　　　　　　　　　360　　　②
　　　　贷:未分配利润(年初)　　　　　　　　　　　　360

(3)将本期该内部交易固定资产因原价中包含未实现内部销售损益而多计提的折旧予以抵销。

　　借:营业外收入　　　　　　　　　　　　　　　　120　　　③
　　　　贷:管理费用　　　　　　　　　　　　　　　　120

随着内部交易固定资产的清理,该固定资产的原价、累计折旧和净值在B公司个别资产负债表均无列示,故涉及调整期初未分配利润项目的抵销处理,均通过营业外收入项目或营业外支出项目进行。

以上三笔抵销分录,也可以合并为以下抵销分录:

　　借:未分配利润(年初)　　　　　　　　　　　　120
　　　　贷:管理费用　　　　　　　　　　　　　　　　120

其合并工作底稿（局部）如表8-7所示。

表8-7　　　　　　　　　　　合并工作底稿（局部）

单位：万元

项目	A公司	B公司	合计	调整分录		抵销分录		少数股东权益	合并数
				借方	贷方	借方	贷方		
资产负债表项目									
……									
固定资产原价	0	0	0						0
累计折旧	0	0	0						0
固定资产净值	0	0	0						0
……									
利润表项目									
营业收入	0								0
营业成本	0								0
……									
管理费用	0	420	420				120③		300
……									
营业利润	0	-420	-420				120		-300
……									
营业外收入		14	14			360② 120③	480①		14
……									
净利润	0	-406	-406			480	600		-286
股东权益变动表项目									
未分配利润（年初）	480	-1 260	-780			480①	360②		-900
……									
未分配利润（年末）	480	-1 666	-1 186			960	960		-1 186

（二）内部交易固定资产超期使用进行清理时的合并处理

内部交易固定资产超期使用进行清理时，在内部交易固定资产清理前的会计期间，该固定资产仍然按包含未实现内部销售损益的原价及计提的累计折旧，在购买企业的个别资产负债表中列示。销售企业因该内部交易固定资产所实现的利润，作为其期初未分配利润的一部分结转到购买企业对该内部交易固定资产进行清理的会计期间。因此，首先需要将该固定资产原价中包括的未实现内部销售损益予以抵销,并调整期初未分配利润。其次,要将以前会计期间因内部交易固定资产原价中包含未实现内部销售损益而多计提的累计折旧予以抵销。最后,由于在该固定资产使用期满的会计期间仍然需要计提折旧,本期计提折旧中仍然包含有多计提的折旧,需要将多计提的折旧费用予以抵销,并调整已计提的累计折旧。

例8-9:接例8-7。20×4年12月31该内部交易固定资产使用期满,但该固定资产在B公司仍作为固定资产而处于使用之中,B公司未对其进行清理报废。B公司20×4年度个别资产负债表固定资产仍列示该固定资产的原价1 680万元,累计折旧1 680万元;B公司本年对该固定资产计提折旧420万元,在其个别利润表列示该固定资产当年计提折旧从而计入管理费用420万元。其他相关资料及20×1年度、20×2年度、20×3年度合并工作底稿(局部)分别见例8-5、例8-6、例8-7。

此时,甲公司在编制20×4年度合并财务报表时,应当进行如下抵销处理:

(1) 将内部交易固定资产原价中包含的未实现内部销售损益抵销,并调整其初未分配利润。

  借:未分配利润(年初)   480 ①
    贷:固定资产原价   480

(2) 将该内部交易固定资产因原价中包含未实现内部销售损益而多计提的累计折旧抵销,并调整期初未分配利润。

  借:累计折旧   360 ②
    贷:未分配利润(年初)   360

(3) 将本期该内部交易固定资产因原价中包含未实现内部销售损益而多计提的折旧额抵销。

  借:累计折旧   120 ③
    贷:管理费用   120

其合并工作底稿(局部)如表8-8所示。

表8-8   合并工作底稿(局部)

单位:万元

项目	A公司	B公司	合计	调整分录		抵销分录		少数股东权益	合并数
				借方	贷方	借方	贷方		
资产负债表项目									
……									
固定资产原价		1 680	1 680				480①		1 200

续表

项目	A公司	B公司	合计	调整分录 借方	调整分录 贷方	抵销分录 借方	抵销分录 贷方	少数股东权益	合并数
累计折旧		1 680	1 680			360② 120③			1 200
固定资产净值			10			<u>480</u>	<u>480</u>		0
……									
利润表项目									
营业收入									0
营业成本									0
……									
管理费用		420	420				120③		300
……									
营业利润	0	-420	-420				120		-300
……									
净利润		-420	-420				120		-300
股东权益变动表项目									
未分配利润（年初）	480	-1 260	-780			480①	360②		-900
……									
未分配利润（年末）	480	-1 680	-1 200			<u>480</u>	<u>480</u>		-1 200

在内部交易固定资产超期使用未进行清理前，由于该内部交易的固定资产仍处于使用之中，并在购买企业资产负债表中列示，因此，首先必须将该固定资产原价中包含的未实现内部销售损益予以抵销，并调整期初未分配利润。其次，由于该固定资产累计折旧仍然是按包含未实现内部销售损益的原价为依据计提折旧而累计形成的，为此也必须将其计提的累计折旧予以抵销，并调整期初未分配利润。但由于固定资产超期使用不再计提折旧，所以不存在抵销多计提折旧问题。

例 8-10：接例 8-9，该内部交易固定资产 20×5 年仍处于使用之中。B 公司个别资产负债表中列示有内部交易固定资产为 1 680 万元，累计折旧为 1 680 万元。由于固定资产超期使用不再计提折旧，B 公司个别利润表中无该内部固定资产计提的折旧费用。其他相关资料及 20×1 年度、20×2 年度、20×3 年度、20×4 年度合并工作底稿（局部）分别见例 8-5、例 8-6、例 8-7、例 8-9。

此时，甲公司编制合并财务报表时，应进行如下抵销处理：

（1）将内部交易固定资产原价中包含的未实现内部销售损益抵销，并调整期初未分配利润。

借：未分配利润（年初）　　　　　　　　　　　　　　　　480　　　①
　　贷：固定资产原价　　　　　　　　　　　　　　　　　　　　480

（2）将该内部交易固定资产因原价中包含未实现内部销售损益而多计提的累计折旧予以抵销，并调整期初未分配利润。

借：累计折旧　　　　　　　　　　　　　　　　　　　　480　　　②
　　贷：未分配利润（年初）　　　　　　　　　　　　　　　　　480

其合并工作底稿（局部）如表 8-9 所示。

表 8-9　　　　　　　　　　　合并工作底稿（局部）

单位：万元

项　　目	A 公司	B 公司	合计	调整分录 借方	调整分录 贷方	抵销分录 借方	抵销分录 贷方	少数股东权益	合并数
资产负债表项目									
……									
固定资产原价		1 680	1 680				480①		1 200
累计折旧		1 680	1 680			480②			1 200
固定资产净值			1 260			480	480		0
……									
利润表项目									
营业收入									0
营业成本									0
……									
管理费用									0
……									
营业利润									0
……									
净利润									0
股东权益变动表项目									
未分配利润（年初）	480	-1 680	-1 200			480①	480②		-1 200
……									
未分配利润（年末）	480	-1 680	-1 200			480	480		-1 200

对于超期使用后再进行清理的内部交易固定资产,由于清理当期其实物已不存在,不存在固定资产原价中包含的未实现内部销售损益的抵销问题。同时,该固定资产累计折旧也随着固定资产清理而转销,也不存在固定资产使用多计提折旧的抵销问题。也可以这样理解,即当内部交易固定资产超期使用进行清理的情况下,其包含的未实现内部销售损益,随着折旧计提完毕,所包含的未实现内部销售损益已实现。因此,在对该内部交易固定资产进行清理的会计期间,编制合并财务报表时,不需要进行合并处理。

(三) 内部交易固定资产使用期限未满提前进行清理时的合并处理

在这种情况下,购买企业内部交易固定资产实体已不复存在,因此不存在内部交易固定资产包含的未实现内部销售损益抵销问题,但由于固定资产提前报废,固定资产原价中包含的未实现内部销售损益随着清理而实现。对于销售企业来说,因该内部交易固定资产所实现的利润,作为期初未分配利润的一部分结转到购买企业对该内部交易固定资产进行清理的会计期间。为此,首先必须调整期初未分配利润;其次,由于在内部交易固定资产进行清理前仍需计提折旧,本期计提折旧中因内部交易固定资产原价中包含未实现内部销售损益而多计提折旧,需要将多计提的折旧从相关成本费用中予以抵销。

例 8-11: 接例 8-6。B 公司于 20×3 年 12 月对该内部交易固定资产进行清理处置。该内部交易固定资产清理前,B 公司 20×3 年对该内部交易固定资产计提折旧 420 万元。在对其清理过程中 B 公司取得固定资产清理净收益 25 万元,并在其个别利润表作为营业外收入列示。其他相关资料及 20×1 年度、20×2 年度合并工作底稿(局部)分别见例 8-5、例 8-6。

本例中,该内部交易固定资产于 20×3 年 12 月,已经使用 3 年,B 公司对该固定资产累计计提折旧 1 260 万元。

此时,编制合并财务报表时,应编制如下抵销分录:
(1) 借:未分配利润(年初)　　　　　　　　　480　　　①
　　　贷:营业外收入　　　　　　　　　　　　　　 480
(2) 借:营业外收入　　　　　　　　　　　　　 240　　　②
　　　贷:未分配利润(年初)　　　　　　　　　　 240
(3) 借:营业外收入　　　　　　　　　　　　　 120　　　③
　　　贷:管理费用　　　　　　　　　　　　　　　 120

其合并工作底稿(局部)如表 8-10 所示。

表 8-10　　　　　　　　　合并工作底稿（局部）

单位：万元

项　目	A公司	B公司	合计	调整分录 借方	调整分录 贷方	抵销分录 借方	抵销分录 贷方	少数股东权益	合并数
资产负债表项目									
……									
固定资产原价	0								
累计折旧	0								
固定资产净值	0								
……									
利润表项目									
营业收入	0								0
营业成本	0								0
管理费用	0	420	420				120③		300
……									
营业利润	0	-420	-420				120		-300
……									
营业外收入		25				240② 120③	480①		145
……									
净利润	0	-395	-395			360	600		-155
股东权益变动表项目									
未分配利润（年初）	480	-840	-360			480①	240②		-600
……									
未分配利润（年末）	480	-1 235	-755			840	840		-755

第四节　内部交易无形资产的合并处理

一、内部交易无形资产交易当期的合并处理

所谓无形资产内部交易，是指企业集团内部发生交易的一方涉及无形资产的交易，如企业集团内部某一成员企业将自身拥有的专利权、专有技术等转让出售给内部其他成员企业作为无形资产继续使用。

在企业集团内部某一成员企业将其持有的无形资产转让出售给其他成员企业

时，转让出售无形资产的企业实现无形资产转让收入，并结转相应的成本，由此实现转让无形资产收益；而对于购买该无形资产的成员企业来说，则以取得该无形资产的成本作为其入账价值入账。转让出售的成员企业由于无形资产转让所实现的收益，成为购买该无形资产的成员企业无形资产中所包含的未实现内部销售损益。为此，对于无形资产内部交易，在编制合并财务报表时必须将由于转让出售无形资产所产生的收入、成本及购买企业无形资产入账价值中包含的未实现内部销售损益予以抵销。

无形资产取得后随即投入使用，在使用中对其价值进行相应的摊销，其本期摊销额计入当期成本费用。随着内部交易无形资产价值的摊销，其价值中包含的未实现内部销售损益也成为本期摊销额的一部分，从而成为当期成本费用的一部分。为此，在编制合并财务报表时，也必须将本期摊销额中包含的未实现销售损益予以抵销，其抵销金额为该无形资产价值中包含的未实现内部销售损益的本期摊销额。

进行合并处理时，按照内部交易时该无形资产账面价值中包含的未实现内部销售损益的数额，借记"营业外收入"项目，按交易时该内部交易无形资产账面价值中包含的未实现内部销售损益的数额，贷记"无形资产"项目；同时按本期该内部交易无形资产摊销额中包含的未实现内部销售损益的数额（即该无形资产价值中包含的未实现内部销售损益除以该无形资产的摊销年限得出的金额）借记"累计摊销"项目，贷记"管理费用"等相关项目。

例8-12：甲公司系A公司的母公司，并将A公司纳入其合并财务报表合并范围。甲公司20×1年1月8日向A公司转让无形资产一项，转让价格为820万元，该无形资产的账面成本为700万元。A公司购入该无形资产后，即投入使用，确定使用年限为5年。A公司20×1年12月31日资产负债表中"无形资产"项目的金额为656万元，利润表"管理费用"项目中计有当年摊销的该无形资产价值164万元。

在本例中，A公司该内部交易无形资产的入账价值为820万元，其中包含的未实现内部销售损益为120万元；按5年的期限，本期摊销的金额为164万元（与固定资产不同，无形资产从取得的当月起开始摊销），其中包含的未实现内部销售损益的摊销额为24万元。

甲公司在编制20×1年度合并财务报表时，应当对该无形资产内部交易进行如下抵销处理：

（1）将A公司购买取得的内部交易无形资产价值中包含的未实现内部销售损益予以抵销。

借：营业外收入　　　　　　　　　　　　　　　120　　　①
　　贷：无形资产　　　　　　　　　　　　　　　　　120

(2) 将 A 公司该内部交易无形资产价值本期摊销额中包含的未实现内部销售损益予以抵销,并调整累计摊销的金额。

借:累计摊销　　　　　　　　　　　　　　　24　　②
　贷:管理费用　　　　　　　　　　　　　　　　　24

其合并工作底稿(局部)如表 8-11 所示。

表 8-11　　　　　　　　合并工作底稿(局部)

单位:万元

项目	甲公司	A公司	合计	调整分录		抵销分录		少数股东权益	合并数
				借方	贷方	借方	贷方		
资产负债表项目									
……									
无形资产	0	820	820				120①		700
累计摊销		164	164			24②			140
无形资产净额		656	656			24	120		560
……									
利润表项目									
……									
管理费用		164	164				24②		140
……									
营业利润		-164	-164				24		-140
……									
营业外收入	120		120			120①			0
……									
净利润	120	-164	-44			120	24		-140
股东权益变动表项目									
未分配利润(年初)	0	0	0						0
……									
未分配利润(年末)	120	-164	-44			120	24		-140

对于抵销分录(1),可以理解为将购入时该内部交易无形资产价值中包含的未实现内部销售损益予以抵销。对于抵销分录(2),则可以理解为将本期无形资产摊销金额中因该内部交易无形资产价值中包含未实现内部销售损益而多计算的摊销额,予以抵销并调整该无形资产的累计摊销额。

二、内部交易无形资产持有期间的合并处理

在以后的会计期间,该内部交易无形资产仍然以摊销后的价值在购买企业的

个别资产负债表中列示,首先必须将其中包含的未实现内部销售损益的数额予以抵销;相应的出售企业以前会计期间由于该内部交易无形资产所实现的损益,形成转让该无形资产当期的净利润的一部分并结转至以后的会计期间,在其个别所有者权益变动表中列示,由此必须将期初未分配利润中包含的该未实现内部销售损益予以抵销,调整期初未分配利润的数额。其次,购买企业在以前会计期间使用该无形资产并进行摊销,其累计摊销额中包含未实现内部销售损益的摊销数额,随着上期摊销额中包含的未实现内部销售损益的抵销,而导致本期合并期初未分配利润的增加。为此,也必须将上期抵销无形资产摊销额中包含的未实现内部销售损益的影响予以抵销。最后,该内部交易无形资产在本期使用并进行摊销,由于其本期摊销额中同样包含未实现内部销售损益的数额,也必须将本期因内部交易无形资产价值中包含未实现内部销售损益而多计算的摊销额予以抵销,并抵销本期因该无形资产使用而多计算的摊销费用。

进行合并处理时,按购买企业该内部交易无形资产价值中包含的未实现内部销售损益的数额,借记"期初未分配利润"项目,贷记"无形资产"项目;按上期期末该内部交易无形资产累计摊销金额中包含的累计已摊销未实现内部销售损益的数额,借记"累计摊销"项目,贷记"期初未分配利润"项目;按本期因该内部交易无形资产价值中包含未实现内部销售损益而多计算的摊销金额,借记"累计摊销"项目,贷记"管理费用"等相关项目。

例8-13:接例8-12,20×2年12月31日A公司个别资产负债表中无形资产项目的金额为492万元,个别利润表中管理费用项目中计有当年摊销的该内部交易无形资产价值164万元。其他相关资料及20×1年度合并工作底稿(局部)见例8-12。

本例中,A公司该内部交易无形资产取得时入账价值为820万元,其中包含未实现内部销售损益120万元;该无形资产按5年的使用期限摊销,每期摊销金额为164万元,到20×2年12月31日A公司该内部交易无形资产累计摊销额为328万元,包括上年结转的累计摊销额和本期发生的无形资产摊销额各164万元,上年结转的累计摊销额中包含20×1年因内部交易无形资产价值中包含未实现内部销售损益而多计算的摊销额24万元。此外,本期因该内部交易无形资产使用而计算的摊销额164万元,其中也包括因该无形资产价值中包含未实现内部销售损益而多计算的摊销额24万元。

甲公司在编制20×2年度合并财务报表时,应当对该内部交易无形资产进行如下抵销处理:

(1)将A公司购买取得的该内部交易无形资产价值中包含的未实现内部销售损益予以抵销,并调整期初未分配利润。

借:未分配利润(年初)   120   ①

贷：无形资产　　　　　　　　　　　　　　　　　　　　　　　　120

（2）将 A 公司上期期末该内部交易无形资产因其价值中包含未实现内部销售损益而多计提的累计折旧予以抵销，并调整期初未分配利润。

　　借：累计摊销　　　　　　　　　　　　　　　　　　　　24　　②
　　　　贷：未分配利润（年初）　　　　　　　　　　　　　　　　24

（3）将 A 公司本期该内部交易无形资产因其价值包含未实现内部销售损益而多计提计入相关费用的无形资产摊销额予以抵销，并调整累计摊销。

　　借：累计摊销　　　　　　　　　　　　　　　　　　　　24　　③
　　　　贷：管理费用　　　　　　　　　　　　　　　　　　　　24

其合并工作底稿（局部）如表 8-12 所示。

表 8-12　　　　　　　　合并工作底稿（局部）

单位：万元

项　　目	甲公司	A公司	合计	调整分录		抵销分录		少数股东权益	合并数
				借方	贷方	借方	贷方		
资产负债表项目									
……									
无形资产	0	820	820				120①		700
累计摊销		328	329			24② 24③			280
无形资产净额	0	492	492			48	120		420
……									
利润表项目									
……									
管理费用	0	164	164				24③		140
……									
营业利润	0	-164	-164				24		-140
……									
营业外收入	0								0
……									
净利润	0	-164	-164				24		-140
股东权益变动表项目									
未分配利润（年初）	120	-164	-44			120①	24②		-140
……									
未分配利润（年末）	120	-328	-208			120	48		-280

抵销分录（1），是将内部交易无形资产取得时账面价值中包含的未实现内部销售损益予以抵销，并调整期初未分配利润。抵销分录（2），是调整以前会计期间抵销的内部交易无形资产累计摊销额中包含的未实现内部销售损益，并调整期初未分配利润。抵销分录（3），是将本期因该内部交易无形资产使用而计算的无形资产摊销费用中包含的未实现内部销售损益的数额予以抵销，并调整本期无形资产的累计摊销额。

甲公司在编制 20×3 年度合并财务报表时，该无形资产内部交易相关的抵销处理如下：

（1）将 A 公司购买取得的该内部交易无形资产价值中包含的未实现内部销售损益予以抵销，并调整期初未分配利润。

借：未分配利润（年初）　　　　　　　　　　　　120　　①
　　贷：无形资产　　　　　　　　　　　　　　　　　　120

（2）将 A 公司上期期末该内部交易无形资产因其价值中包含未实现内部销售损益而多计提的累计折旧予以抵销，并调整期初未分配利润。

借：累计摊销　　　　　　　　　　　　　　　　48　　②
　　贷：未分配利润（年初）　　　　　　　　　　　　48

（3）将 A 公司本期该内部交易无形资产因其价值包含未实现内部销售损益而多计提计入相关费用的无形资产摊销额予以抵销，并调整累计摊销。

借：累计摊销　　　　　　　　　　　　　　　　24　　③
　　贷：管理费用　　　　　　　　　　　　　　　　　24

其合并工作底稿（局部）如表 8-13 所示。

表 8-13　　　　　　　合并工作底稿（局部）

单位：万元

项　目	甲公司	A公司	合计	调整分录 借方	调整分录 贷方	抵销分录 借方	抵销分录 贷方	少数股东权益	合并数
资产负债表项目									
……									
无形资产		820	820				120①		700
累计摊销		492	492				48② 24③		420
无形资产净额	0	328	328			72	120		280
……									
利润表项目									
……									

续表

项目	甲公司	A公司	合计	调整分录借方	调整分录贷方	抵销分录借方	抵销分录贷方	少数股东权益	合并数
管理费用	0	164	164				24③		140
……									
营业利润	0	-164	-164				24		-140
……									
营业外收入	0								0
……									
净利润	0	-164	-164				24		-140
股东权益变动表项目									
未分配利润（年初）	120	-328	-208			120①	48②		-280
……									
未分配利润（年末）	120	-492	-372			120	72		-420

甲公司在编制 20×4 年度合并财务报表时，该无形资产内部交易相关的抵销处理如下：

（1）将 A 公司购买取得的该内部交易无形资产价值中包含的未实现内部销售损益予以抵销，并调整期初未分配利润。

借：未分配利润（年初）　　　　　　　　　　　　120　　①
　　贷：无形资产　　　　　　　　　　　　　　　　　　120

（2）将 A 公司上期期末该内部交易无形资产因其价值中包含未实现内部销售损益而多计提的累计折旧予以抵销，并调整期初未分配利润。

借：累计摊销　　　　　　　　　　　　　　　　　72　　②
　　贷：未分配利润（年初）　　　　　　　　　　　　　72

（3）将 A 公司本期该内部交易无形资产因其价值包含未实现内部销售损益而多计提计入相关费用的无形资产摊销额予以抵销，并调整累计摊销。

借：累计摊销　　　　　　　　　　　　　　　　　24　　③
　　贷：管理费用　　　　　　　　　　　　　　　　　　24

其合并工作底稿（局部）如表 8-14 所示。

表 8-14　　　　　　　　合并工作底稿（局部）

单位：万元

项　　目	甲公司	A公司	合计	调整分录 借方	调整分录 贷方	抵销分录 借方	抵销分录 贷方	少数股东权益	合并数
资产负债表项目									
……									
无形资产		820	820				120①		700
累计摊销		656	656				72② 24③		560
无形资产净额	0	164	164			96	120		140
利润表项目									
……									
管理费用	0	164	164				24③		140
……									
营业利润	0	-164	-164				24		-140
营业外收入	0								0
……									
净利润	0	-164	-164				24		-140
股东权益变动表项目									
未分配利润（年初）	120	-492	-372			120①	72②		-420
……									
未分配利润（年末）	120	-656	-536			120	96		-560

三、内部交易无形资产摊销完毕期间的合并处理

在内部交易无形资产摊销完毕的会计期间，从购买企业来说，该内部交易无形资产到期，其账面价值已摊销完毕，包含于其中的未实现内部销售损益的数额也摊销完毕，无形资产账面价值经摊销后为零。对于转让出售企业来说，因该无形资产内部交易实现的收益，作为期初未分配利润的一部分结转到以后的会计期间，直到购买企业对该内部交易无形资产到期的会计期间。从整个企业集团来说，随着该内部交易无形资产使用期满，其包含的未实现内部销售损益也转化为已实现损益。

由于销售企业因该内部交易无形资产所实现的收益，作为期初未分配利润的一部分结转到购买企业该内部交易无形资产到期的会计期间，为此，首先必须调

整期初未分配利润。其次,在该无形资产到期的会计期间,本期无形资产摊销额中仍然包含该内部交易无形资产价值中包含的未实现内部销售损益的摊销额,这一数额仍须进行抵销处理。

例 8-14:接例 8-13。20×5 年 12 月,A 公司该内部交易无形资产使用期满,在其个别资产负债表中已无该无形资产摊余价值,在其个别利润表"管理费用"项中仍包含该无形资产本期摊销额 164 万元。其他相关资料及 20×1 年度、20×2 年至 20×4 年合并工作底稿(局部)见例 8-12、例 8-13。

甲公司在编制 20×5 年度合并财务报表时,该内部交易无形资产相关的抵销处理如下:

(1)将 A 公司购买取得的该内部交易无形资产价值中包含的未实现内部销售损益予以抵销,并调整期初未分配利润。

借:未分配利润(年初)   120   ①
    贷:无形资产   120

(2)将 A 公司上期期末该内部交易无形资产因其价值中包含未实现内部销售损益而多计提的累计折旧予以抵销,并调整期初未分配利润。

借:累计摊销   96   ②
    贷:未分配利润(年初)   96

(3)将 A 公司本期该内部交易无形资产因其价值包含未实现内部销售损益而多计提计入相关费用的无形资产摊销额予以抵销,并调整累计摊销。

借:累计摊销   24   ③
    贷:管理费用   24

其合并工作底稿(局部)如表 8-15 所示。

表 8-15　　　　　　合并工作底稿(局部)

单位:万元

项目	甲公司	A公司	合计	调整分录		抵销分录		少数股东权益	合并数
				借方	贷方	借方	贷方		
资产负债表项目									
……									
无形资产	0	0	0				120①		120
累计摊销	0	0	0			96② 24③			120
无形资产净额	0	0	0			120	120		0
……									
利润表项目									
……									

续表

项目	甲公司	A公司	合计	调整分录 借方	调整分录 贷方	抵销分录 借方	抵销分录 贷方	少数股东权益	合并数
管理费用	0	164	164				24③		140
……									
营业利润	0	-164	-164				24		-140
……									
营业外收入	0								0
……									
净利润	0	-164	-164				24		-140
股东权益变动表项目									
未分配利润（年初）	120	-656	-536			120①	96②		-560
……									
未分配利润（年末）	120	-820	700			120	120		-700

第九章

内部短期债权债务的合并处理

第一节 内部短期债权债务的合并处理

一、内部短期债权债务概述

企业集团内部成员企业相互之间发生交易时,往往同时产生内部债权债务,如企业集团内部成员企业之间发生内部商品销售,往往一方面形成销售企业的应收债权,另一方面形成购买企业的应付债务。为了从集团内部成员企业购买商品,有时也会发生预收账款和预付账款。另外,企业集团出于资金管理的需要,集团成员企业相互之间也会经常发生资金的借入借出,调剂余缺,从而也会形成内部债权债务。母公司与子公司、子公司相互之间的债权和债务项目,是指母公司与子公司、子公司相互之间因内部交易所产生和形成的应收账款与应付账款、预付账款和预收账款等内部债权债务项目。

按照其回收和偿付的期限,内部债权债务可以分内部短期债权债务和内部长期债权债务。短期债权债务是指在一年以内回收或偿付的债权债务。本章所指的内部短期债权债务,是指在资产负债表中列示于流动资产项目和流动负债项目之内的债权与债务,一般包括应收账款与应付账款、应收票据与应付票据、预付账款与预收账款、应收股利与应付股利、其他应收款与其他应付款等内容。长期内部债权债务一般包括持有至到期投资(长期债券投资)与应付债券、长期应收款与长期应付款等内容。本章主要介绍内部短期债权债务的合并处理。至于长期内部债权债务合并处理,将在本书第十章专门选择内部交易公司债券,就其相关的合并处理进行介绍。

二、内部短期债权债务发生当期的合并处理

对于发生在母公司与子公司、子公司相互之间的内部短期债权债务,从债权方企业来说,发生内部债权的期间,在其个别资产负债表中表现为一项债权资产的增加,同时表现为另一项资产减少;而从债务方企业来说,发生内部债务的期间,在其个别资产负债表中则表现为一项债务性负债的增加,同时导致相应一项资产增加。而从母公司与子公司组成的集团整体来看,发生的内部债权债务只是企业集团内部资金运动,也就是资金从某一成员企业流入另一成员企业,它既不能增加企业集团的资产,也不会增加负债。为此在编制合并财务报表时,必须将成员企业个别财务报表中因内部债权债务而重复计列的资产和负债的金额予以抵销。

例 9-1:甲公司为 A 公司的母公司,并已将 A 公司纳入其合并财务报表的合并范围。甲公司个别资产负债表应收账款项目中包含 600 万元为应收 A 公司账款;应收票据中包含 400 万元为应收 A 公司票据。A 公司个别资产负债表中应付账款中包含应付甲公司账款 600 万元,应付票据中包含应付甲公司票据 400 万元。

本例中,600 万元的应收应付账款,400 万元的应收应付票据均属于内部债权债务。甲公司在编制合并财务报表时,应当将这些内部债权债务予以抵销。其合并抵销处理如下:

(1) 将内部应收账款与应付账款抵销。

借:应付账款　　　　　　　　　　　　　　　　600
　　贷:应收账款　　　　　　　　　　　　　　　　　600

(2) 内部应收票据与内部应付票据抵销。

借:应付票据　　　　　　　　　　　　　　　　400
　　贷:应收票据　　　　　　　　　　　　　　　　　400

三、内部应收款项及其坏账准备的合并处理

根据现行企业会计准则,对于包括应收账款、应收票据、预付账款以及其他应收账款在内的应收款项,企业应当根据其公允价值变动情况,确认资产减值损失并计提坏账准备。在企业集团的情况下,各成员企业分别按照自身持有的应收款项计提坏账准备,其确认资产减值损失计提坏账准备的范围包括企业集团各成员企业之间的内部应收账款、内部应收票据等在内的所有应收款项。从母公司来说,计提坏账准备的范围包括对所有子公司在内的企业全部应收款项;而从子公

司来说,则包括对母公司以及其他子公司应收款项在内的企业所有应收款项。随着上述内部应收款项的抵销,以其为基础确认的资产减值损失和计提的坏账准备也应相应予以抵销。从理论上来说,企业集团内部债权债务都是处于同一母公司控制之下的债权债务,内部债权债务的发生只是内部资金运动的结果,其内部债权债务本身一般不会发生资产减值,也不需要计提坏账准备。各成员企业在其个别资产负债表中对内部债权确认的资产减值损失和计提的坏账准备,随着内部应收应付债权在编制合并财务报表时被抵销,以其为计提基础确认的资产减值损失和计提的坏账准备也应予以抵销。

从单一企业来说,对内部应收款项确认资产减值损失、计提坏账准备进行核算时,按确定的对内部应收款项计提坏账准备的金额,借记"资产减值损失"科目,贷记"坏账准备"科目,在其个别资产负债表中坏账准备的金额作为应收款项等项目的抵减金额,在应收账款、应收票据等相关项目之中反映,在个别利润表中对应收债权确认的资产减值损失作为资产减值损失金额列示。在编制合并财务报表进行抵销处理时,应按内部应收应付款项的金额,借记"应付账款"、"应付票据"等项目,贷记"应收账款"、"应收票据"等项目,将内部应收款项与内部应付款项抵销的同时,还应当将个别财务报表中对内部应收款项确认的资产减值损失及计提的坏账准备予以抵销,即按各内部应收款项确认的资产减值损失及计提的坏账准备的金额,借记"坏账准备"等项目,贷记"资产减值损失"项目。

例9-2:甲公司为A公司的母公司,甲公司已将A公司纳入其合并财务报表合并范围。甲公司和A公司本期应收应付款项及其确认的坏账损失和计提的坏账准备相关数据见表9-1。甲公司本期个别资产负债表应收账款项目中有600万元应收A公司账款,甲公司当年对其计提坏账准备20万元;应收票据项目中有400万元为应收A公司票据,甲公司当年对其计提坏账准备10万元。

A公司本期个别资产负债表中应付账款和应付票据中列示有应付甲公司账款600万元和应付甲公司票据400万元。

在编制合并财务报表时,甲公司应当将内部应收款项与应付款项相互抵销,同时还应将该内部应收款项确认的资产减值损失及计提的坏账准备予以抵销,其合并抵销处理如下:

(1)根据内部应收应付款项的金额,将内部应收账款与内部应付账款、内部应收票据与内部应付票据相互抵销。

借:应付账款　　　　　　　　　　　　　　　　600　　①
　　贷:应收账款　　　　　　　　　　　　　　　　　600
借:应付票据　　　　　　　　　　　　　　　　400
　　贷:应收票据　　　　　　　　　　　　　　　　　400

（2）根据内部应收账款和应收票据确认的资产减值损失及计提的坏账准备，将坏账准备与本期确认的资产减值损失予以抵销。

借：坏账准备（应收账款）　　　　　　　　　　　20　　②
　　坏账准备（应收票据）　　　　　　　　　　　10
　　贷：资产减值损失　　　　　　　　　　　　　　　　30

根据上述合并抵销分录，编制合并工作底稿（局部）如表9-1所示。

表9-1　　　　　　　　　合并工作底稿（局部）

单位：万元

项目	甲公司	A公司	合计	调整分录 借方	调整分录 贷方	抵销分录 借方	抵销分录 贷方	少数股东权益	合并数
资产负债表项目									
……									
应收账款	600		600				600①		0
坏账准备	20		20			20②			0
应收账款净额						20	600		0
应收票据	400		400				400①		0
坏账准备	10		10			10②			0
应收票据净额						10	400		0
……									
应付账款		600	600			600①			0
应付票据		400	400			400①			0
……									
利润表项目									
……									
资产减值损失	30		30				30②		0
……									
营业利润	-30		-30				30		0
……									
净利润	-30		-30				30		0
股东权益变动表项目									
未分配利润（期初）	0		0				0		0
……									
未分配利润（期末）	-30		-30				30		0

第二节 连续编制合并财务报表时内部债权债务及坏账准备的合并处理

一、连续编制合并财务报表时内部债权债务及坏账准备合并处理的基本程序

从合并财务报表来讲，内部应收款项确认的资产减值损失及其计提的坏账准备的抵销，直接影响到本期利润总额和净利润数额的增加，最终影响到期末未分配利润数额的增加。由于利润表和所有者权益变动表是反映企业一定会计期间经营成果及其所有者权益变动情况的财务报表，其上期期末未分配利润就是本期所有者权益变动表期初未分配利润。本期合并财务报表是以母公司和子公司当期的个别财务报表为基础编制的，随着上期编制合并财务报表时内部应收款项确认的坏账损失及其计提的坏账准备的抵销，以个别财务报表为基础加总得出的期初未分配利润与上期合并所有者权益变动表中的期初未分配利润数额之间则将发生差额。为此，编制合并财务报表时需要将上期因内部应收款项确认的坏账损失及其计提的坏账准备抵销而对本期期初未分配利润的影响予以抵销，调整本期期初未分配利润的数额。

在连续编制合并财务报表进行合并处理时，首先，应将上期编制合并财务报表时抵销内部应收款项确认的资产减值损失的金额对本期期初未分配利润的影响予以抵销，即按上期抵销的资产减值损失（或坏账准备）的金额，借记"坏账准备"等项目，贷记"未分配利润（期初）"项目；其次，将本期期末内部应收款项与应付款项相互抵销，即按内部应收应付款项的金额，借记"应付账款"、"应付票据"等项目，贷记"应收账款"、"应收票据"等项目；最后，将本期期末对内部应收款项确认的资产减值损失及相应的坏账准备予以抵销，即个别资产负债表中本期期末对内部应收款项确认的资产减值损失额，借记"坏账准备"等项目，贷记"资产减值损失"项目。

二、连续编制合并财务报表时内部债权债务及坏账准备的合并处理

为便于读者了解连续编制合并财务报表时内部债权债务及坏账准备的具体合并处理方法，以下举例对其进行说明。

例9-3： 接例9-2。甲公司为A公司的母公司，甲公司已将A公司纳入其

合并财务报表合并范围。甲公司和 A 公司本期应收应付款项及其确认的坏账损失和计提的坏账准备相关数据见表 9-2。甲公司本期个别资产负债表应收账款中有应收 A 公司账款 600 万元，期末应收账款相关的坏账准备余额为 20 万元，该 20 万元系上期计提的坏账准备 20 万元结转到本期；应收 A 公司票据 400 万元，期末该应收票据相关的坏账准备为 10 万元，该 10 万元系上期计提坏账准备 10 万元结转到本期。本期对上述内部应收账款和应收票据均未计提坏账准备。

甲公司编制合并财务报表时，应进行如下抵销处理：

（1）根据上期编制合并财务报表时抵销的内部应收款项确认的资产减值损失的金额，调整期初未分配利润。

本例中，甲公司上期对内部应收款项计提坏账准备 30 万元。在编制上年合并财务报表时，随着上期甲公司确认的资产减值损失 30 万元的抵销，在其他情况不变的情况下，上期期末未分配利润增加 30 万元，进而导致本期期初未分配利润相对增加 30 万元。由于上期确认的资产减值损失而计提的坏账准备 30 万元结转到本期，在编制本期合并财务报表时，相应的 30 万元坏账准备予以抵销，并调整期初未分配利润。

借：坏账准备（应收账款） 20 ①
　　坏账准备（应收票据） 10
　　贷：未分配利润（期初） 30

（2）根据本期期末内部应收应付款项的金额，将内部应收账款与内部应付账款、内部应收票据与内部应付票据相互抵销。

借：应付账款 600 ②
　　贷：应收账款 600
借：应付票据 400
　　贷：应收票据 400

根据上述抵销分录，编制本年合并工作底稿（局部）如表 9-2 所示。

表 9-2　　　　　　　　　　　合并工作底稿（局部）

单位：万元

项目	甲公司	A公司	合计	调整分录		抵销分录		少数股东权益	合并数
				借方	贷方	借方	贷方		
资产负债表项目									
……									
应收账款	600		600				600②		0
坏账准备	20		20			20①			0
应收账款净额	580		580			<u>20</u>	<u>600</u>		0

续表

项目	甲公司	A公司	合计	调整分录借方	调整分录贷方	抵销分录借方	抵销分录贷方	少数股东权益	合并数
应收票据	400		400				400②		0
坏账准备	10		10			10①			0
应收票据净额	390		390			10	400		0
……									
应付账款		600	600			600②			0
应付票据		400	400			400②			0
……									
利润表项目									
……									
资产减值损失									
……									
营业利润									
……									
净利润									
股东权益变动表项目									
未分配利润（期初）	-30		-30				30①		0
……									
未分配利润（期末）	-30		-30				30		0

例9-4：接例9-2。甲公司为A公司的母公司，甲公司已将A公司纳入其合并财务报表合并范围。甲公司和A公司本期应收应付款项及其确认的坏账损失和计提的坏账准备相关数据见表9-3。甲公司本期个别资产负债表应收账款中有应收A公司账款800万元，与该应收账款相关的坏账准备余额为65万元，该65万元系由上期计提的坏账准备结转到本期的20万元和本期对内部应账款补提的坏账准备45万元组成；应收A公司票据900万元，该应收票据相关的坏账准备为25万元，该25万元系由上期计提坏账准备结转到本期的10万元和本期对内部应收票据补提的坏账准备15万元组成。

甲公司在合并工作底稿中应进行如下抵销处理：

（1）根据上期编制合并财务报表时抵销的内部应收款项确认的资产减值损失的金额，调整期初未分配利润。

  借：坏账准备（应收账款）   20   ①
    坏账准备（应收票据）   10

贷：未分配利润（期初）　　　　　　　　　　　　　　　30

（2）根据本期期末内部应收应付款项的金额，将内部应收账款与内部应付账款、内部应收票据与内部应付票据相互抵销。

借：应付账款　　　　　　　　　　　　　　　　800　　　②
　　贷：应收账款　　　　　　　　　　　　　　　　　800
借：应付票据　　　　　　　　　　　　　　　　900
　　贷：应收票据　　　　　　　　　　　　　　　　　900

（3）根据本期对内部应收款项确认的坏账损失，将本期内部应收款项增加计提的坏账准备与资产减值损失予以抵销。

借：坏账准备（应收账款）　　　　　　　　　　45　　　③
　　坏账准备（应收票据）　　　　　　　　　　15
　　贷：资产减值损失　　　　　　　　　　　　　　　60

根据上述抵销分录，编制本年合并工作底稿（局部）如表 9-3 所示。

表 9-3　　　　　　　　　　合并工作底稿（局部）

单位：万元

项目	甲公司	A公司	合计	调整分录 借方	调整分录 贷方	抵销分录 借方	抵销分录 贷方	少数股东权益	合并数
资产负债表项目 ……									
应收账款	800		800				800②		0
坏账准备	65		65			20① 45③			0
应收账款净额	735		735			65	800		0
应收票据	900		900				900②		0
坏账准备	25		25			10① 15③			0
应收票据净额	875		875			25	900		0
……									
应付账款		600	600			800②			0
应付票据		400	400			900②			0
……									
利润表项目 ……									
资产减值损失	60		60				60③		0
……									

续表

项目	甲公司	A公司	合计	调整分录 借方	调整分录 贷方	抵销分录 借方	抵销分录 贷方	少数股东权益	合并数
营业利润	-60		-60				60		0
……									
净利润	-60		-60				60		0
股东权益变动表项目									
未分配利润（期初）	-30		-30				30①		0
……									
未分配利润（期末）	-90		-90				90		0

例 9-5：接例 9-2。甲公司为 A 公司的母公司，甲公司已将 A 公司纳入其合并财务报表合并范围。甲公司和 A 公司本期应收应付款项及其确认的坏账损失和计提的坏账准备相关数据见表 9-4。甲公司本期个别资产负债表应收账款中有应收 A 公司账款 550 万元，期末与该应收账款相关的坏账准备余额为 12 万元，该 12 万元系从上期计提的坏账准备结转到本期的 20 万元，减去本期对内部应收账款冲销的坏账准备 8 万元计算得出的；应收 A 公司票据 380 万元，期末与该应收票据相关的坏账准备余额为 6 万元，该 6 万元系从上期计提的坏账准备结转到本期的 10 万元，减去本期对内部应收票据冲销的坏账准备 4 万元计算得出的。

甲公司在合并工作底稿中应进行如下抵销处理：

（1）根据上期编制合并财务报表时抵销的内部应收款项确认的资产减值损失的金额，调整期初未分配利润。

  借：坏账准备（应收账款）   20   ①
    坏账准备（应收票据）   10
   贷：未分配利润（期初）   30

（2）根据本期期末内部应收应付款项的金额，将内部应收账款与内部应付账款、内部应收票据与内部应付票据相互抵销。

  借：应付账款   550   ②
   贷：应收账款   550
  借：应付票据   380
   贷：应收票据   380

（3）抵销本期内部应收款项增加计提的坏账准备与资产减值损失。

  借：资产减值损失   12   ③
   贷：坏账准备（应收账款）   8
     坏账准备（应收票据）   4

根据上述抵销分录,编制本年合并工作底稿(局部)如表9-4所示。

表9-4　　　　　　　　　　　合并工作底稿(局部)

单位:万元

项目	甲公司	A公司	合计	调整分录 借方	调整分录 贷方	抵销分录 借方	抵销分录 贷方	少数股东权益	合并数
资产负债表项目									
……									
应收账款	550		550				550②		0
坏账准备	12		12			20①	8③		0
应收账款净额	538		538			20	558		0
应收票据	380		380				380②		0
坏账准备	6		6			10①	4③		0
应收票据净额	374		374			10	384		0
……									
应付账款		550	550			550②			0
应付票据		380	380			380②			0
……									
利润表项目									
……									
资产减值损失	-12		-12			12③			0
……									
营业利润	12		12			12			0
净利润	12		12			12			0
股东权益变动表项目									
未分配利润(期初)	-30		-30				30①		0
……									
未分配利润(期末)	-18		-18			12	30		0

第三期编制合并财务报表时,与第二期编制合并财务报表的合并处理方法相同。首先,应根据第二期抵销的内部应收款项相关的坏账准备的金额,调整期初未分配利润,即根据第二期及以前各期编制合并财务报表时抵销的坏账准备对期初未分配利润的累计影响额,调整期初未分配利润。其次,根据内部应收款项和应付款项的金额,将内部债权与内部债务相互抵销。最后,则根据第三期期末内部应收款项当期确认的坏账准备的金额,将内部应收款项相关的资产减值损失和

坏账准备予以抵销。

　　编制合并财务报表进行抵销处理时，首先，根据第二期抵销的坏账准备的金额，借记"坏账准备"等项目，贷记"期初未分配利润"项目，将第二期及以前各期编制合并财务报表时抵销的坏账准备对第三期期初未分配利润的影响予以抵销，调整期初未分配利润的数额。其次，根据本期期末内部应收款项和应付款项的金额，借记"应付账款"、"应付票据"等项目，贷记"应收账款"、"应收票据"等项目，将内部应收款项与应付款项等内部债权债务相互抵销。最后，根据第三期期末内部应收款项确认的相关资产减值损失及计提坏账准备的金额，借记"坏账准备（或资产减值损失）"项目，贷记"资产减值损失（或坏账准备）"项目，将期末内部应收款项相关的坏账准备金额予以抵销。

第十章

内部交易债券的合并处理

企业集团出于内部资金管理的需要,成员企业相互之间可能发生资金借贷行为,从而形成集团内部成员企业相互之间的应收应付等内部往来项目,同时又涉及相关利息的计付和计收等利息费用和利息收入项目。特别是一些大型企业集团,通常都设立有自己的财务公司,甚至设立有自己的银行,向集团内的其他成员企业提供资金借贷。内部资金借贷行为包括内部公司债券交易和内部借款交易,这些交易相关的项目在编制合并财务报表时,均必须予以抵销。

内部公司债券交易,是指母公司与其子公司组成的企业集团中的成员企业一方发行公司债券,而另一成员企业购买持有其发行的公司债券的交易行为,其交易的公司债券成为内部交易债券。内部公司债券交易有两种情况,一种情况是集团内成员企业直接从发行公司债券成员企业取得公司债券;另一种情况则是成员企业从集团外的第三者手中取得集团成员企业发行的公司债券。以下首先介绍公司债券相关的会计处理,包括发行公司债券的会计处理和购买公司债券进行投资的会计处理;然后分别上述两种情况下,对其编制合并财务报表时的合并处理进行介绍。

第一节 公司债券发行与购买的会计处理

一、发行公司债券的核算

(一)公司债券的发行

企业发行一年期以上公司债券,按其发行方式的不同,分为面值发行、溢价发行和折价发行。溢价发行和折价发行的原因,是由于公司债券票面利率与发行时市场利率之间不一致造成的,当公司债券票面利率高于发行时市场实际利率时,则出现溢价发行;而当公司债券的票面利率低于发行时市场实际利率时,则出现折价发行。溢价是对企业因发行公司债券票面利率高于市场利率而在未来需多支付利息的预先补偿;而折价则是对企业因发行公司债券的票面利率低于市场利率在未来少支付利息而对债券持有人预先补偿。溢价和折价实质上是发行债券企业在债券存续期间对实际利息费用的一种调整。

企业发行公司债券时,按发行公司债券实际收到款项的金额,借记"银行存款"科目,按面值的金额,贷记"应付债券——面值"科目。在溢价发行公司债券的情况下,还应按实际收到款项的金额与公司债券票面金额之间的差额,贷记"应付债券——利息调整"科目;而在折价发行的情况下,则按实际收到款项的金额与公司债券的票面金额之间的差额,借记"应付债券——利息调整"科目。

(二) 利息的计算及利息调整的摊销

1. 到期一次还本付息公司债券

对于到期一次还本付息的公司债券,在资产负债表日,企业应根据发行公司债券所取得的资金的使用对象等情况,按应付债券的摊余成本和实际利率计算确定的债券利息费用,借记"在建工程"科目、"制造费用"科目或"财务费用"科目,按债券票面利率计算的应付利息,贷记"应付债券——应计利息"科目,按其差额,贷记或借记"应付债券——利息调整"科目。

2. 分期付息到期一次还本公司债券

对于分期付息到期一次还本的公司债券,在资产负债表日,企业应根据发行公司债券所取得的资金的使用对象等情况,按应付债券的摊余成本和实际利率计算确定的债券利息费用,借记"在建工程"科目、"制造费用"科目或"财务费用"科目,按债券票面利率计算的应付利息,贷记"应付利息"科目,按其差额,贷记或借记"应付债券——利息调整"科目。

在向公司债券持有者支付利息时,按实际支付的利息金额,借记"应付利息"科目,贷记"银行存款"科目。

(三) 公司债券的偿还

1. 到期一次还本付息公司债券

对于到期一次还本付息的公司债券,企业应当在债券到期支付债券本息时,借记"应付债券——面值"科目、"应付债券——应计利息"科目,贷记"银行存款"科目。

2. 分期付息到期一次还本公司债券

对于分期付息到期一次还本的公司债券,企业应当债券到期并支付最后一期利息时,借记"应付债券——面值"科目、按本期计算确定的利息费用,借记

"在建工程"或"财务费用"科目,按偿还的本金和最后一期应付利息的金额,贷记"银行存款"科目,按其差额,贷记或借记"应付债券——利息调整"科目。

(四) 在财务报表中的列示

企业在持有应付债券的期间,其发行在外的公司债券按照"应付债券"科目期末账面余额,在资产负债表非流动负债中以"应付债券"项目列示。对于到期一次还本付息的公司债券,其在资产负债表中"应付债券"所列示的金额,包括应付债券的面值、累计应计利息以及到本资产负债表日尚未摊销的利息调整的金额。对于分期付息到期一次还本的公司债券,其在资产负债表中"应付债券"项目所列示的金额,则包括公司债券面值、到本资产负债表日尚未摊销的利息调整的金额。

企业发行公司债券当期发生的利息费用,根据其用途的不同,其会计处理也不同。当发行公司所取得的资金用于工程项目时,按借款费用资本化的要求,包括利息在内的借款费用则计入在建工程的建造成本,在资产负债表中反映在"在建工程"项目之中;当用于企业日常经营活动时,则计入当期损益,在利润表中反映在"财务费用"项目之中。

二、购买持有公司债券的核算

(一) 投资取得及持有其他企业公司债券的核算

企业购买其他企业发行的公司债券,根据其投资意向,一般情况是将其作为持有至到期投资核算,也可以作为交易性金融资产核算。如果将其划分为持有至到期投资,相关的会计核算如下:

企业取得持有至到期投资时,应当按照该投资的面值,借记"持有至到期投资——成本"科目,按支付的价款中包含的已到付息期但尚未领取的利息,借记"应收利息"科目,按实际支付的价款,贷记"银行存款"科目,按其差额,借记或贷记"持有至到期投资——利息调整"科目。

在资产负债表日,应当区分持有至到期投资中的公司债券是到期一次还本付息的债券投资,还是分期付息到期一次还本的债券投资进行核算。对于到期一次还本付息的债券投资,应当按照票面利率计算确定的应收利息的金额,借记"持有至到期投资——应计利息"科目,按持有至到期投资的摊余成本和实际利率计算确定的本期利息收益,贷记"投资收益"科目,按其差额,借记或贷记"持有至到期投资——利息调整"科目。

对于分期付息到期一次还本的债券投资，则按照票面利率计算确定的应收未收利息的金额，借记"应收利息"科目，按持有至到期投资摊余成本和实际利率计算确定的利息收入，贷记"投资收益"科目，按其差额，借记或贷记"持有至到期投资——利息调整"科目。

出售持有至到期投资时，按实际收到的金额，借记"银行存款"科目，按其账面余额，贷记"持有至到期投资——成本"科目、"持有至到期投资——利息调整"科目以及"持有至到期投资——应计利息"科目，按其差额，贷记或借记"投资收益"科目。对于已计提减值准备的持有至到期投资，还应当同时将其计提的减值准备予以转销。

（二）持有其他企业发行的公司债券在财务报表中的列示

企业在投资取得其他企业发行的公司债券后的期间，在其个别资产负债表中，按其期末账面余额在非流动资产中以"持有至到期投资"项目列示。对于因持有至到期投资取得的利息收入，则作为本期投资收益在其个别利润表中以"投资收益"项目列示。如果持有至到期投资本期发生减值，并计提减值准备，本期计提的资产减值准备的金额，则作"持有至到期投资"项目的减少列示，因计提资产减值准备而形成本期资产减值损失，则反映在本期利润表"资产减值损失"项目之中。

第二节 成员企业直接取得其他成员企业发行的公司债券的合并处理

在企业集团内成员企业直接向其他成员企业发行公司债券的情况下，如上所述，发行公司债券的企业在其个别财务报表中反映其发行公司债券及其对财务状况的影响；而购买持有公司债券的企业则在其个别财务报表中反映其购买持有公司债券及其对财务状况的影响。但从整个企业集团的情况来看，则相当于购买公司债券的企业将资金借贷给发行公司债券企业使用，属于集团内部的资金周转。在编制合并财务报表时，必须将发行公司债券和购买持有该公司债券相关项目的金额予以抵销。

一、公司债券内部交易当期的合并处理

如上所述，从发行公司债券的企业来说，当期期末按照公司债券的面值和票面利率计算应计利息，对债券的溢价或折价进行摊销，计算确定当期实际利息费

用,根据其发行债券取得资金的用途,分别计入当期财务费用或在建工程的建造成本。如果计入财务费用则反映在本期利润表"财务费用"项目中;如果计入在建工程的建造成本,则反映在本期资产负债表"在建工程"项目之中。对于分期付息到期一次还本的公司债券,其应计利息作为"应付利息"确认并反映于其当期资产负债表"应付利息"项目中;而对于到期一次还本付息的公司债券,则当期计算的应计利息计入应付债券的账面价值,反映于资产负债表"应付债券"项目之中。根据现行企业会计准则,资产负债表中列示的应付债券的账面价值,包括发行债券的面值,由发行溢价和折价形成的利息调整;对于发行的到期一次还本付息的债券还包括自发行之日至当期期末应计利息的金额。

从购买持有该公司债券的企业来说,当期期末根据持有的公司债券面值和票面利率计算应收利息,对购买取得公司债券时发生的溢价或折价进行摊销,计算确定当期投资收益,并将其反映在当期利润表"投资收益"项目之中;同时,根据当期摊销的公司债券溢价或折价,调整"持有至到期投资——利息调整"的金额,并在期末将购买持有的公司债券以摊余成本反映于其资产负债表"持有至到期投资"项目之中。这一摊余成本既包括持有公司债券的面值,也包括由溢价或折价尚未摊销的余额;对于到期一次还本付息的公司债券还包括按面值和票面利率计算确定的应计利息。

在编制合并财务报表时,对于内部交易应付债券,首先,应当将应付债券与持有至到期投资予以抵销;其次,对于分期付息到期一次还本的公司债券,应将应付利息与应收利息予以抵销;最后,将当期因该公司债券确认的利息费用与因持有该公司债券而确认的投资收益予以抵销。

例 10 -1: A 公司和 B 公司均为甲公司的全资子公司,并均纳入甲公司合并财务报表的合并范围。A 公司 20×1 年 1 月 1 日经批准发行公司债券,该公司债券面值总额为 60 000 000 元。该公司债券系 5 年期,分期付息到期一次还本债券,票面年利率为 6%,债券利息于每年 12 月 31 日支付。A 公司该公司债券实际发行价格为 62 596 200 元。A 公司发行该债券时的市场利率为 5%。

B 公司 20×1 年 1 月 1 日,以 62 596 200 元的价格,购买 A 公司发行的全部公司债券,并作为持有至到期投资核算。

假定不考虑发行该公司债券相关的发行费用,该公司债券发行价格计算如下:

$$\text{公司债券发行价格} = 60\,000\,000 \times (P/S, 5\%, 5) + 60\,000\,000 \times 6\% \times (P/A, 5\%, 5)$$

$$= 60\,000\,000 \times 0.7835 + 60\,000\,000 \times 6\% \times 4.3295$$

$$= 62\,596\,200 \text{(元)}$$

(1) A 公司采用实际利率法计算确定的应付债券利息费用及摊余成本计算表、应付债券账面余额及财务费用计算表如表 10-1、表 10-2 所示。

表 10-1　　　　　A 公司应付债券利息费用及摊余成本计算表

单位：元

日期	现金流出 A	实际利息费用 b = 期初 d × 5%	已偿还的本金 c = a − b	摊余成本余额 d = 期初 d − c
20×1 年 1 月 1 日				62 596 200
20×1 年 12 月 31 日	3 600 000	3 129 810	470 190	62 126 010
20×2 年 12 月 31 日	3 600 000	3 106 300	493 700	61 632 310
20×3 年 12 月 31 日	3 600 000	3 081 615	518 385	61 113 925
20×4 年 12 月 31 日	3 600 000	3 055 696	544 304	60 569 621
20×5 年 12 月 31 日	3 600 000	3 030 379 *	569 621	60 000 000
小计	18 000 000	15 403 800	2 596 200	
20×5 年 12 月 31 日（偿付后）	60 000 000	0	60 000 000	
合计	78 000 000	15 403 800	62 596 200	

*尾数调整：60 000 000 + 3 600 000 − 60 569 621 = 3 030 379

表 10-2　　　　　A 公司应付债券账面余额及财务费用计算表

单位：元

日期	应付债券			财务费用		
	面值	利息调整	账面价值	应付利息	利息调整	财务费用
20×1 年 1 月 1 日	60 000 000	2 596 200	62 596 200			
20×1 年 12 月 31 日	60 000 000	2 126 010	62 126 010	3 600 000	−470 190	3 129 810
20×2 年 12 月 31 日	60 000 000	1 632 310	61 632 310	3 600 000	−493 700	3 106 300
20×3 年 12 月 31 日	60 000 000	1 113 925	61 113 925	3 600 000	−518 385	3 081 615
20×4 年 12 月 31 日	60 000 000	569 621	60 569 621	3 600 000	−544 304	3 055 696
20×5 年 12 月 31 日	60 000 000	0	60 000 000	3 600 000	−569 621	3 030 379
合计				18 000 000	−2 596 200	15 403 800
20×5 年 12 月 31 日（偿付后）	0	0	0	0	0	3 030 379

（2）B 公司采用实际利率法计算确定的该持有至到期投资的投资收益及摊余成本计算表、持有至到期投资账面余额及投资收益计算表如表 10-3、表 10-4 所示。

表 10 – 3　　　　B 公司持有至到期投资的投资收益及摊余成本计算表

单位：元

日期	现金流入 A	实际投资收益 b = 期初 d × 5%	利息调整摊销金额 c = a − b	摊余成本余额 d = 期初 d − c
20×1 年 1 月 1 日				62 596 200
20×1 年 12 月 31 日	3 600 000	3 129 810	470 190	62 126 010
20×2 年 12 月 31 日	3 600 000	3 106 300	493 700	61 632 310
20×3 年 12 月 31 日	3 600 000	3 081 615	518 385	61 113 925
20×4 年 12 月 31 日	3 600 000	3 055 696	544 304	60 569 621
20×5 年 12 月 31 日	3 600 000	3 030 379 *	569 621	60 000 000
小计	18 000 000	15 403 800	2 596 200	
20×5 年 12 月 31 日（偿付后）	0		60 000 000	
合计	18 000 000	15 403 800	62 596 200	

*尾数调整：60 000 000 + 3 600 000 − 60 569 621 = 3 030 379

表 10 – 4　　　　B 公司持有至到期投资账面余额及投资收益计算表

单位：元

日期	持有至到期投资			投资收益		
	面值	利息调整	账面价值	应收利息	利息调整	投资收益
20×1 年 1 月 1 日	60 000 000	2 596 200	62 596 200			
20×1 年 12 月 31 日	60 000 000	2 126 010	62 126 010	3 600 000	−470 190	3 129 810
20×2 年 12 月 31 日	60 000 000	1 632 310	61 632 310	3 600 000	−493 700	3 106 300
20×3 年 12 月 31 日	60 000 000	1 113 925	61 113 925	3 600 000	−518 385	3 081 615
20×4 年 12 月 31 日	60 000 000	569 621	60 569 621	3 600 000	−544 304	3 055 696
20×5 年 12 月 31 日	60 000 000	0	60 000 000	3 600 000	−569 621	3 030 379
合计				18 000 000	−2 596 200	15 403 800
20×5 年 12 月 31 日（偿付后）	0	0	0	0	0	3 030 379

（3）A 公司和 B 公司 20×1 年度财务报表应付债券、持有至到期投资相关项目数据见合并工作底稿。根据上述资料，编制 A 公司和 B 公司应付债券与持有至到期投资相关的合并抵销分录如下：

①将本期应付债券与持有至到期投资相互抵销。

借：应付债券　　　　　　　　　　　　　　　　62 126 010　　　　①
　　贷：持有至到期投资　　　　　　　　　　　　　　62 126 010

②将本期内部公司债券相关的应收利息与应付利息相互抵销。

借：应付利息　　　　　　　　　　　　　　　　　3 600 000　　　　②
　　贷：应收利息　　　　　　　　　　　　　　　　　3 600 000

③将本期内部公司债券相关的投资收益与财务费用相互抵销。

借：投资收益　　　　　　　　　　　　　　　　　3 129 810　　　　③
　　贷：财务费用　　　　　　　　　　　　　　　　　3 129 810

根据上述合并抵销处理分录，编制 A 公司和 B 公司 20×1 年合并工作底稿（局部）如表 10-5 所示。

表 10-5　　　　　　　　　　合并工作底稿（局部）
20×1 年度　　　　　　　　　　　　　　　　　　单位：元

项目	A公司	B公司	合计	抵销分录 借方	抵销分录 贷方	少数股东权益	合并数
资产负债表项目							
……							
应收利息		3 600 000	3 600 000		3 600 000②		0
……							
持有至到期投资		62 126 010	62 126 010		62 126 010①		0
……							
应付利息	3 600 000		3 600 000	3 600 000②			0
……							
应付债券	62 126 010		62 126 010	62 126 010①			0
……							
利润表项目							
营业收入							
……							
财务费用	3 129 810		3 129 810		3 129 810③		0
……							
投资收益		3 129 810	3 129 810	3 129 810③			0
……							
净利润	3 129 810	-3 129 810	0	3 129 810	3 129 810		0
股东权益变动表项目							
未分配利润（年初）	0	0	0				0
……							
未分配利润（年末）	3 129 810	-3 129 810	0	3 129 810	3 129 810		0

例 10 – 2：C 公司和 D 公司均为甲公司的全资子公司，均纳入甲公司合并财务报表的合并范围。C 公司 20×1 年 1 月 1 日经批准发行公司债券，该公司债券面值总额为 60 000 000 元。该公司债券系 5 年期，到期一次还本付息的债券（即 20×5 年 12 月 31 日一次性偿付本金和利息），票面年利率为 6%。C 公司该公司债券实际发行价格为 61 113 000 元。A 公司发行该债券时的市场利率为 5%。

D 公司 20×1 年 1 月 1 日，以 61 113 000 元的价格，购买 C 公司发行的全部公司债券，并作为持有至到期投资核算。

假定不考虑发行该公司债券相关的发行费用。该公司债券发行价格计算如下：

$$\text{公司债券发行价格} = 60\,000\,000 \times (P/S, 5\%, 5) + 60\,000\,000 \times 6\% \times 5 \times (P/S, 5\%, 5)$$
$$= 60\,000\,000 \times 0.7835 + 60\,000\,000 \times 6\% \times 5 \times 0.7835$$
$$= 61\,113\,000 \text{（元）}$$

（1）C 公司采用实际利率法计算确定的应付债券利息费用及摊余成本计算表、应付债券账面余额及财务费用计算表如表 10 – 6、表 10 – 7 所示。

表 10 – 6　　　　C 公司应付债券利息费用及摊余成本计算表

单位：元

日期	实际利息费用 a = 期初 a×5%	应计利息金额 b = 面值×6%	利息调整摊销金额 c = b − a	摊余成本余额 d = 期初 d + b − c
20×1 年 1 月 1 日				61 113 000
20×1 年 12 月 31 日	3 055 650	3 600 000	544 350	64 168 650
20×2 年 12 月 31 日	3 208 432	3 600 000	391 568	67 377 082
20×3 年 12 月 31 日	3 368 854	3 600 000	231 146	70 745 936
20×4 年 12 月 31 日	3 537 297	3 600 000	62 703	74 283 233
20×5 年 12 月 31 日	3 716 767 *	3 600 000	− 116 767 *	78 000 000
合计		18 000 000	1 113 000	

* 尾数调整： − 116 767 = 1 113 000 − (544 350 + 391 568 + 231 146 + 62 703)
　　　　　　3 716 767 = 3 600 000 − (− 116 767)

表 10 – 7　　　　C 公司应付债券账面余额及财务费用计算表

单位：元

日期	应付债券				财务费用		
	面值	应计利息	利息调整	账面价值	应付利息	利息调整	财务费用
20×1 年 1 月 1 日	60 000 000		1 113 000	61 113 000			
20×1 年 12 月 31 日	60 000 000	3 600 000	568 650	64 168 650	3 600 000	544 350	3 055 650
20×2 年 12 月 31 日	60 000 000	7 200 000	177 082	67 377 082	3 600 000	391 568	3 208 432

续表

日期	应付债券				财务费用		
	面值	应计利息	利息调整	账面价值	应付利息	利息调整	财务费用
20×3年12月31日	60 000 000	10 800 000	-54 064	70 745 936	3 600 000	231 146	3 368 854
20×4年12月31日	60 000 000	14 400 000	-116 767	74 283 233	3 600 000	62 703	3 537 297
20×5年12月31日	60 000 000	18 000 000	0	78 000 000	3 600 000	-116 767	3 716 767
合计					18 000 000	1 113 000	16 887 000
20×5年12月31日（偿付后）	0	0	0	0	0	0	3 716 767

（2）D公司采用实际利率法计算确定的持有至到期投资的投资收益及摊余成本计算表、持有至到期投资账面余额及投资收益计算表如表10-8、表10-9所示。

表10-8　　D公司持有至到期投资的投资收益及摊余成本计算表

单位：元

日期	实际投资收益 a=期初 a×5%	应计利息金额 b=面值×6%	利息调整摊销金额 c=b-a	摊余成本余额 d=期初 d+b-c
20×1年1月1日				61 113 000
20×1年12月31日	3 055 650	3 600 000	544 350	64 168 650
20×2年12月31日	3 208 432	3 600 000	391 568	67 377 082
20×3年12月31日	3 368 854	3 600 000	231 146	70 745 936
20×4年12月31日	3 537 297	3 600 000	62 703	74 283 233
20×5年12月31日	3 716 767 *	3 600 000	-116 767 *	78 000 000
合计		18 000 000	1 113 000	

*尾数调整：-116 767 = 1 113 000 - (544 350 + 391 568 + 231 146 + 62 703)
　　　　　3 716 767 = 3 600 000 - (-116 767)

表10-9　　D公司持有至到期投资账面余额及投资收益计算表

单位：元

日期	持有至到期投资				投资收益		
	面值	应计利息	利息调整	账面价值	应收利息	利息调整	投资收益
20×1年1月1日	60 000 000		1 113 000	61 113 000			
20×1年12月31日	60 000 000	3 600 000	568 650	64 168 650	3 600 000	544 350	3 055 650
20×2年12月31日	60 000 000	7 200 000	177 082	67 377 082	3 600 000	391 568	3 208 432
20×3年12月31日	60 000 000	10 800 000	-54 064	70 745 936	3 600 000	231 146	3 368 854
20×4年12月31日	60 000 000	14 400 000	-116 767	74 283 233	3 600 000	62 703	3 537 297

第十章　内部交易债券的合并处理

续表

日期	持有至到期投资				投资收益		
	面值	应计利息	利息调整	账面价值	应收利息	利息调整	投资收益
20×5 年 12 月 31 日	60 000 000	18 000 000	0	78 000 000	3 600 000	−116 767	3 716 767
合计					18 000 000	1 113 000	16 887 000
20×5 年 12 月 31 日（偿付后）	0			0	0	0	3 716 767

（3）C 公司和 D 公司 20×1 年度财务报表应付债券、持有至到期投资相关项目数据见合并工作底稿。

根据上述资料，编制 C 公司和 D 公司应付债券与持有至到期投资相关的合并抵销分录如下：

①将本期应付债券与持有至到期投资相互抵销。

借：应付债券　　　　　　　　　　　　　　　　　64 168 650　　①
　　贷：持有至到期投资　　　　　　　　　　　　　　　64 168 650

②将本期内部公司债券相关的投资收益与财务费用相互抵销。

借：投资收益　　　　　　　　　　　　　　　　　3 055 650　　②
　　贷：财务费用　　　　　　　　　　　　　　　　　　3 055 650

根据上述合并抵销处理分录，可以编制 C 公司和 D 公司 20×1 年合并工作底稿（局部）如表 10–10 所示。

表 10–10　　　　　　　　　合并工作底稿（局部）

20×1 年度　　　　　　　　　　　　　　　　　　单位：元

| 项　目 | C 公司 | D 公司 | 合计 | 抵销分录 | | 少数股东权益 | 合并数 |
				借方	贷方		
资产负债表项目							
……							
持有至到期投资		64 168 650	64 168 650		64 168 650①		0
……							
应付债券	64 168 650		64 168 650	64 168 650①			0
……							
利润表项目							
营业收入							
……							
财务费用	3 055 650		3 055 650		3 055 650②		0
……							

续表

项 目	C公司	D公司	合计	抵销分录 借方	抵销分录 贷方	少数股东权益	合并数
投资收益		3 055 650	3 055 650	3 055 650②			0
……							
净利润	−3 055 650	3 055 650	0	3 055 650	3 055 650		0
股东权益变动表项目							
未分配利润（年初）	0	0	0				0
……							
未分配利润（年末）	−3 055 650	3 055 650	0	3 055 650	3 055 650		0

二、公司债券内部交易以后期间的合并处理

在公司债券内部交易以后的会计期间，发行企业发行在外的公司债券仍被购买企业持有。对于发行公司债券的企业来说，在公司债券发行以后的会计期间，期末均须按债券面值和票面利率计算应付利息，并对公司债券相关的溢价或折价进行摊销，计算确定本期实际利息费用，或反映于利润表"财务费用"项目中，或反映于其资产负债表"在建工程"等项目之中；本期期末应付债券的摊余成本则反映于其资产负债表"应付债券"项目中，其金额包括发行公司的债券的面值、到本期期末溢价或折价未摊销金额。对于到期一次还本付息的公司债券还包括自发行之日到本期期末累计应计利息的金额。

而对于购买公司债券的企业，在内部交易发生以后的会计期末，一方面应当根据持有公司债券的面值和票面利率计算应收利息，对公司债券相关的溢价或折价进行摊销，计算确定当期投资收益，并将其反映于本期利润表"投资收益"项目之中；另一方面，计算确定持有的公司债券的摊余成本，并将其列示于其资产负债表"持有至到期投资"项目之中，其金额包括持有的公司债券的面值、到本期期末溢价或折价尚未摊销的金额。对于到期一次还本付息的公司债券还包括自发行之日到本期期末累计应计利息的金额。

对以前期间发生的内部交易公司债券，发行该公司债券的企业，在以前期间因发行该公司债券计算确认的财务费用，在其个别财务报表中作为未分配利润减少的一个因素递延至本期期初，成为本期期初未分配利润减少的一部分；而购买取得公司债券的企业因持有该内部交易公司债券在以前期间计算确认的投资收益，在个别财务报表中作为利润总额和未分配利润的一部分也递延至本期期初，成为本期期初未分配利润的一部分。因此，在发生公司债券内部交易以后的会计期间编制合并财务报表时，首先，应根据以前年度累计抵销的财务费用和投资收

益的金额，调整期初未分配利润的金额；其次，应将应付债券与持有至到期投资予以抵销；再次，对于分期付息到期一次还本的公司债券，还应当将应付利息与应收利息项目的金额予以抵销；最后，将当期因该内部交易公司债券确认的利息费用与持有至到期投资因持有该公司债券而确认的投资收益予以抵销。

例 10 – 3：接例 10 – 1。A 公司和 B 公司 20×2 年度财务报表应付债券、持有至到期投资相关项目数据见合并工作底稿。该公司债券系 5 年期，分期付息到期一次还本的债券，票面年利率为 6%，债券利息为每年 12 月 31 日支付。

根据上述资料，编制 A 公司和 B 公司应付债券与持有至到期投资相关的合并抵销分录如下：

（1）将上一年度（20×1 年度）投资收益与财务费用的抵销对本年年初未分配利润的影响予以抵销，调整本年年初未分配利润。

  借：未分配利润（年初）   3 129 810 ①
    贷：未分配利润（年初）   3 129 810

（2）将本期应付债券与持有至到期投资相互抵销。

  借：应付债券   61 632 310 ②
    贷：持有至到期投资   61 632 310

（3）将本期内部公司债券相关的应收利息与应付利息相互抵销。

  借：应付利息   3 600 000 ③
    贷：应收利息   3 600 000

（4）将本期内部公司债券相关的投资收益与财务费用相互抵销。

  借：投资收益   3 106 300 ④
    贷：财务费用   3 106 300

根据上述合并抵销处理分录，编制 A 公司和 B 公司 20×2 年合并工作底稿（局部）如表 10 – 11 所示。

表 10 – 11   合并工作底稿（局部）
20×2 年度   单位：元

项　目	A 公司	B 公司	合计	抵销分录 借方	抵销分录 贷方	少数股东权益	合并数
资产负债表项目							
……							
应收利息	3 600 000	3 600 000			3 600 000③		0
……							
持有至到期投资	61 632 310	61 632 310			61 632 310②		0
……							

续表

项目	A公司	B公司	合计	抵销分录 借方	抵销分录 贷方	少数股东权益	合并数
应付利息	3 600 000		3 600 000	3 600 000③			0
……							
应付债券	61 632 310		61 632 310	61 632 310②			0
……							
利润表项目							
营业收入							
……							
财务费用	3 106 300		3 106 300		3 106 300④		0
……							
投资收益		3 106 300	3 106 300	3 106 300④			0
……							
净利润	−3 106 300	3 106 300		3 106 300	3 106 300		0
股东权益变动表项目							
未分配利润（年初）	−3 129 810	3 129 810	0	3 129 810①	3 129 810①		0
……							
未分配利润（年末）	−6 236 110	6 236 110	0	6 236 110	6 236 110		0

A 公司和 B 公司 20×3 年度财务报表应付债券、持有至到期投资相关项目数据见合并工作底稿。根据上述资料，编制 A 公司和 B 公司应付债券与持有至到期投资相关的合并抵销分录如下：

（1）将以前年度（20×1 年度和 20×2 年度）投资收益与财务费用的抵销对本年年初未分配利润的累计影响予以抵销，调整本年年初未分配利润。

借：未分配利润（年初）　　　　　　　　　　　6 236 110　　　①
　　贷：未分配利润（年初）　　　　　　　　　　　6 236 110

（2）将本年应付债券与持有至到期投资相互抵销。

借：应付债券　　　　　　　　　　　　　　　61 113 925　　　②
　　贷：持有至到期投资　　　　　　　　　　　　61 113 925

（3）将本年内部公司债券相关的应收利息与应付利息相互抵销。

借：应付利息　　　　　　　　　　　　　　　3 600 000　　　③
　　贷：应收利息　　　　　　　　　　　　　　　3 600 000

（4）将本年内部公司债券相关的投资收益与财务费用相互抵销。

借：投资收益　　　　　　　　　　　　　　　3 081 615　　　④
　　贷：财务费用　　　　　　　　　　　　　　　3 081 615

根据上述合并抵销处理分录，编制 A 公司和 B 公司 20×3 年合并工作底稿（局部）如表 10-12 所示。

表 10-12　　　　　　　　　　　合并工作底稿（局部）

20×3 年度　　　　　　　　　　　　　　　　单位：元

项　　目	A 公司	B 公司	合计	抵销分录 借方	抵销分录 贷方	少数股东权益	合并数
资产负债表项目							
……							
应收利息		3 600 000	3 600 000		3 600 000③		0
……							
持有至到期投资		61 113 925	61 113 925		61 113 925②		0
……							
应付利息	3 600 000		3 600 000	3 600 000③			0
……							
应付债券	61 113 925		61 113 925	61 113 925②			0
……							
利润表项目							
营业收入							
……							
财务费用	3 081 615		3 081 615		3 081 615④		0
……							
投资收益		3 081 615	3 081 615	3 081 615④			0
……							
净利润	-3 081 615	3 081 615	0	3 081 615	3 081 615		0
股东权益变动表项目							
未分配利润（年初）	-6 236 110	6 236 110	0	6 236 110①	6 236 110①		0
……							
未分配利润（年末）	9 317 725	9 317 725	0	9 317 725	9 317 725		0

A 公司和 B 公司 20×4 年度财务报表应付债券、持有至到期投资相关项目数据见合并工作底稿。根据上述资料，编制 A 公司和 B 公司应付债券与持有至到期投资相关的合并抵销分录如下：

（1）将以前年度（20×1 年度、20×2 年度和 20×3 年度）投资收益与财务费用的抵销对本年年初未分配利润的累计影响予以抵销，调整本年年初未分配利润。

借：未分配利润（年初）　　　　　　　　　　　　　9 317 725　　　　①

贷：未分配利润（年初）　　　　　　　　　　　　　9 317 725

（2）将本年应付债券与持有至到期投资相互抵销。

借：应付债券　　　　　　　　　　　　　　　　　60 569 621　　　②

　　贷：持有至到期投资　　　　　　　　　　　　　　　60 569 621

（3）将本年内部公司债券相关的应收利息与应付利息相互抵销。

借：应付利息　　　　　　　　　　　　　　　　　3 600 000　　　③

　　贷：应收利息　　　　　　　　　　　　　　　　　3 600 000

（4）将本年内部公司债券相关的投资收益与财务费用相互抵销。

借：投资收益　　　　　　　　　　　　　　　　　3 055 696　　　④

　　贷：财务费用　　　　　　　　　　　　　　　　　3 055 696

根据上述合并抵销处理分录，编制 A 公司和 B 公司 20×4 年合并工作底稿（局部）如表 10-13 所示。

表 10-13　　　　　　　　　合并工作底稿（局部）

20×4 年度　　　　　　　　　　　　　　　　　　　　　单位：元

项　目	A 公司	B 公司	合计	抵销分录		少数股东权益	合并数
				借方	贷方		
资产负债表项目							
……							
应收利息		3 600 000	3 600 000		3 600 000③		0
……							
持有至到期投资		60 569 621	60 569 621		60 569 621②		0
……							
应付利息	3 600 000		3 600 000	3 600 000③			0
……							
应付债券	60 569 621		60 569 621	60 569 621②			0
……							
利润表项目							
营业收入							
……							
财务费用	3 055 696		3 055 696		3 055 696④		0
……							
投资收益		3 055 696	3 055 696	3 055 696④			0
……							
净利润	-3 055 696	3 055 696	0	3 055 696	3 055 696		0
股东权益变动表项目							

续表

项目	A公司	B公司	合计	抵销分录 借方	抵销分录 贷方	少数股东权益	合并数
未分配利润（年初）	-9 317 725	9 317 725	0	9 317 725①	9 317 725①		0
……							
未分配利润（年末）	-12 373 421	12 373 421	0	12 373 421	12 373 421		0

例 10-4：接例 10-2。C 公司和 D 公司 20×2 年度财务报表应付债券、持有至到期投资相关项目数据见合并工作底稿。该公司债券系 5 年期，到期一次还本付息的债券（即 20×5 年 12 月 31 日一次性偿付本金和利息），票面年利率为 6%。

根据上述资料，编制 C 公司和 D 公司应付债券与持有至到期投资相关的合并抵销分录如下：

（1）将上一年度（20×1 年度）投资收益与财务费用的抵销对本年年初未分配利润的影响予以抵销，调整本年年初未分配利润。

借：未分配利润（年初）　　　　　　　　　　3 055 650　　　①
　　贷：未分配利润（年初）　　　　　　　　　　　　3 055 650

（2）将本年应付债券与持有至到期投资相互抵销。

借：应付债券　　　　　　　　　　　　　　67 377 082　　　②
　　贷：持有至到期投资　　　　　　　　　　　　　67 377 082

（3）将本年内部公司债券相关的投资收益与财务费用相互抵销。

借：投资收益　　　　　　　　　　　　　　3 208 432　　　③
　　贷：财务费用　　　　　　　　　　　　　　　　3 208 432

根据上述合并抵销处理分录，可以编制 C 公司和 D 公司 20×2 年合并工作底稿（局部）如表 10-14 所示。

表 10-14　　　　　　　　合并工作底稿（局部）
20×2 年度　　　　　　　　　　　　　　单位：元

项目	C公司	D公司	合计	抵销分录 借方	抵销分录 贷方	少数股东权益	合并数
资产负债表项目							
……							
持有至到期投资		67 377 082	67 377 082		67 377 082②		0
……							
应付债券	67 377 082		67 377 082	67 377 082②			0

续表

项　　目	C公司	D公司	合计	抵销分录 借方	抵销分录 贷方	少数股东权益	合并数
……							
利润表项目							
营业收入							
……							
财务费用	3 208 432		3 208 432		3 208 432③		0
……							
投资收益		3 208 432	3 208 432	3 208 432③			0
……							
净利润	-3 208 432	3 208 432	0	3 208 432	3 208 432		0
股东权益变动表项目	-3 055 650	3 055 650	0				
未分配利润（年初）	0	0	0	3 055 650①	3 055 650①		0
……							
未分配利润（年末）	-6 264 082	6 264 082	0	6 264 082	6 264 082		0

C公司和D公司20×3年度财务报表应付债券、持有至到期投资相关项目数据见合并工作底稿。根据上述资料，编制C公司和D公司应付债券与持有至到期投资相关的合并抵销分录如下：

（1）将以前年度（20×1年度和20×2年度）投资收益与财务费用的抵销对本年年初未分配利润的累计影响予以抵销，调整本年年初未分配利润。

  借：未分配利润（年初）　　　　　　　　　6 264 082　　　①
    贷：未分配利润（年初）　　　　　　　　6 264 082

（2）将本年应付债券与持有至到期投资相互抵销。

  借：应付债券　　　　　　　　　　　　　70 745 936　　　②
    贷：持有至到期投资　　　　　　　　　70 745 936

（3）将本年内部公司债券相关的投资收益与财务费用相互抵销。

  借：投资收益　　　　　　　　　　　　　3 368 854　　　③
    贷：财务费用　　　　　　　　　　　　3 368 854

根据上述合并抵销处理分录，可以编制C公司和D公司20×3年合并工作底稿（局部）如表10-15所示。

表 10-15　　　　　　　　　　合并工作底稿（局部）

20×3 年度　　　　　　　　　　　　　　　单位：元

项　目	C公司	D公司	合计	抵销分录 借方	抵销分录 贷方	少数股东权益	合并数
资产负债表项目							
……							
持有至到期投资		70 745 936	70 745 936		70 745 936②		0
……							
应付债券	70 745 936		70 745 936	70 745 936②			0
……							
利润表项目							
营业收入							
财务费用	3 368 854		3 368 854		3 368 854③		0
……							
投资收益		3 368 854	3 368 854	3 368 854③			0
……							
净利润	-3 368 854	3 368 854	0	3 368 854	3 368 854		0
股东权益变动表项目							
未分配利润（年初）	-6 264 082	6 264 082	0	6 264 082①	6 264 082①		0
……							
未分配利润（年末）	-9 632 936	9 632 936	0	9 632 936	9 632 936		0

C公司和D公司20×4年度财务报表应付债券、持有至到期投资相关项目数据见合并工作底稿。根据上述资料，编制C公司和D公司应付债券与持有至到期投资相关的合并抵销分录如下：

（1）将以前年度（20×1年度、20×2年度和20×3年度）投资收益与财务费用的抵销对本年年初未分配利润的累计影响予以抵销，调整本年年初未分配利润。

　　借：未分配利润（年初）　　　　　　　　　　9 632 936　　　　①
　　　　贷：未分配利润（年初）　　　　　　　　　　　　9 632 936

（2）将本年应付债券与持有至到期投资相互抵销。

　　借：应付债券　　　　　　　　　　　　　　74 283 233　　　　②
　　　　贷：持有至到期投资　　　　　　　　　　　　　74 283 233

（3）将本年内部公司债券相关的投资收益与财务费用相互抵销。

　　借：投资收益　　　　　　　　　　　　　　3 537 297　　　　③
　　　　贷：财务费用　　　　　　　　　　　　　　　　3 537 297

根据上述合并抵销处理分录,可以编制 C 公司和 D 公司 20×4 年合并工作底稿(局部)如表 10-16 所示。

表 10-16　　　　　　　　合并工作底稿(局部)
20×4 年度　　　　　　　　　　　　　单位:元

项目	C 公司	D 公司	合计	抵销分录 借方	抵销分录 贷方	少数股东权益	合并数
资产负债表项目							
……							
持有至到期投资		74 283 233	74 283 233		74 283 233②		0
……							
应付债券	74 283 233		74 283 233	74 283 233②			0
……							
利润表项目							
营业收入							
……							
财务费用	3 537 297		3 537 297		3 537 297③		0
……							
投资收益		3 537 297	3 537 297	3 537 297③			0
……							
净利润	-3 537 297	3 537 297	0	3 537 297	3 537 297		0
股东权益变动表项目							
未分配利润(年初)	-9 632 936	9 632 936	0	9 632 936①	9 632 936①		0
……							
未分配利润(年末)	-13 170 233	13 170 233	0	13 170 233	13 170 233		0

三、内部交易公司债券到期偿付期间的合并处理

在内部公司债券到期偿付的当期,从发行公司债券的企业来说,对于分期付息一次还本的公司债券,按公司债券面值和当期应付利息的金额,偿付给持有该公司债券的企业,在其当期资产负债表中已不存在发行的该公司债券;对于到期一次还本付息的债券,则按公司债券面值、发行之日至本期期初累计应计利息和当期应计利息的金额,偿付给持有该公司债券的企业,在其当期资产负债表中该

公司债券已不复存在。在公司债券到期偿付的当期,由于在该公司债券偿付前还须按公司债券的面值和票面利率计算应计利息,并将未摊销的溢价或折价摊销完毕,计算确定当期的利息费用。这一利息费用或计入财务费用或计入在建工程建造成本,前者反映于当期利润表"财务费用"项目之中,后者反映于当期资产负债表"在建工程"项目之中。

对于持有该公司债券的企业来说,持有至到期投资中的该公司债券,因偿付完毕而转销,在其当期资产负债表中也已不复存在。但本期因持有该公司债券须计算应收利息,并将尚未摊销的溢价或折价摊销完毕,计算确定当期持有该公司债券的投资收益。这一投资收益列示于当期利润表"投资收益"项目之中。

由于发行公司债券企业以前期间该公司债券相关的利息费用(财务费用或在建工程)与持有该公司债券企业以前期间该公司债券的投资收益抵销而对当期合并财务报表中的期初未分配利润产生影响,在内部交易公司债券到期偿付期间编制合并财务报表时,首先应当将以前期间该公司债券相关的利息费用与其相关的投资收益抵销对本期期初未分配利润的影响予以抵销,调整期初未分配利润;其次应当将发行公司债券企业因该内部交易公司债券本期确认的利息费用(财务费用或在建工程)与持有企业因持有该公司债券确认的投资收益予以抵销。

例 10 – 5:接例 10 – 3。A 公司和 B 公司 20×5 年度财务报表应付债券、持有至到期投资相关项目数据见合并工作底稿。该公司债券系 5 年期,分期付息到期一次还本的债券,票面年利率为 6%,债券利息于每年 12 月 31 日支付。其他相关资料见例 10 – 1、例 10 – 3。

根据上述资料,编制 A 公司和 B 公司应付债券与持有至到期投资相关的合并抵销分录如下:

(1)将以前年度(20×1 年度、20×2 年度、20×3 年度和 20×4 年度)投资收益与财务费用的抵销对本年年初未分配利润的累计影响予以抵销,调整本年年初未分配利润。

借:未分配利润(年初)　　　　　　　　　　12 373 421　　①
　　贷:未分配利润(年初)　　　　　　　　　　　12 373 421

(2)将本年内部公司债券相关的投资收益与财务费用相互抵销。

借:投资收益　　　　　　　　　　　　　　　3 030 379　　②
　　贷:财务费用　　　　　　　　　　　　　　　3 030 379

根据上述合并抵销处理分录,编制 A 公司和 B 公司 20×5 年合并工作底稿(局部)如表 10 – 17 所示。

表10-17　　　　　　　　　合并工作底稿（局部）
20×5年度　　　　　　　　　　　　　　　　单位：元

项　　目	A公司	B公司	合计	抵销分录 借方	抵销分录 贷方	少数股东权益	合并数
资产负债表项目							
……							
应收利息							0
……							
持有至到期投资							0
……							
应付利息							0
……							
应付债券							0
……							
利润表项目							
营业收入							
……							
财务费用	3 030 379		3 030 379		3 030 379②		0
投资收益		3 030 379	3 030 379	3 030 379②			0
……							
净利润	-3 030 379	3 030 379	0	3 030 379	3 030 379		0
股东权益变动表项目							
未分配利润（年初）	-12 373 421	12 373 421	0	12 373 421①	12 373 421①		0
……							
未分配利润（年末）	-15 403 800	15 403 800	0	15 403 800	15 403 800		0

例10-6：接例10-4。C公司和D公司20×5年度财务报表应付债券、持有至到期投资相关项目数据见合并工作底稿。该公司债券系5年期，到期一次还本付息的债券（即20×5年12月31日一次性偿付本金和利息），票面年利率为6%。其他相关资料见例10-2、例10-4。

根据上述资料，编制C公司和D公司应付债券与持有至到期投资相关的合并抵销分录如下：

（1）将以前年度（20×1年度、20×2年度、20×3年度、20×4年度）投资收益与财务费用的抵销对本年年初未分配利润的累计影响予以抵销，调整本年年初未分配利润。

借：未分配利润（年初）　　　　　　　　　　　　13 170 233　　　①

贷：未分配利润（年初）　　　　　　　　　　　　13 170 233
(2) 将本年内部公司债券相关的投资收益与财务费用相互抵销。
借：投资收益　　　　　　　　　　　　　　　　3 716 767　　②
贷：财务费用　　　　　　　　　　　　　　　3 716 767

根据上述合并抵销处理分录，可以编制 C 公司和 D 公司 20×5 年合并工作底稿（局部）如表 10-18 所示。

表 10-18　　　　　　　　　合并工作底稿（局部）
20×5 年度　　　　　　　　　　　　单位：元

| 项目 | C公司 | D公司 | 合计 | 抵销分录 | | 少数股东权益 | 合并数 |
				借方	贷方		
资产负债表项目							
……							
持有至到期投资							0
……							
应付债券							0
利润表项目							
营业收入							
……							
财务费用	3 716 767		3 716 767		3 716 767②		0
……							
投资收益		3 716 767	3 716 767	3 716 767②			0
……							
净利润	-3 716 767	3 716 767	0	3 716 767	3 716 767		
股东权益变动表项目							
未分配利润（年初）	-13 170 233	13 170 233	0	13 170 233①	13 170 233①		
……							
未分配利润（年末）	-16 887 000	16 887 000	0	16 887 000	16 887 000		0

第三节　成员企业间接取得其他成员企业发行的公司债券的合并处理

一、推定损益

内部交易公司债券还存在着第二种情况，即成员企业从集团外的第三者手中取得集团其他成员企业发行在外的公司债券。对于这种情况的内部交易公司债券，由于从集团外的其他企业购买取得，因市场行情的变化其交易价格可能高于或低于公司债券发行企业原发行价格，从而集团成员企业购买公司债券的价格与成员企业发行该公司债券的发行价格之间存在差额。对于原持有该公司债券的外部企业来说，其销售价格与购买价格（即原发行价格）之间的差额，则属于其转让该公司债券所实现的损益。从购买企业本身来说，属于正常的投资行为，如果作为持有至到期投资核算，购买企业则以实际支付的价格作为其取得成本，增加持有至到期投资。但从整个企业集团来看，企业集团的成员企业从非集团成员企业中取得其他成员企业发行的公司债券，则属于赎回集团其他企业发行在外的公司债券的行为。

在企业赎回自己发行在外的公司债券的情况下，赎回原发行公司债券所支付的价款高于原发行价格的，其差额计入当期损益，属于已实现损失。集团成员企业通过集团外的第三者取得其他成员企业的公司债券，其原因可能是按照母公司指令，出于内部资金管理的要求而进行的；也可能是出于投资目的而进行的。无论出于何种目的，从整个企业集团来看，某一成员企业购买取得另一成员企业发行在外的公司债券，从实质上讲，与同一企业自身赎回自己发行在外的公司债券的情况相同，属于推定赎回；购买企业购买取得公司债券所支付的价款与发行公司债券企业发行该公司债券所取得的价款之间的差额，则属于推定损益范畴。从法律上来说，企业内部各成员企业均属于独立的法人实体，一方是发行公司债券筹措资金的行为，另一方是购买公司债券进行投资的行为；但从整个企业集团来看，同一公司债券一进一出，其对合并财务报表的影响与实际赎回是相同的，购买公司债券所支付的价款与发行该公司债券所取得的价款之间的差额，应当推定视为损益已经发生。当购买公司债券所支付的价款高于发行该公司债券所取得的价款，则属于企业集团该公司债券内部交易的推定损失；反之，当购买公司债券所支付的价款小于发行该公司债券所取得的价款，则属于公司债券内部交易的推定收益。对于这一公司债券内部交易行为所形成的推定损益，在编制合并财务报表必须予以确认和反映。

对于推定损益如何处理，存在着三种不同的理论。一是购买理论，认为推定损益是由于购买公司债券的交易产生的，应当由购买持有该公司债券的企业享有或承担。二是面值理论，认为推定损益应当按照面值在发行该公司债券的企业和购买该公司债券的企业之间进行分摊。三是代理理论，认为推定损益是根据母公司的指令，代理发行公司债券企业承担赎回公司债券的行为而发生的，应当推定其由被代理企业承受。根据现行会计准则以及国际会计准则，目前合并财务报表所采用的基本上是实体理论，在编制合并财务报表时上述推定损益实际均由企业集团来承担。上述关于推定损益处理的三种理论，实际上解决的是推定损失由谁负担和推定收益由谁享有的问题，与个别财务报表有关，按现行会计准则实际上与合并财务报表的编制关系不大。

对于推定损益,从合并财务报表的编制来说,关键是涉及何时确认的问题。从理论上讲,在发生公司债券内部交易的当期,在编制合并财务报表时就必须对其予以确认。

以下例 10-7 中,交易当期合并财务报表确认该公司债券内部交易的推定损失 1 689 630 元。这一推定损失实际上就是 20×2 年 1 月 1 日作为发行公司的 E 公司该公司债券的账面价值(摊余成本)62 126 010 元,与作为购买公司的 F 公司取得该公司债券所支付的价款(账面价值)63 815 640 元之间的差额,在交易当期(20×2 年)的合并财务报表中全额予以确认。这一金额也就是 W 公司转让 E 公司发行的公司债券所取得的转让收益。

二、成员企业间接取得其他成员企业发行的公司债券当期的合并处理

对于内部交易的公司债券,在编制合并财务报表时,首先,应当将应付债券与持有至到期投资项目的金额予以抵销;其次,对于分期付息到期一次还本的公司债券,应将应付利息与应收利息项目的金额予以抵销;最后,将当期确认的实际利息费用(财务费用或在建工程)与持有该公司债券的投资收益予以抵销。

在集团内部成员企业从集团外部第三者取得集团成员企业发行的公司债券的情况下,发行公司债券的企业其应付债券的金额与持有该公司债券企业的持有至到期投资的金额不一致,两者之间存在着差额。这是因为持有该公司债券的企业购买取得该公司债券,对其进行会计处理时,按面值记入"持有至到期投资——成本"科目,按支付价款与面值之间的差额记入"持有至到期投资——利息调整"科目。这一差额,实际上是原持有该公司债券的企业实现的损益,对于整个企业集团来说,则属于推定损益。对于这一差额,在编制合并财务报表时应当通过合并抵销处理,将其转作财务费用处理。这一做法,实际上是将从外部购入内部公司债券支付价格高于原发行价格的差额在合并财务报表中计入当期合并损益。进行合并抵销处理时,按应付债券的金额,借记"应付债券"项目,按持有至到期投资的金额,贷记"持有至到期投资"项目,按两者之间的差额,借记或贷记"财务费用"项目。

在将应付债券的实际利息费用(财务费用)与持有该公司债券而形成的持有至到期投资的投资收益抵销时,可能存在差额。持有该公司债券的企业在取得该公司债券时,以支付的价格作为持有至到期投资的账面价值(摊余成本)入账,因而与发行该公司债券的企业应付债券的账面价值(摊余成本)存在差额;其次,在采用实际利率法的情况下所计算的实际利率也存在差异,由此导致计算确定的当期实际利息费用(财务费用)与投资收益之间存在着差异。这一差异又成

为导致应付债券与持有至到期投资差异的原因。在编制合并财务报表进行合并抵销时，也需要将这一差额转作财务费用处理。进行合并抵销处理时，按因持有该公司债券确认的投资收益的金额，借记"投资收益"项目，按发行该公司债券企业因发行该债券而确认的实际利息费用（财务费用）的金额，贷记"财务费用"等项目，按两者之间的差额，借记或贷记"财务费用"项目。

至于应付利息和应收利息由于均是按面值和票面利率计算的，不存在着差异，在合并抵销处理时与集团成员企业从另一成员企业直接购买取得内部交易公司债券的合并处理相同，没有特殊之处。进行合并抵销处理时，按公司债券面值和票面利率计算的应收、应付利息的金额，借记"应付利息"项目，贷记"应收利息"项目。

例 10-7：E 公司 20×1 年 1 月 1 日经批准发行公司债券，该公司债券面值总额为 60 000 000 元，所筹集的资金用于公司正常经营活动。该公司债券系 5 年期，分年付息到期一次还本的债券，票面年利率为 6%，债券利息于次年 1 月 1 日支付，最后一年利息连同本金于当年 12 月 31 日支付。E 公司该公司债券实际发行价格为 62 596 200 元。E 公司发行该债券时的市场利率为 5%。假定不考虑发行该公司债券相关的发行费用。该公司债券发行价格计算如下：

$$\text{公司债券发行价格} = 60\,000\,000 \times (P/S, 5\%, 5) + 60\,000\,000 \times 6\% \times (P/A, 5\%, 5)$$
$$= 60\,000\,000 \times 0.7835 + 60\,000\,000 \times 6\% \times 4.3295$$
$$= 62\,596\,200\ (元)$$

W 公司 20×1 年 1 月 1 日，以 62 596 200 元的价格购买 E 公司发行的全部公司债券，并作为持有至到期投资核算。W 公司持有 E 公司发行的该债券一年后，因公司资金周转困难，20×2 年 1 月 1 日，以 63 815 640 元的价格，将 E 公司发行的该公司债券全部转让给 F 公司。F 公司将从 W 公司购买取得的 E 公司债券作为持有至到期投资核算。

E 公司和 F 公司均为甲公司控制的子公司，甲公司已将 E 公司和 F 公司纳入其合并财务报表合并范围。W 公司与 E 公司、F 公司和甲公司均不存在关联关系。F 公司 20×2 年 1 月 1 日取得该公司债券时的市场利率为 4%。

F 公司购买该公司债券的实际价格计算如下：

$$\text{公司债券实际价格} = 60\,000\,000 \times (P/S, 4\%, 4) + 60\,000\,000 \times 6\% \times (P/A, 4\%, 4)$$
$$= 60\,000\,000 \times 0.8458 + 60\,000\,000 \times 6\% \times 3.6299$$
$$= 63\,815\,640\ (元)$$

（1）E 公司采用实际利率法计算确定的应付债券利息费用及摊余成本计算表、应付债券账面余额及财务费用计算表如表 10-19、表 10-20 所示。

表 10-19　　　　　　　E 公司应付债券利息费用及摊余成本计算表

单位：元

日期	现金流出 A	实际利息费用 b = 期初 d × 5%	已偿还的本金 c = a - b	摊余成本余额 d = 期初 d - c
20×1 年 1 月 1 日				62 596 200
20×1 年 12 月 31 日	3 600 000	3 129 810	470 190	62 126 010
20×2 年 12 月 31 日	3 600 000	3 106 300	493 700	61 632 310
20×3 年 12 月 31 日	3 600 000	3 081 615	518 385	61 113 925
20×4 年 12 月 31 日	3 600 000	3 055 696	544 304	60 569 621
20×5 年 12 月 31 日	3 600 000	3 030 379 *	569 621	60 000 000
小计	18 000 000	15 403 800	2 596 200	
20×5 年 12 月 31 日 （偿付后）	60 000 000	0	60 000 000	
合计	78 000 000	15 403 800	62 596 200	

* 尾数调整：60 000 000 + 3 600 000 - 60 569 621 = 3 030 379

表 10-20　　　　　　　E 公司应付债券账面余额及财务费用计算表

单位：元

日期	应付债券			财务费用		
	面值	利息调整	账面价值	应付利息	利息调整	财务费用
20×1 年 1 月 1 日	60 000 000	2 596 200	62 596 200			
20×1 年 12 月 31 日	60 000 000	2 126 010	62 126 010	3 600 000	-470 190	3 129 810
20×2 年 12 月 31 日	60 000 000	1 632 310	61 632 310	3 600 000	-493 700	3 106 300
20×3 年 12 月 31 日	60 000 000	1 113 925	61 113 925	3 600 000	-518 385	3 081 615
20×4 年 12 月 31 日	60 000 000	569 621	60 569 621	3 600 000	-544 304	3 055 696
20×5 年 12 月 31 日	60 000 000	0	60 000 000	3 600 000	-569 621	3 030 379
合计				18 000 000	-2 596 200	15 403 800
20×5 年 12 月 31 日 （偿付后）	0	0	0	0	0	3 030 379

（2）F 公司采用实际利率法计算确定的持有至到期投资的投资收益及摊余成本计算表、持有至到期投资账面余额及投资收益计算表如表 10-21、表 10-22 所示。

表10-21　　F公司持有至到期投资的投资收益及摊余成本计算表

单位：元

日期	现金流入 A	实际投资收益 b=期初 d×4%	利息调整摊销金额 c=a-b	摊余成本余额 d=期初 d-c
20×2年1月1日				63 815 640
20×2年12月31日	3 600 000	2 552 625	1 047 375	62 768 265
20×3年12月31日	3 600 000	2 510 730	1 089 270	61 678 995
20×4年12月31日	3 600 000	2 467 160	1 132 840	60 546 155
20×5年12月31日	3 600 000	3 053 845*	546 155	60 000 000
小计	14 400 000	10 584 360	3 815 640	
2015年12月31日（偿付后）	60 000 000		60 000 000	
合计	74 400 000	10 584 360	63 815 640	

*尾数调整：60 000 000 + 3 600 000 - 60 546 155 = 3 053 845

表10-22　　F公司持有至到期投资账面余额及投资收益计算表

金额：元

日期	持有至到期投资			投资收益		
	面值	利息调整	账面价值	应收利息	利息调整	投资收益
20×2年1月1日	60 000 000	3 815 640	63 815 640			
20×2年12月31日	60 000 000	2 768 265	62 768 265	3 600 000	-1 047 375	2 552 625
20×3年12月31日	60 000 000	1 678 995	61 678 995	3 600 000	-1 089 270	2 510 730
20×4年12月31日	60 000 000	546 155	60 546 155	3 600 000	-1 132 840	2 467 160
20×5年12月31日	60 000 000	0	60 000 000	3 600 000	-546 155	3 053 845
合计				18 000 000	-3 815 640	15 403 800
20×5年12月31日（偿付后）	0	0	0	0	0	3 053 845

（3）E公司和F公司20×2年度财务报表应付债券、持有至到期投资相关项目数据见合并工作底稿。

根据上述资料，编制E公司和F公司应付债券与持有至到期投资相关的合并抵销分录如下：

①将本年应付债券与持有至到期投资相互抵销，其抵销差额转为财务费用。

借：应付债券　　　　　　　　　　　　　　61 632 310　　①
　　财务费用　　　　　　　　　　　　　　 1 135 955
　　贷：持有至到期投资　　　　　　　　　62 768 265

②将本年内部公司债券相关的应收利息与应付利息相互抵销。

借：应付利息　　　　　　　　　　　　　　　　3 600 000　　②
　　贷：应收利息　　　　　　　　　　　　　　　　　　3 600 000

③将本年内部公司债券相关的投资收益与财务费用相互抵销，其抵销差额转为财务费用。

借：投资收益　　　　　　　　　　　　　　　　2 552 625　　③
　　财务费用　　　　　　　　　　　　　　　　　　553 675
　　贷：财务费用　　　　　　　　　　　　　　　　　　3 106 300

根据上述合并抵销处理分录，编制 E 公司和 F 公司 20×2 年合并工作底稿（局部）如表 10-23 所示。

表 10-23　　　　　　　合并工作底稿（局部）

20×2 年度　　　　　　　　　　　　　　　单位：元

项目	E公司	F公司	合计	抵销分录 借方	抵销分录 贷方	少数股东权益	合并数
资产负债表项目							
……							
应收利息		3 600 000	3 600 000		3 600 000②		0
……							
持有至到期投资		62 768 265	62 768 265		62 768 265①		0
……							
应付利息	3 600 000		3 600 000	3 600 000②			0
……							
应付债券	61 632 310		61 632 310	61 632 310①			0
……							
利润表项目							
营业收入							
……							
财务费用	3 106 300			1 135 955① 553 675③	3 106 300③		1 689 630
……							
投资收益		2 552 625	2 552 625	2 552 625③			0
……							
净利润	-3 106 300	2 552 625	-553 675	4 242 255	3 106 300		1 689 630
股东权益变动表项目							
未分配利润（年初）	0	0	0				0
……							
未分配利润（年末）	-3 106 300	2 552 625	-553 675	4 242 255	3 106 300		1 689 630

例10-8：H公司20×2年1月1日，以57 967 920元的价格从W公司购入了G公司发行的全部公司债券，作为持有至到期投资核算；当时的市场利率为7%。G公司和H公司均为甲公司控制下的子公司，并已纳入甲公司合并财务报表的合并范围。G公司该公司债券系20×1年1月1日以62 596 200元的价格发行，所筹集的资金用于公司正常经营活动；G公司该债券面值总额为60 000 000元，系5年期，分年付息到期一次还本的债券，票面年利率为6%，债券利息于次年1月1日支付，最后一年利息连同本金于当年12月31日支付。W公司于当日以62 596 200元的价格购买G公司发行全部公司债券。

H公司购买该公司债券的实际价格计算如下：

公司债券实际价格 = 60 000 000 × (P/S, 7%, 4) + 60 000 000 × 6% × (P/A, 7%, 4)

= 60 000 000 × 0.7629 + 60 000 000 × 6% × 3.3872

= 57 967 920（元）

（1）G公司该公司债券采用实际利率法计算确定的应付债券利息费用及摊余成本计算表、应付债券账面余额及财务费用计算表如表10-24、表10-25所示。

表10-24   G公司应付债券利息费用及摊余成本计算表

单位：元

日期	现金流出 A	实际利息费用 b = 期初 d×5%	已偿还的本金 c = a − b	摊余成本余额 d = 期初 d − c
20×1年1月1日				62 596 200
20×1年12月31日	3 600 000	3 129 810	470 190	62 126 010
20×2年12月31日	3 600 000	3 106 300	493 700	61 632 310
20×3年12月31日	3 600 000	3 081 615	518 385	61 113 925
20×4年12月31日	3 600 000	3 055 696	544 304	60 569 621
20×5年12月31日	3 600 000	3 030 379 *	569 621	60 000 000
小计	18 000 000	15 403 800	2 596 200	
20×5年12月31日（偿付后）	60 000 000	0	60 000 000	
合计	78 000 000	15 403 800	62 596 200	

* 尾数调整：60 000 000 + 3 600 000 − 60 569 621 = 3 030 379

表 10-25　　　　　　G 公司应付债券账面余额及财务费用计算表

单位：元

日期	应付债券			财务费用		
	面值	利息调整	账面价值	应付利息	利息调整	财务费用
20×1年1月1日	60 000 000	2 596 200	62 596 200			
20×1年12月31日	60 000 000	2 126 010	62 126 010	3 600 000	-470 190	3 129 810
20×2年12月31日	60 000 000	1 632 310	61 632 310	3 600 000	-493 700	3 106 300
20×3年12月31日	60 000 000	1 113 925	61 113 925	3 600 000	-518 385	3 081 615
20×4年12月31日	60 000 000	569 621	60 569 621	3 600 000	-544 304	3 055 696
20×5年12月31日	60 000 000	0	60 000 000	3 600 000	-569 621	3 030 379
合计				18 000 000	-2 596 200	15 403 800
20×5年12月31日（偿付后）	0	0	0	0	0	3 030 379

（2）H 公司采用实际利率法计算确定的持有至到期投资的投资收益及摊余成本计算表、持有至到期投资账面余额及投资收益计算表如表 10-26、表 10-27 所示。

表 10-26　　　　　　H 公司持有至到期投资的投资收益及摊余成本计算表

单位：元

日期	现金流入 A	实际投资收益 b = 期初 d×7%	利息调整摊销金额 c = a - b	摊余成本余额 d = 期初 d - c
20×2年1月1日				57 967 920
20×2年12月31日	3 600 000	4 057 754	-457 754	58 425 674
20×3年12月31日	3 600 000	4 089 797	-489 797	58 915 471
20×4年12月31日	3 600 000	4 124 083	-524 083	59 439 554
20×5年12月31日	3 600 000	4 160 446*	-560 446	60 000 000
小计	14 400 000		-2 032 080	
20×5年12月31日（偿付后）	60 000 000		60 000 000	
合计	74 400 000	16 432 080		57 967 920

*尾数调整：60 000 000 + 3 600 000 - 59 439 554 = 4 160 446

表 10-27　　H 公司持有至到期投资账面余额及投资收益计算表

单位：元

日期	持有至到期投资			投资收益		
	面值	利息调整	账面价值	应收利息	利息调整	投资收益
20×2 年 1 月 1 日	60 000 000	2 032 080	57 967 920			
20×2 年 12 月 31 日	60 000 000	1 574 326	58 425 674	3 600 000	457 754	4 057 754
20×3 年 12 月 31 日	60 000 000	1 084 529	58 915 471	3 600 000	489 797	4 089 797
20×4 年 12 月 31 日	60 000 000	560 446	59 439 554	3 600 000	524 083	4 124 083
20×5 年 12 月 31 日	60 000 000	0	60 000 000	3 600 000	560 446	4 160 446
合计	60 000 000	0		14 400 000	2 032 080	16 432 080
20×5 年 12 月 31 日（偿付后）	0	0	0	0	0	4 160 446

（3）G 公司和 H 公司 20×2 年度财务报表应付债券、持有至到期投资相关项目数据见合并工作底稿。

根据上述资料，编制 G 公司和 H 公司应付债券与持有至到期投资相关合并抵销分录如下：

①将本年应付债券与持有至到期投资相互抵销，其抵销差额转为财务费用。

借：应付债券　　　　　　　　　　　　　　　　61 632 310　　　①
　　贷：持有至到期投资　　　　　　　　　　　　58 425 674
　　　　财务费用　　　　　　　　　　　　　　　 3 206 636

②将本年内部公司债券相关的应收利息与应付利息相互抵销。

借：应付利息　　　　　　　　　　　　　　　　 3 600 000　　　②
　　贷：应收利息　　　　　　　　　　　　　　　 3 600 000

③将本年内部公司债券相关的投资收益与财务费用相互抵销，其抵销差额转为财务费用。

借：投资收益　　　　　　　　　　　　　　　　 4 057 754　　　③
　　贷：财务费用　　　　　　　　　　　　　　　 3 106 300
　　　　财务费用　　　　　　　　　　　　　　　　 951 454

根据上述合并抵销处理分录，编制 G 公司和 H 公司 20×2 年合并工作底稿（局部）如表 10-28 所示。

表 10-28　　合并工作底稿（局部）

20×2 年度　　　　　　　　　　　　　单位：元

项目	G公司	H公司	合计	抵销分录 借方	抵销分录 贷方	少数股东权益	合并数
资产负债表项目							
……							
应收利息		3 600 000	3 600 000		3 600 000②		0
……							
持有至到期投资		58 425 674	58 425 674		58 425 674①		0
……							
应付利息	3 600 000		3 600 000	3 600 000②			0
……							
应付债券	61 632 310		61 632 310	61 632 310①			0
……							
利润表项目							
营业收入							
……							
财务费用	3 106 300		3 106 300		3 206 636① 3 106 300③ 951 454③		-4 158 090
……							
投资收益		4 057 754	4 057 754	4 057 754③			0
……							
净利润	-3 106 300	4 057 754	951 454	4 057 754	7 264 390		4 158 090
股东权益变动表项目							
未分配利润（年初）	0	0	0				0
未分配利润（年末）	-3 106 300	4 057 754	951 454	4 057 754	7 264 390		4 158 090

三、成员企业间接取得其他成员企业发行的公司债券以后期间的合并处理

如上所述，在公司债券内部交易以后的会计期间，对以前期间发生的内部交易公司债券，由于发行公司债券的企业在以前期间因发行该公司债券计算确认的实际利息费用（财务费用），在其个别财务报表中通过减少当期未分配利润递延至本期期初，成为本期期初未分配利润减少的一部分；而购买公司债券的企业因持有该内部公司债券在以前期间计算确认的投资收益，在其个别财务报表中也递

延至本期期初,成为本期期初未分配利润的一部分。因此,在发生公司债券内部交易以后的会计期间编制合并财务报表时,首先,应当根据以前年度累计抵销的实际利息费用(财务费用)和投资收益的金额,调整期初未分配利润的金额。其次,应当将应付债券与持有至到期投资项目的金额予以抵销。再次,对于分期付息到期一次还本的公司债券,还应当将应付利息与应收利息的金额予以抵销。最后,还应当将当期因该内部交易公司债券计算确认的实际利息费用(财务费用)与持有至到期投资计算确认的投资收益予以抵销。

在按照以前期间因该公司债券内部交易相关的实际利息费用(财务费用)和投资收益的抵销而对本期期初未分配利润的累计影响予以抵销时,必须将以前期间涉及实际利息费用(财务费用)和投资收益的抵销金额对本期期初未分配利润的累计影响全部予以抵销。通过抵销处理后,使本期合并工作底稿中计算的期初未分配利润的合并数与上期合并财务报表中期末未分配利润的金额一致。也可以这样理解,即将以前期间编制合并财务报表时涉及利润表的抵销项目,转换为"未分配利润(年初)"项目,在本期编制合并财务报表重新进行一次抵销处理。

应付债券与持有至到期投资项目的抵销,由于发行企业的应付债券与购买企业持有至到期投资账面价值之间存在差异,在将对其进行合并抵销处理时,应当将其差额转作财务费用处理。进行合并抵销处理时,按应付债券的金额,借记"应付债券"项目,按持有至到期投资的金额,贷记"持有至到期投资"项目,按两者之间的差额,借记或贷记"财务费用"项目。

对于应付利息和应收利息由于均是按面值和票面利率计算的,不存在着差异,在合并抵销处理时没有特殊之处。进行合并抵销处理时,按公司债券面值和票面利率计算的应收应付利息的金额,借记"应付利息"项目,贷记"应收利息"项目。

对于当期因该内部交易公司债券计算确认的实际利息费用(财务费用)与持有至到期投资计算确认的投资收益的抵销,由于应付债券的账面价值与持有至到期投资账面价值之间的差额,以及按实际利率法对各自确认的溢价或折价金额的差异,发行企业因该公司债券计算确认的实际利息费用(财务费用)与购买企业持有该公司债券计算确定的投资收益之间也存在着差额。在对其进行合并抵销处理时,应当将其差额转作财务费用处理。进行合并抵销处理时,按购买企业因持有该公司债券确认的投资收益的金额,借记"投资收益"项目,按发行企业因发行该债券而确认的实际利息费用(财务费用)的金额,贷记"财务费用"等项目,按两者之间的差额,借记或贷记"财务费用"项目。

例10-9:接例10-7。E公司和F公司20×3年度财务报表应付债券、持有至到期投资相关项目数据见合并工作底稿。E公司发行的该公司债券系5年期,分年付息到期一次还本的债券,票面年利率为6%,债券利息于次年1月1日支付,最后一年利息连同本金于当年12月31日支付。

根据上述资料,编制E公司和F公司应付债券与持有至到期投资相关的合并抵销分录如下:

(1) 根据以前年度(20×2年度)应付债券与持有至到期投资抵销处理对本年年初未分配利润的影响,调整本年年初未分配利润。

借:未分配利润(年初)　　　　　　　　　　　1 135 955　　　①
　　贷:持有至到期投资　　　　　　　　　　　　　1 135 955
借:未分配利润(年初)　　　　　　　　　　　3 106 300
　　贷:未分配利润(年初)　　　　　　　　　　　　3 106 300

(2) 将本年应付债券与持有至到期投资相互抵销,其抵销差额转为财务费用。

借:应付债券　　　　　　　　　　　　　　　61 113 925　　　②
　　贷:持有至到期投资(61 678 995 - 1 135 955)　60 543 040
　　　　财务费用(61 113 925 - 60 543 040)　　　　570 885

(3) 将本年内部公司债券相关的应收利息与应付利息相互抵销。

借:应付利息　　　　　　　　　　　　　　　　3 600 000　　　③
　　贷:应收利息　　　　　　　　　　　　　　　　3 600 000

(4) 将本年内部公司债券相关的投资收益与财务费用相互抵销,其抵销差额转为财务费用。

借:投资收益　　　　　　　　　　　　　　　　2 510 730　　　④
　　财务费用　　　　　　　　　　　　　　　　　570 885
　　贷:财务费用　　　　　　　　　　　　　　　　3 081 615

根据上述合并抵销处理分录,编制E公司和F公司20×3年合并工作底稿(局部)如表10-29所示。

表10-29　　　　　　　　　　合并工作底稿(局部)
20×3年度　　　　　　　　　　　　　　　单位:元

项目	E公司	F公司	合计	抵销分录 借方	抵销分录 贷方	少数股东权益	合并数
资产负债表项目							
……							
应收利息		3 600 000	3 600 000		3 600 000③		0
……							
持有至到期投资		61 678 995	61 678 995		1 135 955① 60 543 040②		0
……							
应付利息	3 600 000		3 600 000	3 600 000③			0

续表

项目	E公司	F公司	合计	抵销分录 借方	抵销分录 贷方	少数股东权益	合并数
……							
应付债券	61 113 925		61 113 925	61 113 925②			0
……							
利润表项目							
营业收入							
……							
财务费用	3 081 615		3 081 615	570 885④ 570 885	570 885② 3 081 615④ 3 652 500		0
……							
投资收益		2 510 730	2 510 730	2 510 730④			0
……							
净利润	-3 081 615	2 510 730	-570 885	3 081 615	3 652 500		0
股东权益变动表项目							
未分配利润（年初）	-3 106 300	2 552 625	-553 675	1 135 955① 3 106 300① 4 242 255	3 106 300①		-1 689 630
……							
未分配利润（年末）	-6 187 915	5 063 355	-1 124 560	7 323 870	6 758 800		-1 689 630

E公司和F公司20×4年度财务报表应付债券、持有至到期投资相关项目数据见合并工作底稿。

根据上述资料，编制E公司和F公司应付债券与持有至到期投资相关的合并抵销分录如下：

(1) 根据以前年度（20×2年度和20×3年度）应付债券与持有至到期投资抵销处理对年初未分配利润的累计影响，调整年初未分配利润。

根据20×2年度相关抵销处理对本年年初未分配利润的影响，调整本年年初未分配利润。

借：未分配利润（年初）　　　　　　　　　　　　1 135 955
　　贷：持有至到期投资　　　　　　　　　　　　　　1 135 955
借：未分配利润（年初）　　　　　　　　　　　　3 106 300
　　贷：未分配利润（年初）　　　　　　　　　　　　3 106 300

根据20×3年度相关抵销处理对本年年初未分配利润的影响，调整本年年初未分配利润。

借：应付债券 570 885
　　贷：未分配利润（年初） 570 885
借：未分配利润（年初） 3 081 615
　　贷：未分配利润（年初） 3 081 615

上述四笔抵销分录，可以合并为以下抵销分录：

借：未分配利润（年初） 565 070　　①
　　应付债券 570 885
　　贷：持有至到期投资 1 135 955

（2）将本年应付债券与持有至到期投资相互抵销，其抵销差额转为财务费用。

借：应付债券（60 569 621 – 570 885） 59 998 736　　②
　　贷：持有至到期投资（60 546 155 – 1 135 955） 59 410 200
　　　　财务费用（59 998 736 – 59 410 200） 588 536

（3）将本年内部公司债券相关的应收利息与应付利息相互抵销。

借：应付利息 3 600 000　　③
　　贷：应收利息 3 600 000

（4）将本年内部公司债券相关的投资收益与财务费用相互抵销，其抵销差额转为财务费用。

借：投资收益 2 467 160　　④
　　财务费用 588 536
　　贷：财务费用 3 055 696

根据上述合并抵销处理分录，编制 E 公司和 F 公司 20×4 年合并工作底稿（局部）如表 10-30 所示。

表 10-30　　　　　　　　　　合并工作底稿（局部）
20×4 年度　　　　　　　　　　　　　单位：元

项　　目	E 公司	F 公司	合计	抵销分录 借方	抵销分录 贷方	少数股东权益	合并数
资产负债表项目							
……							
应收利息		3 600 000	3 600 000		3 600 000③		0
……							
持有至到期投资		60 546 155	60 546 155		1 135 955① 59 410 200②		0
……							
应付利息	3 600 000		3 600 000	3 600 000③			0
……							

续表

项　　目	E公司	F公司	合计	抵销分录 借方	抵销分录 贷方	少数股东权益	合并数
应付债券	60 569 621		60 569 621	570 885① 59 998 736②			0
……							
利润表项目							
营业收入							
……							
财务费用	3 055 696		3 055 696	588 536④ 588 536	588 536② 3 055 696④ 3 644 232		0
……							
投资收益		2 467 160	2 467 160	2 467 160④			0
……							
净利润	-3 055 696	2 467 160	-588 536	3 055 696	3 644 232		0
股东权益变动表项目							
未分配利润（年初）	-6 187 915	5 063 355	-1 124 560	565 070①			-1 689 630
……							
未分配利润（年末）	-9 243 611	7 530 515	-1 713 096	3 620 766	3 644 232		1 689 630

例 10-10：接例 10-8。G 公司和 H 公司 20×3 年度财务报表应付债券、持有至到期投资相关项目数据见合并工作底稿。G 公司该公司债券系 20×1 年 1 月 1 日以 62 596 200 元的价格发行；G 公司发行的该公司债券面值总额为 60 000 000 元，系 5 年期，分年付息到期一次还本的债券，票面年利率为 6%，债券利息于次年 1 月 1 日支付，最后一年利息连同本金于当年 12 月 31 日支付。

根据上述资料，编制 G 公司和 H 公司应付债券与持有至到期投资相关的合并抵销分录如下：

（1）根据以前年度（20×2 年度）应付债券与持有至到期投资抵销处理对年初未分配利润的影响，调整年初未分配利润。

　　借：应付债券　　　　　　　　　　　　　　　3 206 636　　　①
　　　　贷：未分配利润（年初）　　　　　　　　　　　　3 206 636
　　借：未分配利润（年初）　　　　　　　　　　　4 057 754
　　　　贷：未分配利润（年初）　　　　　　　　　　　　4 057 754

（2）将本年应付债券与持有至到期投资相互抵销，其抵销差额转为财务费用。

　　借：应付债券（61 632 310 - 3 206 636）　　　　57 907 289　　　②

财务费用（58 915 471 - 57 907 289） 1 008 182
　　贷：持有至到期投资 58 915 471

（3）将本年内部公司债券相关的应收利息与应付利息相互抵销。
借：应付利息 3 600 000 ③
　　贷：应收利息 3 600 000

（4）将本年内部公司债券相关的投资收益与财务费用相互抵销，其抵销差额转为财务费用。
借：投资收益 4 089 797 ④
　　贷：财务费用 3 081 615
　　　　财务费用 1 008 182

根据上述合并抵销处理分录，编制G公司和H公司20×3年合并工作底稿（局部）如表10-31所示。

表10-31　　　　　　　　　合并工作底稿（局部）
20×3年度　　　　　　　　　　　　　　　　　　　　单位：元

项目	G公司	H公司	合计	抵销分录 借方	抵销分录 贷方	少数股东权益	合并数
资产负债表项目							
……							
应收利息		3 600 000	3 600 000		3 600 000③		0
……							
持有至到期投资		58 915 471	58 915 471		58 915 471②		0
……							
应付利息	3 600 000		3 600 000	3 600 000③			0
……							
应付债券	61 113 925		61 113 925	3 206 636① 57 907 289②			0
……							
利润表项目							
营业收入							
……							
财务费用	3 081 615		3 081 615	1 008 182②	3 081 615④ 1 008 182④		0
……							
投资收益		4 089 797	4 089 797	4 089 797④			0
……							

续表

项目	G公司	H公司	合计	抵销分录 借方	抵销分录 贷方	少数股东权益	合并数
净利润	-3 081 615	4 089 797	1 008 182	5 097 979	4 089 797		0
股东权益变动表项目							
未分配利润（年初）	-3 106 300	4 057 754	951 454		3 206 636①		4 158 090
……							
未分配利润（年末）	-6 187 915	8 147 551	1 959 636	5 097 979	7 296 433		4 158 090

G公司和H公司20×4年度财务报表应付债券、持有至到期投资相关项目数据见合并工作底稿。

根据上述资料，编制G公司和H公司应付债券与持有至到期投资相关的合并抵销分录如下：

（1）根据以前年度（20×2年度和20×3年度）应付债券与持有至到期投资抵销处理对本年初未分配利润的影响，调整本年初未分配利润。

根据20×2年度相关抵销处理对本年年初未分配利润的影响，调整本年年初未分配利润。

  借：应付债券   3 206 636
    贷：未分配利润（年初）   3 206 636
  借：未分配利润（年初）   4 057 754
    贷：未分配利润（年初）   4 057 754

根据20×3年度相关抵销处理对本年年初未分配利润的影响，调整本年年初未分配利润。

  借：未分配利润（年初）   1 008 182
    贷：持有至到期投资   1 008 182
  借：未分配利润（年初）   4 089 797
    贷：未分配利润（年初）   4 089 797

上述四笔抵销分录，可以合并为以下抵销分录：

  借：应付债券   2 198 454 ①
    贷：未分配利润（年初）   2 198 454

（2）将本年应付债券与持有至到期投资相互抵销，其抵销差额转为财务费用。

  借：应付债券（61 632 310 - 2 198 454）   58 371 167 ②
    财务费用（59 439 554 - 58 371 167）   1 068 387
    贷：持有至到期投资   59 439 554

（3）将本年内部公司债券相关的应收利息与应付利息相互抵销。

借：应付利息　　　　　　　　　　　　3 600 000　　　　③
　　　贷：应收利息　　　　　　　　　　　　　　　　3 600 000

（4）将本年内部公司债券相关的投资收益与财务费用相互抵销，其抵销差额转为财务费用。

借：投资收益　　　　　　　　　　　　4 124 083　　　　④
　　　贷：财务费用　　　　　　　　　　　　　　　　3 055 696
　　　　　财务费用　　　　　　　　　　　　　　　　1 068 387

根据上述合并抵销处理分录，编制 G 公司和 H 公司 20×4 年合并工作底稿（局部）如表 10-32 所示。

表 10-32　　　　　　　　　　合并工作底稿（局部）

20×4 年度　　　　　　　　　　　　　　　　　　　　　　单位：元

项　目	G 公司	H 公司	合计	抵销分录 借方	抵销分录 贷方	少数股东权益	合并数
资产负债表项目							
……							
应收利息		3 600 000	3 600 000		3 600 000③		0
……							
持有至到期投资		59 439 554	59 439 554		59 439 554②		0
……							
应付利息	3 600 000		3 600 000	3 600 000③			0
……							
应付债券	60 569 621		60 569 621	2 198 454① 58 371 167②			0
……							
利润表项目							
营业收入							
……							
财务费用	3 055 696		3 055 696	1 068 387②	3 055 696④ 1 068 387④ 4 124 083		0
……							
投资收益		4 124 083	4 124 083	4 124 083④			0
……							
净利润	-3 055 696	4 124 083	1 068 387	5 192 470	4 124 083		0
股东权益变动表项目							
未分配利润（年初）	-6 187 915	8 147 551	1 959 636	2 198 454①			4 158 090

续表

项目	G公司	H公司	合计	抵销分录		少数股东权益	合并数
				借方	贷方		
……							
未分配利润（年末）	-9 243 611	12 271 634	3 028 023	5 192 470	6 322 537		4 158 090

四、成员企业间接取得其他成员企业发行的公司债券到期偿付期间的合并处理

如上所述，在内部交易公司债券到期偿付期间编制合并财务报表时，首先应当将以前期间实际利息费用（财务费用）与投资收益对本期期初未分配利润的影响予以抵销，调整期初未分配利润；其次应当将发行公司债券企业因该内部交易公司债券本期确认的实际利息费用（财务费用）与持有企业因持有该公司债券确认的投资收益予以抵销。

对于按以前期间实际利息费用（财务费用）与投资收益抵销对本期期初未分配利润的影响而调整期初未分配利润，由于以前期间发行企业因该内部公司债券累计确认的实际利息费用（财务费用）与持有该公司债券企业因该内部公司债券累计确认的投资收益之间存在差异，其合并抵销处理可能涉及应付债券和持有至到期投资项目。在按以前期间实际利息费用（财务费用）与投资收益抵销而调整期初未分配利润的同时，对于因该合并抵销处理所产生的"应付债券"项目和"持有至到期投资"项目的金额，也应一并抵销将其转作财务费用处理。进行这一合并抵销处理时，按调整期初未分配利润所产生的应付债券项目的金额，借记或贷记"应付债券"项目，按所产生的持有至到期投资项目的金额，借记或贷记"持有至到期投资"项目，按借方与贷方之间的差额，借记或贷记"财务费用"项目。

对于内部交易公司债券本期确认的实际利息费用（财务费用）与持有企业因持有该公司债券确认的投资收益的抵销，由于如上所述两者之间存在差异，进行抵销处理时应当将两者之间的差额转作财务费用。进行合并抵销处理时，按持有该公司债券企业因持有该公司债券确认的投资收益的金额，借记"投资收益"项目，按发行公司债券公司本期因该公司债券确认的财务费用的金额，贷记"财务费用"项目，按两者之间的差额，借记或贷记"财务费用"项目。

例 10-11：接例 10-9。E公司和F公司 20×5 年度财务报表应付债券、持有至到期投资相关项目数据见合并工作底稿。E公司发行的该债券系 5 年期，分年付息到期一次还本的债券，票面年利率为 6%，债券利息于次年 1 月 1 日支付，

最后一年利息连同本金于当年 12 月 31 日支付。E 公司该公司债券实际发行价格为 62 596 200 元，其他相关资料见例 10-7、例 10-9。

根据上述资料，编制 E 公司和 F 公司应付债券与持有至到期投资相关的 20×5 年合并抵销分录如下：

（1）根据以前年度（20×2 年度、20×3 年度和 20×4 年度）应付债券与持有至到期投资抵销对本年年初未分配利润的累计影响，调整本年年初未分配利润。

根据 20×2 年度相关抵销处理对本年年初未分配利润的影响，调整本年年初未分配利润。

借：未分配利润（年初）　　　　　　　　　　　　　1 135 955
　　贷：持有至到期投资　　　　　　　　　　　　　　1 135 955
借：未分配利润（年初）　　　　　　　　　　　　　3 106 300
　　贷：未分配利润（年初）　　　　　　　　　　　　3 106 300

根据 20×3 年度相关抵销处理对本年年初未分配利润的影响，调整本年年初未分配利润。

借：应付债券　　　　　　　　　　　　　　　　　　570 885
　　贷：未分配利润（年初）　　　　　　　　　　　　570 885
借：未分配利润（年初）　　　　　　　　　　　　　3 081 615
　　贷：未分配利润（年初）　　　　　　　　　　　　3 081 615

根据 20×4 年度相关抵销处理对本年年初未分配利润的影响，调整本年年初未分配利润。

借：应付债券　　　　　　　　　　　　　　　　　　588 536
　　贷：财务费用　　　　　　　　　　　　　　　　　588 536
借：未分配利润（年初）　　　　　　　　　　　　　3 055 696
　　贷：未分配利润（年初）　　　　　　　　　　　　3 055 696

上述六笔抵销分录，可以合并为以下抵销分录：

借：应付债券　　　　　　　　　　　　　　　　　　1 159 421　　①
　　贷：持有至到期投资　　　　　　　　　　　　　　1 135 955
　　　　未分配利润（年初）　　　　　　　　　　　　　23 466

（2）将本年应付债券与持有至到期投资相互抵销，其抵销差额转为财务费用。

借：持有至到期投资　　　　　　　　　　　　　　　1 135 955　　②
　　财务费用　　　　　　　　　　　　　　　　　　　　23 466
　　贷：应付债券　　　　　　　　　　　　　　　　　1 159 421

（3）将本年内部公司债券相关的投资收益与财务费用相互抵销，其抵销差额转为财务费用。

借：投资收益　　　　　　　　　　　　3 053 845　　　③
　　贷：财务费用　　　　　　　　　　　　　　　3 030 379
　　　　财务费用　　　　　　　　　　　　　　　　　23 466

根据上述合并抵销处理分录，编制 E 公司和 F 公司 20×5 年合并工作底稿（局部）如表 10-33 所示。

表 10-33　　　　　　　　　　合并工作底稿（局部）
20×5 年度　　　　　　　　　　　　　　　　　　　　　单位：元

项　目	E 公司	F 公司	合计	抵销分录		少数股东权益	合并数
				借方	贷方		
资产负债表项目							
……							
应收利息							0
……							
持有至到期投资		0		1 135 955②	1 135 955①		0
……							
应付利息							0
……							
应付债券		0		1 159 421①	1 159 421②		0
……							
利润表项目							
营业收入							
……							
财务费用	3 030 379		3 030 379	23 466②	3 030 379③ 23 466③ 3 053 845		0
……							
投资收益		3 053 845	3 053 845	3 053 845③			0
……							
净利润	-3 030 379	3 053 845	23 466	3 077 311	3 053 845		0
股东权益变动表项目							
未分配利润（年初）	-9 243 611	7 530 515	-1 713 096		23 466①		-1 689 630
……							
未分配利润（年末）	-12 273 990	10 584 360	-1 689 630	3 077 311	3 077 311		-1 689 630

例 10-12：接例 10-10。G 公司和 H 公司 20×5 年度财务报表应付债券、持有至到期投资相关项目数据见合并工作底稿。G 公司该公司债券系 20×1 年 1

月 1 日以 62 596 200 元的价格发行的；该公司债券面值总额为 60 000 000 元，系 5 年期，分年付息到期一次还本的债券，票面年利率为 6%，债券利息于次年 1 月 1 日支付，最后一年利息连同本金于当年 12 月 31 日支付。W 公司于当日以 62 596 200 元的价格购买 G 公司发行全部公司债券。

根据上述资料，编制 G 公司和 H 公司应付债券与持有至到期投资相关的合并抵销分录如下：

（1）根据以前年度（20×2 年度、20×3 年度和 20×4 年度）应付债券与持有至到期投资抵销对本年年初未分配利润的累计影响，调整本年年初未分配利润。

根据 20×2 年度相关抵销处理对本年年初未分配利润的影响，调整本年年初未分配利润。

  借：应付债券   3 206 636
    贷：未分配利润（年初）   3 206 636
  借：未分配利润（年初）   4 057 754
    贷：未分配利润（年初）   4 057 754

根据 20×3 年度相关抵销处理对本年年初未分配利润的影响，调整本年年初未分配利润。

  借：未分配利润（年初）   1 008 182
    贷：持有至到期投资   1 008 182
  借：未分配利润（年初）   4 089 797
    贷：未分配利润（年初）   4 089 797

根据 20×4 年度相关抵销处理对本年年初未分配利润的影响，调整本年年初未分配利润。

  借：财务费用   1 068 387
    贷：持有至到期投资   1 068 387
  借：未分配利润（年初）   4 124 083
    贷：未分配利润（年初）   4 124 083

上述六笔抵销分录，可以合并为以下抵销分录：

  借：应付债券   1 130 067 ①
    贷：未分配利润（年初）   1 130 067

（2）将本年应付债券与持有至到期投资相互抵销。

  借：财务费用   1 130 067 ②
    贷：应付债券   1 130 067

（3）将本年内部公司债券相关的投资收益与财务费用相互抵销，其抵销差额转为财务费用。

借：投资收益　　　　　　　　　　　　　　　　　4 160 446　　③
　　贷：财务费用　　　　　　　　　　　　　　　　　3 030 379
　　　　财务费用　　　　　　　　　　　　　　　　　1 130 067

根据上述合并抵销处理分录，编制 G 公司和 H 公司 20×5 年合并工作底稿（局部）如表 10-34 所示。

表 10-34　　　　　　　　　合并工作底稿（局部）
20×5 年度　　　　　　　　　　　　　　　　单位：元

项　目	G 公司	H 公司	合计	抵销分录 借方	抵销分录 贷方	少数股东权益	合并数
资产负债表项目							
……							
应收利息							0
……							
持有至到期投资							0
……							
应付利息							0
……							
应付债券	0		0	1 130 067①	1 130 067②		0
……							
利润表项目							
营业收入							
……							
财务费用	3 030 379		3 030 379	1 130 067②	3 030 379③ 1 130 067③ 4 160 446		0
……							
投资收益		4 160 446	4 160 446	4 160 446③			0
……							
净利润	-3 030 379	4 160 446	1 130 067	5 290 513	4 160 446		0
股东权益变动表项目							
未分配利润（年初）	-9 243 611	12 271 634	3 028 023		1 130 067①		4 158 090
……							
未分配利润（年末）	-12 273 990	16 432 080	4 158 090	5 290 513	5 290 513		4 158 090

第十一章

所得税会计相关的合并处理

第一节 所得税会计概述

一、所得税会计的基本原理

所得税会计产生于所得税作为一项费用的认识。所得税作为一项费用，则涉及收入与费用的配比问题。从理论上来说，所得税是企业获取政府提供的公共服务而支付的一项费用，而企业一定期间上交所得税的金额是与一定期间实现的利润总额相联系的。一般说来，有利润则须向国家交所得税，无利润则不向国家交所得税。

所得税会计也产生于会计准则制度与所得税法规定的分离。企业一定期间的利润总额总是基于一定法规的规定计算得出的，如企业按照国家会计准则制度的规定进行会计核算，计算确定一定期间的利润。对企业征收的企业所得税，则是基于所得税法的相关规定计算确定一定期间的应纳税所得额，再按其适用的税率计算交纳的。在会计准则制度的规定与所得税法的规定一致的情况下，按照会计准则制度进行会计核算计算得出的利润总额（以下简称为"会计利润"）与按所得税法相关规定计算确定的应纳税所得额（以下简称"纳税所得"）一致，所以不存在所得税会计问题。而当会计准则制度的规定与所得税法的规定存在差异的情况下，企业的会计利润与纳税所得则可能不一致。由于会计上的权责发生制原则，要求一定期间的收入与费用相配比，作为费用的所得税费用同样必须按照权责发生制的要求进行处理。当纳税所得大于会计利润时，企业当期缴纳的所得税并不能全部作为当期的所得税费用，而只能是按照权责发生制原则符合配比要求的与当期利润总额相关的金额，才能作为企业当期的所得税费用；而当会计利润小于当期纳税所得时，也不能仅仅以当期缴纳所得税金额作为当期所得税费用，同样必须根据权责发生制原则的要求，将与当期会计利润相配比的金额作为当期所得税费用。因此，需要对当期纳税所得计算的应纳所得税额与按会计利润计算确定的所得税费用之间的差额进行相应的会计处理，由此导致所得税会计问题的产生。

导致一定期间会计利润与纳税所得产生差异的原因很多。对于这些差异，根据所得税会计所采用的理论基础，可以从不同角度对其进行分析。根据我国现行企业会计准则，我国对所得税的会计核算采用资产负债表债务法。按照资产负债表债务法，两者之间产生差异的一个重要原因是资产或负债的账面价值与其计税基础不同所导致的。这里资产或负债的账面价值是指企业按照相关会计准则的规定进行核算后在资产负债表中列示资产或负债的金额。计税基础是指按所得税法相关的规定计算确定的资产、负债的金额。

资产负债表债务法是从资产负债表出发，通过比较资产负债表上列示的资产、负债的账面价值与按照所得税法相关规定确定的计税基础，对于两者之间的差额确认相关的递延所得税资产或递延所得税负债，以此调节当期所得税费用。从资产负债表角度考虑，资产的账面价值代表的是在持续持有及最终处置某项资产的期间内，通过未来经营活动转化为未来期间费用的总额，如存货的账面价值是在未来期间通过销售而转化为销售成本的数额。资产的计税基础则代表的是按照税法规定通过该资产使用可以用于税前扣除的总额。

在一般情况下，资产在取得时其账面价值与计税基础是一致的，不存在差异，差异的产生是由于投入使用后到目前为止的期间该资产账面价值多抵减或少抵减，即多计入费用还是少计入费用的结果。资产负债表日某项资产的账面价值小于其计税基础的，则表明以前会计期间和本期该资产在会计上计入费用的金额高于以前期间计算交纳所得税时已抵扣的金额；从未来会计期间来讲，则表明该项资产在未来期间转化为费用的总额低于按照所得税法规定允许税前扣除的金额，也就是说未来期间计入费用的金额低于按所得税法允许抵扣的金额。在该资产的存续期间，假定收入总额一定的情况下，使得以前会计期间会计利润小于应纳税所得额，按会计上收入费用配比要求，会计利润所负担的所得税费用应当小于其应交所得税金额；而在该资产存续的未来会计期间，则导致未来一定期间会计利润大于当期应纳税所得额，当期会计利润所负担的所得税费用应当大于其相应期间的应交所得税。这样，在该资产存续期间的前期，由于所得税费用小于相应期间应交所得税的金额，则应当确认相应的递延所得税资产；在以后的期间应将以前期间确认的递延所得税资产予以转销。通过这种前期确认递延所得税资产，后期转销递延所得税资产，在各期计算确定的应交所得税金额的基础上，对会计上的所得税费用进行调节，使各期所负担的所得税费用与其会计利润相配比。

当某项资产的账面价值大于其计税基础时，则表明以前会计期间和本期该资产在会计上计入费用的金额低于以前期间计算交纳所得税时已抵扣的金额；从未来会计期间来讲，则表明该项资产在未来期间转化为费用的总额高于按照所得税法规定允许税前扣除的金额，也就是说未来期间计入费用的金额大于按所得税法允许抵扣的金额。在该资产的存续期间，假定收入总额一定的情况下，使得以前会计期间会计利润大于应纳税所得额，按会计上的收入费用配比要求，会计利润所负担的所得税费用应当大于其应交所得税金额；而在该资产存续的未来会计期间，则导致未来一定期间会计利润小于当期应纳税所得额，当期会计利润所负担的所得税费用应当小于其相应期间的应交所得税。这样，在该资产存续期间的前期，由于所得税费用大于相应期间应交所得税的金额，则应当确认相应的递延所得税负债，在以后的期间则应将以前期间确认的递延所得税负债予以转销。通过这种前期确认递延所得税负债，后期转销递延所得税负债，在各期计算确定的应交所得税金额的基础上，对会计上的所得税费用进行调节，使各期所负担的所得税费用与其会计利润相配比。

二、所得税会计的一般程序

采用资产负债表债务法核算所得税的情况下，企业一般应在每一资产负债表日进行所得税会计的核算。发生特殊交易或事项时，如企业合并，在确认因交易或事项取得的资产、负债时即应确认相关的所得税影响。企业进行所得税会计一般应遵循以下程序：

（1）根据企业会计准则的相关规定，确定资产负债表中资产和负债项目（不包括递延所得税资产和递延所得税负债项目）的账面价值。

（2）根据所得税法的相关规定，计算确定资产负债表中有关资产、负债项目的计税基础。

（3）将各资产、负债的账面价值与其计税基础进行比较，对于存在着差异的，分析其差异的性质，除准则中规定的特殊情况外，分别将其认定为应纳税暂时性差异与可抵扣暂时性差异，确定资产负债表日递延所得税负债和递延所得税资产的应有金额；然后将其与期初递延所得税资产和递延所得税负债的账面余额比较，确定当期应增加或减少确认的递延所得税资产和递延所得税负债的金额。

（4）按照所得税法相关规定计算确定当期应交税所得额，并按其适用的所得税税率计算确认当期应交所得税。

（5）在计算确定应交所得税的基础上，根据当期确认增加或减少的递延所得税资产或递延所得税负债的金额，调整确定当期所得税费用。

三、计税基础的确定

所得税会计核算的关键，在于确定资产、负债的计税基础。在确定资产、负债的计税基础时，应严格遵循税收法规中对资产的税务处理以及可税前扣除的费用等规定进行。

1. 资产的计税基础

资产的计税基础，是指某一资产在其使用和回收过程中计算应纳税所得额时，按照税法规定可以从纳税所得中抵扣的金额，即某一项资产在未来期间计税时按照税法规定可以税前扣除的金额。从税收的角度考虑，资产的计税基础是假定企业按照税法规定进行核算所提供的资产负债表中相关资产的应有金额。在初始确认时，资产的计税基础一般为取得成本；在资产持续持有的过程中，其计税基础则是指资产的取得成本减去以前期间按照税法规定已经税前扣除的金额后的余额，代表着按照税法规定该资产在未来期间计税时仍然可以税前扣除的金额。

（1）固定资产。固定资产初始确认时其账面价值一般等于计税基础。固定资产在持有期间进行后续计量时，其会计计量确定账面价值方法为"成本－累计折旧－固定资产减值准备"；税务上确定其计税基础的方法则为"成本－按照税法规定已在以前期间税前扣除的折旧额"。由于会计准则与税法相关规定的不同，固定资产的账面价值与计税基础的差异主要产生于折旧方法、折旧年限的不同以及固定资产减值准备的提取等原因。

（2）无形资产。无形资产初始确认时入账价值与其计税基础基本一致。在后续计量时，其账面价值与计税基础之间的差异主要产生于无形资产摊销及其减值处理等。

（3）以公允价值计量且其变动计入当期损益的金融资产。以公允价值计量且其变动计入当期损益的金融资产，在初始确认时其账面价值与计税基础一致。持有后其在资产负债表日的账面价值为公允价值，而其计税基础则为其取得成本，导致其账面价值与计税基础之间发生差异。

（4）其他资产。因会计准则规定与税收相关法规规定不同，企业持有的其他资产的账面价值与计税基础之间可以存在差异，如投资性房地产、计提资产减值准备的存货、应收款项等资产。

2. 负债的计税基础

负债的计税基础，是指负债的账面价值减去未来期间计算应纳税所得额时，按照税法相关规定可予抵扣的金额。负债项目中可能涉及其账面价值与计税基础之间存在差异的主要有企业因销售商品提供售后服务等原因确认的预计负债、预收账款、应付职工薪酬等项目。

3. 特殊交易或事项中产生资产、负债计税基础的确定

对于某些特殊交易，如企业合并过程中取得的资产、负债，由于会计准则与税收相关法规对企业合并的划分标准不同，处理原则不同，某些情况下企业合并中取得的资产、负债的入账价值与其计税基础也可能存在差异。

四、暂时性差异

暂时性差异是指资产、负债的账面价值与其计税基础不同产生的差额，按照其对未来期间应纳税所得额影响的不同，暂时性差异分为应纳税暂时性差异和可抵扣暂时性差异。

1. *应纳税暂时性差异*

应纳税暂时性差异，是指在确定未来收回资产或清偿负债期间的应纳税所得额时，将导致产生应税金额的暂时性差异。该差异在未来期间转回时，会增加转回期间的应纳税所得额，即在未来期间不考虑该事项影响的应纳税所得额的基础上，由于该暂时性差异的转回，会进一步增加转回期间的应纳税所得额和应交所得税金额。在应纳税暂时性差异产生当期，应当确认相关的递延所得税负债。

应纳税暂时性差异通常产生于以下情况：①资产的账面价值大于其计税基础。②负债的账面价值小于其计税基础。

2. *可抵扣暂时性差异*

可抵扣暂时性差异是指在确定未来收回资产或清偿负债期间的应纳税所得额时，将导致产生可抵扣金额的暂时性差异。该差异在未来期间转回时会减少转回期间的应纳税所得额，减少未来期间的应交所得税。在可抵扣暂时性差异产生当期，应当确认相关的递延所得税资产。

可抵扣暂时性差异一般产生于以下情况：①资产的账面价值小于其计税基础。②负债的账面价值大于其计税基础。

3. *特殊项目产生的暂时性差异*

（1）未作为资产、负债确认的项目产生的暂时性差异。如企业在开始正常的生产经营活动以前发生的筹建等费用，在会计核算中并不体现为资产负债表上的资产，但按所得税法该类费用可以在开始正常生产经营活动后的 5 年内分期摊销，在税前扣除，其差异也形成暂时性差异。

（2）可抵扣亏损及税款抵减产生的暂时性差异。对于按照税法相关规定可以结转以后年度的未弥补亏损及税款抵减，虽不是因资产、负债的账面价值与计税基础不同产生的，但本质上可抵扣亏损和税款抵减与可抵扣暂时性差异具有同样的作用，能够减少未来期间的纳税所得额，进而减少未来期间的应交所得税，因此在会计处理上应当视同可抵扣暂时性差异，在企业预计未来期间能够产生足够

的应纳税所得额利用该可抵扣亏损时,应确认相关的递延所得税资产。

五、递延所得税负债和递延所得税资产的确认

在计算确定应纳税暂时性差异与可抵扣暂时性差异后,企业应当确认与应纳税暂时性差异相关的递延所得税负债以及与可抵扣暂时性差异相关的递延所得税资产。

(一) 递延所得税负债的确认和计量

应纳税暂时性差异在转回期间将增加企业的应纳税所得额和应交所得税,构成企业应支付税金的义务,在会计上应作为负债确认。确认应纳税暂时性差异产生的递延所得税负债时,交易或事项发生时影响到会计利润或应纳税所得额的,相关的所得税影响应作为利润表中所得税费用的组成部分;与直接计入所有者权益的交易或事项相关的,其相关的所得税影响应减少所有者权益;与非同一控制下的企业合并中取得资产、负债相关的,递延所得税影响应调整购买日应确认的商誉或计入当期损益。

1. 递延所得税负债的确认

企业在确认因应纳税暂时性差异产生的递延所得税负债时,对于所有的应纳税暂时性差异均应确认递延所得税负债,除与直接计入所有者权益的交易或事项以及企业合并中取得资产、负债相关的以外,在确认递延所得税负债的同时,应增加当期的所得税费用。

除特殊情况外,企业应尽可能地确认与应纳税暂时性差异相关的递延所得税负债。但在下列情况下,资产、负债的账面价值与其计税基础之间的差异形成应纳税暂时性差异的,现行企业会计准则规定不确认与其相关的递延所得税负债。这类情况主要包括:①商誉的初始确认。非同一控制下的企业合并中,企业合并成本大于合并中取得的被购买方可辨认净资产公允价值份额的差额,按照会计准则规定应确认为商誉。在免税合并的情况下,对于商誉的账面价值与其计税基础不同产生的应纳税暂时性差异,准则中不确认与其相关的递延所得税负债。②某些交易或事项发生时既不影响会计利润,也不影响应纳税所得额,其产生的资产、负债的初始确认金额与其计税基础之间的差异,形成应纳税暂时性差异的,在该交易或事项发生时不确认相应的递延所得税负债。③与子公司、联营企业、合营企业投资等相关的应纳税暂时性差异,一般应确认相应的递延所得税负债,但同时满足下列条件的,则可以不确认与其相关的递延所得税负债。其条件为:投资企业能够控制暂时性差异转回的时间;该暂时性差异在可预见的未来很可能不会转回。企业按照上述条件不确认与联营企业、合营企业投资相关的递延所得

税负债时，应有明确的证据表明其能够控制有关暂时性差异转回的时间。满足能够控制暂时性差异转回时间的条件，一般是通过与其他投资者签订协议等，达到能够控制被投资单位利润分配政策等的情况。

2. 递延所得税负债的计量

在每一资产负债表日，递延所得税负债应以相关应纳税暂时性差异转回期间按照所得税法规定的适用所得税税率进行计量。根据现行企业会计准则，递延所得税负债计量时不要求进行折现，不要求按其折现值进行计量。

（二）递延所得税资产的确认和计量

1. 递延所得税资产的确认

资产、负债的账面价值与其计税基础不同产生可抵扣暂时性差异的，在估计未来期间能够取得足够的应纳税所得额用以利用该可抵扣暂时性差异时，应当确认相关的递延所得税资产。与递延所得税负债的确认相同，相关交易或事项发生时对会计利润或纳税所得额产生影响的，所确认的递延所得税资产应作为所得税费用的调整处理；有关的可抵扣暂时性差异产生于直接计入所有者权益的交易或事项，则确认的递延所得税资产应计入所有者权益；企业合并中取得的有关资产、负债产生的可抵扣暂时性差异，其所得税影响应调整企业合并中所确认的商誉或计入当期损益。

递延所得税资产的确认应以未来期间可能取得的应纳税所得额为限。在可抵扣暂时性差异转回的未来期间内，企业无法产生足够的应纳税所得额用以利用可抵扣暂时性差异的影响，使得与可抵扣暂时性差异相关的经济利益无法实现的，则不应确认递延所得税资产。企业有明确的证据表明其在可抵扣暂时性差异转回的未来期间，能够产生足够的应纳税所得额，进而能够利用可抵扣暂时性差异的，则应以可能取得的应纳税所得额为限，确认相关的递延所得税资产。在判断企业在可抵扣暂时性差异转回的未来期间是否能够产生足够的应纳税所得额时，应考虑：①通过正常的生产经营活动能够实现的应纳税所得额，如企业通过销售商品、提供劳务等所实现的收入，扣除有关的成本费用等支出后的金额。该部分情况的预测应当以经企业管理层批准的最近财务预算或预测数据，以及该预算或者预测期之后年份稳定的或者递减的增长率为基础。②以前期间产生的应纳税暂时性差异在未来期间转回时将增加的应纳税所得额。

对与子公司、联营企业、合营企业的投资相关的可抵扣暂时性差异，同时满足下列条件的，应当确认相应的递延所得税资产。其条件为：①该暂时性差异在可预见的未来很可能转回。②未来很可能获得用来抵扣可抵扣暂时性差异的应纳税所得额。对联营企业和合营企业等的投资产生的可抵扣暂时性差异，主要产生于权益法下被投资单位发生亏损的情况，也可能产生在对长期股权投资计提减值准备的情况。

对于按照税法规定可以结转以后年度的未弥补亏损和税款抵减,应视同可抵扣暂时性差异处理,确认相应的递延所得税资产,同时减少确认当期的所得税费用。

某项交易或事项不属于企业合并,且交易发生时既不影响会计利润也不影响应纳税所得额,该项交易产生的资产、负债的初始确认金额与其计税基础之间的差异形成可抵扣暂时性差异的,在交易或事项发生时不确认相应的递延所得税资产。

2. 递延所得税资产的计量

与递延所得税负债的计量原则相同,确认递延所得税资产时,应当以预期收回该资产期间的适用所得税税率为基础计算确定。无论相关的可抵扣暂时性差异转回期间如何,递延所得税资产的计量不要求折现。

3. 递延所得税资产的减值

企业应当对递延所得税资产的账面价值进行复核。企业在确认递延所得税资产后,因情况变化导致在可抵扣暂时性差异转回的期间内,无法产生足够的纳税所得额用以利用可抵扣暂时性差异,使得与递延所得税资产相关的经济利益无法全部实现的,对于预期无法实现的部分,应当减记递延所得税资产的账面价值。减记的递延所得税资产,其减记的金额,除原计入所有者权益的递延所得税资产相关的减记金额计入所有者权益外,应增加所得税费用。在以后期间,根据新的情况判断能够产生足够的纳税所得额利用可抵扣暂时性差异,使得递延所得税资产包含的经济利益能够实现的,应相应恢复递延所得税资产的账面价值。

六、所得税费用的确认和计量

企业核算所得税主要是为确定当期应交所得税以及利润表中应确认的所得税费用。确认递延所得税资产和递延所得税负债,最终目的也是为了解决不同会计期间所得税费用的分配和配比问题。根据现行企业会计准则,企业当期的所得税费用,应当首先根据所得税法的相关规定,调整计算确定本期的纳税所得额,按照其所适用的所得税税率计算当期应交的所得税,在此基础上再根据当期确认的递延所得税资产和递延所得税负债的金额,调整计算当期计入利润表中的所得税费用。

1. 当期所得税

当期所得税是指企业按照税法规定计算确定的相对于当期发生的交易和事项,应交纳给税务部门的所得税金额,即应交所得税。当期所得税应以适用的税收法规为基础计算确定。企业在确定当期所得税时,对于当期发生的交易或事项，会计处理与税收处理不同的，应在会计利润的基础上，按照适用税收法规的规定进行调整，计算出当期应纳税所得额，按照应纳税所得额与适用所得税税率，计算确定当期应交所得税。

2. 递延所得税

递延所得税是指按照企业会计准则规定应予确认的递延所得税资产和递延所得税负债在期末应有的金额与原已确认金额之间的差额，即递延所得税资产及递延所得税负债当期发生额的最终结果，不包括计入所有者权益的递延所得税资产和递延所得税负债的影响。用公式表示即为：

递延所得税 = 当期递延所得税负债的增加额 + 当期递延所得税资产的减少额
　　　　　　－ 当期递延所得税负债的减少额 － 当期递延所得税资产的增加额

3. 所得税费用

计算确定当期所得税及递延所得税以后，利润表中应予确认的所得税费用为两者之和，即：

所得税费用 = 当期所得税 + 递延所得税

第二节　内部债权债务抵销相关的所得税会计的合并处理

对于应收账款等内部债权来说，在不计提坏账准备的情况下，其发生时确认的金额就是其账面价值，按所得税法相关规定也是其计税基础。按照现行企业会计准则的规定，企业对于包括内部应收款项在内的应收款项，应根据其情况计提坏账准备，确认相应的资产减值损失。对应收款项计提坏账准备，则导致其应收款项的账面价值发生变动，以低于原发生时确认入账的金额作为新账面价值。由此导致与其计税基础存在差异，并产生暂时性差异。对于这一暂时性差异，企业应当确认相应的递延所得税资产，调整当期所得税费用，并在其个别财务报表列示。

一、初次编制合并财务报表时内部应收款项相关的所得税会计的合并处理

在编制合并财务报表时，随着内部债权债务的抵销，内部应收款项计提的坏账准备也必须予以抵销。对其进行合并抵销处理后，合并财务报表中该内部应收款项已不存在，由内部应收款项账面价值与计税基础之间的差异所形成的暂时性差异也不复存在。在编制合并财务报表时，对持有该内部应收款项的企业因该暂时性差异确认的递延所得税资产则需要予以抵销。

例 11-1：甲公司为 A 公司的母公司，甲公司已将 A 公司纳入合并财务报表的合并范围。甲公司本期个别资产负债表应收账款中有 1 700 万元为应收 A 公司账款。该应收账款账面余额为 1 800 万元，甲公司当年对其计提坏账准备 100 万元。A 公司本期个别资产负债表中列示有应付甲公司账款 1 800 万元。甲公司和 A 公司适用的所得税税率均为 25%。

甲公司在编制合并财务报表时，其合并抵销处理如下：

(1) 将内部应收账款与应付账款相互抵销，其抵销分录如下：

借：应付账款　　　　　　　　　　　　　　　　1 800　　①
　　贷：应收账款　　　　　　　　　　　　　　　　　1 800

(2) 将内部应收账款计提的坏账准备予以抵销，其抵销分录如下：

借：应收账款　　　　　　　　　　　　　　　　100　　②
　　贷：资产减值损失　　　　　　　　　　　　　　　100

(3) 将甲公司对内部应收账款计提坏账准备产生的暂时性差异确认的递延所得税资产予以抵销。甲公司个别资产负债表中对应收 A 公司账款计提坏账准备 100 万元，由此导致应收 A 公司账款的账面价值调整为 1 700 万元，而该应收账款的计税基础仍为 1 800 万元，应收 A 公司账款的账面价值 1 700 万元与其计税基础 1 800 万元之间的差额 100 万元，则形成当年可抵扣暂时性差异。对此，按照企业会计准则的规定，甲公司在个别资产负债表中确认该可抵扣暂时性差异相应的递延税款资产 25 万元（100×25%）。甲公司在其个别财务报表中确认递延所得税资产时，一方面借记"递延所得税资产"科目 25 万元，另一方面贷记"所得税费用"科目 25 万元。编制合并财务报表时，随着内部应收账款及其计提的坏账准备的抵销，合并财务报表中该应收账款已不存在，由甲公司在其个别财务报表中因应收 A 公司账款账面价值与其计税基础之间差异形成的暂时性差异也不存在，对该暂时性差异所确认的递延所得税资产则需要予以抵销。编制合并财务报表对其进行合并抵销处理时，其抵销分录如下：

借：所得税费用　　　　　　　　　　　　　　　25　　③
　　贷：递延所得税资产　　　　　　　　　　　　　　25

根据上述抵销分录，编制合并工作底稿（局部）如表 11-1 所示：

表 11-1　　　　　　　　　合并工作底稿（局部）

单位：万元

项　目	甲公司	A公司	合计	调整分录		抵销分录		少数股东权益	合并数
				借方	贷方	借方	贷方		
资产负债表项目									
……									

第十一章 所得税会计相关的合并处理

续表

项　　目	甲公司	A公司	合计	调整分录 借方	调整分录 贷方	抵销分录 借方	抵销分录 贷方	少数股东权益	合并数
应收账款	1 700		1 700			100②	1 800①		0
……									
递延所得税资产	25		25				25③		0
……									
应付账款		1 800	1 800			1 800①			0
……									
利润表项目									
……									
资产减值损失	100		100				100②		0
……									
营业利润	−100		−100				100		0
……									
利润总额	−100		−100				100		0
所得税费用	−25		−25			25③			0
净利润	−75		−75			25	100		0
股东权益变动表项目									
未分配利润（期初）	0		0						0
……									
未分配利润（期末）	−75		−75			25	100		0

通过上述合并抵销处理后，企业对内部应收款项计提坏账准备导致的应收账款项目所产生的暂时性差异确认的递延所得税资产予以抵销。

二、连续编制合并财务报表时内部应收款项相关的所得税会计的合并处理

连续编制合并财务报表的情况下，随着内部应收款项及其计提的坏账准备的抵销，以及对个别财务报表中因暂时性差异确认的递延所得税资产或负债的抵销，影响当期合并财务报表中期末未分配利润以及下期期初未分配利润的增加。在下期连续编制合并财务报表时，首先就涉及如何对期初未分配利润进行调整的问题。

由于母公司和子公司均以上期个别资产负债表为基础，根据当期经营活动的记录编制本期财务报表，对内部应收款项及其计提的坏账准备，以及相应确认的

递延所得税资产，均接续并反映至本期财务报表之中。而上期编制合并财务报表时抵销的坏账准备以及因其抵销而将个别财务报表因计提坏账准备所产生的暂时性差异确认递延所得税资产的抵销，影响到上期合并财务报表期末未分配利润的增加，进而影响本期合并财务报表中的期初未分配利润的增加。为此，首先，必须根据上期编制合并财务报表时抵销的坏账准备的金额，调整期初未分配利润；根据因计提坏账准备产生的暂时性差异确认的递延所得税资产的抵销，调整期初未分配利润的数额。其次，在此基础上，再对本期期末存有的内部应收款项及其计提的坏账准备，以及由于坏账准备的计提所产生的暂时性差异确认的递延所得税资产进行相应的合并抵销处理。

例 11 - 2：甲公司为 A 公司的母公司，甲公司已将 A 公司纳入合并财务报表的合并范围，并已编制上年度合并财务报表。甲公司本年个别资产负债表应收账款中有 2 160 万元为应收 A 公司账款，该应收账款账面余额为 2 400 万元，甲公司年末对其计提的坏账准备余额为 240 万元。A 公司本期个别资产负债表中列示有应付甲公司账款 2 400 万元。甲公司和 A 公司适用的所得税税率均为 25%。

甲公司在编制本期合并财务报表时，应当进行如下合并抵销处理：

（1）根据上期合并抵销处理，调整期初未分配利润。其抵销分录如下：

借：应收账款　　　　　　　　　　　　　　　　　100　　①
　　贷：未分配利润（年初）　　　　　　　　　　　　100
借：未分配利润（年初）　　　　　　　　　　　　25　　②
　　贷：递延所得税资产　　　　　　　　　　　　　　25

（2）根据内部应收应付款项的金额，对内部应收账款与应付账款予以抵销。其抵销分录如下：

借：应付账款　　　　　　　　　　　　　　　　2 400　　③
　　贷：应收账款　　　　　　　　　　　　　　　　2 400

（3）将内部应收账款当期增加计提的坏账准备予以抵销。其抵销分录如下：

借：应收账款（240 - 100）　　　　　　　　　　140　　④
　　贷：资产减值损失　　　　　　　　　　　　　　140

（4）将甲公司对内部应收账款计提坏账准备所产生的暂时性差异确认的递延所得税资产予以抵销。甲公司财务报表中对应收 A 公司账款计提坏账准备 240 万元，由此导致应收 A 公司账款的账面价值调整为 2 160 万元；而该应收账款的计税基础仍为 2 400 万元，应收 A 公司账款的账面价值 2 160 万元与其计税基础 2 400 万元之间的差额 240 万元，则形成当年可抵扣暂时性差异。对此，甲公司在其财务报表应确认该暂时性差异相应的递延税款资产 60 万元（240 × 25%）。由于甲公司财务报表从上期结转递延所得税资产 25 万元，本期进行账务处理时，甲公司按增加的暂时性差异确认递延所得税资产的增加额 35 万元（60 - 25），一方面借记"递延所得税资产"科目35万元,另一方面贷记"所得税费用"科目35万元。在编制合并财务报表时甲公司个别财务报表中因应收A公司账款账面价值与其计税基础之间形成的暂时性差异已不复存在,对该暂时性差异确认的递延所得税资产则需要予以抵销。对于甲公司个别财务报表中上年结转的递延所得税资产25万元,在调整期初未分配利润时已予抵销,在此只需要对甲公司当期在其个别财务报表中确认的递延所得税资产予以抵销。其抵销分录如下:

借:所得税费用　　　　　　　　　　　　　　　　　　　　35　　⑤
　　贷:递延所得税资产　　　　　　　　　　　　　　　　　　　　35

根据上述抵销分录,编制合并工作底稿(局部)如表11-2所示。

表11-2　　　　　　　　合并工作底稿(局部)

单位:万元

项目	甲公司	A公司	合计	调整分录		抵销分录		少数股东权益	合并数
				借方	贷方	借方	贷方		
资产负债表项目									
……									
应收账款	2 160		2 160			100① 140④	2 400③		0
……									
递延所得税资产	60		60				25② 35⑤		0
……									
应付账款		2 400	2 400			2 400③			0
……									
利润表项目									
……									
资产减值损失	140		140				140④		0
……									
营业利润	-140		-140				140		0
……									
利润总额	-140		-140				140		0
所得税费用	-35		-35			35⑤			0
净利润	-105		-105			35	140		0
股东权益变动表项目									
未分配利润(期初)	-75		-75			25②	100①		0
……									
未分配利润(期末)	-180		-180			60	240		0

第三节 未实现内部销售损益抵销相关的所得税会计的合并处理

在编制合并财务报表时,随着对内部交易进行抵销处理,特别是对内部交易相关的未实现内部销售损益的抵销,将导致在合并财务报表中资产和负债的账面价值与其计税基础之间发生差异。根据我国现行所得税税法的相关规定,一般情况下以单个企业法人作为纳税主体,计算交纳所得税。包括内部交易所形成的资产、负债在内的资产、负债的计税基础,均应从单个法人企业的角度计算确定。在发生内部交易的情况下,内部成员企业持有的内部交易所形成的存货、固定资产、无形资产等资产,其取得成本则是其计税基础,也是企业集团拥有该资产的计税基础。但在编制合并财务表时通过内部交易相关的抵销处理,已将内部交易形成的资产的价值(取得成本)中包含的未实现内部销售损益抵销,并以抵销未实现内部销售损益后的金额列示于合并资产负债表之中。即其账面价值是以不包含未实现的内部销售损益的金额反映的,由此造成内部交易形成的资产的账面价值与其计税基础之间发生差异,并形成暂时性差异。在合并抵销处理时,对于该暂时性差异,必须根据情况确认相应的递延所得税资产或递延所得税负债。

一、内部交易存货相关的所得税会计的合并处理

(一) 初次编制合并财务报表时内部交易存货相关的所得税会计的合并处理

企业在编制合并财务报表时,因抵销未实现内部销售损益导致合并资产负债表中资产、负债的账面价值与其纳入合并范围的企业按照所得税法相关规定确定的计税基础之间产生的暂时性差异的,在合并资产负债表中应当确认递延所得税资产或递延所得税负债,同时调整合并利润表中的所得税费用。

企业编制合并财务报表时,应当将纳入合并范围的母公司与子公司以及子公司相互之间发生的内部交易对个别财务报表的影响予以抵销。这其中包括内部商品交易形成的存货价值中包含的未实现内部销售损益的金额。对于内部商品交易所形成的存货,从持有该存货的企业来说,假定不考虑计提资产减值损失,其取得成本就是该资产的账面价值,其中包括销售企业因该销售所实现的损益,这一取得成本也就是其计税基础。由于企业所得税是以独立的法人实体为征收对象计征的,这一计税基础也是合并财务报表中该存货的计税基础。此时,存货的账面价值与其计税基础是一致的,不存在着暂时性差异,也不涉及确认递延所得税资

产或递延所得税负债的问题。但在编制合并财务报表过程中，随着内部交易形成的存货的价值中包含的未实现内部销售损益的抵销，合并资产负债表所反映的存货价值是以原来内部销售企业该商品的销售成本列示的，不包含未实现内部销售损益。由此合并资产负债表所列示的存货的价值与持有该存货的企业计税基础不一致，导致暂时性差异的产生。这一暂时性差异的金额，就是编制合并财务报表时所抵销的未实现内部销售损益的数额。从合并财务报表编制来说，对于这一暂时性差异，则必须确认相应的递延所得税资产或递延所得税负债。

例11-3：甲公司持有 A 公司 80% 的股权，系 A 公司的母公司，甲公司已将 A 公司纳入合并财务报表的合并范围。甲公司 20×1 年利润表列示的营业收入中有 5 000 万元，系当年向 A 公司销售产品取得的销售收入，该产品销售成本为 3 500 万元。A 公司当年将该批内部购进商品的 60% 实现对外销售，销售收入为 3 750 万元，销售成本为 3 000 万元，并列示于其利润表中；该批商品的另外 40%，则形成 A 公司期末存货，即期末存货为 2 000 万元，列示于 A 公司当年的资产负债表之中。甲公司销售该商品的销售毛利率为 30%。甲公司和 A 公司适用的企业所得税税率均为 25%。

甲公司在编制合并财务报表时，其合并处理如下：

（1）将内部销售收入与内部销售成本及存货价值中包含的未实现内部销售利润予以抵销。其抵销分录如下：

借：营业收入　　　　　　　　　　　　　　　　5 000　　　①
　　贷：营业成本　　　　　　　　　　　　　　　　4 400
　　　　存货　　　　　　　　　　　　　　　　　　　600

（2）确认因编制合并财务报表导致的存货账面价值与其计税基础之间的暂时性差异相关递延所得税资产。本例中，从 A 公司来说，其持有该存货的账面价值与计税基础均为 2 000 万元；从甲集团公司角度来说，通过上述合并抵销处理后，合并资产负债表中该存货的账面价值调整为 1 400 万元。由于甲公司和 A 公司均为独立的法人实体，这一存货的计税基础应从其持有者 A 公司的角度来考虑，即其计税基础为 2 000 万元。因该内部交易抵销的未实现内部销售利润产生的可抵扣暂时性差异为 600 万元（2 000 - 1 400），实际上就是抵销的未实现内部销售损益的金额。为此，编制合并财务报表时还应当对该可抵扣暂时性差异确认递延所得税资产 150 万元（600×25%）。进行合并处理时，其抵销分录如下：

借：递延所得税资产　　　　　　　　　　　　　　150　　　②
　　贷：所得税费用　　　　　　　　　　　　　　　150

根据上述抵销分录，其合并工作底稿（局部）如表 11-3 所示。

表 11 – 3　　合并工作底稿（局部）

单位：万元

项目	甲公司	A公司	合计	调整分录		抵销分录		少数股东权益	合并数
				借方	贷方	借方	贷方		
资产负债表项目									
……									
存货		2 000	2 000				600①		1 400
……									
递延所得税资产	0	0	0	150②					150
……									
利润表项目									
营业收入	5 000	3 750	8 750			5 000①			3 750
营业成本	3 500	3 000	6 500				4 400①		2 100
……									
营业利润	1 500	750	2 250			5 000	4 400		1 650
……									
利润总额	1 500	750	2 250			5 000	4 400		1 650
所得税费用	375	185.5	562.5				150②		412.5
净利润	1 125	562.5	1 687.5			5 000	4 550		1 237.5
股东权益变动表项目									
未分配利润（期初）	0	0	0						0
……									
未分配利润（期末）	1 125	562.5	1 687.5			5 000	4 550		1 237.5

（二）连续编制合并财务报表时内部交易存货相关的所得税会计的合并处理

在连续编制合并财务报表的情况下，一方面，因内部交易存货的价值中包含的未实现内部销售损益的抵销，影响到本期期末未分配利润的变动，进而影响到下期期初未分配利润；另一方面，由于对存货的价值中包含的未实现内部销售损益的抵销所产生的暂时性差异而确认递延所得税资产或递延所得税负债，可能影响到当期所得税费用和当期净利润，进而影响到期末未分配利润和下期期初未分配利润。为此，对于上期涉及内部交易存货等资产的抵销处理的，在连续编制合并财务报表的情况下，必须根据上期编制合并财务报表时相关抵销处理，对期初未分配利润进行相应抵销处理，调整期初未分配利润。然后，再在调整期初未分配利润的基础上，进行其他相应的抵销处理。

对于因抵销内部交易存货价值中包含的未实现内部销售损益产生的暂时性差异，在根据上期编制合并财务报表时所进行的抵销处理，调整期初未分配利润时，已将上期合并财务报表中确认的递延所得税资产或负债，结转计入本期合并财务报表之中，故在对内部交易的抵销处理完成后，再计算内部交易存货抵销未实现内部销售损益后的账面价值及其计税基础，并确定两者之间的差异所形成的暂时性差异，是属于可抵扣暂时性差异还是属于应纳税暂时性差异；然后在此基础上计算该暂时性差异应当确认的递延所得税资产或递延所得税负债的金额，并将其与调整期初未分配利润时结转的递延所得税资产或递延所得税负债的金额进行比较，确认在编制本期合并财务报表时应确认的递延所得税资产或递延所得税负债。

例 11-4：接例 11-3。甲公司 20×2 年利润表列示的营业收入中有 7 000 万元，系当年向 A 公司销售产品取得的销售收入，该产品销售成本为 4 900 万元。A 公司在 20×2 年销售内部购入商品的销售收入为 8 600 万元，销售成本为 6 500 万元，并列示于其利润表中。A 公司期末存货包括有从甲公司购入形成的存货 2 500 万元（全部为 20×2 年购入形成的，上期购入内部存货本期全部实现对外销售），列示于 A 公司的 20×2 年资产负债表之中。甲公司的销售毛利率为 30%。甲公司和 A 公司适用的企业所得税税率均为 25%。

甲公司在编制合并财务报表时，其合并处理如下：

（1）根据上一年度编制合并财务报表时相关抵销处理，调整期初未分配利润。

借：未分配利润（年初） 600 ①
　　贷：营业成本 600
借：递延所得税资产 150 ②
　　贷：未分配利润（年初） 150

（2）将当期发生内部销售收入与内部销售成本及存货价值中包含的未实现内部销售利润抵销。

借：营业收入 7 000 ③
　　贷：营业成本 7 000
借：营业成本 750 ④
　　贷：存货 750

（3）确认因编制合并财务报表导致存货的账面价值与其计税基础之间差异所产生的暂时性差异相关递延所得税资产。本例中，从 A 公司来说，其持有该存货的账面价值与计税基础均为 2 500 万元；从甲公司合并财务报表来看，该内部交易形成的存货抵销未实现内部销售损益后的账面价值为 1 750 万元（2 500 - 750），而该存货的计税基础为 2 500 万元。由此产生可抵扣暂时性差异为 750 万元（2 500 - 1 750）。对该可抵扣暂时性差异，在合并财务报表中应确认有递延所得税资产 187.5 万元（750×25%）。由于编制合并财务报表调整期初未分配利润时，结转上期递延所得税资产 150 万元。在编制本期合并财务报表时，则就增加的可抵扣暂时性差异确认递延所得税资产37.5万元（187.5－150）。进行合并处理时，其抵销分录如下：

　　借：递延所得税资产　　　　　　　　　　　　　　　　　　37.5　　⑤
　　　　贷：所得税费用　　　　　　　　　　　　　　　　　　　　　　37.5

（4）根据上述抵销分录，其合并工作底稿（局部）如表11－4所示。

表11－4　　　　　　　　合并工作底稿（局部）

单位：万元

项目	甲公司	A公司	合计	调整分录 借方	调整分录 贷方	抵销分录 借方	抵销分录 贷方	少数股东权益	合并数
资产负债表项目									
……									
存货		2 500	2 500				750④		1 750
……									
递延所得税资产	0	0	0			150② 37.5⑤			187.5
……									
利润表项目									
营业收入	7 000	8 700	15 700			7 000③			8 700
营业成本	4 900	6 500	11 400			750④	600① 7 000③		4 550
……									
营业利润	2 100	2 200	4 300			7 750	7 600		4 150
……									
利润总额	2 100	2 200	4 300			7 750	7 600		4 150
所得税费用	525	550	1 075				37.5⑤		1 037.5
净利润	1 575	1 650	3 225			7 750	7 637.5		3 112.5
股东权益变动表项目									
未分配利润（期初）	1 125	562.5	1 687.5			600①	150②		1 237.5
……									
未分配利润（期末）	2 700	2 212.5	4 912.5			8 350	7 787.5		4 350

二、内部交易固定资产等相关的所得税会计的合并处理

　　与内部交易形成的存货相似，内部交易形成的固定资产在编制合并财务报表进行合并抵销处理时，也同样存在着因未实现内部销售损益的抵销而产生的所得税会计相关的合并抵销问题。

(一) 初次编制合并财务报表时内部交易固定资产相关的所得税会计的合并处理

对于内部交易形成的固定资产,编制合并财务报表时应当将该内部交易对个别财务报表的影响予以抵销,其中包括将内部交易固定资产的价值中包含的未实现内部销售损益予以抵销。对于内部交易固定资产,从持有该固定资产的企业来说,假定不考虑计提资产减值损失,其取得成本就是账面价值,其中包括销售企业因该销售所实现的损益,这一账面价值与其计税基础是一致的,不存在暂时性差异,也不涉及确认递延所得税资产或递延所得税负债的问题。但在编制合并财务报表时,随着内部交易固定资产的价值包含的未实现内部销售损益的抵销,合并资产负债表中所反映的该固定资产的价值不包含这一未实现内部销售损益,也就是说是以原销售企业该商品的销售成本列示的,因而导致合并资产负债表所列示的固定资产的价值与持有该固定资产的企业计税基础不一致,存在着暂时性差异。这一暂时性差异的金额就是编制合并财务报表时抵销的内部交易固定资产未实现内部销售损益的数额。从合并财务报表来说,对于这一暂时性差异,在编制合并财务报表时必须确认相应的递延所得税资产或递延所得税负债。这里应当注意的是,内部交易固定资产因抵销其价值中包含的未实现内部销售损益产生的暂时性差异确认的递延所得税资产或递延所得税负债,仅在编制的合并财务报表中确认和反映,不涉及母公司和子公司的账务处理问题。

例 11 - 5:A 公司和 B 公司均为甲公司控制下的子公司,甲公司已将其纳入合并财务报表合并范围。A 公司于 20×1 年 1 月 1 日,将自己生产的产品销售给 B 公司作为固定资产使用。A 公司该产品的销售收入为 1 680 万元,销售成本为 1 200 万元。A 公司在 20×1 年度利润表中列示有销售相关的销售收入 1 680 万元,销售成本 1 200 万元。B 公司以 1 680 万元的价格作为该固定资产的原价入账。B 公司购买的该固定资产用于公司的销售业务,该固定资产属于不需要安装的固定资产,当月投入使用,其折旧年限为 4 年,预计净残值为零。B 公司对该固定资产确定的折旧年限和预计净残值与税法规定一致。为简化合并处理,假定该内部交易固定资产在交易当年按 12 个月计提折旧。B 公司在 20×1 年 12 月 31 日的资产负债表中列示有该内部交易固定资产,该内部交易固定资产原价为 1 680 万元、累计折旧为 420 万元、固定资产净值为 1 260 万元。A 公司、B 公司和甲公司适用的所得税税率均为 25%。

甲公司在编制合并财务报表时,应当进行如下抵销处理:

(1) 将该内部交易固定资产相关销售收入与销售成本及固定资产原价中包含的未实现内部销售利润抵销。

借:营业收入　　　　　　　　　　　　　　　　　　　　　1 680　　①
　　贷:营业成本　　　　　　　　　　　　　　　　　　　　　　　　1 200

固定资产原价　　　　　　　　　　　　　　　　480

（2）将当年确认的折旧费用和累计折旧中包含的未实现内部销售损益的金额抵销。

　　借：累计折旧　　　　　　　　　　　　　　　 120　　　②
　　　　贷：销售费用　　　　　　　　　　　　　　　　　120

（3）确认因抵销该内部交易固定资产原价中包含的未实现内部销售损益而产生的内部交易固定资产账面价值与其计税基础之间的暂时性差异相关递延所得税资产。

在本例中，确认递延所得税资产或负债相关计算如下：

B 公司该固定资产的账面价值 = 1 680（固定资产原价） - 420（本年累计折旧）
　　　　　　　　　　　　　　= 1 260（万元）

B 公司该固定资产的计税基础 = 1 680（固定资产原价） - 420（累计折旧）
　　　　　　　　　　　　　　= 1 260（万元）

从 B 公司来看，因该内部交易固定资产账面价值与其计税基础相同，不产生暂时性差异，在 B 公司个别财务报表中不涉及确认递延所得税资产或递延所得税负债的问题。

合并财务报表中该内部交易固定资产的账面价值 = 1 200 - 300 = 900（万元）

上述计算中，1 200 万元系 B 公司该内部交易固定资产的取得成本 1 680 万元，抵销其中包含的未实现内部销售损益 480 万元后的数额，即企业集团最初取得该资产的成本；300 万元系按 1 200 万元和确定的折旧年限计算的当年该固定资产的折旧额。

合并财务报表中该固定资产的计税基础 = B 公司该固定资产的计税基础
　　　　　　　　　　　　　　　　　　= 1 260（万元）

合并财务报表中该固定资产相关的暂时性差异 = 900（账面价值） - 1 260（计税基础） = -360（万元）

关于计税基础，企业所得税是以单个企业的纳税所得为对象计算的。某一资产的计税基础是从实际持有该资产的企业来考虑的。从某一企业来说，资产的取得成本就是其计税基础。由于该内部交易固定资产属于 B 公司拥有并使用，B 公司该内部交易固定资产的计税基础也就是整个企业集团的计税基础，个别财务报表确定该内部交易固定资产的计税基础与合并财务报表确定的该固定资产的计税基础是一致的。

关于合并财务报表中该内部交易固定资产的账面价值，是以抵销未实现内部销售利润后的固定资产原价（即销售企业的销售成本）1 200 万元（固定资产原价 1 680 万元 - 未实现内部销售利润 480 万元），以及按抵销未实现内部销售利润后的固定资产原价计算的折旧额为基础计算的。

合并财务报表中该固定资产相关的暂时性差异，就是因抵销未实现内部销售利润而产生的。本例中该固定资产原价抵销的未实现内部销售利润为 480 万元，同时由于该固定资产使用而当年计提的折旧额 420 万元中也包含未实现内部销售利润 120 万元；这 120 万元随着固定资产折旧而结转为已实现内部销售利润，因此该内部交易固定资产的价值中当年实际抵销的未实现内部销售利润为 360 万元（480 - 120）。这 360 万元也就是期末因未实现内部销售利润的抵销而产生的可抵扣暂时性差异。

对于合并财务报表中该内部交易固定资产因未实现内部销售利润的抵销而产生的可抵扣暂时性差异，应当确认递延所得税资产 90 万元（360 × 25%）。确认相关递延所得税资产的抵销分录如下：

借：递延所得税资产　　　　　　　　　　　　　　　　90　　③
　　贷：所得税费用　　　　　　　　　　　　　　　　　90

根据上述抵销分录，编制合并工作底稿（局部）如表 11-5 所示。

表 11-5　　　　　　　合并工作底稿（局部）

单位：万元

项目	A 公司	B 公司	合计	调整分录 借方	调整分录 贷方	抵销分录 借方	抵销分录 贷方	少数股东权益	合并数
资产负债表项目									
……									
固定资产原价		1 680	1 680				480①		1 200
累计折旧		420	420			120②			300
固定资产净值		1 260				120	480		900
……									
递延所得税资产	0	0	0			90③			90
……									
利润表项目									
营业收入	1 680		1 680			1 680①			0
营业成本	1 200		1 200				1 200①		0
……									
销售费用		420	420				120②		300
……									
营业利润	480	-420	60			1 680	1 320		-300
……									
利润总额	480	-420	60			1 680	1 320		-300
所得税费用	120	-105	15				90③		-75

续表

项　目	A公司	B公司	合计	调整分录 借方	调整分录 贷方	抵销分录 借方	抵销分录 贷方	少数股东权益	合并数
净利润	360	-315	45			1 680	1 410		-225
股东权益变动表项目									
未分配利润（年初）	0	0	0						0
……									
未分配利润（年末）	360	-315	45			1 680	1 410		-225

（二）连续编制合并财务报表时内部交易固定资产相关的所得税会计的合并处理

固定资产持有期间往往跨越若干个会计期间，其价值通过折旧的形式分期转为产品的生产成本或费用，因抵销其价值中包含的未实现内部销售损益导致的暂时性差异确认的递延所得税资产或递延所得税负债的转回，也往往跨越若干会计期间。在连续编制合并财务报表的情况下，对于内部交易固定资产所得税会计相关的合并抵销处理，也相对较为复杂。

在连续编制合并财务报表的情况下，对于内部交易固定资产相关的所得税会计合并抵销处理，首先涉及的就是调整期初未分配利润。在内部交易固定资产交易发生以后的会计期间，涉及调整期初未分配利润的因素包括：一是固定资产原价中包含的未实现内部销售损益的抵销对期初未分配利润的影响；二是以前会计期间其计提的折旧额（即内部交易固定资产累计折旧）中包含的未实现内部销售损益的抵销对期初未分配利润的影响；三是因抵销固定资产原价和前期累计折旧额中包含的未实现内部销售损益导致的暂时性差异所确认的递延所得税资产或递延所得税负债对期初未分配利润的影响。

在调整期初未分配利润时，按该内部交易固定资产以前期间编制合并财务报表时所进行抵销处理中涉及损益的抵销金额进行调整。其次，对当期内部交易固定资产相关的折旧（包括该固定资产当期折旧费用及其累计折旧）中包含的未实现内部销售损益进行抵销处理。最后则是比较抵销未实现内部销售损益后该内部交易固定资产的账面价值与其计税基础，根据两者之间的差异所产生的暂时性差异，确认相应的递延所得税资产或递延所得税负债。应当注意的是，在调整期初未分配利润时，已将上期在合并财务报表中确认的递延所得税资产或递延所得税负债结转到本期合并财务报表中，本期在合并财务报表中确认相应的递延所得税资产或递延所得税负债应按照本期相关的暂时性差异转回的情况，对原确认的递延所得税资产或递延所得税负债进行调整。假定在抵销未实现内部销售利润的情况下，抵销当期折旧费用中未实现内部销售利润，使原作为确认递延所得税资产基础的可抵扣暂时性差异转回相应的数额，则按照转回的可抵扣暂时性差异计算递延所得税资产转回的数额,并在当期合并财务报表中增加当期所得税费用。

例 11 -6:接例 11 -5。B 公司 20×2 年资产负债表列示的固定资产中包含一项自 A 公司购入的固定资产,其原价为 1 680 万元,累计折旧为 840 万元,固定资产净值为 840 万元。B 公司于 20×1 年 1 月 1 日购入该固定资产,用于公司的销售业务;该固定资产属于不需要安装的固定资产,当月投入使用,其折旧年限为 4 年,预计净残值为零。B 公司对该固定资产确定的折旧年限和预计净残值与税法规定一致。假定该固定资产在 20×1 年按 12 个月计提折旧。A 公司销售该固定资产的销售收入为 1 680 万元,销售成本为 1 200 万元。A 公司、B 公司和甲公司适用的所得税税率均为 25%。

甲公司在编制合并财务报表时,应当进行如下抵销处理:

(1) 调整期初未分配利润

借:未分配利润(年初)　　　　　　　　　　480　　　①
　　贷:固定资产原价　　　　　　　　　　　　　　480

借:累计折旧　　　　　　　　　　　　　　120　　　②
　　贷:未分配利润(年初)　　　　　　　　　　　120

借:递延所得税资产　　　　　　　　　　　90　　　③
　　贷:未分配利润(年初)　　　　　　　　　　　90

(2) 将当年计提的折旧和累计折旧中包含的未实现内部销售损益予以抵销。其抵销分录如下:

借:累计折旧　　　　　　　　　　　　　　120　　　④
　　贷:销售费用　　　　　　　　　　　　　　　120

(3) 确认因编制合并财务报表导致的内部交易固定资产账面价值与其计税基础之间的暂时性差异相关递延所得税资产。

本例中,确认递延所得税资产或负债相关计算如下:

B 公司该固定资产的计税基础等于其账面价值,即 840 万元。

合并财务报表中该固定资产的账面价值 = 1 200 - 600(按抵销未实现内部销售利润后的价值计算的累计折旧) = 600(万元)

合并财务报表中该固定
　资产的计税基础 = B 公司该固定资产的计税基础
　　　　　　　　 = 1 680(固定资产原价) - 840(累计折旧)
　　　　　　　　 = 840(万元)

合并财务报表中该固定资产相关的暂时性差异 = 600(账面价值) - 840(计税基础) = -240(万元)

该内部交易固定资产相关的暂时性差异,属于可抵扣暂时性差异。对于该可抵扣暂时性差异 240 万元,应当确认递延所得税资产 60 万元。按照上期编制合并财务报表的抵销处理调整期初未分配利润时已结转递延所得税资产 90 万元，由于本期因内部交易固定资产使用且计提折旧而转回可抵扣暂时性差异 120 万元（360 - 240），由此应将该转回的可抵扣暂时性差异确认的递延所得税资产 30 万元（120×25%）予以转回。其抵销分录如下：

借：所得税费用　　　　　　　　　　　　　　　　　　　　　30　　⑤
　　贷：递延所得税资产　　　　　　　　　　　　　　　　　　30

（4）根据上述合并抵销分录，编制合并工作底稿（局部）如表 11 - 6 所示。

表 11 - 6　　　　　　　　合并工作底稿（局部）

单位：万元

项　目	A 公司	B 公司	合计	调整分录 借方	调整分录 贷方	抵销分录 借方	抵销分录 贷方	少数股东权益	合并数
资产负债表项目									
……									
固定资产原价		1 680	1 680				480①		1 200
累计折旧		840	840			120② 120④			600
固定资产净值			840			240	480		600
……									
递延所得税资产						90③	30⑤		60
……									
利润表项目									
营业收入	0	0							
营业成本	0	0							
……									
销售费用		420	420				120④		300
……									
营业利润		-420	-420				120		-300
……									
利润总额	0	-420	-420				120		-300
所得税费用	0	-105	-105			30⑤			-75
净利润	0	-315	-315			30	120		-225
股东权益变动表项目									
未分配利润（期初）	360	-315	45			480①	120② 90③		-225
……									
未分配利润（期末）	360	-630	-270			510	330		-450

第四节 企业合并取得的子公司资产和负债相关的所得税会计的合并处理

一、购买日合并财务报表编制相关的所得税会计的合并处理

根据现行企业会计准则,通过非同一控制下企业合并取得子公司的情况下,应当以公允价值将子公司的资产和负债反映于合并财务报表之中。当取得子公司的资产和负债的公允价值与其账面价值存在差异时,则导致在合并财务报表中反映的子公司的资产和负债的账面价值与其计税基础存在差异。如上所述,按照现行所得税法规定,以独立的法人企业作为所得税征税对象计征所得税,某一资产或负债的计税基础以持有该资产或负债的企业的角度计算确定。对于反映于合并财务报表之中的资产或负债的账面价值与其计税基础之间的差异,按照现行企业会计准则的规定,在其符合确认条件的情况下,必须在合并财务报表中确认相应的递延所得税资产或递延所得税负债。必须注意的是,非同一控制下企业合并取得的子公司可能有多项资产或负债的账面价值与其公允价值存在差异,所以应当分别每项资产或负债确认暂时性差异,并分别递延所得税资产或递延所得税负债进行确认。

在合并财务报表中确认资产或负债相应的递延所得税资产或负债后,将影响子公司的净资产总额发生相应的增减变动,在计算非同一控制下取得的该子公司的商誉时必须考虑递延所得税资产或递延所得税负债因素,应当以考虑这一因素后计算确定的子公司净资产为基础计算取得该子公司所发生的商誉的金额。

例 11-7:甲公司 20×1 年 1 月 1 日以定向增发公司普通股方式,购买取得 A 公司 70% 的股权。甲公司当日资产负债表和 A 公司当日资产负债表及评估确认的资产负债数据见表 11-7。甲公司定向增发普通股股票 10 000 万股,甲公司普通股股票面值每股为 1 元,市场价格每股为 2.95 元。甲公司购买 A 公司属于非同一控制下的企业合并;假定不考虑甲公司增发该普通股股票所发生的审计评估以及发行等相关费用。甲公司和 A 公司适用的所得税税率均为 25%。

表 11 – 7　　　　　　　　　　　　　　　资产负债表

会企 01 表

编制单位：甲公司、A 公司　　　　　20×1 年 1 月 1 日　　　　　　　　　　　单位：万元

资产	甲公司	A 公司		负债和股东权益	甲公司	A 公司	
		账面价值	公允价值			账面价值	公允价值
流动资产：				流动负债：			
应收账款	6 000	4 000	4 000	应付账款	18 000	4 200	4 200
存货	31 000	20 000	18 800	其他流动负债	42 000	16 800	16 800
其他流动资产	25 000	11 000	11 000	流动负债合计	60 000	21 000	21 000
流动资产合计	62 000	35 000	33 800				
				非流动负债：			
非流动资产：				长期借款	26 000	5 000	5 000
固定资产原价	30 000	20 000	25 200	非流动负债合计	26 000	5 000	5 000
减：累计折旧	9 000	2 000	2 000	负债合计	86 000	26 000	26 000
固定资产净值	21 000	18 000	23 200				
其他非流动资产	73 000	5 000	5 000	股东权益：			
非流动资产合计	94 000	23 000	28 200	股本	40 000	20 000	
				资本公积	10 000	8 000	
				盈余公积	11 000	1 200	
				未分配利润	9 000	2 800	
				股东权益合计	70 000	32 000	36 000
资产总计	156 000	58 000	62 000	负债和股东权益总计	156 000	58 000	62 000

（1）甲公司将购买取得的 A 公司 70% 的股权作为长期股权投资入账。甲公司对 A 公司投资成本（合并成本）为 29 500 万元。其账务处理如下：

借：长期股权投资——A 公司　　　　　　　　　　　29 500　　　　①
　　贷：股本　　　　　　　　　　　　　　　　　　　　　10 000
　　　　资本公积　　　　　　　　　　　　　　　　　　　19 500

（2）编制购买日的合并资产负债表时，将 A 公司资产和负债的评估增值或减值分别调增或调减相关资产和负债项目的金额。

在编制合并财务报表时，由于需要将被购买的子公司资产和负债的公允价值反映于合并财务报表之中。在编制购买日的合并财务报表时，通过非同一控制下的企业合并取得的子公司的资产和负债是以其购买日的公允价值反映于合并财务报表中的；而由于我国现行所得税法以单个独立的法人企业为主体征收所得税，在购买日子公司的资产和负债的计税基础还是其原来的账面价值。购买日子公司资产和负债的公允价值与其计税基础之间的差异，则形成暂时性差异。在符合有关原则和确认条件的情况下，编制的购买日合并财务报表中必须对该暂时性差异

确认相应递延所得税资产或递延所得税负债。假定本例中形成的暂时性差异均符合确认条件，A 公司资产中存货的公允价值（合并财务报表中的金额）低于其计税基础的金额为 1 200 万元（18 800 - 20 000），形成可抵扣暂时性差异，由此需要对其确认递延所得税资产 300 万元（1 200 × 25%）；固定资产的公允价值（合并财务报表中的金额）高于其计税基础 5 200 万元（23 200 - 18 000），形成应纳税暂时性差异，由此需要对其确认递延所得税负债 1 300 万元（5 200 × 25%）。在合并工作底稿中调整分录如下：

借：递延所得税资产　　　　　　　　　　　　　　　　　300　　　②
　　固定资产原价　　　　　　　　　　　　　　　　　5 200
　贷：存货　　　　　　　　　　　　　　　　　　　　1 200
　　　递延所得税负债　　　　　　　　　　　　　　　1 300
　　　资本公积　　　　　　　　　　　　　　　　　　3 000

（3）编制合并财务报表时，将甲公司长期股权投资与 A 公司所有者权益抵销。

经过根据资产和负债的公允价值对 A 公司财务报表调整后，有关项目如下：

A 公司股东权益总额 = 32 000 + [5 200 × (1 - 25%) - 1 200 × (1 - 25%)]
　　　　　　　　　 = 35 000（万元）

甲公司在 A 公司可辨认资产公允价值中拥有的份额 = 35 000 × 70%
　　　　　　　　　　　　　　　　　　　　　　　 = 24 500（万元）

合并商誉 = 29 500 - 24 500 = 5 000（万元）

少数股东权益 = 35 000 × 30% = 10 500（万元）

因此，甲公司将长期股权投资与其在 A 公司所有者权益中拥有的份额抵销时，其抵销分录如下：

借：股本　　　　　　　　　　　　　　　　　　　　　20 000　　　③
　　资本公积　　　　　　　　　　　11 000（8 000 + 3 000）
　　盈余公积　　　　　　　　　　　　　　　　　　　1 200
　　未分配利润　　　　　　　　　　　　　　　　　　2 800
　　商誉　　　　　　　　　　　　　　　　　　　　　5 000
　贷：长期股权投资——A 公司　　　　　　　　　　29 500
　　　少数股东权益　　　　　　　　　　　　　　　10 500

根据上述调整分录和合并抵销分录，甲公司可以编制购买日合并工作底稿如表 11 - 8 所示。

表 11-8 合并工作底稿

（20×1年1月1日）　　　　　　　　　　　　　　　单位：万元

项目	甲公司	A公司	合计数	调整分录 借方	调整分录 贷方	抵销分录 借方	抵销分录 贷方	少数股东权益	合并数
资产负债表项目									
流动资产：									
应收账款	6 000	4 000	10 000						10 000
存货	31 000	20 000	51 000		1 200②				49 800
其他流动资产	25 000	11 000	36 000						36 000
流动资产合计	62 000	35 000	97 000		1 200				95 800
非流动资产：									
长期股权投资	0	0		29 500①			29 500③		0
固定资产原价	30 000	20 000	50 000	5 200②					55 200
累计折旧	9 000	2 000	11 000						11 000
固定资产净值	21 000	18 000	39 000	5 200					44 200
商誉						5 000③			5 000
递延所得税资产				300②					300
其他非流动资产	73 000	5 000	78 000						78 000
非流动资产合计	94 000	23 000	117 000	35 000		5 000	29 500		127 500
资产总计	156 000	58 000	214 000	35 000	1 200	5 000	29 500		223 300
流动负债：									
应付账款	18 000	4 200	22 200						22 200
其他流动负债	42 000	16 800	58 800						58 800
流动负债合计	60 000	21 000	81 000						81 000
非流动负债：									
长期借款	26 000	5 000	31 000						31 000
递延所得税负债	0	0	0		1 300②				1 300
非流动负债合计	26 000	5 000	31 000		1 300				32 300
负债合计	86 000	26 000	112 000		1 300				113 300
股东权益：									
股本	40 000	20 000	60 000			10 000①	20 000③		50 000

· 284 ·

续表

项目	甲公司	A公司	合计数	调整分录 借方	调整分录 贷方	抵销分录 借方	抵销分录 贷方	少数股东权益	合并数
资本公积	10 000	8 000	18 000		19 500① 3 000②	11 000③			29 500
盈余公积	11 000	1 200	12 200			1 200③			11 000
未分配利润	9 000	2 800	11 800			2 800③			9 000
股东权益合计	70 000	32 000	102 000	32 500		35 000			99 500
少数股东权益						10 500③		10 500	10 500
负债和股东权益总计	156 000	58 000	214 000	33 800		35 000	10 800		223 300

二、购买日当期合并财务报表编制相关的所得税会计的合并处理

在将对非同一控制下取得的子公司纳入合并范围编制合并财务报表时，首先，应当以购买日确定的各项可辨认资产、负债及或有负债的公允价值为基础对子公司的财务报表进行调整。在这里与编制购买日合并财务报表相同，也必须考虑子公司的资产和负债以公允价值并入合并财务报表所产生的递延所得税的影响。其次，将对子公司长期股权投资由成本法核算调整为权益法核算的结果。将成本法核算调整为权益法核算的结果时，也应考虑递延所得税的影响。随着子公司的经营活动的进行，其资产或负债的使用或偿付，购买日子公司资产和负债的公允价值高于或低于原账面价值的差异转成成本或费用等，在本期和以后会计期间将逐步得到实现。随着其实现，将影响购买日合并财务报表中确认的递延所得税资产或递延所得税负债相对应的暂时性差异发生转回。因此，期末应当根据暂时性差异的转回情况，调整相应的递延所得税资产或递延所得税负债。再次，将母公司对子公司长期股权投资与子公司所有者权益等对个别财务报表的影响予以抵销。最后，则是在编制合并工作底稿的基础上，计算合并财务报表各项目的合并数，编制合并财务报表。

例 11 – 8：接例 11 – 7。甲公司 20×1 年 1 月 1 日，以定向增发普通股的方式，购买持有 A 公司 70% 的股权。甲公司对 A 公司长期股权投资的金额为 29 500 万元，甲公司购买日编制的合并资产负债表项目有关数据见表 11 – 8 中各相应项目的数据。甲公司在合并资产负债表中确认合并商誉 5 000 万元。甲公司和 A 公司 20×1 年 12 月 31 日个别资产负债表、利润表和股东权益变动表如表 11 – 9 ~ 表 11 – 11 所示。

表 11-9　　　　　　　　　　　资产负债表

会企 01 表

编制单位：甲公司、A 公司　　　20×1 年 12 月 31 日　　　　　　　单位：万元

资产	甲公司	A 公司	负债和股东权益	甲公司	A 公司
流动资产：			流动负债：		
应收账款	8 500	5 000	应付账款	18 000	6 000
存货	37 000	21 000	其他流动负债	46 000	23 000
其他流动资产	24 500	17 000	流动负债合计	64 000	29 000
流动资产合计	70 000	43 000			
			非流动负债：		
非流动资产：			长期借款	16 000	8 000
长期股权投资			其他非流动负债	14 000	4 000
固定资产原价	38 000	30 000	非流动负债合计	30 000	12 000
减：累计折旧	10 000	4 000	负债合计	94 000	41 000
固定资产净值	28 000	26 000			
商誉			股东权益：		
其他非流动资产	82 000	10 000	股本	50 000	20 000
非流动资产合计	139 500	36 000	资本公积	29 500	8 000
			盈余公积	18 000	3 200
			未分配利润	18 000	6 800
			股东权益合计	115 500	38 000
资产总计	209 500	79 000	负债和股东权益总计	209 500	79 000

表 11-10　　　　　　　　　　　利润表

会企 02 表

编制单位：甲公司、A 公司　　　20×1 年度　　　　　　　　　　　单位：万元

项　　目	甲公司	A 公司
一、营业收入	160 000	95 000
减：营业成本	100 000	73 000
营业税金及附加	1 800	1 000
销售费用	5 150	3 400
管理费用	7 000	2 900
财务费用	1 200	700
加：投资收益	3 150	0
二、营业利润	48 000	14 000
三、利润总额	48 000	14 000
减：所得税费用	12 000	3 500
四、净利润	36 000	10 500

表 11-11　　　　　　　　　　股东权益变动表

编制单位：甲公司、A公司　　　　20×1 年度　　　　　　　　　会企 04 表
单位：万元

项目	甲公司					A公司				
	股本	资本公积	盈余公积	未分配利润	股东权益合计	股本	资本公积	盈余公积	未分配利润	股东权益合计
一、上年年末余额	40 000	10 000	11 000	9 000	70 000	20 000	8 000	1 200	2 800	32 000
二、本年年初余额	40 000	10 000	11 000	9 000	70 000	20 000	8 000	1 200	2 800	32 000
三、本年增减变动金额										
(一) 净利润				36 000	36 000				10 500	10 500
(二) 其他综合收益										
(三) 股东投入和减少资本										
1. 所有者投入资本	10 000	19 500			29 500					
2. 股份支付计入股东权益的金额										
(四) 利润分配										
1. 提取盈余公积			7 000	7 000				2 000	2 000	
2. 对股东的分配				20 000	20 000				4 500	4 500
四、本年年末余额	50 000	29 500	18 000	18 000	115 500	20 000	8 000	3 200	6 800	38 000

购买日（20×1年1月1日）A公司存货的账面价值 20 000 万元，公允价值为 18 800 万元；固定资产账面价值为 18 000 万元，公允价值为 23 200 万元。A公司 20×1 年 12 月 31 日股东权益总额为 38 000 万元，其中股本为 20 000 万元，资本公积为 8 000 万元，盈余公积 3 200 万元，未分配利润为 6 800 万元。A公司 20×1 年全年实现净利润 10 500 万元，提取盈余公积 2 000 万元，向股东分配现金股利 4 500 万元。

在 20×1 年 12 月 31 日止，购买日公允价值减值的存货，当年已全部实现对外销售；购买日经评估公允价值增值的固定资产系公司管理用办公楼，该办公楼采用年限平均法计提折旧，剩余折旧年限为 10 年。假定 A 公司对该办公楼确定的折旧年限和折旧方法均符合所得税法的规定。

(1) 甲公司 20×1 年年末编制合并财务报表时相关项目计算如下：

A公司本年净利润 = 10 500 + [1 200（购买日存货公允价值减值的实现而调减营业成本）- 520（固定资产公允价值增值计算的折旧而调增管理费用）]

= 11 180（万元）

520 万元系固定资产公允价值增值 5 200 万元按剩余折旧年限 10 年计算的折旧。

递延所得税资产的转回而增加当期所得税费用 300 万元。

发生增值的子公司办公楼 20×1 年年末应纳税暂时性差异 = 5 200 − 520
= 4 680（万元）

对该 20×1 年年末应纳税暂时性差异应确认的递延所得负债 = 4 680×25%
= 1 170（万元）

20×1 年年末该应纳税暂时性差异应转回的递延所得税负债 = 1 300 − 1 170
= 130（万元）

递延所得税负债的转回而减少当期所得税费用 130 万元。

考虑递延所得税后 A 公司当年净利润 = 11 180 − 300 + 130
= 11 010（万元）

A 公司本年年末未分配利润 = 2 800（年初）+ 11 010 − 2 000（提取盈余公积）− 4 500（分派股利）
= 7 310（万元）

甲公司本年投资 A 公司的投资收益 = 11 010×70%
= 7 707（万元）

甲公司本年年末对 A 公司长期股权投资 = 29 500 + 7 707 − 4 500（分派股利）×70%
= 34 057（万元）

(2) 甲公司 20×1 年编制合并财务报表时，应当进行如下调整处理：

①按 A 公司资产和负债的公允价值对其财务报表项目进行调整。根据购买日 A 公司资产和负债的公允价值与账面价值之间的差额，调整 A 公司相关公允价值变动的资产和负债项目及资本公积项目。其调整分录如下：

借：递延所得税资产	300	①
固定资产原价	5 200	
贷：存货	1 200	
递延所得税负债	1 300	
资本公积	3 000	

根据购买日 A 公司资产和负债的公允价值与原账面价值之间的差额对 A 公司本年净利润的影响，调整 A 公司当年相关的费用项目。其调整分录如下：

借：存货	1 200	②
管理费用	520	
贷：营业成本	1 200	
累计折旧	520	

按照上述进行调整，影响到购买日合并财务报表中确认递延所得税资产或递延所得税负债的相应的暂时性差异的转回，根据上述调整相应转回的应纳税暂时性差异和可抵扣暂时性差异，调整当期的所得税费用。其调整分录如下：

借：所得税费用　　　　　　　　　　　　　　　300　　　③
　　贷：递延所得税资产　　　　　　　　　　　　　　300
借：递延所得税负债　　　　　　　　　　　　　130　　　④
　　贷：所得税费用　　　　　　　　　　　　　　　　130

②按照权益法核算要求对甲公司财务报表相关项目进行调整。上述调整后处理，A公司当年实现的净利润调整为11 010万元。根据调整计算的A公司当年净利润，按照权益法核算的要求对长期股权投资及投资收益等相关项目进行调整。其调整分录如下：

借：长期股权投资——A公司　　　　　　　　7 707　　　⑤
　　投资收益　　　　　　　　　　　　　　　　3 150
　　贷：投资收益　　　　　　　　　　　　　　　　7 707
　　　　长期股权投资　　　　　　　　　　　　　　3 150

（3）甲公司20×1年编制合并财务报表时，应当进行如下抵销处理：

①将长期股权投资与所有者权益相互抵销。将甲公司对A公司的长期股权投资与其在A公司股东权益中拥有的份额予以抵销。其抵销分录如下：

借：股本　　　　　　　　　　　　　　　　　20 000　　⑥
　　资本公积　　　　　　　　　　　　　　　　11 000
　　盈余公积　　　　　　　　　　　　　　　　 3 200
　　未分配利润　　　　　　　　　　　　　　　 7 310
　　商誉　　　　　　　　　　　　　　　　　　 5 000
　　贷：长期股权投资　　　　　　　　　　　　　 34 057
　　　　少数股东权益　　　　　　　　　　　　　 12 453

②将投资收益与子公司利润分配等项目相互抵销。将甲公司对A公司投资收益与A公司本年利润分配有关项目的金额予以抵销。在合并工作底稿中其抵销分录如下：

借：投资收益　　　　　　　　　　　　　　　 7 707　　 ⑦
　　少数股东本期损益　　　　　　　　　　　　 3 303
　　未分配利润（年初）　　　　　　　　　　　 2 800
　　贷：提取盈余公积　　　　　　　　　　　　　 2 000
　　　　对股东的分配　　　　　　　　　　　　　 4 500
　　　　未分配利润　　　　　　　　　　　　　　 7 310

根据上述调整分录和抵销分录，甲公司可以编制合并工作底稿如表11-12所示。

表 11-12　　　　　　　　　　合并工作底稿

单位：万元

项　　目	甲公司	A公司	合计数	调整分录		抵销分录		少数股东权益	合并数
				借方	贷方	借方	贷方		
资产负债表项目									
流动资产：									
应收账款	8 500	5 000	13 500						13 500
存货	37 000	21 000	58 000	1 200②	1 200①				58 000
其他流动资产	24 500	17 000	41 500						41 500
流动资产合计	70 000	43 000	113 000						113 000
非流动资产：									
长期股权投资	29 500		29 500	7 707⑤	3 150⑤		34 057⑥		0
固定资产原价	38 000	30 000	68 000	5 200①					73 200
减：累计折旧	10 000	4 000	14 000		520②				14 520
固定资产净值	28 000	26 000	54 000	5 200	520				58 680
商誉	0	0	0			5 000⑥			5 000
递延所得税资产	0	0	0	300①	300③				0
其他非流动资产	82 000	10 000	92 000						92 000
非流动资产合计	139 500	36 000	175 500	13 207	3 970	5 000	34 057		155 680
资产总计	209 500	79 000	288 500	13 207	3 970	5 000	34 057		268 680
流动负债：									
应付账款	18 000	6 000	24 000						24 000
其他流动负债	46 000	23 000	69 000						69 000
流动负债合计	64 000	29 000	93 000						93 000
非流动负债：									
长期借款	16 000	8 000	24 000						24 000
递延所得税负债	0	0	0	130④	1 300①				1 170
其他非流动负债	14 000	4 000	18 000						18 000
非流动负债合计	30 000	12 000	42 000						43 170
负债合计	94 000	41 000	135 000						136 170
股东权益：									
股本	50 000	20 000	70 000			20 000⑥			50 000
资本公积	29 500	8 000	37 500		3 000①	11 000⑥			29 500
盈余公积	18 000	3 200	21 200			3 200⑥			18 000

续表

项　　目	甲公司	A公司	合计数	调整分录 借方	调整分录 贷方	抵销分录 借方	抵销分录 贷方	少数股东权益	合并数
未分配利润	18 000	6 800	24 800	3 970	9 037	21 120	13 810		22 557
股东权益合计	115 500	38 000	153 500	3 970	12 037	55 320	13 810		120 057
少数股东权益							12 453⑥	12 453	12 453
负债和股东权益总计	209 500	79 000							268 680
利润表项目									
一、营业收入	160 000	95 000	255 000						255 000
营业成本	100 000	73 000	173 000			1 200②			171 800
营业税金及附加	1 800	1 000	2 800						2 800
销售费用	5 150	3 400	8 550						8 550
管理费用	7 000	2 900	9 900	520②					10 420
财务费用	1 200	700	1 900						1 900
投资收益	3 150	0	3 150	3 150⑤	7 707⑤	7 707⑦			0
二、营业利润	48 000	14 000	62 000	3 670	8 907	7 707			59 530
三、利润总额	48 000	14 000	62 000						
所得税费用	12 000	3 500	15 500	300③	130④				15 670
四、净利润	36 000	10 500	46 500	3 970	9 037	7 707			43 860
少数股东本期损益						3 303⑦		3 303	3 303
归属母公司股东净利润									40 557
股东权益变动表项目									
一、年初未分配利润	9 000	2 800	11 800			2 800⑦			9 000
二、利润分配									
提取盈余公积	7 000	2 000	9 000			2 000⑦			7 000
对股东的分配	20 000	4 500	24 500				4 500⑦		20 000
三、年末未分配利润	18 000	6 800	24 800	3 970	9 037	7 310⑥ 21 120	7 310⑦ 13 810		22 557

甲公司在编制上述合并工作底稿，计算各项目合并数后，并根据合并数编制合并资产负债表、合并利润表以及合并股东权益变动表。甲公司编制的合并资产负债表、合并利润表以及合并股东权益变动表略。

三、购买日以后期间合并财务报表编制相关的所得税会计的合并处理

购买日后连续编制合并财务报表时，与购买日后第一期编制合并财务报表的程序基本相同。首先，将子公司资产和负债的公允价值增值或减值确认入账，对子公司的财务报表项目进行调整，其中必须考虑递延所得税因素。其次，将对子

公司长期股权投资成本法核算调整为权益法核算的结果。将成本法核算调整为权益法核算的结果时，也考虑递延所得税的影响。再次，通过编制合并抵销分录，将母公司对子公司长期股权投资与子公司所有者权益等对个别财务报表的影响予以抵销。最后，则是在编制合并工作底稿的基础上，计算合并财务报表各项目的合并数，编制合并财务报表。

与购买日后编制第一期合并财务报表所不同的，就是在编制第二期及其以后的合并财务报表，进行合并抵销处理时，必须对期初未分配利润进行调整，即按照编制上一期合并财务报表抵销处理时所有涉及期末未分配利润的数额，对期初未分配利润进行调整。

例 11-9：接例 11-8，甲公司和 A 公司 20×2 年 12 月 31 日个别资产负债表、利润表和所有者权益变动表如表 11-13～表 11-15 所示。

表 11-13　　　　　　　　　　　　资产负债表

会企 01 表

编制单位：甲公司、A 公司　　　　20×2 年 12 月 31 日　　　　　　单位：万元

资产	甲公司	A 公司	负债和股东权益	甲公司	A 公司
流动资产：			流动负债：		
应收账款	9 000	5 800	应付账款	24 800	12 000
存货	41 000	25 000	其他流动负债	40 200	22 000
其他流动资产	31 000	24 200	流动负债合计	65 000	34 000
流动资产合计	81 000	55 000			
			非流动负债：		
非流动资产：			长期借款	19 000	4 000
长期股权投资	29 500	0	其他非流动负债	8 000	7 000
固定资产原价	56 000	32 000	非流动负债合计	27 000	11 000
减：累计折旧	13 000	7 000	负债合计	92 000	45 000
固定资产净值	43 000	25 000			
其他非流动资产	64 000	9 000	股东权益：		
非流动资产合计	136 500	34 000	股本	50 000	20 000
			资本公积	29 500	8 000
			盈余公积	24 000	5 600
			未分配利润	22 000	10 400
			股东权益合计	125 500	44 000
资产总计	217 500	89 000	负债和股东权益总计	217 500	89 000

第十一章 所得税会计相关的合并处理

表 11-14　　　　　　　　　　　　　利润表

会企02表

编制单位：甲公司、A公司　　　　20×2年度　　　　　　　　　　单位：万元

项　目	甲公司	A公司
一、营业收入	181 000	117 000
减：营业成本	131 000	88 000
营业税金及附加	2 200	1 900
销售费用	5 400	4 800
管理费用	5 600	5 100
财务费用	2 000	1 200
加：投资收益	4 200	0
二、营业利润	39 000	16 000
三、利润总额	39 000	16 000
减：所得税费用	9 000	4 000
四、净利润	30 000	12 000

表 11-15　　　　　　　　　　　　股东权益变动表

会企04表

编制单位：甲公司、A公司　　　　20×2年度　　　　　　　　　　单位：万元

项　目	甲公司					A公司				
	股本	资本公积	盈余公积	未分配利润	股东权益合计	股本	资本公积	盈余公积	未分配利润	股东权益合计
一、上年年末余额	50 000	29 500	18 000	18 000	115 500	20 000	8 000	3 200	6 800	38 000
二、本年年初余额	50 000	29 500	18 000	18 000	115 500	20 000	8 000	3 200	6 800	38 000
三、本年增减变动金额										
（一）净利润				30 000	30 000				12 000	12 000
（二）其他综合收益										
（三）股东投入和减少资本										
（四）利润分配										
1. 提取盈余公积			6 000	6 000				2 400	2 400	
2. 对股东的分配				20 000	20 000				6 000	6 000
3. 其他										
四、本年年末余额	50 000	29 500	24 000	22 000	125 500	20 000	8 000	5 600	10 400	44 000

购买日（20×1年1月1日）A公司存货的账面价值20 000万元，公允价值为18 800万元；固定资产账面价值为18 000万元，公允价值为23 200万元。A公司20×1年12月31日股东权益总额为38 000万元，其中股本为20 000万元，资本公积为8 000万元，盈余公积3 200万元，未分配利润为6 800万元。20×1

年12月31日止,购买日公允价值减值的存货,当年已全部实现对外销售。购买日经评估公允价值增值的公司管理用办公楼,仍处使用中。

A公司20×2年12月31日股东权益总额为44 000万元,其中股本为20 000万元,资本公积为8 000万元,盈余公积5 600万元,未分配利润为10 400万元。A公司20×1年全年实现净利润12 000万元,提取盈余公积2 400万元,向股东分配现金股利6 000万元。

(1) 甲公司编制20×2年度合并财务报表时相关项目计算如下:

A公司本年暂时性差异转回对所得税费用的影响额 = 520×25%
= 130(万元)

520万元系固定资产公允价值增值5 200万元按剩余折旧年限10年计算折的折旧。

A公司本年净利润 = 12 000 - 520(因固定资产公允价值增值而调增管理费用) + 130 = 11 610(万元)

A公司20×1年年末未分配利润 = 2 800(年初) + 11 010 - 2 000(提取盈余公积) - 4 500(分派股利) = 7 310(万元)

A公司20×2年年末未分配利润 = 7 310(年初) + 11 610 - 2 400(提取盈余公积) - 6 000(分派股利) = 10 520(万元)

甲公司本年投资A公司的投资收益 = 11 610×70%
= 8 127(万元)

甲公司20×1年年末对A公司长期股权投资 = 29 500 + 7 707 - 4 500(分派股利)×70%
= 34 057(万元)

甲公司20×2年年末对A公司长期股权投资 = 34 057 + 8 127 - 6 000(分派股利)×70%
= 37 984(万元)

(2) 甲公司20×2年编制合并财务报表时,应当进行如下调整处理:

①根据公允价值增值的影响,对A公司财务报表项目进行调整。根据购买日A公司资产和负债的公允价值与账面价值之间的差额,调整A公司相关公允价值变动的资产、负债及资本公积项目。其调整分录如下:

借:递延所得税资产　　　　　　　　　　　　　　　300　　　①
　　固定资产原价　　　　　　　　　　　　　　　5 200
　　贷:存货　　　　　　　　　　　　　　　　　　1 200
　　　　递延所得税负债　　　　　　　　　　　　1 300
　　　　资本公积　　　　　　　　　　　　　　　3 000

根据购买日 A 公司资产和负债的公允价值与原账面价值之间的差额对 A 公司 20×1 年度净利润的影响,调整年初未分配利润。其调整分录如下:

借:存货　　　　　　　　　　　　　　　　　1 200　　　②
　　未分配利润(年初)　　　　　　　　　　　　520
　贷:未分配利润(年初)　　　　　　　　　　1 200
　　　累计折旧　　　　　　　　　　　　　　　520

根据 20×1 年度调整转回的应纳税暂时性差异和可抵扣暂时性差异确认的递延所得税资产或递延所得税负债,调整年初未分配利润。其调整分录如下:

借:未分配利润(年初)　　　　　　　　　　　300　　　③
　贷:递延所得税资产　　　　　　　　　　　　300
借:递延所得税负债　　　　　　　　　　　　　130　　　④
　贷:未分配利润(年初)　　　　　　　　　　 130

根据 20×1 年度按权益法核算的要求对长期股权投资及投资收益等相关项目进行调整,相应调整长期股权投资和年初未分配利润。其调整分录如下:

借:长期股权投资　　　　　　　　　　　　　7 707　　　⑤
　　未分配利润(年初)　　　　　　　　　　 3 150
　贷:未分配利润(年初)　　　　　　　　　　7 707
　　　长期股权投资　　　　　　　　　　　　3 150

②根据公允价值变动对 A 公司 20×2 年度财务报表项目进行调整。根据购买日 A 公司资产和负债公允价值与原账面价值之间的差异对 A 公司 20×2 年度净利润的影响,以及可抵扣暂时性差异转回对本年所得税费用的影响,调整本年的相关费用和所得税费用项目。其调整分录如下:

借:管理费用　　　　　　　　　　　　　　　520　　　⑥
　贷:累计折旧　　　　　　　　　　　　　　　520
借:递延所得税负债　　　　　　　　　　　　　130　　　⑦
　贷:所得税费用　　　　　　　　　　　　　　130

按照权益法对甲公司财务报表项目进行调整。根据调整计算的 A 公司当期净利润,按照权益法核算的要求对长期股权投资及投资收益等相关项目进行调整。其调整分录如下:

借:长期股权投资　　　　　　　　　　　　　8 127　　　⑧
　　投资收益　　　　　　　　　　　　　　　4 200
　贷:投资收益　　　　　　　　　　　　　　　8 127
　　　长期股权投资　　　　　　　　　　　　4 200

(3)甲公司 20×1 年编制合并财务报表时,应当进行如下抵销处理:

① 将长期股权投资与所有者权益相互抵销。将甲公司对 A 公司的长期股权投资与其在 A 公司股东权益中拥有的份额予以抵销。其抵销分录如下：

借：股本　　　　　　　　　　　　　　　　　　　　20 000　　⑨
　　资本公积　　　　　　　　　　　　　　　　　　11 000
　　盈余公积　　　　　　　　　　　　　　　　　　 5 600
　　未分配利润　　　　　　　　　　　　　　　　　10 520
　　商誉　　　　　　　　　　　　　　　　　　　　 5 000
　贷：长期股权投资　　　　　　　　　　　　　　　37 984
　　　少数股东权益　　　　　　　　　　　　　　　14 136

② 将投资收益与子公司利润分配等项目相互抵销。将甲公司对 A 公司投资收益与 A 公司本年利润分配有关项的金额予以抵销。在合并工作底稿中其抵销分录如下：

借：投资收益　　　　　　　　　　　　　　　　　　 8 127　　⑩
　　少数股东本期损益　　　　　　　　　　　　　　 3 483
　　未分配利润（年初）　　　　　　　　　　　　　 7 310
　贷：提取盈余公积　　　　　　　　　　　　　　　 2 400
　　　对股东的分配　　　　　　　　　　　　　　　 6 000
　　　未分配利润　　　　　　　　　　　　　　　　10 520

（4）根据上述调整分录和抵销分录，甲公司可以编制合并工作底稿如表 11-16 所示。

表 11-16　　　　　　　　　　　合并工作底稿
（20×2 年度）　　　　　　　　　　　　　　　　　　单位：万元

项目	甲公司	A 公司	合计数	调整分录 借方	调整分录 贷方	抵销分录 借方	抵销分录 贷方	少数股东权益	合并数
资产负债表项目									
流动资产：									
应收账款	9 000	5 800	14 800						14 800
存货	41 000	25 000	66 000	1 200②	1 200①				66 000
其他流动资产	31 000	24 200	55 200						55 200
流动资产合计	81 000	55 000	136 000						136 000
非流动资产：									
长期股权投资	29 500	0	29 500	7 707⑤ 8 127⑧	3 150⑤ 4 200⑧		37 984⑨		0

第十一章 所得税会计相关的合并处理

续表

项目	甲公司	A公司	合计数	调整分录 借方	调整分录 贷方	抵销分录 借方	抵销分录 贷方	少数股东权益	合并数
固定资产原价	56 000	32 000	88 000	5 200①					93 200
累计折旧	13 000	7 000	20 000		520② 520⑥				21 040
固定资产净值	43 000	25 000	68 000	5 200	1 040				72 160
商誉	0	0	0			5 000⑨			5 000
递延所得税资产	0	0	0	300①	300③				0
其他非流动资产	64 000	9 000	73 000						73 000
非流动资产合计	136 500	34 000	170 500	21 334	8 690	5 000	37 984		150 160
资产总计	217 500	89 000	306 500	22 534	9 890	5 000	37 984		286 160
流动负债:									
应付账款	24 800	12 000	36 800						36 800
其他流动负债	40 200	22 000	62 200						62 200
流动负债合计	65 000	34 000	99 000						99 000
非流动负债:									
长期借款	19 000	4 000	23 000						23 000
递延所得税负债				130④ 130⑦	1 300①				1 040
其他非流动负债	8 000	7 000	15 000						15 000
非流动负债合计	27 000	11 000	38 000						39 040
负债合计	92 000	45 000	137 000	260	1 300				138 040
股东权益:									
股本	50 000	20 000	70 000			20 000⑨			50 000
资本公积	29 500	8 000	37 500	3 000①		11 000⑨			29 500
盈余公积	24 000	5 600	29 600			5 600⑨			24 000
未分配利润	22 000	10 400	32 400						30 523
股东权益合计	125 500	44 000	169 500						134 023
少数股东权益							14 097⑨	14 097	14 097
负债和股东权益总计	217 500	89 000							286 160
利润表项目									
一、营业收入	181 000	117 000	298 000						298 000
营业成本	131 000	88 000	219 000						219 000
营业税金及附加	2 200	1 900	4 100						4 100

续表

项　　目	甲公司	A公司	合计数	调整分录 借方	调整分录 贷方	抵销分录 借方	抵销分录 贷方	少数股东权益	合并数
销售费用	5 400	4 800	10 200						10 200
管理费用	5 600	5 100	10700	520⑥					11 220
财务费用	2 000	1 200	3 200						3 200
投资收益	4 200	0	4 200	4 200⑧	8 127⑧	8 127⑩			0
二、营业利润	39 000	16 000	55 000	4720	8 127	8 127			50 280
三、利润总额	39 000	16 000	55 000	4 720	8 127	8 127			50 280
所得税费用	9 000	4 000	13 000		130⑦				12 870
四、净利润	30 000	12 000	42 000	4 720	8 257	8 127			37 410
少数股东本期损益						3 483⑩		3 483	3 483
归属母公司股东利润									33 927
股东权益变动表项目									
一、年初未分配利润	18 000	6 800	24 800	520② 300③ 3 150⑤ 3 970	1 200② 130④ 7 707⑤ 9 037	7 310⑩ 7 310			22 557
二、利润分配									
提取盈余公积	6 000	2 400	8 400				2 400⑩		6 000
对股东的分配	20 000	6 000	26 000				6 000⑩		20 000
三、年末未分配利润	22 000	10 400	32 400	8 690	17 294	10 520⑨ 29 440	10 520⑩ 18 920		30 484

　　甲公司根据上述合并工作底稿的合并数，可以编制合并资产负债表、合并利润表以及合并股东权益变动表。甲公司编制的合并资产负债表、合并利润表以及合并股东权益变动表略。

第十二章

合并现金流量表的编制

第一节 合并现金流量表概述

一、现金流量表和现金及现金等价物的概念

现金流量表是反映企业在一定会计期间现金及现金等价物流入和流出的报表,即反映企业在一定期间现金流量情况的财务报表。编制现金流量表的目的,是为财务报表的使用者提供企业一定会计期间现金及现金等价物流入和流出的信息,以便财务报表的使用者了解和评价企业获取现金及现金等价物的能力,据以预测企业未来的现金流量。

现金流量表的作用主要体现在以下几个方面:一是能够提供有助于评价企业支付能力、偿债能力和周转能力的信息;二是有助于预测企业未来的现金流量;三是有助于分析企业收益质量及影响现金流量的因素,掌握经营活动、投资活动和筹资活动的现金流量,可以从现金流量的角度分析净利润的质量。

现金流量表是以收付实现制为基础,反映企业在一定期间现金流量的信息。现金流量表中的"现金"与一般意义上现金概念不同。一般意义上的现金,指的仅是企业持有的现金,即库存现金。而现金流量表中的现金包括现金和现金等价物。其中的现金是指企业库存现金以及可以随时用于支付的存款,包括库存现金、银行存款和其他货币资金(如外埠存款、银行汇票存款、银行本票存款等)等,属于大概念的现金。现金等价物则是指企业持有的期限短、流动性强、易于转换为已知金额现金、价值变动风险很小的投资。期限短,一般是指从购买日起三个月以内到期。现金等价物通常包括三个月以内到期的债券投资等。权益性投资变现的金额通常不确定,因而不属于现金等价物。企业应当根据具体情况,确定现金等价物的范围,现金等价物的范围一经确定,则不得随意变更。

二、现金流量的分类和现金流量表的结构

(一) 现金流量的分类

现金流量是指企业现金及现金等价物的流入和流出。在现金流量表中,现金和现金等价物被视为一个整体,企业现金及现金等价物的形式转换不会产生新的现金流量。现金与现金等价物之间的转换也不会产生新的现金流量。根据业务活动的性质和现金流量的来源,企业一定期间产生的现金流量分为经营活动产生的现金流量、投资活动产生的现金流量和筹资活动产生的现金流量。

1. 经营活动产生的现金流量

经营活动是指企业除投资活动和筹资活动以外的所有交易和事项。经营活动主要包括销售商品、提供劳务、购买商品、接受劳务、支付工资和交纳税款等流入和流出现金及现金等价物的活动或事项。

2. 投资活动产生的现金流量

投资活动是指企业长期资产的购建和不包括在现金等价物范围内的投资及其处置活动。投资活动主要包括购建固定资产、处置子公司及其他营业单位等流入和流出现金及现金等价物的活动或事项。

3. 筹资活动产生的现金流量

筹资活动是指导致企业资本及债务规模和构成发生变化的活动。筹资活动主要包括吸收投资、发行股票、分配利润、发行债券、偿还债务等流入和流出现金及现金等价物的活动或事项。偿付应付账款、应付票据等商业应付款等属于经营活动,不属于筹资活动。

(二) 现金流量表的结构

我国企业现金流量表采用报告式结构,分类反映经营活动产生的现金流量、投资活动产生的现金流量和筹资活动产生的现金流量,最后汇总反映企业某一期间现金及现金等价物的净增加额。

三、现金流量表的编制方法

(一) 经营活动产生的现金流量的直接法和间接法

编制现金流量表时,对于经营活动产生的现金流量的列报,有直接法和间接法两种方法。

所谓直接法,是按现金收入和现金支出的主要类别直接反映企业经营活动产生的现金流量,如销售商品、提供劳务收到的现金,购买商品、接受劳务支付的现金等。在直接法下,一般是以利润表中的营业收入为起算点,调节与经营活动有关的项目的增减变动,然后计算得出经营活动产生的现金流量。采用直接法编制的现金流量表,便于分析企业经营活动产生的现金流量的来源和用途,预测企业现金流量的未来前景。

所谓间接法,是指以净利润为起算点,调整不涉及现金的收入、费用、营业外收支等有关项目,剔除投资活动和筹资活动对现金流量的影响,据此计算出经营活动产生的现金流量的方法。由于净利润是按照权责发生制为基础计算确定的,其中包含着与投资活动和筹资活动相关的收益和费用,将净利润调节为经营活动产生的现金流量,实际上就是将按权责发生制为基础计算确定的净利润调整为现金净流入,并剔除投资活动和筹资活动对现金流量的影响。采用间接法编报的现金流量表,便于将净利润与经营活动产生的现金流量净额进行比较,了解净利润与经营活动产生的现金流量差异的原因,从现金流量角度分析净利润的质量。

我国现行企业会计准则规定,企业应当采用直接法编报现金流量表,同时要求附注中提供以净利润为基础调节到经营活动现金流量的信息。

(二)编制现金流量表的工作底稿法和T型账户法

采用直接法编制现金流量表时,可以采用工作底稿法或T型账户法,也可以根据有关科目记录分析填列。

(1)采用工作底稿法编制现金流量表,是以工作底稿为手段,以资产负债表和利润表为基础,对每一项目进行分析并编制调整分录,然后编制现金流量表。在采用工作底稿法的情况下,通常包括以下五个步骤:

第一步,将资产负债表的期初数和期末数过入工作底稿的期初数栏和期末数栏。

第二步,对当期经济业务进行分析并编制调整分录。

第三步,将调整分录过入工作底稿中的相应位置。

第四步,核对调整分录,借方和贷方合计数均已相等,资产负债表各项目的期初数加上或减去调整分录中借贷方金额后,等于相应项目的期末数。

第五步,根据工作底稿中的现金流量表项目部分编制正式的现金流量表。

(2)采用T型账户法编制现金流量表,是以T型账户为手段,以资产负债表、利润表的数据为基础,对每一项目进行分析并编制调整分录,然后编制现金流量表。在采用T型账户法的情况下,一般包括以下五个步骤:

第一步,为所有的非现金项目(包括资产负债表项目和利润表项目)分别开设T型账户,并将各自的期初期末变动数过入相应的T型账户。

第二步，开设一个大的"现金及现金等价物"账户，借方和贷方均分为经营活动、投资活动和筹资活动三部分，左边记现金流入，右边记现金流出。

第三步，以利润表项目为基础，结合资产负债表分析每一非现金项目的增减变动，并编制相应的调整分录。

第四步，将调整分录过入各相应的 T 型账户，并进行核对，使各 T 型账户借贷相抵后的余额与原先过入的期初期末变动数一致。

第五步，根据"现金及现金等价物" T 型账户，编制正式的现金流量表。

四、合并现金流量表的编制方法

合并现金流量表是综合反映母公司及其子公司组成的企业集团，在一定会计期间现金流入、现金流出情况的财务报表。合并现金流量表的编制方法包括以个别现金流量表为基础编制合并现金流量表和以合并数据为基础编制合并现金流量表两种方法。

所谓以个别现金流量表数据为基础编制合并现金流量表，是指比照编制合并资产负债表、合并利润表的方法，将个别现金流量表项目数据加总，通过编制抵销分录将内部交易对个别现金流量表的影响予以抵销后，编制合并现金流量表的方法。采用这一方法编制合并现金流量表与编制合并资产负债表和合并利润表的思路和程序相同，其关键点在于编制抵销分录将内部交易对个别现金流量的影响予以抵销。

所谓以合并数据为基础编制合并现金流量表的方法，是指比照个别现金流量表的编制方法，以比较合并资产负债表、合并利润表和合并股东权益表的数据为基础，或采用工作底稿法或采用 T 型账户法，或根据有关科目分析填列。

第二节　个别现金流量表为基础的合并现金流量表的编制

一、个别现金流量表为基础编制合并现金流量表需要抵销的项目

如上所述，编制合并现金流量表原则上以母公司和纳入合并范围的子公司的个别现金流量表为基础编制。由于个别现金流量表是从单个企业的角度反映该企业在一定期间现金流量增减变动情况的财务报表，对于母公司与子公司之间、子公司相互之间的内部交易及其他事项所产生的现金流量，分别作为现金流入或现

金流出在其个别现金流量表中进行反映。例如，母公司向子公司销售商品并收取银行存款的交易，对于母公司来说，该交易导致其现金流入，反映在其个别现金流量表中的"经营活动产生的现金流量"中的"销售商品、提供劳务收到的现金"之中；而对于从内部购入商品的子公司来说，则导致现金流出，反映在个别现金流量表中的"经营活动产生的现金流量"中的"购买商品、接受劳务支付的现金"之中。再如，子公司向母公司支付现金股利时，表现为母公司现金流量的增加和子公司现金流量的减少。因此，在编制合并现金流量表时，需要将母公司和子公司以及子公司相互之间交易所导致的现金流入和流出予以抵销。

在以母公司和子公司个别现金流量表为基础编制合并现金流量表时，需要进行抵销的内容主要有：

（1）母公司与子公司、子公司相互之间当期以现金投资或收购股权增加投资所产生的现金流量。当母公司从子公司中购买其持有的其他企业的股票时，由此产生的现金流量，在购买股权方的母公司的个别现金流量表中，表现为"投资活动产生的现金流量"中的"投资支付的现金"的增加，而在出售股权方的子公司的个别现金流量表中则表现为"投资活动产生的现金流量"中的"收回投资收到的现金"的增加。在母公司对子公司投资的情况下，其产生的现金流量表在母公司的个别现金流量表中表现为"投资活动产生的现金流量"中的"投资支付的现金"的增加，而在接受投资的子公司个别现金流量表则表现为"筹资活动产生的现金流量"中的"吸收投资收到的现金"的增加。因此，编制合并现金流量表时将其予以抵销。

（2）母公司与子公司、子公司相互之间当期取得投资收益收到的现金，与分配股利、利润或偿付利息支付的现金所产生的现金流量。母公司对子公司投资以及子公司之间进行投资而分配现金股利或利润时，由此产生的现金流量，在股利或利润支付方的个别现金流量表中表现为"筹资活动产生的现金流量"中的"分配股利、利润或偿付利息支付的现金"的增加，而在收到股利或利润方的个别现金流量表中则表现为"投资活动产生的现金流量"中的"取得投资收益收到的现金"的增加。为此编制合并现金流量表时，应当将投资收益收到的现金与分配利润、支付利息支出的现金相互予以抵销。

（3）母公司与子公司、子公司相互之间以现金结算债权与债务产生的现金流量。以现金结算内部债权债务，对于债权方来说表现为现金的流入，而对于债务方来说则表现为现金的流出。在以现金结算的债权与债务属于母公司与子公司、子公司相互之间内部销售商品和提供劳务所产生的情况下，从其个别现金流量表来说，在债权方的个别现金流量表中表现为"销售商品、提供劳务收到的现金"的增加；而在债务方的个别现金流量表中则表现为"购买商品、接受劳务支付的现金"的增加。在编制合并现金流量表时必须将由此产生的现金流量予以抵销。

在现金结算的债权与债务属于内部往来产生的情况下,在债权方的个别现金流量表中表现为"收到的其他与经营活动有关的现金"的增加,在债务方的个别现金流量表中表现为"支付的其他与经营活动有关的现金"的增加。因此,在编制合并现金流量表时,以现金结算的内部债权债务所产生的现金流量应当将其予以抵销。

(4) 母公司与子公司、子公司相互之间当期销售商品所产生的现金流量。母公司与子公司、子公司相互之间当期销售商品没有形成固定资产、在建工程、无形资产等资产的情况下,该内部销售商品所产生的现金流量,在销售方的个别现金流量表中表现为"销售商品、提供劳务收到的现金"的增加,而在购买方的个别现金流量表中则表现为"购买商品、接受劳务支付的现金"的增加。在母公司与子公司、子公司相互之间当期销售商品形成固定资产、工程物资、在建工程、无形资产等资产的情况下,该内部销售商品所产生的现金流量,在购买方的个别现金流量表中表现为"购建固定资产、无形资产和其他长期资产所支付的现金"的增加。为此,在编制合并现金流量表时,必须将由此所产生的现金流量予以抵销。

(5) 母公司与子公司、子公司相互之间处置和购建固定资产、无形资产和其他长期资产所产生的现金流量。内部处置和购建固定资产、无形资产和其他长期资产时,处置和购建固定资产等所产生的现金流量,对于处置方的个别现金流量表来说,表现为"处置固定资产、无形资产和其他长期资产收回的现金净额"的增加;对于购置该资产的接受方来说,在其个别现金流量表中表现为"购置固定资产、无形资产和其他长期资产支付的现金"的增加。因此,在编制合并现金流量表时,内部处置和购建固定资产、无形资产和其他长期资产所产生的现金流量应当将其予以抵销。

(6) 母公司与子公司、子公司相互之间当期发生的其他内部交易所产生的现金流量。

二、个别现金流量表为基础的合并现金流量表的编制

为了便于读者对以个别现金流量表为基础编制合并现金流量表的具体方法的理解,以下举例说明其编制过程。

例 12-1: A 公司系甲公司于 20×1 年 1 月 1 日以定向增发公司普通股的方式,购买其 70% 股权取得的子公司。甲公司定向增发普通股 10 000 万股,甲公司普通股股票面值每股为 1 元,市场价格每股为 2.95 元。甲公司并购 A 公司属于非同一控制下的企业合并。编制合并现金流量表相关资料以及合并现金流量表的编制过程如下:

(1) 甲公司和子公司 A 公司 20×1 年和 20×2 年个别财务报表数据如表 12-1~表 12-4 所示。

第十二章 合并现金流量表的编制

表 12-1　　　　　　　　　　　　　　　资产负债表

会企 01 表

编制单位：甲公司　　　　　　　　　　　　　　　　　　　　　　　　　　　　　单位：万元

资产	20×1年 12月31日	20×2年 12月31日	负债和股东权益	20×1年 12月31日	20×2年 12月31日
流动资产：			流动负债：		
货币资金	5 700	8 900	短期借款	10 000	8 000
交易性金融资产	3 000	4 800	交易性金融负债	4 000	4 000
应收票据	7 200	7 100	应付票据	13 000	15 000
应收账款	9 000	9 800	应付账款	18 000	14 800
减：坏账准备	500	800	预收款项	4 000	4 000
应收账款净额	8 500	9 000	应付职工薪酬	5 000	5 800
预付款项	1 500	2 600	应交税费	2 700	2 200
应收股利	3 150	4 200	应付股利	5 000	8 000
其他应收款	500	3 700	其他应付款	300	2 000
存货	37 000	37 900	其他流动负债	2 000	1 200
其他流动资产	3 450	2 800	流动负债合计	64 000	65 000
流动资产合计	70 000	81 000			
			非流动负债：		
非流动资产：			长期借款	4 000	3 000
可供出售金融资产	9 000	8 000	应付债券	20 000	20 000
持有至到期投资	14 000	14 000	长期应付款	6 000	4 000
长期股权投资	29 500	29 500	其他非流动负债	0	0
固定资产原价	38 000	46 000	非流动负债合计	30 000	27 000
减：累计折旧	10 000	13 000	负债合计	94 000	92 000
固定资产净值	28 000	33 000			
在建工程	13 000	7 000	股东权益：		
无形资产	6 000	5 000	股本	50 000	50 000
商誉	0	0	资本公积	29 500	29 500
其他非流动资产	40 000	40 000	其他综合收益	0	0
非流动资产合计	139 500	136 500	盈余公积	18 000	24 000
			未分配利润	18 000	22 000
			股东权益合计	115 500	125 500
资产总计	209 500	217 500	负债和股东权益总计	209 500	217 500

表 12-2　　　　　　　　　　　资产负债表

会企 01 表

编制单位：A 公司　　　　　　　　　　　　　　　　　　　　　　　　　　单位：万元

资产	20×1年12月31日	20×2年12月31日	负债和股东权益	20×1年12月31日	20×2年12月31日
流动资产：			流动负债：		
货币资金	6 500	9 400	短期借款	4 800	5 800
交易性金融资产	5 000	7 800	交易性金融负债	2 400	2 100
应收票据	3 600	3 900	应付票据	3 600	5 600
应收账款	5 400	5 700	应付账款	5 200	5 300
减：坏账准备	300	400	预收款项	3 900	3 300
应收账款净额	5 100	5 300	应付职工薪酬	1 600	1 800
预付款项	2 500	2 900	应交税费	1 400	1 700
应收股利	0	0	应付股利	4 500	6 000
其他应收款	1 300	1 600	其他应付款	700	1 500
存货	18 000	23 000	其他流动负债	900	900
其他流动资产	1 000	1 100	流动负债合计	29 000	34 000
流动资产合计	43 000	55 000			
			非流动负债：		
非流动资产：			长期借款	5 000	4 000
可供出售金融资产	0	0	应付债券	7 000	7 000
持有至到期投资	4 000	4 200	长期应付款	0	0
长期股权投资	0	0	其他非流动负债	0	0
固定资产原价	30 000	32 000	非流动负债合计	12 000	11 000
减：累计折旧	4 000	7 000	负债合计	41 000	45 000
固定资产净值	26 000	25 000			
在建工程	4 200	3 200	股东权益：		
无形资产	1 800	1 600	股本	20 000	20 000
商誉	0	0	资本公积	8 000	8 000
其他非流动资产	0	0	其他综合收益	0	0
非流动资产合计	36 000	34 000	盈余公积	3 200	5 600
			未分配利润	6 800	10 400
			股东权益合计	38 000	44 000
资产总计	79 000	89 000	负债和股东权益总计	79 000	89 000

表 12－3　　　　　　　　　　　　　利润表

会企02表
编制单位：甲公司、A公司　　　　20×2年度　　　　　　　　　　　单位：万元

项　目	甲公司	A公司
一、营业收入	180 000	117 000
减：营业成本	131 000	89 300
营业税金及附加	2 800	1 900
销售费用	5 800	4 700
管理费用	6 900	4 400
财务费用	2 000	1 200
资产减值损失	1 000	100
加：公允价值变动收益	0	0
投资收益	7 000	1 300
二、营业利润	37 500	16 700
加：营业外收入	3 700	1 100
减：营业外支出	1 200	1 800
其中：非流动资产处置损失		
三、利润总额	40 000	16 000
减：所得税费用	10 000	4 000
四、净利润	30 000	12 000
五、其他综合收益的税后净额	0	0
六、综合收益总额	30 000	12 000
七、每股收益：		
（一）基本每股收益	略	略
（二）稀释每股收益	略	略

表 12－4　　　　　　　　　　　　股东权益变动表

会企04表
编制单位：甲公司、A公司　　　　20×2年度　　　　　　　　　　　单位：万元

项　目	甲公司					A公司				
	股本	资本公积	盈余公积	未分配利润	股东权益合计	股本	资本公积	盈余公积	未分配利润	股东权益合计
一、上年年末余额	50 000	29 500	18 000	18 000	115 500	20 000	8 000	3 200	6 800	38 000
加：会计政策变更										
前期差错更正										
二、本年年初余额	50 000	29 500	18 000	18 000	115 500	20 000	8 000	3 200	6 800	38 000
三、本年增减变动金额										
（一）综合收益总额				30 000	30 000				12 000	12 000

续表

项 目	甲公司					A公司				
	股本	资本公积	盈余公积	未分配利润	股东权益合计	股本	资本公积	盈余公积	未分配利润	股东权益合计
(二)股东投入和减少资本										
1. 股东投入资本										
2. 股份支付计入股东权益的金额										
3. 其他										
(三)利润分配										
1. 提取盈余公积			6 000	6 000	0			2 400	2 400	0
2. 对股东的分配				20 000	20 000				6 000	6 000
3. 其他										
(四)股东权益内部结转										
1. 资本公积转增股本										
2. 盈余公积转增股本										
3. 盈余公积弥补亏损										
4. 其他										
四、本年年末余额	50 000	29 500	24 000	22 000	125 500	20 000	8 000	5 600	10 400	44 000

(2) 甲公司20×2年利润表和资产负债表有关项目的明细资料如下:

利润表有关项目的明细资料:

①营业税金及附加的组成:当期发生并支付营业税费2 800万元。

②销售费用的组成:当期发生并支付广告费等销售费用5 800万元。

③管理费用的组成:累计折旧3 000万元,无形资产摊销300万元,职工薪酬3 000万元,支付其他费用600万元。

④财务费用的组成:计提并支付借款利息2 000万元。

⑤资产减值损失的组成:计提坏账准备300万元,计提无形资产减值准备700万元。

⑥投资收益的组成:享有A公司宣告发放的现金股利的部分为4 200万元,其他股权投资收益为2 700万元,出售可供出售金融资产取得投资收益100万元。

⑦营业外收入的组成:接受现金捐赠3 700万元。

⑧营业外支出的组成:支付罚款1 200万元。

⑨所得税费用的组成:当期发生并支付所得税费用10 000万元。

资产负债表有关项目的明细资料:

①交易性金融资产的变动:当期购入交易性金融资产1 800万元;期末其交易性金融资产公允价值未发生变动。

②可供出售金融资产的变动：当期出售一项可供出售金融资产（该项资产持有期间未发生公允价值变动），出售前该资产的账面价值为1 000万元，取得投资收益100万元。

③固定资产的变动：当期购入固定资产2 000万元，从在建工程转入6 000万元。

④短期借款、长期借款及长期应付款的变动：当期偿还短期借款2 000万元，偿还长期借款1 000万元，偿还长期应付款2 000万元。

（3）A公司20×2年利润表和资产负债表有关项目的明细资料如下：

利润表有关项目的明细资料：

①营业税金及附加的组成：当期发生并支付营业税费1 900万元。

②销售费用的组成：当期发生并支付广告费等销售费用4 700万元。

③管理费用的组成：累计折旧3 000万元，无形资产摊销200万元，职工薪酬1 000万元，支付其他费用200万元。

④财务费用的组成：计提并支付借款利息1 200万元。

⑤资产减值损失的组成：计提坏账准备100万元。

⑥投资收益的组成：股权投资收益1 300万元。

⑦营业外收入的组成：接受现金捐赠1 100万元。

⑧营业外支出的组成：支付罚款1 800万元。

⑨所得税费用的组成：当期发生并支付所得税费用4 000万元。

资产负债表有关项目的明细资料：

①交易性金融资产的变动：当期购入交易性金融资产2 800万元。期末其交易性金融资产公允价值未发生变动。

②持有至到期投资的变动：当期购入持有至到期投资200万元。

③固定资产的变动：当期购入固定资产1 000万元，从在建工程转入1 000万元。

④短期借款、长期借款的变动：当期借入短期借款1 000万元、偿还长期借款1 000万元。

⑤交易性金融负债的变动：当期赎回交易性金融负债300万元。

（4）甲公司20×2年个别现金流量表各项目计算过程如下：

①销售商品、提供劳务收到的现金 = 营业收入180 000 + 应收票据减少100 − 应收账款增加800 = 179 300（万元）

②收到其他与经营活动有关的现金 = 营业外收入3 700 + 其他流动资产减少650 − 其他应收款增加3 200 = 1 150（万元）

③购买商品、接受劳务支付的现金 = 营业成本131 000 + 应付账款减少3 200 + 存货增加900 + 预付账款增加1 100 − 应付票据增加2 000 = 134 200（万元）

④支付给职工以及为职工支付的现金＝管理费用中的职工薪酬3 000－应付职工薪酬增加800＝2 200（万元）

⑤支付的各项税费＝营业税金及附加2 800＋所得税费用10 000＋应交税费减少500＝13 300（万元）

⑥支付其他与经营活动有关的现金＝销售费用5 800＋除工资外的管理费用中用现金支付的部分600＋营业外支出1 200＋其他流动负债减少800－其他应付款增加1 700＝6 700（万元）

⑦收回投资收到的现金＝可供出售金融资产减少1 000＋出售可供出售金融资产的投资收益100＝1 100（万元）

⑧取得投资收益收到的现金＝股权投资收益6 900－应收股利增加1 050＝5 850（万元）

⑨购建固定资产、无形资产和其他长期资产支付的现金＝当期购入固定资产2 000（万元）

⑩投资支付的现金＝购入交易性金融资产1 800（万元）

⑪偿还债务支付的现金＝偿还短期借款2 000＋偿还长期借款1 000＋偿还长期应付款2 000＝5 000（万元）

⑫分配股利、利润或偿付利息支付的现金＝计提并支付借款利息2 000＋宣告发放股利20 000－应付股利增加3 000＝19 000（万元）

(5) A公司20×2年个别现金流量表各项目计算过程如下：

①销售商品、提供劳务收到的现金＝营业收入117 000－应收票据增加300－应收账款增加300－预收账款减少600＝115 800（万元）

②收到其他与经营活动有关的现金＝营业外收入1 100－其他流动资产增加100－其他应收款增加300＝700（万元）

③购买商品、接受劳务支付的现金＝营业成本89 300＋存货增加5 000＋预付账款增加400－应付账款增加100－应付票据增加2 000＝92 600（万元）

④支付给职工以及为职工支付的现金＝管理费用中的职工薪酬1 000－应付职工薪酬增加200＝800（万元）

⑤支付的各项税费＝营业税金及附加1 900＋所得税费用4 000－应交税费增加300＝5 600（万元）

⑥支付其他与经营活动有关的现金＝销售费用4 700＋除工资外的管理费用中用现金支付的部分200＋营业外支出1 800－其他应付款增加800＝5 900（万元）

⑦取得投资收益收到的现金＝股权投资收益1 300（万元）

⑧购建固定资产、无形资产和其他长期资产支付的现金＝当期购入固定资产1 000（万元）

⑨投资支付的现金＝购入交易性金融资产2 800＋购入持有至到期投资200＝

3 000（万元）

⑩取得借款收到的现金 = 借入短期借款 1 000（万元）

⑪偿还债务支付的现金 = 偿还长期借款 1 000 + 赎回交易性金融负债 300 = 1 300（万元）

⑫分配股利、利润或偿付利息支付的现金 = 计提并支付借款利息 1 200 + 宣告发放股利 6 000 − 应付股利增加 1 500 = 5 700（万元）

（6）编制甲公司和 A 公司 20×2 年个别现金流量表如下：

根据上述现金流量表各项目的计算结果，可编制甲公司和 A 公司 20×2 年个别现金流量表如表 12 − 5 所示。

表 12 − 5　　　　　　　　　　现金流量表

编制单位：甲公司、A 公司　　　20×2 年度　　　　　　　　会企 03 表　单位：万元

项目	甲公司	A 公司
一、经营活动产生的现金流量：		
销售商品、提供劳务收到的现金	179 300	115 800
收到的税费返还	0	0
收到其他与经营活动有关的现金	1 150	700
经营活动现金流入小计	180 450	116 500
购买商品、接受劳务支付的现金	134 200	92 600
支付给职工以及为职工支付的现金	2 200	800
支付的各项税费	13 300	5 600
支付其他与经营活动有关的现金	6 700	5 900
经营活动现金流出小计	156 400	104 900
经营活动产生的现金流量净额	24 050	11 600
二、投资活动产生的现金流量：		
收回投资收到的现金	1 100	0
取得投资收益收到的现金	5 850	1 300
处置固定资产、无形资产和其他长期资产收回的现金净额	0	0
处置 A 公司及其他营业单位收到的现金净额	0	0
收到其他与投资活动有关的现金	0	0
投资活动现金流入小计	6 950	1 300
购建固定资产、无形资产和其他长期资产支付的现金	2 000	1 000
投资支付的现金	1 800	3 000
取得 A 公司及其他营业单位支付的现金净额	0	0
支付其他与投资活动有关的现金	0	0

续表

项　　目	甲公司	A 公司
投资活动现金流出小计	3 800	4 000
投资活动产生的现金流量净额	3 150	-2 700
三、筹资活动产生的现金流量		
吸收投资收到的现金	0	0
其中：A 公司吸收少数股东投资收到的现金	0	0
取得借款收到的现金	0	1 000
发行债券收到的现金	0	0
收到其他与筹资活动有关的现金	0	0
筹资活动现金流入小计	0	1 000
偿还债务支付的现金	5 000	1 300
分配股利、利润或偿付利息支付的现金	19 000	5 700
支付其他与筹资活动有关的现金	0	0
筹资活动现金流出小计	24 000	7 000
筹资活动产生的现金流量净额	-24 000	-6 000
四、汇率变动对现金及现金等价物的影响		
五、现金及现金等价物净增加额	3 200	2 900
加：期初现金及现金等价物余额	5 700	6 500
六、期末现金及现金等价物余额	8 900	9 400

（7）编制甲集团公司 20×2 年合并现金流量表如下：

本例中，20×2 年度甲公司与 A 公司由于内部交易导致的内部现金流入与流出，只有 A 公司向股东分派现金股利这一因素。A 公司 20×2 年度宣告分派现金股利 6 000 万元，并确认应付利息；甲公司按其所拥有的股权 70%将其所享有的份额 4 200 万元确认投资收益并确认应收利息。由此所导致 20×2 年度甲企业集团内部现金流量，在编制合并现金流量表时必须予以抵销。

　　借：取得投资收益收到的现金　　　　　　　　　　　　　4 200
　　　　贷：分配股利、利润或偿付利息支付的现金　　　　　　　4 200

如上所述，母公司与子公司组成的企业集团内部以现金投资或收购股权增加的投资，以现金形式取得投资收益，以现金结算债权与债务，销售商品，处置或购建长期资产（包括固定资产、无形资产其他长期资产）等内部交易或事项，均对企业个别现金流量产生影响，在以个别现金流量表为基础编制合并现金流量表，必须将这些因素对合并现金流量的影响予以抵销。本例未涉及其他内部交易对现金流量的影响，主要出于简化合并现金流量表编制考虑。其次，则是考虑到给读者提供包括一个合并现金流量表在内合并财务报表编制的整体情形。本例所使用的甲公司和 A 公司个别财务报表的数据系非同一控制下企业合并情形下合并财务报表编制举例所使用的数据,本节编制的合并现金流量表与其编制的合并资产负债表、合并利润表和合并股东权益变动表是一套完整的财务报表。另一原因则是为了便于与本章第三节中以合并资产负债表、合并利润表和合并所有者权益变动表为基础编制合并现金流量表进行比较。

根据甲公司和 A 公司 20×2 年度个别现金流量表及上述抵销分录,可以编制甲集团公司 20×2 年合并现金流量表合并工作底稿如表 12-6 所示。

表 12-6　　　　　　　　合并工作底稿(现金流量表部分)

编制单位:甲集团公司　　　　　20×2 年度　　　　　　　　单位:万元

项　　目	甲公司	A 公司	合计	抵销分录 借方	抵销分录 贷方	合并数
一、经营活动产生的现金流量:						
销售商品、提供劳务收到的现金	179 300	115 800	295 100			295 100
收到的税费返还						
收到其他与经营活动有关的现金	1 150	700	1 850			1 850
经营活动现金流入小计	180 450	116 500	296 950			296 950
购买商品、接受劳务支付的现金	134 200	92 600	226 800			226 800
支付给职工以及为职工支付的现金	2 200	800	3 000			3 000
支付的各项税费	13 300	5 600	18 900			18 900
支付其他与经营活动有关的现金	6 700	5 900	12 600			12 600
经营活动现金流出小计	156 400	104 900	261 300			261 300
经营活动产生的现金流量净额	24 050	11 600	35 650			35 650
二、投资活动产生的现金流量:						
收回投资收到的现金	1 100		1 100			1 100
取得投资收益收到的现金	5 850	1 300	7 150	4 200		2 950
处置固定资产、无形资产和其他长期资产收回的现金净额						
处置 A 公司及其他营业单位收到的现金净额						
收到其他与投资活动有关的现金						
投资活动现金流入小计	6 950	1 300	8 250	4 200		4 050
购建固定资产、无形资产和其他长期资产支付的现金	2 000	1 000	3 000			3 000
投资支付的现金	1 800	3 000	4 800			4 800
取得 A 公司及其他营业单位支付的现金净额						
支付其他与投资活动有关的现金						

续表

项　　目	甲公司	A公司	合计	抵销分录 借方	抵销分录 贷方	合并数
投资活动现金流出小计	3 800	4 000	7 800			7 800
投资活动产生的现金流量净额	3 150	-2 700	450	4 200		-3 750
三、筹资活动产生的现金流量						
吸收投资收到的现金						
其中：A公司吸收少数股东投资收到的现金						
取得借款收到的现金		1 000	1 000			1 000
发行债券收到的现金						
收到其他与筹资活动有关的现金						
筹资活动现金流入小计		1 000	1 000			1 000
偿还债务支付的现金	5 000	1 300	6 300			6 300
分配股利、利润或偿付利息支付的现金	19 000	5 700	24 700		4 200	20 500
支付其他与筹资活动有关的现金						
筹资活动现金流出小计	24 000	7 000	31 000		4 200	26 800
筹资活动产生的现金流量净额	-24 000	-6 000	-30 000		4 200	-25 800
四、汇率变动对现金及现金等价物的影响						
五、现金及现金等价物净增加额	3 200	2 900	6 100	4 200	4 200	6 100
加：期初现金及现金等价物余额	5 700	6 500	12 200			12 200
六、期末现金及现金等价物余额	8 900	9 400	18 300	4 200	4 200	18 300

第三节　合并数据为基础的合并现金流量表的编制

一、合并数据为基础的合并现金流量表编制的基本原理

在以合并资产负债表、合并利润表以及合并股东权益变动表为基础编制合并现金流量表的情况下，合并现金流量表的编制与个别现金流量表的编制相同。所不同的只是编制的主体由单个企业扩大到由若干个单个企业组成的企业集团而已。

在以合并数据为基础编制合并现金流量表时，考虑现金流量中的增加和减少时，必须从整个企业集团来考虑，纳入合并范围的单个企业影响现金流量的交易或事项，应当将其视为企业集团这一主体的交易或事项来处理。

至于内部交易对个别财务报表的影响，由于在编制合并资产负债表、合并利润表和合并股东权益变动表时，已经将其对个别财务报表的影响予以抵销，以抵

销后的合并资产负债表等为基础编制合并现金流量表，对于这些影响内部现金流量增减变动的交易，在编制合并现金流量表时则不涉及抵销处理问题。但在这里必须注意的是，编制母公司和子公司个别现金流量表所使用的一些涉及内部交易的明细资料，此时编制合并现金流量表时则不需要考虑。

二、合并数据为基础的合并现金流量表的编制

为了便于读者对以合并数据为基础编制合并现金流量表的具体方法的理解，以下举例说明其编制过程。

例 12-2：A 公司系甲公司于 20×1 年 1 月 1 日，以定向增发公司普通股的方式，购买其 70% 股权取得的子公司。甲公司定向增发普通股 10 000 万股，普通股股票面值每股为 1 元，市场价格每股为 2.95 元。甲公司并购 A 公司属于非同一控制下的企业合并。甲集团公司编制合并现金流量表相关资料以及合并现金流量表的编制过程如下：

（1）甲公司编制的甲集团公司 20×2 年度合并资产负债表、合并利润表和合并股东权益变动表如表 12-7~表 12-9 所示。

表 12-7 合并资产负债表

编制单位：甲集团公司　　　　　　　20×2 年度　　　　　　　会企 01 表
　　　　　　　　　　　　　　　　　　　　　　　　　　　　　　单位：万元

资产	20×1 年 12 月 31 日	20×2 年 12 月 31 日	负债和股东权益	20×1 年 12 月 31 日	20×2 年 12 月 31 日
流动资产：			流动负债：		
货币资金	12 200	18 300	短期借款	14 800	13 800
交易性金融资产	8 000	12 600	交易性金融负债	6 400	6 100
应收票据	10 800	11 000	应付票据	16 600	20 600
应收账款	14 400	15 500	应付账款	23 200	20 100
减：坏账准备	800	1 200	预收款项	7 900	7 300
应收账款净额	13 600	14 300	应付职工薪酬	6 600	7 600
预付款项	4 000	5 500	应交税费	4 100	3 900
应收股利	0	0	应付股利	6 350	9 800
其他应收款	1 800	5 300	其他应付款	1 000	3 500
存货	55 000	60 900	其他流动负债	2 900	2 100
其他流动资产	4 450	3 900	流动负债合计	89 850	94 800
流动资产合计	109 850	131 800			
			非流动负债：		

续表

资产	20×1年 12月31日	20×2年 12月31日	负债和股东权益	20×1年 12月31日	20×2年 12月31日
非流动资产：			长期借款	9 000	7 000
可供出售金融资产	9 000	8 000	应付债券	27 000	27 000
持有至到期投资	18 000	18 200	长期应付款	6 000	4 000
长期股权投资	0	40 000	其他非流动负债	0	0
固定资产原价	71 000	81 000	非流动负债合计	42 000	38 000
减：累计折旧	14 150	20 300	负债合计	131 850	132 800
固定资产净值	56 850	60 700			
在建工程	17 200	10 200	股东权益：		
无形资产	7 800	6 600	股本	50 000	50 000
商誉	4 300	4 300	资本公积	29 500	29 500
其他非流动资产	40 000	40 000	其他综合收益	0	0
非流动资产合计	153 150	148 000	盈余公积	18 000	24 000
			未分配利润	21 395	29 490
			股东权益合计	118 895	132 990
			少数股东权益	12 255	14 010
资产总计	263 000	279 800	负债和股东权益总计	263 000	279 800

表 12-8　　　　　　　　　　　　　　合并利润表

会企02表

编制单位：甲集团公司　　　　　　　　　　　　　　　　　　　　单位：万元

项　目	20×1年12月31日	20×2年12月31日
一、营业收入	244 800	297 000
减：营业成本	167 100	220 300
营业税金及附加	2 800	4 700
销售费用	8 600	10 500
管理费用	10 050	11 450
财务费用	2 000	3 200
资产减值损失	800	1 100
加：公允价值变动收益	0	0
投资收益	3 850	4 100
二、营业利润	57 300	49 850
加：营业外收入	4 000	4 800
减：营业外支出	3 600	3 000
其中：非流动资产处置损失		
三、利润总额	57 700	51 650

续表

项 目	20×1年12月31日	20×2年12月31日
减：所得税费用	15 500	14 000
四、净利润	42 200	37 650
归属于母公司股东的净利润	39 395	34 095
少数股东损益	2 805	3 555
五、其他综合收益税后的净额	0	0
六、综合收益总额	39 395	34 095
七、每股收益：		
（一）基本每股收益		略
（二）稀释每股收益		略

表12-9　　　　　　　　　　　　　　合并股东权益变动表

会企04表

编制单位：甲集团公司　　　　　　　20×2年度　　　　　　　　　　单位：万元

项 目	20×1年度					20×2年度				
	股本	资本公积	盈余公积	未分配利润	股东权益合计	股本	资本公积	盈余公积	未分配利润	股东权益合计
一、上年年末余额	40 000	10 000	11 000	9 000	70 000	50 000	29 500	18 000	21 395	118 895
加：会计政策变更										
前期差错更正										
二、本年年初余额	40 000	10 000	11 000	9 000	70 000	50 000	29 500	18 000	21 395	118 895
三、本年增减变动金额										
（一）综合收益总额				39 395	39 395				34 095	34 095
（二）股东投入和减少资本										
1. 股东投入资本	10 000	19 500			29 500					
2. 股份支付计入股东权益的金额										
3. 其他										
（三）利润分配										
1. 提取盈余公积			7 000	7 000	0			6 000	6 000	0
2. 对股东的分配				20 000	20 000				20 000	20 000
3. 其他										
（四）股东权益内部结转										
1. 资本公积转增股本										
2. 盈余公积转增股本										
3. 盈余公积弥补亏损										
4. 其他										
四、本年年末余额	50 000	29 500	18 000	21 395	118 895	50 000	29 500	24 000	29 490	132 990

(2) 甲公司20×2年个别利润表和资产负债表有关项目的明细资料与例12-1相同。

(3) 根据甲集团公司合并资产负债表、合并利润表和合并股东权益变动表，以及上述利润表和资产负债表有关项目的明细资料，甲集团公司合并现金流量表各项目计算过程如下：

①销售商品、提供劳务收到的现金 = 营业收入297 000 - 应收票据减少200 - 应收账款增加1 100 - 预收账款减少600 = 295 100（万元）

②收到其他与经营活动有关的现金 = 营业外收入4 800 + 其他流动资产减少550 - 其他应收款增加3 500 = 1850（万元）

③购买商品、接受劳务支付的现金 = 营业成本220 300 + 应付账款减少3 100 + 存货增加5 900 + 预付账款增加1 500 - 应付票据增加4 000 = 226 800（万元）

④支付给职工以及为职工支付的现金 = 管理费用中的职工薪酬（甲公司3 000 + A公司1 000）- 应付职工薪酬增加1 000 = 3 000（万元）

⑤支付的各项税费 = 营业税金及附加4 700 + 所得税费用14 000 + 应交税费减少200 = 18 900（万元）

⑥支付其他与经营活动有关的现金 = 销售费用10 500 + 除工资外的管理费用中用现金支付的部分（甲公司600 + A公司200）+ 营业外支出3 000 + 其他流动负债减少800 - 其他应付款增加2 500 = 12 600（万元）

⑦收回投资收到的现金 = 可供出售金融资产减少1 000 + 出售可供出售金融资产的投资收益（甲公司）100 = 1 100（万元）

⑧取得投资收益收到的现金 = 股权投资收益（甲公司2 700 + A公司1 300）+ 应收股利减少0 = 4 000（万元）

⑨购建固定资产、无形资产和其他长期资产支付的现金 = 当期购入固定资产（甲公司2 000 + A公司1 000）= 3 000（万元）

⑩投资支付的现金 = 购入交易性金融资产4 600 + 持有至到期投资增加200 = 4 800（万元）

⑪偿还债务支付的现金 = 偿还短期借款1 000 + 偿还长期借款2 000 + 偿还长期应付款2 000 + 偿还交易性金融负债300 = 5 300（万元）

⑫分配股利、利润或偿付利息支付的现金 = 计提并支付借款利息（甲公司2 000 + A公司1 200）+ 宣告发放股利（甲公司20 000 + A公司6 000 - 4 200）- 应付股利增加3 450 = 21 550（万元）

(4) 根据甲集团公司20×2年合并资产负债表、合并利润表以及合并股东权益变动表及相关资料，可以编制甲集团公司20×2年度合并现金流量表如表12-10所示。

表 12–10 现金流量表

会企03表

编制单位：甲集团公司　　　　20×2年度　　　　单位：万元

项　目	本年数
一、经营活动产生的现金流量：	
销售商品、提供劳务收到的现金	295 100
收到的税费返还	0
收到其他与经营活动有关的现金	1 850
经营活动现金流入小计	296 950
购买商品、接受劳务支付的现金	226 800
支付给职工以及为职工支付的现金	3 000
支付的各项税费	18 900
支付其他与经营活动有关的现金	12 600
经营活动现金流出小计	261 300
经营活动产生的现金流量净额	35 650
二、投资活动产生的现金流量：	
收回投资收到的现金	1 100
取得投资收益收到的现金	4 000
处置固定资产、无形资产和其他长期资产收回的现金净额	
处置A公司及其他营业单位收到的现金净额	
收到其他与投资活动有关的现金	
投资活动现金流入小计	5 100
购建固定资产、无形资产和其他长期资产支付的现金	3 000
投资支付的现金	4 800
取得A公司及其他营业单位支付的现金净额	
支付其他与投资活动有关的现金	
投资活动现金流出小计	7 800
投资活动产生的现金流量净额	-2 700
三、筹资活动产生的现金流量：	
吸收投资收到的现金	
其中：A公司吸收少数股东投资收到的现金	
取得借款收到的现金	
发行债券收到的现金	
收到其他与筹资活动有关的现金	
筹资活动现金流入小计	
偿还债务支付的现金	5 300
分配股利、利润或偿付利息支付的现金	21 550
支付其他与筹资活动有关的现金	

续表

项　　目	本年数
筹资活动现金流出小计	26 850
筹资活动产生的现金流量净额	-26 850
四、汇率变动对现金及现金等价物的影响	
五、现金及现金等价物净增加额	6 100
加：期初现金及现金等价物余额	12 200
六、期末现金及现金等价物余额	18 300

三、合并现金流量表两种编制方法的比较

根据上述两种编制方法编制的合并现金流量表，以个别现金流量表为基础编制的合并现金流量表与以合并数据为基础编制的合并现金流量表基本一致，本期现金及现金等价物净增加额均为 6 100 万元，期末现金及现金等价物余额均为 18 300 万元。但在现金流量的构成上存在不一致，两种方法计算的"经营活动产生的现金流量净额"均为 35 650 万元；而"投资活动产生的现金流量净额"，第一种方法计算的金额为 -3 750 万元，而第二种方法计算的金额则为 -2 700 万元；"筹资活动产生的现金流量净额"，第一种方法计算的金额为 -25 800 万元，而第二种计算的则为 -26 850 万元。具体存在差异的项目及其情况如下：

（1）以个别现金流量表为基础编制的合并现金流量表"投资活动产生的现金流量"中的"取得投资收益收到的现金"项目的金额为 2 950 万元；而在以合并数据为基础编制的合并现金流量表该项目的金额则为 4 000 万元，其差额为 1 050 万元。

（2）以个别现金流量表为基础编制的合并现金流量表"筹资活动产生的现金流量"中的"取得借款收到的现金"项目的金额为 1 000 万元；而在以合并数据为基础编制的合并现金流量表该项目的金额则为 0 万元，其差额为 1 000 万元。

（3）以个别现金流量表为基础编制的合并现金流量表"筹资活动产生的现金流量"中的"偿还债务支付的现金"项目的金额为 6 300 万元；而在以合并数据为基础编制的合并现金流量表该项目的金额则为 5 300 万元，其差额为 1 000 万元。

（4）以个别现金流量表为基础编制的合并现金流量表"筹资活动产生的现金流量"中的"分配股利、利润或偿付利息支付的现金"项目的金额为 20 500 万元；而在以合并数据为基础编制的合并现金流量表该项目的金额则为 21 550 万元，其差额为 1 050 万元。

对于第（2）项和第（3）项的差异，实际上是一个问题的两个方面。其原

因是在以合并数据为基础编制的合并现金流量表中,"取得借款收到的现金"是以合并资产负债表中的"短期借款"、"长期借款"以及"交易性金融负债"等项目的本期增加数为依据计算确定的;而"偿还债务支付的现金"则是按合并资产负债表中的"短期借款"、"长期借款"以及"交易性金融负债"等项目的本期减少数为依据计算确定的。在本例中由于甲公司个别资产负债表"短期借款"的金额期末较期初减少 2 000 万元(8 000 - 10 000),A 公司该项目则是期末较期初增加 1 000 万元(5 800 - 4 800)。在编制合并资产负债表时,甲公司"短期借款"的减少被 A 公司"短期借款"的增加所抵减。而在分别编制甲公司和 A 公司 20 ×2 年个别现金流量表时,"短期借款"项目本期减少额则计入"偿还债务支付的现金"项目,本期增加额则计入"取得借款收到的现金"项目。正是由于这类因素,导致以上两种方法编制的合并现金流量表中"取得借款收到的现金"和"偿付债务支付的现金"项目金额的差异。

对于第(1)项和第(4)项的差异,也是一个问题的两个方面。在以合并数据为基础编制合并现金流量表时,合并资产负债表中"应收股利"项目为零,没有发生增减变动,对"分配股利、利润或偿付利息支付的现金"没有影响;而以个别现金流量表为基础编制的合并现金流量表时,应收股利增加 1 050 万元(甲公司增加 1 050 万元),从而导致"分配股利、利润或偿付利息支付的现金"增加 1 050 万元。两者之间的差额为 1 050 万元,即表现为以合并数据为基础编制的合并现金流量表中"分配股利、利润或偿付利息支付的现金"较以个别现金流量表为基础编制的合并现金流量表该项目的金额多 1 050 万元。同样,在以合并数据为基础编制的合并现金流量表中"取得投资收益取得的现金",因合并资产负债表中"应收股利"为零,未发生增减变动,对合并现金流量表中"取得投资收益收到的现金"没有影响;而在以个别现金流量为基础编制的合并现金流量表中,甲公司个别资产负债表"应收股利"项目本年增加 1 050 万元,反而导致合并现金流量表中"取得投资收益收到的现金"增加 1 050 万元,从而使得以合并数据为基础编制的合并现金流量表中"取得投资收益收到的现金"较以个别现金流量表为基础编制的合并现金流量表该项目多 1 050 万元。

第十三章

复杂股权结构下的合并处理

第一节 间接持有子公司股权的合并处理

间接持有子公司是指母公司通过其子公司而拥有另一公司的控制权,而使其成为母公司的子公司,间接持有子公司又称孙公司。在这种情况下,母公司并不直接持有该孙公司的股权,而是由母公司控制的子公司持有其控制权,母公司通过子公司间接对其实施控制。例如,甲公司拥有 A 公司 90% 的股权,而 A 公司又拥有 B 公司 60% 的股权。在这里,甲公司虽然不直接持有 B 公司的股权,但由于其能够控制 A 公司,通过对 A 公司的控制权能够对 B 公司实施控制,故 B 公司也属于甲公司的子公司。由于甲公司未持有 B 公司的股份,B 公司属于甲公司间接持有的子公司。对于这些多层次间接持有的子公司,编制合并财务报表时有两种方法可供选择:

第一种方法,是由其直接的母公司逐级编制合并财务报表,其直接母公司的母公司将该母公司纳入合并范围编制高一级次的合并财务报表,直到最高级次的母公司编制合并财务报表。在这里上一级次的合并财务报表,均是以下一级次母公司将其所属子公司纳入合并范围编制的合并财务报表为基础编制的。在下一级次母公司负有义务编制其控制的企业集团的合并财务报表的情况下,最高级次的母公司一般采用这一方法。但这一做法,到最高级次的母公司编制合并财务报表可能需要较长的时间,可能会影响报表的及时性。

第二种方法,是由最高级次的母公司将其所属的全部子公司直接纳入合并范围,以纳入合并范围的所有子公司的个别财务报表为基础直接编制最高级次母公司控制的企业集团的合并财务报表。这一做法,其优点是纳入合并范围的子公司相互之间的关系和交易较为清楚,便于清楚地抵销内部交易相关的未实现内部销售损益。但当纳入合并范围的子公司数量较多时,编制合并财务报表工作量较大、较集中。

在采用逐级编制合并财务报表的做法时,上一级次的母公司编制合并财务报表以下一级次的母公司提供的合并财务报表和其直接持有的子公司的个别财务报表为基础编制。每一级次的母公司编制合并财务报表,与将直接持有的子公司纳入合并范围进行合并处理相同,并没有什么特殊之处,在此不再重复。下面介绍采用直接以纳入合并范围的所有子公司的个别财务报表为基础编制合并财务报表的合并处理。

一、间接持有子公司取得日合并财务报表的编制

直接以纳入合并范围的全部子公司个别财务报表为基础编制合并财务报表,是将间接持有的子公司与直接持有的子公司同等对待,同等视为企业集团的一个组成部分。对间接持有的子公司的合并处理与直接持有的子公司的合并处理程度和方法相同。对直接持有的子公司进行合并处理时,子公司所有者权益中不属于母公司持有的份额作为少数股东权益处理;在将子公司对孙公司(间接持有的子公司)长期股权投资与其在孙公司中的所有者权益抵销时,其中不属于子公司持有的份额也作为少数股东权益处理。

例 13 − 1:甲公司于 20 × 1 年 1 月 1 日,以 25 600 万元的价格购买取得 A 公司 80% 的股份,使 A 公司成为其子公司。A 公司于同日以 7 200 万元的价款购买取得 B 公司 60% 的股份,使 B 公司成为其子公司。甲公司和 A 公司将取得上述股权入账后编制的 20 × 1 年 1 月 1 日资产负债表(简表)以及 B 公司当日的资产负债表(简表)项目有关数据见表 13 − 1 中各相应项目的数据。假定 A 公司和 B 公司资产负债表中所列示的资产和负债的公允价值均与其账面价值一致。本例中,A 公司 20 × 1 年 1 月 1 日成为甲公司的子公司,B 公司 20 × 1 年 1 月 1 日也成为 A 公司的子公司。

为了便于对间接持有的子公司合并财务报表编制的理解,就 20 × 1 年 1 月 1 日的合并财务报表编制介绍如下:

(1)甲公司 20 × 1 年 1 月 1 日应当进行的合并抵销如下:

①A 公司长期股权投资与 B 公司股东权益相抵销。

借:股本　　　　　　　　　　　　　　　　　6 000　　①
　　资本公积　　　　　　　　　　　　　　　3 000
　　盈余公积　　　　　　　　　　　　　　　2 000
　　未分配利润　　　　　　　　　　　　　　1 000
　　贷:长期股权投资　　　　　　　　　　　　　7 200
　　　　少数股东权益　　　　　　　　　　　　　4 800

②甲公司长期股权投资与 A 公司股东权益相抵销。

借：股本	20 000	②
资本公积	8 000	
盈余公积	1 200	
未分配利润	2 800	
贷：长期股权投资	25 600	
少数股东权益	6 400	

（2）根据上述合并抵销分录，编制合并工作底稿如表 13-1 所示。

表 13-1　　　　　　　　　合并工作底稿

20×1 年 1 月 1 日　　　　　　　　　　　　单位：万元

项 目	甲公司	A 公司	B 公司	调整分录		抵销分录		少数股东权益	合并数
				借方	贷方	借方	贷方		
资产负债表项目									
流动资产	62 000	35 000	11 500						108 500
长期股权投资	25 600	7 200	0						0
对 A 公司股权投资	25 600						25 600②		0
对 B 公司股权投资		7 200					7 200①		0
其他非流动资产	97 900	15 800	13 500						127 200
资产总计	185 500	58 000	25 000				32 800		235 700
流动负债	60 000	21 000	4 000						85 000
非流动负债	26 000	5 000	9 000						40 000
负债合计	86 000	26 000	13 000						125 000
股东权益：									
股本	50 000	20 000	6 000			6 000① 20 000②			50 000
资本公积	29 500	8 000	3 000			3 000① 8 000②			29 500
盈余公积	11 000	1 200	2 000			2 000① 1 200②			11 000
未分配利润	9 000	2 800	1 000			1 000① 2 800②			9 000
股东权益合计	99 500	32 000	12 000			44 000			99 500
少数股东权益								4 800① 6 400②	11 200
负债和股东权益总计	185 500	58 000	25 000			44 000	11 200		235 700

二、间接持有子公司取得日当期合并财务报表的编制

取得间接持有子公司后,母子公司包括间接持有的子公司独立开展经营活动,并编制各自的个别财务报表。母公司编制合并财务报表时,首先,应对间接持有的子公司进行合并处理,然后再对直接持有的子公司进行合并处理。在对间接持有的子公司进行合并处理时,首先,根据间接持有的子公司当期净利润及其利润分配的有关情况及其直接母公司持有的股份,计算其直接母公司本期投资收益,并对投资收益和长期股权投资账面金额进行调整(如果存在有净利润以外原因所产生的所有者权益的变动,也应对其进行相应的调整)。其次,将其直接母公司的长期股权投资与其所有者权益相抵销,将少数股东拥有的份额转为少数股东权益。最后,将其直接母公司的投资收益与其利润分配等项目进行抵销处理。至于编制合并财务报表时,母公司与其直接持有的子公司的合并处理,与常规情况下的合并处理相同,在此不再赘述。但在此必须注意的是,按照权益法核算的要求,根据间接持有的子公司当期实现的净利润及利润分配情况调整其上一级次母公司的本期投资收益及长期股权投资账面价值后,将导致其上一级次的母公司的本期净利润和期末所有者权益的增加,为此更上一级次的母公司在按权益法核算要求调整其投资收益和长期股权投资账面价值时,应当以下一级次母公司调整后的净利润为基础,调整其本期投资收益和长期股权投资的账面价值。

例 13-2:接例 13-1。甲公司拥有 A 公司 80% 的股份;A 公司拥有 B 公司 60% 的股份。甲公司、A 公司和 B 公司 20×1 年个别财务报表各项目数据见以下合并工作底稿(见表 13-2)。

20×1 年 12 月 31 日,甲公司对 A 公司长期股权投资账面价值为 25 600 万元;A 公司对 B 公司长期股权投资账面价值为 7 200 万元。

A 公司 20×1 年实现净利润 10 500 万元,其中包括对 B 公司长期股权投资收益 1 800 万元,本年提取盈余公积 2 000 万元,向股东分配利润 4 500 万元。

B 公司 20×1 年实现净利润 4 100 万元,本年提取盈余公积 600 万元,向股东分配利润 3 000 万元。

(1)对于本例,甲公司编制 20×1 年度合并财务报表时,应当进行的合并抵销处理如下:

①按权益法核算的要求,调整 A 公司本期对 B 公司投资收益并调整长期股权投资账面价值。A 公司根据 B 公司宣告分派的股利,已确认投资收益 1 800 万元,而 B 公司当年实现净利润为 4 100 万元,A 公司应确认的投资收益为 2 460 万元(4 100×60%)。其调整分录如下:

借:投资收益   1 800 ①

  贷：长期股权投资   1 800
 借：长期股权投资   2 460
  贷：投资收益   2 460

  经过上述调整后，A 公司对 B 公司长期股权投资的账面价值为 7 860 万元（7 200 + 2 460 - 1 800）。

  ②将 A 公司对 B 公司长期股权投资与 B 公司股东权益相抵销，并将 B 公司少数股东所拥有的份额转作少数股东权益，少数股东权益为 5 240 万元（13 100 × 40%）。其抵销分录如下：

 借：股本   6 000   ②
  资本公积   3 000
  盈余公积   2 600
  未分配利润   1 500
  贷：长期股权投资   7 860
   少数股东权益   5 240

  ③A 公司对 B 公司投资收益与 B 公司利润分配相抵销。本例中，B 公司的少数股东本年应享有的收益为 1 640 万元（4 100 × 40%）。其抵销分录如下：

 借：投资收益   2 460   ③
  少数股东收益   1 640
  未分配利润（年初）   1 000
  贷：提取盈余公积   600
   对股东的分配   3 000
   未分配利润（年末）   1 500

  ④按权益法核算的要求，调整甲公司本年对 A 公司投资收益并调整其长期股权投资账面价值。本例中，甲公司根据 A 公司宣告分派的股利，在其个别财务报表中已确认投资收益 3 600 万元。A 公司当年实现净利润为 10 500 万元，按照权益法的要求对 B 公司长期股权投资的投资收益调整为 2 460 万元，调增 660 万元（2 460 - 1 800），调整后的 A 公司当年实现的净利润为 11 160 万元。A 公司的年末未分配利润相应调增 660 万元，为 7 460 万元（6 800 + 660）。调整后的甲公司应确认的对 A 公司长期股权投资的投资收益为 8 928 万元 [(10 500 + 660) × 80%]，A 公司少数股东本期收益则为 2 232 万元 [(10 500 + 660) × 20%]。其调整分录如下：

 借：投资收益   3 600   ④
  贷：长期股权投资   3 600
 借：长期股权投资   8 928
  贷：投资收益   8 928

⑤将甲公司对 A 公司长期股权投资与 A 公司股东权益相抵销。经过上述调整后,甲公司对 A 公司长期股权投资的账面价值为 30 928 万元(25 600 + 8 928 - 3 600)。A 公司的少数股东权益为 7 732 万元[(38 000 + 660)×20%]。其抵销分录如下:

  借:股本   20 000 ⑤
    资本公积   8 000
    盈余公积   3 200
    未分配利润   7 460
    贷:长期股权投资   30 928
      少数股东权益   7 732

⑥将甲公司投资收益与 A 公司利润分配相抵销。本例中,A 公司少数股东本年收益为 2 232 万元。其抵销分录如下:

  借:投资收益   8 928 ⑥
    少数股东收益   2 232
    未分配利润(年初)   2 800
    贷:提取盈余公积   2 000
      对股东的分配   4 500
      未分配利润(年末)   7 460

(2)根据上述合并抵销分录,编制合并工作底稿如表 13-2 所示。

表 13-2 合并工作底稿

20×1 年度   单位:万元

项目	甲公司	A 公司	B 公司	调整分录 借方	调整分录 贷方	抵销分录 借方	抵销分录 贷方	少数股东权益	合并数
资产负债表项目									
流动资产	70 000	43 000	12 000						125 000
长期股权投资	25 600	7 200	0						0
对 A 公司股权投资	25 600			8 928④	3 600④		30 928⑤		0
对 B 公司股权投资		7 200		2 460①	1 800①		7 860②		0
其他非流动资产	113 900	28 800	15 000						157 700
资产总计	209 500	79 000	27 000	11 388	5 400		38 788		282 700
流动负债	64 000	29 000	5 800						98 800
非流动负债	30 000	12 000	8 100						50 100
负债合计	94 000	41 000	13 900						148 900

续表

项　目	甲公司	A 公司	B 公司	调整分录 借方	调整分录 贷方	抵销分录 借方	抵销分录 贷方	少数股东权益	合并数
股东权益：									
股本	50 000	20 000	6 000			6 000② 20 000⑤			50 000
资本公积	29 500	8 000	3 000			3 000② 8 000⑤			29 500
盈余公积	18 000	3 200	2 600			2 600② 3 200⑤			18 000
未分配利润	18 000	6 800	1 500						23 328
股东权益合计	115 500	38 000	13 100						120 828
少数股东权益						5 240② 7 732⑤			12 972
负债和股东权益总计	209 500	79 000	27 000						282 700
利润表项目									
营业收入	150 000	94 800	27 000						271 800
营业成本费用	106 600	83 100	21 600						211 300
投资收益	3 600	1 800	0						0
对 A 公司投资收益	3 600			3 600④	8 928④	8 928⑥			0
对 B 公司投资收益		1 800		1 800①	2 460①	2 460③			0
利润总额	47 000	13 500	5 400	5 400	11 388	11 388			60 500
所得税费用	11 000	3 000	1 300						15 300
净利润	36 000	10 500	4 100	5 400	11 388	11 388			45 200
少数股东本期损益						1 640③ 2 232⑥			3 872
归属母公司股东净利润									41 328
股东权益变动表项目									
年初未分配利润	9 000	2 800	1 000			1 000③ 2 800⑥			9 000
提取盈余公积	7 000	2 000	600				600③ 2 000⑥		7 000
对股东的分配	20 000	4 500	3 000				3 000③ 4 500⑥		20 000
年末未分配利润	18 000	6 800	1 500			1 500② 7 460⑤	1 500③ 7 460⑥		
				5 400	11 388	28 020	19 060		23 328

三、间接持有的子公司取得日以后期间的合并财务报表的编制

在连续编制合并报表时,特殊的问题就是调整期初未分配利润。编制合并财务报表时,首先应当根据下一级次母公司上一会计期间合并处理中涉及损益及利润分配等最终影响上期未分配利润的抵销处理情况,对本期期初未分配利润进行调整;然后逐级对更高一级次的母公司的期初未分配利润进行调整,直到最高级次的母公司。

例 13-3:接例 13-2,甲公司拥有 A 公司 80% 的股份;A 公司拥有 B 公司 60% 的股份。甲公司、A 公司和 B 公司 20×2 年度个别财务报表各项目数据见以下合并工作底稿(如表 13-3 所示)。

20×2 年 12 月 31 日,甲公司对 A 公司长期股权投资账面价值为 25 600 万元;A 公司对 B 公司长期股权投资账面价值为 7 200 万元。

A 公司 20×2 年实现净利润 12 000 万元,其中包括对 B 公司长期股权投资收益 2 100 万元,本年提取盈余公积 2 400 万元,向股东分配利润 6 000 万元。

B 公司 20×2 年实现净利润 5 200 万元,本年提取盈余公积 800 万元,向股东分配利润 3 500 万元。

(1)甲公司编制 20×2 年度合并财务报表时,应当进行的合并抵销处理如下:

①根据 B 公司 20×1 年实现净利润情况,按权益法核算要求调整 A 公司对 B 公司长期股权投资,并调整年初未分配利润。其调整分录如下:

借:未分配利润(年初)　　　　　　　　　　　　1 800　　　①
　　贷:长期股权投资　　　　　　　　　　　　　　　　1 800
借:长期股权投资　　　　　　　　　　　　　　　2 460
　　贷:未分配利润(年初)　　　　　　　　　　　　　2 460

②根据 B 公司本年(20×2 年)实现净利润情况,按权益法核算要求调整 A 公司本期对 B 公司长期股权投资的投资收益,并调整对 B 公司长期股权投资。A 公司根据 B 公司宣告分派的股利,已确认投资收益 2 100 万元,而 B 公司当年实现净利润为 5 200 万元,A 公司应确认的投资收益为 3 120 万元(5 200×60%)。其调整分录如下:

借:投资收益　　　　　　　　　　　　　　　　2 100　　　②
　　贷:长期股权投资　　　　　　　　　　　　　　　　2 100
借:长期股权投资　　　　　　　　　　　　　　　3 120
　　贷:投资收益　　　　　　　　　　　　　　　　　　3 120

③将 A 公司对 B 公司长期股权投资与 B 公司股东权益相抵销。B 公司少数股东所享有的权益为 5 920 万元(14 800×40%)。其抵销分录如下:

借：股本	6 000	③
资本公积	3 000	
盈余公积	3 400	
未分配利润	2 400	
贷：长期股权投资	8 880	
少数股东权益	5 920	

④将 A 公司对 B 公司投资收益与 B 公司利润分配等相抵销。少数股东应享有的本期收益为 2 080 万元（5 200×40%）。其抵销分录如下：

借：投资收益	3 120	④
少数股东收益	2 080	
未分配利润（年初）	1 500	
贷：提取盈余公积	800	
对股东的分配	3 500	
未分配利润（年末）	2 400	

⑤根据 A 公司 20×1 年实现净利润情况，按权益法核算要求调整甲公司对 A 公司长期股权投资，并调整年初未分配利润。其调整分录如下：

借：未分配利润（年初）	3 600	⑤
贷：长期股权投资	3 600	
借：长期股权投资	8 928	
贷：未分配利润（年初）	8 928	

⑥按权益法核算要求，调整甲公司本年（20×2 年）对 A 公司投资收益并调整长期股权投资账面价值。甲公司根据 A 公司宣告分派的股利，已确认投资收益 4 800 万元。A 公司当年实现净利润为 12 000 万元，按照权益法的要求对 B 公司长期股权投资的投资收益调整为 3 120 万元，调增 1 020 万元（3 120－2 100），A 公司的年末未分配利润相应调增 1 020 万元，为 12 080 万元（10 400＋660＋1 020）（其中 660 万元系按调整分录①对年初未分配利润的调增金额，即 2 460－1 800＝660）。调整后 A 公司本年（20×2 年）实现净利润为 13 020 万元（12 000＋1 020），调整后甲公司对 A 公司长期股权投资应确认的投资收益为 10 416 万元（13 020×80%）。A 公司少数股东本期收益则为 2 604 万元（13 020×20%）。其调整分录如下：

借：投资收益	4 800	⑥
贷：长期股权投资	4 800	
借：长期股权投资	10 416	
贷：投资收益	10 416	

⑦将甲公司对 A 公司长期股权投资与 A 公司股东权益相抵销。经过上述调整

后，甲公司对 A 公司长期股权投资的账面价值为 36 544 万元（25 600 + 8 928 + 10 416 - 3 600 - 4 800）。A 公司年末未分配利润为 12 080 万元（10 400 + 660 + 1 020）。A 公司的少数股东权益为 9 136 万元［(44 000 + 660 + 1 020) × 20%］。

借：股本	20 000	⑦
资本公积	8 000	
盈余公积	5 600	
未分配利润	12 080	
贷：长期股权投资	36 544	
少数股东权益	9 136	

⑧将甲公司对 A 公司长期股权投资的投资收益与 A 公司利润分配相抵销。A 公司少数股东本年收益为 2 604 万元。其抵销分录如下：

借：投资收益	10 416	⑧
少数股东收益	2 604	
未分配利润（年初）	7 460	
贷：提取盈余公积	2 400	
对股东的分配	6 000	
未分配利润（年末）	12 080	

（2）根据上述合并抵销分录，编制合并工作底稿如表 13 - 3 所示。

表 13 - 3　　　　　　　　合并工作底稿

20×2 年度　　　　　　　　　　　　　单位：万元

项　目	甲公司	A 公司	B 公司	调整分录		抵销分录		少数股东权益	合并数
				借方	贷方	借方	贷方		
资产负债表项目									
流动资产	81 000	55 000	13 000						149 000
长期股权投资	25 600	7 200	0						0
对 A 公司股权投资	25 600			8 928⑤ 10 416⑥	3 600⑤ 4 800⑥		36 544⑦		0
对 B 公司股权投资		7 200		2 460① 3 120②	1 800① 2 100②		8 880③		0
其他非流动资产	110 900	26 800	15 000						152 700
资产总计	217 500	89 000	28 000	23 580	12 300		44 080		301 700
流动负债	65 000	34 000	5 000						104 000
非流动负债	27 000	11 000	8 200						46 200
负债合计	92 000	45 000	13 200						150 200

续表

项　　目	甲公司	A公司	B公司	调整分录 借方	调整分录 贷方	抵销分录 借方	抵销分录 贷方	少数股东权益	合并数
股东权益：									
股本	50 000	20 000	6 000			6 000③ 20 000⑦			50 000
资本公积	29 500	8 000	3 000			3 000③ 8 000⑦			29 500
盈余公积	24 000	5 600	3 400			3 400③ 5 600⑦			24 000
未分配利润	22 000	10 400	2 400						32 944
股东权益合计	125 500	44 000	14 800						136 444
少数股东权益							5 920③ 9 136⑦		15 056
负债和股东权益总计	217 500	89 000	28 000						301 700
利润表项目									
营业收入	180 000	117 000	34 000						331 000
营业成本	145 800	103 600	27 200						276 600
投资收益	4 800	2 100	0						0
对A公司投资收益	4 800				4 800⑥	10 416⑥	10 416⑧		0
对B公司投资收益		2 100		2 100②	3 120②	3 120④			0
利润总额	39 000	15 500	6 800	6 900	13 536	13 536			54 400
所得税费用	9 000	3 500	1 600						14 100
净利润	30 000	12 000	5 200	6 900	13 536	13 536			40 300
少数股东本期损益						2 080④ 2 604⑧			4 684
归属母公司股东利润									35 616
股东权益变动表项目									
年初未分配利润	18 000	6 800	1 500	1 800① 3 600⑤	2 460① 8 928⑤	1 500④ 7 460⑧			23 328
提取盈余公积	6 000	2 400	800				800④ 2 400⑧		6 000
对股东的分配	20 000	6 000	3 500				3 500④ 6 000⑧		20 000
年末未分配利润	22 000	10 400	2 400	12 300	24 924	2 400③ 12 080⑦ 41 660	2 400④ 12 080⑧ 27 180		32 944

第二节 合计持有的子公司的合并处理

在被投资企业中，可能存在母公司持有被投资企业一定比例股权（低于控股比例），该母公司同时持有的子公司持有该被投资企业一定比例的股权，两者持有该被投资企业的股权合计达到控股比例，使该被投资企业成为子公司的情况。这一被投资企业就是合计持有的子公司。对于合计持有的子公司，母公司编制合并财务报表对其进行合并处理时，则涉及同时将母公司和持有该子公司股权的子公司长期股权投资与该合计持有的子公司所有者权益抵销的问题。一般说来，应先对该合计持有的子公司进行合并处理，然后再对直接持有的子公司进行合并处理。在对母公司直接持有的且持有合计持有子公司股权的子公司进行合并处理时，应当注意的是其投资收益应以其调整后的净利润为基础确定。

一、合计持有的子公司股权取得日合并财务报表的编制

编制取得合计持有的子公司股权日的合并财务报表，主要是为了便于对合计持有的子公司合并处理的理解。编制取得合计持有的子公司股权日的合并财务报表相对比较简单，只需要将母公司及其子公司的长期股权投资与其在合计持有子公司所有者权益所享有的份额进行抵销，不属于母公司及其子公司所持有股权的份额，则属于其少数股东所享有，在编制合并财务报表时应转作少数股东权益。

例13-4：甲公司于20×1年1月1日以25 600万元的价款，购买取得A公司80%的股权，使A公司成为甲公司的子公司。甲公司同日以3 000万元价款，购买取得B公司25%的股权；A公司也于同日以4 800万元的价款，购买取得B公司40%的股权。甲公司和A公司将取得上述股权入账后编制的20×1年1月1日资产负债表（简表）以及B公司当日的资产负债表（简表）各项目有关数据见表13-4中各相应项目和数据。假定A公司和B公司资产负债表中所列示的资产和负债的公允价值均与其账面价值一致。

甲公司编制20×1年1月1日合并财务报表时，应进行合并处理如下：

（1）将甲公司、A公司对B公司长期股权投资与B公司股东权益相抵销，并将B公司少数股东所享有的权益转作为少数股东权益。少数股东拥有的股权比例为35%，少数股东权益为4 200万元（12 000×35%）。

借：股本　　　　　　　　　　　　　　　　　　　　6 000　　①
　　资本公积　　　　　　　　　　　　　　　　　　3 000
　　盈余公积　　　　　　　　　　　　　　　　　　2 000

未分配利润 1 000
 贷：长期股权投资（甲公司） 3 000
  长期股权投资（A 公司） 4 800
  少数股东权益 4 200

（2）将甲公司长期股权投资与 A 公司股东权益相抵销。少数股东拥有 A 公司 20% 的股权，少数股东权益为 6 400 万元（32 000×20%）。

借：股本 20 000 ②
 资本公积 8 000
 盈余公积 1 200
 未分配利润 2 800
 贷：长期股权投资 25 600
  少数股东权益 6 400

（3）根据上述合并抵销分录，编制合并工作底稿如表 13-4 所示。

表 13-4   合并工作底稿
20×1 年 1 月 1 日   单位：万元

项　目	甲公司	A 公司	B 公司	调整分录 借方	调整分录 贷方	抵销分录 借方	抵销分录 贷方	少数股东权益	合并数
资产负债表项目									
流动资产	62 000	35 000	11 500						108 500
长期股权投资	28 600	4 800	0						0
对 A 公司股权投资	25 600						25 600②		0
对 B 公司股权投资	3 000	4 800					7 800①		0
其他非流动资产	94 900	18 200	13 500						126 600
资产总计	185 500	58 000	25 000				33 400		235 100
流动负债	60 000	21 000	4 000						85 000
非流动负债	26 000	5 000	9 000						40 000
负债合计	86 000	26 000	13 000						125 000
股东权益：									
股本	50 000	20 000	6 000			6 000① 20 000②			50 000
资本公积	29 500	8 000	3 000			3 000① 8 000②			29 500
盈余公积	11 000	1 200	2 000			2 000① 1 200②			11 000

续表

项　　目	甲公司	A公司	B公司	调整分录 借方	调整分录 贷方	抵销分录 借方	抵销分录 贷方	少数股东权益	合并数
未分配利润	9 000	2 800	1 000			1 000① 2 800②			9 000
股东权益合计	99 500	32 000	12 000						99 500
少数股东权益							4 200① 6 400②		10 600
负债和股东权益总计	185 500	58 000	25 000						235 100

二、合计持有的子公司股权取得日当期合并财务报表的编制

在取得合计持有子公司的股权后，必须将其纳入合并范围，按期编制合并财务报表。取得其股权后编制合并财务报表时，对于合计持有的子公司则涉及母公司及持有其股权的其他子公司的所有者权益调整问题。在调整时，将持有其股权的母公司及其他子公司均视同母公司进行处理。在对持有合计持有的子公司股权的子公司进行合并处理时，必须考虑母公司对合计持有子公司投资收益调整的影响，也就是说母公司对直接持有子公司的长期股权投资的账面价值和投资收益必须以调整后的该子公司投资收益为基础进行计算。

例13-5：接例13-4，甲公司、A公司和B公司20×1年度个别财务报表各项目数据见以下合并工作底稿（表13-5）。甲公司持有A公司80%的股权，持有B公司25%的股权；A公司持有B公司40%的股权。

根据个别财务报表，20×1年12月31日，甲公司对A公司长期股权投资账面价值为25 600万元，对B公司长期股权投资账面价值为3 000万元；A公司对B公司长期股权投资账面价值为4 800万元。

甲公司20×1年实现净利润36 000万元，其中包括对A公司投资收益3 600万元，对B公司投资收益750万元。

A公司20×1年实现净利润10 500万元，其中包括对B公司长期股权投资收益1 200万元，本年提取盈余公积2 000万元，向股东分配利润4 500万元。

B公司20×1年实现净利润4 100万元，本年提取盈余公积600万元，向股东分配利润3 000万元。

（1）对于本例，甲公司编制20×1年度合并财务报表时，应当进行的合并抵销处理如下：

①根据权益法核算的要求，调整甲公司、A公司本期对B公司投资收益并调整长期股权投资账面价值。本例中，甲公司、A公司分别根据B公司宣告分派的

股利，分别在其个别财务报表中确认投资收益 750 万元、1 200 万元，合计为 1 950万元。B 公司当年实现净利润为 4 100 万元，甲公司应确认的投资收益为 1 025 万元（4 100×25%）、A 公司应分别确认的投资收益为 1 640 万元（4 100× 40%），合计为 2 665 万元。其调整分录如下：

  借：投资收益　　　　　　　　　　　　　　　　1 950　　　①
    贷：长期股权投资　　　　　　　　　　　　　　　1 950
  借：长期股权投资　　　　　　　　　　　　　　2 665
    贷：投资收益　　　　　　　　　　　　　　　　　2 665

②将甲公司、A 公司对 B 公司长期股权投资与 B 公司股东权益相抵销。本例中，经过上述调整后，甲公司对 B 公司长期股权投资账面价值为 3 275 万元 （3 000+1 025−750）；A 公司对 B 公司长期股权投资账面价值为 5 240 万元 （4 800+1 640−1 200）。B 公司少数股东权益为 4 585 万元（13 100×35%）。其抵销分录如下：

  借：股本　　　　　　　　　　　　　　　　　　6 000　　　②
    资本公积　　　　　　　　　　　　　　　　　3 000
    盈余公积　　　　　　　　　　　　　　　　　2 600
    未分配利润　　　　　　　　　　　　　　　　1 500
    贷：长期股权投资　　　　　　　　　　　　　　　8 515
      少数股东权益　　　　　　　　　　　　　　　4 585

③将甲公司、A 公司对 B 公司长期股权投资的投资收益与 B 公司利润分配等相抵销。本例中，甲公司和 A 公司对 B 公司投资收益合计为 2 665 万元（1 025+ 1 640）；B 公司少数股东收益为 1 435 万元（4 100×35%）。其抵销分录如下：

  借：投资收益　　　　　　　　　　　　　　　　2 665　　　③
    少数股东收益　　　　　　　　　　　　　　　1 435
    未分配利润（年初）　　　　　　　　　　　　1 000
    贷：提取盈余公积　　　　　　　　　　　　　　　600
      对股东的分配　　　　　　　　　　　　　　　3 000
      未分配利润（年末）　　　　　　　　　　　　1 500

④根据权益法核算的要求，调整甲公司本期对 A 公司投资收益，并调整长期股权投资账面价值。本例中，甲公司根据 A 公司宣告分派的股利，已在其个别财务报表中确认投资收益 3 600 万元。而 A 公司当年实现净利润 10 500 万元，另 A 公司对 B 公司长期股权投资确认的投资收益调增 440 万元（1 640−1 200），调整后 A 公司当年实现净利润 10 940 万元（10 500+440），由此甲公司当年对 A 公司投资收益为 8 752 万元（10 940×80%）。其调整分录如下：

  借：投资收益　　　　　　　　　　　　　　　　3 600　　　④

贷：长期股权投资　　　　　　　　　　　　　　　　　　　3 600
借：长期股权投资　　　　　　　　　　　　　　　　　　　8 752
　　贷：投资收益　　　　　　　　　　　　　　　　　　　8 752

⑤将甲公司对 A 公司长期股权投资与 A 公司股东权益相抵销。经过上述调整后，甲公司对 A 公司长期股权投资的账面价值为 30 752 万元（25 600 + 8 752 - 3 600）。A 公司年末未分配利润为 7 240 万元（6 800 + 440）；少数股东权益为 7 688 万元〔(38 000 + 440) × 20%〕。其抵销分录如下：

借：股本　　　　　　　　　　　　　　　　　　　　　20 000　　⑤
　　资本公积　　　　　　　　　　　　　　　　　　　　8 000
　　盈余公积　　　　　　　　　　　　　　　　　　　　3 200
　　未分配利润　　　　　　　　　　　　　　　　　　　7 240
　　贷：长期股权投资　　　　　　　　　　　　　　　　30 752
　　　　少数股东权益　　　　　　　　　　　　　　　　 7 688

⑥将甲公司对 A 公司投资收益与 A 公司利润分配等相抵销。本例中，A 公司少数股东本年收益为 2 188 万元〔(10 500 + 440) × 20%〕。其调整分录如下：

借：投资收益　　　　　　　　　　　　　　　　　　　　8 752　　⑥
　　少数股东收益　　　　　　　　　　　　　　　　　　2 188
　　未分配利润（年初）　　　　　　　　　　　　　　　2 800
　　贷：提取盈余公积　　　　　　　　　　　　　　　　2 000
　　　　对股东的分配　　　　　　　　　　　　　　　　4 500
　　　　未分配利润（年末）　　　　　　　　　　　　　7 240

（2）根据上述调整抵销分录，编制合并工作底稿如表 13 - 5 所示。

表 13 - 5　　　　　　　　　　合并工作底稿

20 × 1 年度　　　　　　　　　　　　　　　　　　　　　　　单位：万元

项目	甲公司	A公司	B公司	调整分录 借方	调整分录 贷方	抵销分录 借方	抵销分录 贷方	少数股东权益	合并数
资产负债表项目									
流动资产	70 000	43 000	12 000						125 000
长期股权投资	28 600	4 800	0						
对 A 公司股权投资	25 600			8 752④	3 600④		30 752⑤		
对甲公司股权投资	3 000	4 800		2 665①	1 950①		8 515②		
其他非流动资产	110 900	31 200	15 000						157 100
资产总计	209 500	79 000	27 000	11 417	5 550		39 267		282 100
流动负债	64 000	29 000	5 800						98 800
非流动负债	30 000	12 000	8 100						50 100

续表

项 目	甲公司	A公司	B公司	调整分录 借方	调整分录 贷方	抵销分录 借方	抵销分录 贷方	少数股东权益	合并数
负债合计	94 000	41 000	13 900						148 900
股东权益:									
股本	50 000	20 000	6 000			6 000② 20 000⑤			50 000
资本公积	29 500	8 000	3 000			3 000② 8 000⑤			29 500
盈余公积	18 000	3 200	2 600			2 600② 3 200⑤			18 000
未分配利润	18 000	6 800	1 500						23 427
股东权益合计	115 500	38 000	13 100						120 927
少数股东权益							4 585② 7 688⑤		12 273
负债和股东权益总计	209 500	79 000	27 000						282 100
利润表项目									
营业收入	150 000	94 800	27 000						271 800
营业成本费用	107 350	82 500	21 600						211 450
投资收益	4 350	1 200	0						0
对A公司投资收益	3 600			3 600④	8 752④	8 752⑥			0
对B公司投资收益	750	1 200		1 950①	2 665①	2 665③			0
利润总额	47 000	13 500	5 400	5 550	11 417	11 417			60 350
所得税费用	11 000	3 000	1 300						15 300
净利润	36 000	10 500	4 100	5 550	11 417	11 417			45 050
少数股东本期损益						1 435③ 2 188⑥			3 623
归属母公司股东净利润									41 427
股东权益变动表项目									
年初未分配利润	9 000	2 800	1 000			1 000③ 2 800⑥			9 000
提取盈余公积	7 000	2 000	600				600③ 2 000⑥		7 000
对股东的分配	20 000	4 500	3 000				3 000③ 4 500⑥		20 000
年末未分配利润	18 000	6 800	1 500	5 550	11 417	1 500② 7 240⑤ 27 580	1 500③ 7 240⑥ 18 840		23 427

三、合计持有子公司股权取得日以后期间合并财务报表的编制

在连续编制合并财务报表的情况下,其特殊之处就在于调整期初未分配利润。编制合并财务报表时,对于合计持有子公司,首先应当根据上一会计期间对合计持有子公司进行合并处理中涉及损益及利润分配等最终影响上期未分配利润的抵销处理情况,对本期期初未分配利润进行调整;然后在此基础上再进行其他相应的合并处理。

对于持有该合计持有子公司股权的其他子公司,也首先必须根据上一期间该子公司合并处理中与损益及利润分配等相关的情况,对期初未分配利润进行调整;然后再进行其他相关的合并抵销处理。在这里需要注意的是,在根据同时持有该合计持有子公司股权的子公司对母公司投资收益及长期股权投资的账面价值进行调整时,应当以包括调整后的投资收益的净利润为基础,调整母公司对该子公司的投资收益。

例 13-6:接例 13-5,甲公司、A 公司和 B 公司 20×2 年度个别财务报表各项目数据见以下合并工作底稿(表 13-6)。甲公司持有 A 公司 80% 的股权,持有 B 公司 25% 的股权;A 公司持有 B 公司 40% 的股权。

根据个别财务报表,20×2 年 12 月 31 日,甲公司对 A 公司长期股权投资账面价值为 25 600 万元,对 B 公司长期股权投资账面价值为 3 000 万元;A 公司对 B 公司长期股权投资账面价值为 4 800 万元。

甲公司 20×2 年实现净利润 30 000 万元,其中包括对 A 公司投资收益 4 800 万元,对 B 公司投资收益 875 万元。

A 公司 20×2 年实现净利润 12 000 万元,其中包括对 B 公司长期股权投资收益 1 400 万元,本年提取盈余公积 2 400 万元,向股东分配利润 6 000 万元。

B 公司 20×2 年实现净利润 5 200 万元,本年提取盈余公积 800 万元,向股东分配利润 3 500 万元。

(1) 对于本例,甲公司编制 20×2 年度合并财务报表时,应当进行的合并抵销处理如下:

①根据权益法核算的要求,按照上年(20×1 年)合计持有子公司实现的净利润和利润分配情况,调整甲公司、A 公司本年对 B 公司长期股权投资,并调整本年年初未分配利润。本例中,甲公司、A 公司分别根据 B 公司 20×1 年实现净利润 4 100 万元,宣告分派的股利 3 000 万元。其调整分录如下:

借:未分配利润(年初)　　　　　　　　　　　　1 950　　①
　　贷:长期股权投资　　　　　　　　　　　　　　　　1 950
借:长期股权投资　　　　　　　　　　　　　　2 665

　　　　贷：未分配利润（年初）　　　　　　　　　　　　　　　　2 665

　　②按权益法核算的要求，调整甲公司、A 公司本年对 B 公司投资收益并调整长期股权投资账面价值。甲公司、A 公司分别根据 B 公司宣告分派的股利，在其个别财务报表中已确认投资收益 875 万元、1 400 万元，合计为 2 275 万元。而 B 公司当年实现净利润为 5 200 万元，甲公司、A 公司应分别确认的投资收益为 1 300 万元（5 200×25%）、2 080 万元（5 200×40%），合计为 3380 万元。其调整分录如下：

　　　借：投资收益　　　　　　　　　　　　　　　　　　2 275　　　②
　　　　贷：长期股权投资　　　　　　　　　　　　　　　　　　2 275
　　　借：长期股权投资　　　　　　　　　　　　　　　　3 380
　　　　贷：投资收益　　　　　　　　　　　　　　　　　　　　3 380

　　③将甲公司、A 公司对 B 公司长期股权投资与 B 公司股东权益相抵销。经过上述调整后甲公司对 B 公司长期股权投资账面价值为 3 700 万元（3 000 + 1 025 - 750 + 1 300 - 875）；A 公司对 B 公司长期股权投资账面价值为 5 920 万元（4 800 + 1 640 - 1 200 + 2 080 - 1 400）。B 公司少数股东权益为 5 180 万元（14 800 × 35%）。其抵销分录如下：

　　　借：股本　　　　　　　　　　　　　　　　　　　　6 000　　　③
　　　　　资本公积　　　　　　　　　　　　　　　　　　3 000
　　　　　盈余公积　　　　　　　　　　　　　　　　　　3 400
　　　　　未分配利润　　　　　　　　　　　　　　　　　2 400
　　　　贷：长期股权投资（甲公司）　　　　　　　　　　　　　3 700
　　　　　　长期股权投资（A 公司）　　　　　　　　　　　　　5 920
　　　　　　少数股东权益　　　　　　　　　　　　　　　　　　5 180

　　④将甲公司、A 公司对 B 公司长期股权投资的投资收益与 B 公司利润分配等相抵销。甲公司和 A 公司对 B 公司投资收益分别为 1 300 万元、2 080 万元；B 公司少数股东收益为 1 820 万元（5 200×35%）。其抵销分录如下：

　　　借：投资收益（甲公司）　　　　　　　　　　　　　1 300　　　④
　　　　　投资收益（A 公司）　　　　　　　　　　　　　2 080
　　　　　少数股东收益　　　　　　　　　　　　　　　　1 820
　　　　　未分配利润（年初）　　　　　　　　　　　　　1 500
　　　　贷：提取盈余公积　　　　　　　　　　　　　　　　　　800
　　　　　　对股东的分配　　　　　　　　　　　　　　　　　3 500
　　　　　　未分配利润（年末）　　　　　　　　　　　　　　2 400

　　⑤根据权益法核算的要求，按照上年（20×1 年）直接持有的子公司实现净利润和利润分配情况，调整甲公司本年对 A 公司长期股权投资，并调整本年年初

未分配利润。本例中，甲公司根据调整后A公司20×1年实现净利润10 940万元，宣告分派的股利4 500万元。其调整分录如下：

调整期初未分配利润

借：未分配利润（年初） 3 600 ⑤
　　贷：长期股权投资 3 600
借：长期股权投资 8 752
　　贷：未分配利润（年初） 8 752

⑥按权益法核算的要求，调整甲公司本年对A公司投资收益并调整长期股权投资账面价值。甲公司根据A公司宣告分派的股利，在其个别财务报表中已确认投资收益4 800万元。A公司当年实现净利润12 000万元，另A公司对B公司长期股权投资确认的投资收益调增680万元（2 080－1 400），调整后A公司当年实现净利润为12 680万元（12 000＋680），由此甲公司当年对A公司投资收益为10 144万元（12 680×80%）。其调整分录如下：

借：投资收益 4 800 ⑥
　　贷：长期股权投资 4 800
借：长期股权投资 10 144
　　贷：投资收益 10 144

⑦将甲公司对A公司长期股权投资与A公司股东权益相抵销。经过上述调整后，甲公司对A公司长期股权投资的账面价值为36 096万元（25 600＋8 752－3 600＋10 144－4 800）。A公司年末未分配利润为11 520万元（10 400＋440＋680），少数股东权益为9 024万元［（44 000＋440＋680）×20%］。其抵销分录如下：

借：股本 20 000 ⑦
　　资本公积 8 000
　　盈余公积 5 600
　　未分配利润 11 520
　　贷：长期股权投资 36 096
　　　　少数股东权益 9 024

⑧将甲公司对A公司长期股权投资收益与A公司利润分配等相抵销。A公司调整后的年初未分配利润为7 240万元（6 800＋A公司20×1年对B公司长期股权投资收益调增440），少数股东本年收益为2 536万元（12 680×20%）。其调整分录如下：

借：投资收益 10 144 ⑧
　　少数股东收益 2 536
　　未分配利润（年初） 7 240
　　贷：提取盈余公积 2 400

对股东的分配　　　　　　　　　　　　　　　　　　　　　　　　6 000

未分配利润（年末）　　　　　　　　　　　　　　　　　　　　11 520

（2）根据上述调整抵销分录，编制合并工作底稿如表13-6所示。

表13-6　　　　　　　　　　合并工作底稿

20×2年度　　　　　　　　　　　　　　单位：万元

项　目	甲公司	A公司	B公司	调整分录		抵销分录		少数股东权益	合并数
				借方	贷方	借方	贷方		
资产负债表项目									
流动资产	81 000	55 000	13 000						149 000
长期股权投资	28 600	4 800	0						
对A公司股权投资	25 600			8 752⑤ 10 144⑥	3 600⑤ 4 800⑥		36 096⑦		0
对甲公司股权投资	3 000	4 800		2 665① 3 380②	1 950① 2 275②	9 620③			0
其他非流动资产	107 900	29 200	15 000						152 100
资产总计	217 500	89 000	28 000	24 941	12 625		45 716		301 100
流动负债	65 000	34 000	5 000						104 000
非流动负债	27 000	11 000	8 200						46 200
负债合计	92 000	45 000	13 200						150 200
股东权益：									
股本	50 000	20 000	6 000			6 000③ 20 000⑦			50 000
资本公积	29 500	8 000	3 000			3 000③ 8 000⑦			29 500
盈余公积	24 000	5 600	3 400			3 400③ 5 600⑦			24 000
未分配利润	22 000	10 400	2 400						33 196
股东权益合计	125 500	44 000	14 800						136 696
少数股东权益								5 180③ 9 024⑦	14 204
负债和股东权益总计	217 500	89 000	28 000						301 100
利润表项目									
营业收入	180 000	117 000	34 000						331 000
营业成本	146 675	102 900	27 200						276 775

续表

项　　目	甲公司	A公司	B公司	调整分录		抵销分录		少数股东权益	合并数
				借方	贷方	借方	贷方		
投资收益	5 675	1 400	0						
对A公司投资收益	4 800			4 800⑥	10 144⑥	10 144⑧			0
对甲公司投资收益	875	1 400		2 275②	3 380②	3 380④			0
利润总额	39 000	15 500	6 800	7 075	13 524	13 524			54 225
所得税费用	9 000	3 500	1 600						14 100
净利润	30 000	12 000	5 200	7 075	13 524	13 524			40 125
少数股东本期损益						1 820④ 2 536⑧			4 356
归属母公司股东利润									35 769
股东权益变动表项目									
年初未分配利润	18 000	6 800	1 500	1 950① 3 600⑤	2 665① 8 752⑤	1 500④ 7 240⑧			23 427
提取盈余公积	6 000	2 400	800				800④ 2 400⑧		6 000
对股东的分配	20 000	6 000	3 500				3 500④ 6 000⑧		20 000
年末未分配利润	22 000	10 400	2 400			2 400③ 11 520⑦	2 400④ 11 520⑧		33 196
				12 625	24 941	40 540	26 620		

第三节　母子公司相互持有股权的合并处理（库藏股票法）

对于母公司和子公司相互持有对方股权的情况，编制合并财务报表将长期股权投资与所有者权益抵销时，目前国际上主要有库藏股票法和交互分配法等两种抵销处理方法。以下分别两种方法，论述母公司和子公司相互持有对方股权的合并处理。

所谓库藏股票法，是指在编制合并财务报表时，将子公司持有母公司的股权视为股权赎回，即将子公司持有母公司的股权视为企业集团的库藏股票进行合并处理的方法。对于子公司持有母公司的股权，从企业集团立场来看，属于企业集团内部持有股权，与单个企业赎回自己发行在外的股票，将其作为库藏股票处理相似。编制合并财务报表对其进行合并处理时，库藏股票法下的合并抵销处理与单个企业赎回自己的股票的处理相类似，即将子公司取得母公司股权日所确认的对母公司长期股权投资的账面价值,转为库藏股票;这一库藏股票在合并财务报表中,作为股东权益的减项列示。

一、子公司取得母公司股权日合并财务报表的编制

子公司投资取得母公司的股权,可能是出于不同的目的,但根据现行企业会计准则,在取得时按其取得成本登记入账。由于子公司持有母公司股权的比例通常不会很高,在持有期间一般情况下应采用成本法核算,对于母公司宣告分派现金股利时,根据其持有股份的比例计算确定其当期应确认的投资收益;期末以其对母公司长期股权投资的成本在其个别财务报表中列示。一般情况下,也并不一定需要编制子公司取得母公司股权日的合并财务报表。在这里编制子公司取得母公司股权之日的合并财务报表,主要为了便于理解采用库藏股票法对母公司和子公司相互持有对方股权合并处理整个过程。

编制合并财务报表时,对于子公司持有的母公司股权,如上所述,从整个企业集团角度来看,属于集团内部持有股权,应当在子公司持有的母公司股权抵销的同时,将其转为合并财务报表中的库藏股票。至于母公司持有的子公司股权,与通常情况下长期股权投资与子公司所有者权益的合并抵销处理相同。

例13-7:甲公司于20×1年1月1日,以25 600万元的价款购买取得A公司80%的股份,使其成为子公司。A公司于同日以9 950万元的价款购买取得甲公司10%的股份,成为甲公司的股东。甲公司和A公司在将上述股权入账后编制的20×1年1月1日资产负债表(简表)各项目有关数据见表13-7中各相应项目的数据。假定甲公司和A公司资产负债表中所列示的资产和负债的公允价值与其账面价值一致。本例假定A公司对甲公司长期股权投资采用成本法核算。

对于本例,甲公司编制其合并财务报表时,应当进行以下合并抵销处理:

(1)将A公司对甲公司长期股权投资予以抵销,将其转作库藏股票处理。这一合并抵销处理是库藏股票法的关键内容,从企业集团角度来讲,实际上相当于将A公司对甲公司长期股权投资转为集团库藏股票。由于本例是编制购买取得母公司股权日的合并财务报表,所以只需要将子公司取得母公司股权日所确认的长期股权投资的入账价值转为库藏股票。其合并抵销分录如下:

借:库藏股票   9 950 ①
  贷:长期股权投资(对甲公司股权投资) 9 950

(2)将甲公司对A公司长期股权投资与A公司股东权益相抵销。其合并抵销分录如下:

借:股本   20 000 ②
  资本公积   8 000

盈余公积　　　　　　　　　　　　　　　　　　　　　　　1 200
未分配利润　　　　　　　　　　　　　　　　　　　　　　2 800
　贷：长期股权投资　　　　　　　　　　　　　　　　　　　25 600
　　　少数股东权益　　　　　　　　　　　　　　　　　　　6 400

根据上述合并抵销分录，编制合并工作底稿如表13-7所示。

表13-7　　　　　　　　　　　　　合并工作底稿
　　　　　　　　　　　　　　　　20×1年1月1日　　　　　　　　　　　　单位：万元

项　目	母公司	子公司	合计数	调整分录		抵销分录		少数股东权益	合并数
				借方	贷方	借方	贷方		
资产负债表项目									
流动资产	62 000	35 000	97 000						97 000
长期股权投资	25 600	9 950	35 550						0
对A公司股权投资	25 600						25 600②		
对甲公司股权投资		9 950					9 950①		
其他非流动资产	97 900	13 050	110 950				35 550		110 950
资产总计	185 500	58 000	243 500						207 950
流动负债	60 000	21 000	81 000						81 000
非流动负债	26 000	5 000	31 000						31 000
负债合计	86 000	26 000	112 000						112 000
股东权益：									
股本	50 000	20 000	60 000			20 000②			50 000
资本公积	29 500	8 000	37 500			8 000②			29 500
盈余公积	11 000	1 200	12 200			1 200②			11 000
未分配利润	9 000	2 800	11 800			2 800②			9 000
库藏股票						9 950①			-9 950
股东权益合计	99 500	32 000	131 500			41 950			89 550
少数股东权益							6 400②		6 400
负债和股东权益总计	185 500	58 000	243 500			41 950	6 400		207 950

二、子公司取得母公司股权日当期合并财务报表的编制

在子公司取得母公司股权以后的会计期间编制合并财务报表时，首先，应对于子公司持有的对母公司长期股权投资进行抵销处理，即按子公司取得母公司股权时所确认的长期股权投资的入账价值，将其转作库藏股票。由于子公司对其持

有的母公司股权投资，在通常情况下一般采用成本法进行日常核算，在对其未计提资产减值的情况下，其账面价值仍维持其取得成本的金额，即取得对母公司长期股权投资时所确认的入账价值，进行抵销处理时只需要按取得母公司股权的账面价值，将该股权投资转作库藏股票，而不考虑该持有的母公司股权因母公司股东权益发生增减变动所引起其在母公司权益中所对应份额的增减变动。在以后子公司持有对母公司长期股权投资的期间编制合并财务报表时，均须进行这一抵销处理。

其次，对子公司因持有母公司股权取得现金股利所确认的投资收益进行抵销处理。子公司取得母公司股权后，当母公司当期实现净利润并对外分配现金股利时，子公司按其持有的母公司股权的比例，取得现金股利并确认相应的投资收益。对于这一投资收益，从企业集团角度来看，母公司本期分配的现金股利中相对于子公司持有股权的部分，属于内部持有股份所发放的股利或分配的利润，需要将其抵销。

最后，对母公司对子公司长期股权投资与子公司所有者权益进行抵销处理。交叉持股情况下母公司对子公司长期股权投资相关的抵销处理，与通常情况下的母公司对子公司长期股权投资与子公司所有者权益的抵销处理相同，无特殊之处，在此不再赘述。

例 13-8：接例 13-7，甲公司和 A 公司分别取得对方的股权后，当年各自开展经营活动。20×1 年甲公司和 A 公司年度个别财务报表各项目数据见合并工作底稿（如表 13-8 所示）。

根据个别财务报表，20×1 年 12 月 31 日，甲公司对 A 公司长期股权投资账面价值为 25 600 万元；A 公司对甲公司长期股权投资账面价值为 9 950 万元。

甲公司 20×1 年实现净利润 36 000 万元，其中包括对 A 公司长期股权投资收益 3 600 万元，本年提取盈余公积 7 000 万元，向股东分配利润 20 000 万元。

A 公司 20×1 年实现净利润 10 500 万元，其中包括对甲公司长期股权投资收益 2 000 万元，本年提取盈余公积 2 000 万元，向股东分配利润 4 500 万元。

（1）甲公司编制 20×1 年度合并财务报表时，应当进行的合并抵销处理如下：
①将 A 公司对甲公司长期股权投资调整为库藏股票。其抵销分录如下：

借：库藏股票　　　　　　　　　　　　　　　　　　　　9 950　　①
　　贷：长期股权投资（对甲公司股权投资）　　　　　　　　9 950

②将甲公司向 A 公司分派的现金股利与 A 公司确认投资收益相抵销。其抵销分录如下：

借：投资收益　　　　　　　　　　　　　　　　　　　　2 000　　②
　　贷：对股东的分配　　　　　　　　　　　　　　　　　2 000

③按权益法核算的要求，根据 A 公司 20×1 年实现净利润及利润分配情况，

调整甲公司对 A 公司投资收益,并调整对 A 公司长期股权投资。其调整分录如下:

  借:投资收益(4 500×80%)   3 600 ③
    贷:长期股权投资   3 600
  借:长期股权投资(10 500×80%)   8 400
    贷:投资收益   8 400

④将甲公司对 A 公司长期股权投资与 A 公司股东权益相抵销。经过上述调整分录③调整后,甲公司对 A 公司长期投资账面价值为 30 400 万元(25 600 + 8 400 - 3 600)。少数股东权益为 7 600 万元(38 000×20%)。其抵销分录如下:

  借:股本   20 000 ④
    资本公积   8 000
    盈余公积   3 200
    未分配利润   6 800
    贷:长期股权投资   30 400
      少数股东权益   7 600

⑤将甲公司对 A 公司投资收益与 A 公司利润分配相抵销。甲公司本期对 A 公司投资收益为 8 400 万元(10 500×80%);少数股东收益为 2 100 万元(10 500×20%)。其抵销分录如下:

  借:投资收益   8 400 ⑤
    少数股东收益   2 100
    未分配利润(年初)   2 800
    贷:提取盈余公积   2 000
      对股东的分配   4 500
      未分配利润(年末)   6 800

(2)根据上述合并抵销分录,编制合并工作底稿如表 13-8 所示。

表 13-8   合并工作底稿

20×1 年度   单位:万元

项 目	母公司	子公司	合计数	调整分录		抵销分录		少数股东权益	合并数
				借方	贷方	借方	贷方		
资产负债表项目									
流动资产	70 000	43 000	113 000						113 000
长期股权投资	25 600	9 950	35 550						
对 A 公司股权投资	25 600			8 400③	3 600③		30 400④		0
对甲公司股权投资		9 950					9 950①		0

续表

项　目	母公司	子公司	合计数	调整分录 借方	调整分录 贷方	抵销分录 借方	抵销分录 贷方	少数股东权益	合并数
其他非流动资产	113 900	26 050	139 950						139 950
资产总计	209 500	79 000	288 500	8 400	3 600		40 350		252 950
流动负债	64 000	29 000	93 000						93 000
非流动负债	30 000	12 000	42 000						42 000
负债合计	94 000	41 000	135 000						135 000
股东权益：									
股本	50 000	20 000	70 000			20 000④			50 000
资本公积	29 500	8 000	37 500			8 000④			29 500
盈余公积	18 000	3 200	21 200			3 200④			18 000
未分配利润	18 000	6 800	24 800						22 800
库藏股票						9 950②			-9 950
股东权益合计	115 500	38 000	153 500						110 350
少数股东权益							7 600④		7 600
负债和股东权益总计	209 500	79 000	288 500						252 950
利润表项目									
营业收入	150 000	94 800	244 800						244 800
营业成本费用	106 600	83 300	189 900						189 900
投资收益	3 600	2 000	5 600						0
对A公司投资收益	3 600			3 600③	8 400③	8 400⑤			0
对甲公司投资收益		2 000				2 000②			0
利润总额	47 000	13 500	60 500	3 600	8 400	10 400			54 900
所得税费用	11 000	3 000	14 000						14 000
净利润	36 000	10 500	46 500	3 600	8 400	10 400			40 900
少数股东本期损益						2 100⑤			2 100
归属母公司股东净利润									38 800
股东权益变动表项目									
年初未分配利润	9 000	2 800	11 800			2 800⑤			9 000
提取盈余公积	7 000	2 000	9 000				2 000⑤		7 000
对股东的分配	20 000	4 500	24 500				4 500⑤ 2 000②		18 000
年末未分配利润	18 000	6 800	24 800	3 600	8 400	6 800④ 22 100	6 800⑤ 15300		22 800

三、子公司取得母公司股权日以后期间合并财务报表的编制

在连续编制合并财务报表的情况下,则涉及调整期初未分配利润。在采用库藏股票法的情况下,对于在合并抵销处理中将子公司对母公司股权投资转作库藏股票,其本身不涉及损益,因而不涉及连续编制合并财务报表时期初未分配利润的调整问题。至于因持有母公司股权而涉及抵销其投资收益,由于上期对子公司持有母公司股权的投资收益,实际上是基于成本法基础上进行的抵销处理,将子公司取得的对母公司长期股权投资收益与母公司向股东的分配中的相对应的金额进行抵销,对当期的未分配利润的影响是同一金额的一增一减,没有实质性的影响,在连续编制合并财务报表时对下期期初未分配利润的调整没有实质性的影响。以下(3)中的第三笔调整分录就是其调整分录,我们可以发现实际上是期初未分配利润的一增一减。

至于母公司对子公司长期股权投资与子公司所有者权益的抵销处理中所涉及的期初未分配利润的调整,与通常情况下的抵销处理相同,没有什么特殊之处,在此不再赘述。

例 13-9:接例 13-8,20×2 年度甲公司和 A 公司个别财务报表各项目数据见合并工作底稿(如表 13-9 所示)。

根据个别财务报表,20×2 年 12 月 31 日,甲公司对 A 公司长期股权投资账面价值为 25 600 万元;A 公司对甲公司长期股权投资账面价值为 9 950 万元。

甲公司 20×2 年实现净利润 30 000 万元,其中包括对 A 公司长期股权投资收益 4 800 万元,本年提取盈余公积 6 000 万元,向股东分配利润 22 000 万元。

A 公司 20×2 年实现净利润 12 000 万元,其中包括对甲公司长期股权投资收益 2 000 万元;本年提取盈余公积 2 400 万元,向股东分配利润 6 000 万元。

(1)甲公司编制合并财务报表时进行合并抵销处理如下:
①将 A 公司对甲公司长期股权投资进行抵销,将其调整作为库藏股票。
借:库藏股票　　　　　　　　　　　　　　　　　9 950　　　①
　　贷:长期股权投资(对甲公司股权投资)　　　　9 950
②将本年甲公司向 A 公司分派的现金股利与 A 公司从甲公司取得的投资收益相抵销。
借:投资收益　　　　　　　　　　　　　　　　　2 200　　　②
　　贷:对股东的分配　　　　　　　　　　　　　2 200
③按权益法核算的要求,根据 A 公司上年(20×1 年)实现净利润及利润分配情况,调整甲公司对 A 公司长期股权投资,并调整本年年初未分配利润。
借:未分配利润(年初)　　　　　　　　　　　　3 600　　　③

贷：长期股权投资　　　　　　　　　　　　　　　　　　　　3 600
　　借：长期股权投资　　　　　　　　　　　　　　　　　　　　8 400
　　　贷：未分配利润（年初）　　　　　　　　　　　　　　　　　　8 400
　④根据上年（20×1年度）采用库藏股票法下抵销A公司对甲公司股权投资收益相关的调整期初未分配利润的调整分录。
　　借：未分配利润（年初）　　　　　　　　　　　　　　　　　　2 000　　　④
　　　贷：未分配利润（年初）　　　　　　　　　　　　　　　　　　2 000
　⑤按权益法的要求，根据A公司本年实现净利润和利润分配情况，调整甲公司对A公司投资收益及长期股权投资。
　　借：投资收益　　　　　　　　　　　　　　　　　　　　　　4 800　　　⑤
　　　贷：长期股权投资　　　　　　　　　　　　　　　　　　　　4 800
　　借：长期股权投资　　　　　　　　　　　　　　　　　　　　9 600
　　　贷：投资收益　　　　　　　　　　　　　　　　　　　　　　9 600
　⑥将甲公司对A公司长期股权投资与A公司股东权益相抵销。
　　借：股本　　　　　　　　　　　　　　　　　　　　　　　20 000　　　⑥
　　　资本公积　　　　　　　　　　　　　　　　　　　　　　8 000
　　　盈余公积　　　　　　　　　　　　　　　　　　　　　　5 600
　　　未分配利润　　　　　　　　　　　　　　　　　　　　　10 400
　　　贷：长期股权投资　　　　　　　　　　　　　　　　　　　35 200
　　　　　少数股东权益　　　　　　　　　　　　　　　　　　　　8 800
　⑦将甲公司对A公司长期股权投资收益等与A公司利润分配抵销。
　　借：投资收益　　　　　　　　　　　　　　　　　　　　　　9 600　　　⑦
　　　少数股东收益　　　　　　　　　　　　　　　　　　　　2 400
　　　未分配利润（年初）　　　　　　　　　　　　　　　　　　6 800
　　　贷：提取盈余公积　　　　　　　　　　　　　　　　　　　　2 400
　　　　　对股东的分配　　　　　　　　　　　　　　　　　　　　6 000
　　　　　未分配利润（年末）　　　　　　　　　　　　　　　　　10 400
　（2）根据上述合并抵销分录，编制合并工作底稿如表13-9所示。

表13-9　　　　　　　　　　　　　　合并工作底稿

20×2年度　　　　　　　　　　　　　　　单位：万元

项目	母公司	子公司	合计数	调整分录		抵销分录		少数股东权益	合并数
				借方	贷方	借方	贷方		
资产负债表项目									
流动资产	81 000	55 000	136 000						136 000

第十三章 复杂股权结构下的合并处理

续表

项 目	母公司	子公司	合计数	调整分录 借方	调整分录 贷方	抵销分录 借方	抵销分录 贷方	少数股东权益	合并数
长期股权投资	25 600	9 950	35 550						0
对A公司股权投资	25 600			8 400③ 9 600⑤	3 600③ 4 800⑤		35 200⑥		0
对甲公司股权投资		9 950					9 950①		0
其他非流动资产	108 900	24 050	132 950						132 950
资产总计	215 500	89 000	304 500	18 000	8 400		45 150		268 950
流动负债	65 000	34 000	99 000						99 000
非流动负债	27 000	11 000	38 000						38 000
负债合计	92 000	45 000	137 000						137 000
股东权益：									
股本	50 000	20 000	70 000			20 000⑥			50 000
资本公积	29 500	8 000	37 500			8 000⑥			29 500
盈余公积	24 000	5 600	29 600			5 600⑥			24 000
未分配利润	20 000	10 400	30 400						29 600
库藏股票						9 950①			-9 950
股东权益合计	123 500	44 000	169 500						123 150
少数股东权益							8 800⑥		8 800
负债和股东权益总计	215 500	89 000	304 500						268 950
利润表项目									
营业收入	180 000	117 000	297 000						297 000
营业成本	145 800	103 700	249 500						249 500
投资收益	4 800	2 200	7 000						0
对A公司投资收益	4 800			4 800⑤	9 600⑤	9 600⑦			0
对甲公司投资收益		2 200				2 200②			0
利润总额	39 000	15 500	54 500	4 800	9 600	11 800			47 500
所得税费用	9 000	3 500	12 500						12 500
净利润	30 000	12 000	42 000	4 800	9 600	11 800			35 000
少数股东本期损益						2 400⑦		2 400	2 400
归属母公司股东利润									32 600
股东权益变动表项目									
年初未分配利润	18 000	6 800	24 800	3 600③ 2 000④	8 400③ 2 000④	6 800⑦			22 800
提取盈余公积	6 000	2 400	8 400				2 400⑦		6 000
对股东的分配	22 000	6 000	28 000				2 200② 6 000⑦		19 800
年末未分配利润	20 000	10 400	30 400	4 800	9 600	10 400⑥ 35 000	10 400⑦ 29 400		29 600

第四节 母子公司相互持有股权的合并处理（交互分配法）

交互分配法（Reciprocal Allocation Approach）因长期被美国等国家的会计师事务所采用，也称为传统法（Conventional Approach）。所谓交互分配法，是以权益法为基础处理企业集团内部相互持有的股份，通常将持股子公司持有的对母公司（或其他子公司）长期股权投资与母公司（或其他子公司）的所有者权益相抵销。从子公司持有母公司的股份来说，在采用交互分配法下，子公司所持有的母公司股份被视为推定赎回，与子公司所持有的股权相对应的母公司所有者权益应予以抵销，不再在合并财务报表中反映。

在采用交互分配法的情况下，由于是以权益法为基础来处理企业集团内部相互持有的股份，这首先就涉及相互之间投资收益的确定问题，然后在此基础上再涉及长期股权投资与所有者权益的抵销处理问题。在母子公司相互持有对方股份的情况下，互以对方的净利润为基础确认计量各自的投资收益，也就是包括以对方当期净利润为基础确认计量的投资收益在内的净利润，又成为对方确认计量当期投资收益的基础。由此则需要采用交互分配法来合理计算确定各方的投资收益。也正是在这一意义，将该方法称之为交互分配法。在采用交互分配法的情况下，关键就是计算确定本期母公司对子公司投资收益、对子公司长期股权投资账面价值、本期少数股东收益以及少数股东权益期末余额。

一、子公司取得母公司股权日合并财务报表的编制

与采用库藏股票法的情况相同，现行企业会计准则并没有要求，也不一定需要编制子公司取得母公司股权日的合并财务报表。在此，主要为了便于对交互分配法的合并抵销处理的理解，对子公司取得母公司股权日的合并财务报表的编制作一介绍，为以后会计期间合并财务报表编制时使用交互分配法提供一个基础。

编制子公司取得母公司股权日的合并财务报表相对较为简单，只需要将子公司取得的母公司股权（即对母公司长期股权投资）与母公司所有者权益中子公司所拥有的份额抵销。但这里必须注意的是，只是将其相对应的数额抵销，抵销后剩余的母公司所有者权益并不作为少数股东权益，而是保留在原相应项目中，作为合并财务报表中股东权益反映。

例 13-10：甲公司于 20×1 年 1 月 1 日以 25 600 万元的价款购买 A 公司 80% 的股份，使其成为子公司。A 公司同日以 9 950 万元的价款购买甲公司 10% 的股份，成为甲公司的股东。甲公司和 A 公司在将上述股权入账后编制的 20×1

年1月1日资产负债表（简表）各项目有关数据见表13-10中各相应项目的数据。假定甲公司和A公司资产负债表中所列示的资产和负债的公允价值与其账面价值一致。

（1）根据上述资料，20×1年1月1日合并财务报表时，其合并抵销处理如下：

①将甲公司对A公司长期股权投资与A公司股东权益相抵销，并将A公司其他股东权益结转为少数股东权益。

  借：股本   20 000   ①
    资本公积   8 000
    盈余公积   1 200
    未分配利润   2 800
    贷：长期股权投资   25 600
      少数股东权益   6 400

②将A公司对甲公司长期股权投资与甲公司股东权益中相对应的份额予以抵销。

  借：股本   5 000   ②
    资本公积   2 950
    盈余公积   1 100
    未分配利润   900
    贷：长期股权投资   9 950

（2）根据上述合并抵销分录，编制合并工作底稿如表13-10所示。

表13-10   合并工作底稿

20×1年1月1日   单位：万元

项目	母公司	子公司	合计数	调整分录 借方	调整分录 贷方	抵销分录 借方	抵销分录 贷方	少数股东权益	合并数
资产负债表项目									
流动资产	62 000	35 000	97 000						97 000
长期股权投资	25 600	9 950	35 550						0
对A公司股权投资	25 600		25 600				25 600①		0
对甲公司股权投资		9 950	9 950				9 950②		0
其他非流动资产	97 900	13 050	110 950						110 950
资产总计	185 500	58 000	243 500				35 550		207 950
流动负债	60 000	21 000	81 000						81 000
非流动负债	26 000	5 000	31 000						31 000
负债合计	86 000	26 000	112 000						112 000

续表

项 目	母公司	子公司	合计数	调整分录		抵销分录		少数股东权益	合并数
				借方	贷方	借方	贷方		
股东权益:									
股本	50 000	20 000	60 000			20 000① 5 000②			45 000
资本公积	29 500	8 000	37 500			8 000① 2 950②			26 550
盈余公积	11 000	1 200	12 200			1 200① 1 100②			9 900
未分配利润	9 000	2 800	11 800			2 800① 900②			8 100
股东权益合计	99 500	32 000	131 500			41 950			89 550
少数股东权益							6 400①	6 400	
负债和股东权益总计	185 500	58 000	243 500			41 950	6 400		207 950

二、子公司取得母公司股权日当期合并财务报表的编制

在子公司取得母公司股权以后的会计期间,母公司和子公司各自开展经营活动,并编制各自的财务报表。从母子公司各自的角度来看,双方均为投资者,根据现行企业会计准则各自在其个别财务报表中根据对方向股东分派的股利确认计算投资收益。在采用交互分配法对相互持股进行合并处理的情况下:首先,必须采用代数方式,设定相应的方程式,计算母公司和子公司分别在合并基础上的净利润;进而计算确定对子公司投资收益、对子公司长期股权投资账面价值、本期少数股东收益以及少数股东权益期末余额;然后在此基础上对子公司持有母公司股权进行合并处理。至于母公司对子公司长期股权投资与子公司所有者权益的合并处理,与常规情况下的合并处理相似,在此不再赘述。

例 13-11:接例 13-10。甲公司和 A 公司分别取得对方的股权后,当年各自开展经营活动。20×1 年甲公司和 A 公司年度个别财务报表各项目数据见以下合并工作底稿(如表 13-11 所示)。

根据个别财务报表,20×1 年 12 月 31 日,甲公司对 A 公司长期股权投资账面价值为 25 600 万元;A 公司对甲公司长期股权投资账面价值为 9 950 万元。

甲公司 20×1 年实现净利润 36 000 万元,其中包括对 A 公司长期股权投资收益 3 600 万元,本年提取盈余公积 7 000 万元,向股东分配利润 20 000 万元。

A 公司 20×1 年实现净利润 10 500 万元,其中包括对甲公司长期股权投资收

益 2 000 万元，本年提取盈余公积 2 000 万元，向股东分配利润 4 500 万元。

（1）采用交互分配法相关项目的计算。

上述各自计算确定的净利润系按对方的净利润为基础计算，包含着重复计算的因素。进行合并处理时，必须站在合并的基础上来重新计算净利润，故须使用代数方程式进行计算。

设 X 为甲公司合并基础上的净利润；Y 为 A 公司合并基础上的净利润。建立代数方程式如下：

$X = (36\ 000 - 3\ 600) + 80\% \times Y$

$Y = (10\ 500 - 2\ 000) + 10\% \times X$

解上述方程式，得：

$X = 42\ 609$

$Y = 12\ 761$

在此，应注意的是将上述 X 和 Y 加总的金额 55 370 万元，并不是整个企业集团的利润总额。从整个企业集团来看，实现的利润总额为 40 900 万元。其计算如下：

企业集团利润总额 =（36 000 - 3 600）（母公司扣除内部投资收益的净利润）+（10 500 - 2 000）（子公司扣除内部投资收益的净利润）= 40 900（万元）

这一企业集团利润总额 40 900 万元，实际上是甲公司 90% 的多数股东所享有的利润与 A 公司 20% 少数股东所享有的利润之和。

42 609 × 90% + 12 761 × 20% = 40 900（万元）

甲公司本年对 A 公司投资收益 = 42 609 × 90% - 32 400（扣除投资收益后的净利润）

= 5 948（万元）

甲公司年末对 A 公司长期股权投资 = 25 600（成本）+ 5 948（投资收益）- 3 600（分派股利）

= 27 948（万元）

A 公司本年少数股东收益 = 12 761 × 20% = 2 552（万元）

A 公司年末少数股东权益 = 6 400（期初）+ 2 552（本期投资收益）- 4 500 × 20%

= 8 052（万元）

A 公司年末未分配利润 = 6 800（个别财务报表年末数）- 2 000（甲公司分派现金股利）

= 4 800（万元）

（2）采用交互分配法相关的合并抵销处理。

①按权益法核算的要求，根据 A 公司当年实现净利润及利润分配情况，对甲公司对 A 公司长期股权投资及其投资收益进行调整。

借：投资收益	3 600	①
贷：长期股权投资	3 600	
借：长期股权投资	5 948	
贷：投资收益	5 948	

②将甲公司向 A 公司分派的现金股利与 A 公司对甲公司长期股权投资取得的投资收益相抵销。

借：投资收益（A 公司）	2 000	②
贷：对股东的分配	2 000	

经过上述抵销处理后，A 公司从甲公司取得的投资收益 2 000 万元被抵销，A 公司本年未分配利润相应减少 2 000 万元，调减至 4 800 万元（6 800 - 2 000）。

③将甲公司对 A 公司长期股权投资与 A 公司股东权益相抵销，并结转少数股东权益。

借：股本	20 000	③
资本公积	8 000	
盈余公积	3 200	
未分配利润	4 800	
贷：长期股权投资	27 948	
少数股东权益	8 052	

④将甲公司对 A 公司投资收益等与 A 公司利润分配项目相抵销。

借：投资收益	5 948	④
少数股东收益	2 552	
未分配利润（年初）	2 800	
贷：提取盈余公积	2 000	
对股东的分配	4 500	
未分配利润（年末）	4 800	

⑤将 A 公司对甲公司长期股权投资与其在甲公司股东权益中相对应的份额相抵销。其抵销分录如下：

借：股本	5 000	⑤
资本公积	2 950	
盈余公积	1 100	
未分配利润（年初）	900	
贷：长期股权投资	9 950	

这一抵销分录与在 A 公司取得甲公司股权日编制的合并财务报表时的抵销分录相同，实际未考虑 A 公司取得甲公司股权后其在甲公司股东权益所享有份额的变动。这是因为 A 公司对这一长期股权投资采用成本法核算，其账面价值反映的

是原来取得投资的投资成本，即 9 950 万元，而不反映其在甲公司股东权益中增减变动情况。所以对其进行抵销处理时，不需要考虑其在甲公司股东权益中的增减变动。在以后连续编制合并财务报表时，必须连续进行这一抵销处理。

（3）根据上述合并抵销分录，编制合并工作底稿如表 13 – 11 所示。

表 13 – 11　　　　　　　　　　合并工作底稿

20 × 1 年度　　　　　　　　　　单位：万元

项目	母公司	子公司	合计数	调整分录		抵销分录		少数股东权益	合并数
				借方	贷方	借方	贷方		
资产负债表项目									
流动资产	70 000	43 000	113 000						113 000
长期股权投资	25 600	9 950	35 550						0
对 A 公司股权投资	25 600		25 600	5 948①	3 600①		27 948③		0
对甲公司股权投资		9 950	9 950				9 950⑤		0
其他非流动资产	113 900	26 050	139 950						139 950
资产总计	209 500	79 000	288 500	5 948	3 600		37 898		252 950
流动负债	64 000	29 000	93 000						93 000
非流动负债	30 000	12 000	42 000						42 000
负债合计	94 000	41 000	135 000						135 000
股东权益：									
股本	50 000	20 000	70 000			20 000③ 5 000⑤			45 000
资本公积	29 500	8 000	37 500			8 000③ 2 950⑤			26 550
盈余公积	18 000	3 200	21 200			3 200③ 1 100⑤			16 900
未分配利润	18 000	6 800	24 800						21 448
股东权益合计	115 500	38 000	153 500						109 898
少数股东权益							8 052③		8 052
负债和股东权益总计	209 500	79 000	288 500						252 950
利润表项目									
营业收入	150 000	94 800	244 800						244 800
营业成本费用	106 600	83 300	189 900						189 900
投资收益	3 600	2 000	5 600						0
对 A 公司投资收益	3 600			3 600①	5 948①	5 948④			0
对甲公司投资收益		2 000				2 000②			0

续表

项目	母公司	子公司	合计数	调整分录 借方	调整分录 贷方	抵销分录 借方	抵销分录 贷方	少数股东权益	合并数
利润总额	47 000	13 500	60 500	3 600	5 948	7 948			54 900
所得税费用	11 000	3 000	14 000						14 000
净利润	36 000	10 500	46 500	3 600	5 948	7 948			40 900
少数股东本期损益						2 552④			2 552
归属母公司股东净利润									38 348
股东权益变动表项目									
年初未分配利润	9 000	2 800	11 800				2 800④ 900⑤		8 100
提取盈余公积	7 000	2 000	9 000				2 000④		7 000
对股东的分配	20 000	4 500	24 500				4 500④ 2 000②		18 000
年末未分配利润	18 000	6 800	24 800	3 600	5 948	4 800③ 19 000	4 800④ 13 300		21 448

三、子公司取得母公司股权日以后期间合并财务报表的编制

在连续编制合并财务报表的情况下,则涉及调整期初未分配利润的问题。在交互分配法的情况下,对于母公司对子公司长期股权投资与子公司所有者权益的抵销处理涉及的期初未分配利润的调整,与常规情况下进行抵销相同,没有什么特殊之处,在此不再赘述。至于子公司对母公司长期股权投资与母公司所有者权益的抵销处理所涉及的期初未分配利润的调整,与母公司对子公司长期股权投资与子公司所有者权益的抵销相关的调整期初未分配利润的情况相同。

例 13-12: 接例 13-11。20×2 年甲公司和 A 公司年度个别财务报表各项目数据见合并工作底稿(如表 13-12 所示)。

根据个别财务报表,20×1 年 12 月 31 日,甲公司对 A 公司长期股权投资账面价值为 25 600 万元;A 公司对甲公司长期股权投资账面价值为 9 950 万元。

甲公司 20×2 年实现净利润 30 000 万元,其中包括对 A 公司长期股权投资收益 4 800 万元,本年提取盈余公积 6 000 万元,向股东分配利润 22 000 万元。

A 公司 20×2 年实现净利润 12 000 万元,其中包括对甲公司长期股权投资收益 2 000 万元,本年提取盈余公积 2 400 万元,向股东分配利润 6 000 万元。

(1) 采用交互分配法相关项目的计算。

设 X 为甲公司合并基础上的净收益;Y 为 A 公司合并基础上的净收益。建立代数方程式如下:

X = (30 000 − 4 800) + 80% × Y
Y = (12 000 − 2 200) + 10% × X

解上述方程式，得：

X = 35 913

Y = 13 391

企业集团净利润总额 = (30 000 − 4 800) + (12 000 − 1 000) = 35 200（万元）

35 913 × 90% + 13 391 × 20% = 35 000（万元）

甲公司本年对 A 公司投资收益 = 35 913 × 90% − 25 200 = 7 122（万元）

甲公司年末对 A 公司长期股权投资 = 27 948(期初) + 7 122(投资收益) − 4 800（分派股利）

= 30 270（万元）

A 公司本年少数股东收益 = 13 391 × 20% = 2 678（万元）

A 公司年末少数股东权益 = 8 052(期初) + 2 678(本期投资收益) − 6 000 × 20%

= 9 530（万元）

A 公司年末未分配利润 = 10 400(个别财务报表年末数) − 2 000(甲公司上年分派现金股利) − 2 200(甲公司本年分派现金股利) = 6 200（万元）

（2）采用交互分配法相关的合并抵销处理。

①按权益法核算的要求，根据 A 公司上年（20×1 年）实现净利润及利润分配情况，调整甲公司对 A 公司长期股权投资，并调整本年年初未分配利润。

借：未分配利润（年初）　　　　　　　　　　3 600　　　①
　　贷：长期股权投资　　　　　　　　　　　　　　　3 600

借：长期股权投资　　　　　　　　　　　　　5 948
　　贷：未分配利润（年初）　　　　　　　　　　　　5 948

②根据上年（20×1 年度）抵销 A 公司对甲公司股权投资收益，调整本年年初未分配利润的调整分录。

借：未分配利润（年初）　　　　　　　　　　2 000　　　②
　　贷：未分配利润（年初）　　　　　　　　　　　　2 000

③按权益法核算的要求，根据 A 公司当年实现净利润和利润分配等情况，调整甲公司对 A 公司长期股权投资及其投资收益。

借：投资收益　　　　　　　　　　　　　　　4 800　　　③
　　贷：长期股权投资　　　　　　　　　　　　　　　4 800

借：长期股权投资　　　　　　　　　　　　　7 122
　　贷：投资收益　　　　　　　　　　　　　　　　　7 122

④将甲公司向 A 公司分派的现金股利与 A 公司从甲公司所取得的投资收益相抵销。其抵销分录如下：

| 借：投资收益（A公司） | 2 200 | ④ |
| 　　　贷：对股东的分配 | 2 200 | |

⑤将甲公司对A公司长期股权投资与A公司股东权益相抵销。

借：股本	20 000	⑤
资本公积	8 000	
盈余公积	5 600	
未分配利润	6 200	
贷：长期股权投资	30 270	
少数股东权益	9 530	

⑥将甲公司对A公司投资收益等与A公司利润分配等项目相抵销。

借：投资收益	7 122	⑥
少数股东收益	2 678	
未分配利润（年初）	4 800	
贷：提取盈余公积	2 400	
对股东的分配	6 000	
未分配利润（年末）	6 200	

⑦将A公司对甲公司长期股权投资与其在甲公司所享有的份额进行抵销。

借：股本	5 000	⑦
资本公积	2 950	
盈余公积	1 100	
未分配利润（年初）	900	
贷：长期股权投资	9 950	

注：盈余公积抵销1 100万元，系A公司取得甲公司10%的股权日甲公司盈余公积11 000万元中所拥有的份额。

（3）根据上述合并抵销分录，编制合并工作底稿如表13-12所示。

表13-12　　　　　　　　　　合并工作底稿

20×2年度　　　　　　　　　　　　　　　　单位：万元

| 项　　目 | 母公司 | 子公司 | 合计数 | 调整分录 || 抵销分录 || 少数股东权益 | 合并数 |
				借方	贷方	借方	贷方		
资产负债表项目									
流动资产	81 000	55 000	136 000						136 000
长期股权投资	25 600	9 950	35 550						0

第十三章 复杂股权结构下的合并处理

续表

项目	母公司	子公司	合计数	调整分录 借方	调整分录 贷方	抵销分录 借方	抵销分录 贷方	少数股东权益	合并数
对A公司股权投资	25 600			5 948① 7 122③	3 600① 4 800③		30 270⑤		0
对甲公司股权投资		9 950					9 950⑦		0
其他非流动资产	108 900	24 050	132 950						132 950
资产总计	215 500	89 000	304 500	13 070	8 400		40 220		268 950
流动负债	65 000	34 000	99 000						99 000
非流动负债	27 000	11 000	38 000						38 000
负债合计	92 000	45 000	137 000						137 000
股东权益:									
股本	50 000	20 000	70 000			20 000⑤ 5 000⑦			45 000
资本公积	29 500	8 000	37 500			8 000⑤ 2 950⑦			26 550
盈余公积	24 000	5 600	29 600			5 600⑤ 1 100⑦			22 900
未分配利润	20 000	10 400	30 400						27 970
股东权益合计	123 500	44 000	167 500						122 420
少数股东权益							9 530③	9 530	9 530
负债和股东权益总计	215 500	89 000	304 500						268 950
利润表项目									
营业收入	180 000	117 000	297 000						297 000
营业成本	145 800	103 700	249 500						249 500
投资收益	4 800	2 200	6 800						0
对A公司投资收益	4 800			4 800③	7 122③	7 122⑥			0
对甲公司投资收益		2 200				2 200④			0
利润总额	39 000	15 500	54 500	4 800	7 122	9 322			47 500
所得税费用	9 000	3 500	12 500						12 500
净利润	30 000	12 000	42 000	4 800	7 122	9 322			35 000
少数股东本期损益						2 678⑥			2 678
归属母公司股东利润									32 322
股东权益变动表项目									

续表

项目	母公司	子公司	合计数	调整分录 借方	调整分录 贷方	抵销分录 借方	抵销分录 贷方	少数股东权益	合并数
年初未分配利润	18 000	6 800	24 800	3 600① 2 000②	5 948① 2 000②	4 800 900⑦			21 448
提取盈余公积	6 000	2 400	8 400				2 400⑥		6 000
对股东的分配	22 000	6 000	28 000				2 200④ 6 000⑥		19 800
年末未分配利润	20 000	10 400	30 400	<u>10 400</u>	<u>15 070</u>	6 200⑤ <u>23 900</u>	6 200⑥ <u>16 800</u>		27 970

四、库藏股票法与交互分配法的比较

库藏股票法是将子公司持有母公司股权视为赎回处理，并将其转为库藏股票在合并财务报表中列示。在采用库藏股票法的情况下，在合并财务报表中反映的母公司股本、资本公积、盈余公积等股东权益均以全额反映，合并抵销处理所形成的库藏股票则视为合并财务报表中股东权益的一个备抵项目反映。因此，采用库藏股票法，能够在合并财务报表中完整地反映母公司股东权益的情况。从母公司本身来看，子公司持有的母公司股权是实实在在发行在外的股票。我国公司法采用法定资本（即注册资本）制，理论上说企业发行在外的股份要与注册资本相一致。在合并财务报表中反映的母公司股份应当是实际发行在外的股本数，而不应是抵销子公司持有母公司股权后的余额。因此，采用库藏股票法进行合并处理与我国现行的公司法律制度是相容的，能够满足现行公司法律制度的要求。另外，库藏股票法在合并处理时也相对较为简单清楚。

从交互分配法来看，由于需要将子公司持有母公司的股份与其在母公司股东权益中所拥有的份额相抵销，在合并财务报表中股东权益部分反映的是抵销子公司持有份额后剩余股东权益。首先，从合并财务报表来看，交互分配法不能完整反映母公司实际发行在外的股份，也不能全面反映母公司股东权益的整体情况。给人一种印象，似乎企业集团是由除子公司外的剩余股东所持有的。其次，从理论上来说交互分配法对母公司进行的抵销处理较库藏股票法更为精确；但从会计信息使用者角度来说，通过合并财务报表是要了解企业的整体情况，特别是财务分析师要通过合并财务报表来分析企业整体的成长能力、偿债能力以及盈利能力，而不一定特别关注母公司部分大股东的权益情况。再次，采用交互分配法对母子公司交叉持有股份进行抵销处理，可能更多地体现了所有权理论。在采用交互分配法进行合并处理后，合并财务报表中的股东权益实际包括除子公司外的母公司其他股东所拥有的权益和子公司少数股东所拥有的权益两部分。前者是母公司的部分股东,后者是子公司的部分股东,两者放在一起,难以说明这一企业的所有权关系。这也与现行国际财务报告准则合并财务报表编制采用实体理论不相符。最后,则是在我国的特殊问题。我国属于大陆法系国家,公司实行法定资本制,公司股东缴足资本才能成立。从公司法律制度来说,注册资本应是实收资本,公司成立后不能抽逃实收资本,表现在合并财务报表上,则是合并财务报表反映的实收资本应与母公司个别财务报表所反映的实收资本一致,而不能是抵销子公司所持有股权相对应的股东权益后的余额。采用交互分配法编制的合并财务报表,其反映的股东权益是不完全的,不能反映母公司注册资本的实际情况,与公司法所体现的原则是不相符的。

后记（第一版）

自 20 世纪 90 年代中期发布《合并会计报表暂行规定》以来，我国越来越多的企业开始编制合并财务报表。企业在编制合并财务报表过程中也出现一些新情况和新问题，需要研究。特别是我国发布新的企业会计准则体系以来，在编制合并财务报表的具体过程中一些具体问题需要进一步明确，一些合并处理方法需要提供进一步的指引，一些合并处理方法的选择需要理论支撑。本书就是基于这一目的而写作的。

本人自 20 世纪 90 年代初开始研究合并财务报表，起草了我国第一个合并财务报表规定——《合并会计报表暂行规定》。此前撰写的有关合并财务报表的内容，自 1995 年起至今作为财政部注册会计师考试委员会办公室组织编写注册会计师全国统一辅导教材《会计》一书的内容收录其中出版发行，并先后在《财务与会计》、《商业会计》等杂志中发表。本书是本人近二十年来对合并财务报表研究的一个阶段性总结。

合并财务报表作为国际会计的难题之一，其编制涉及范围广、内容复杂、方法多样，不同的企业编制合并财务报表的情况各不相同，遇到的合并财务报表编制问题也具体多样。需要说明的是，本书不可能涉及合并财务报表编制的所有问题，只是选择本人认为编制合并财务报表中涉及的一些主要问题和内容，进行研究和写作。为了便于读者理解合并财务报表的编制，本人对书稿中一些举例尽可能作一些简化处理，这可能与具体实务中情况存在一定的差距。

本书的写作过程中，得到本人工作单位领导——财政部会计司司长杨敏女士的支持；会计司副司长应唯女士就本书的写作提纲提出了许多有益的建议，并就本书的第二章（合并财务报表的合并范围与编制原则及程序）、第三章（长期股权投资与所有者权益的合并处理一）、第四章（长期股权投资与所有者权益的合并处理二）、第五章（内部商品交易及其减值的合并处理）、第六章（长期资产内部交易的合并处理）和第九章（所得税会计相关的合并处理）进行了审阅，提出很多建设性的意见。会计司综合处处长狄恺先生就本书第八章（内部交易债券的合并处理）、第九章（所得税会计相关的合并处理）和第十章（合并现金流量表的编制）进行了审阅，会计司制度二处的刘丽华博士就本书的第九章（所得税会计相关的合并处理）和第十一章（复杂股权结构下的合并处理）进行了审

后记（第一版）

阅，提出许多修改的意见和建议。兰州商学院的邢铭强博士对本书全部章节进行了核校，并就第一章（合并财务报表概述）的内容帮助搜集了相关的资料。会计司人员处崔华清博士就本书第八章（内部交易债券的合并处理）中有关举例的设计提供了帮助；会计司制度一处的黄赟女士就本书第十章（合并现金流量表的编制）中有关举例的设计提供了帮助。此外，其他许多同志和朋友对本书的完成也提供了多方面的支持和帮助。我想如果没有他们的支持和帮助，是很难在这么短的时间内完成本书写作的。本书也凝结着他们的劳动和心血。在此，对在本书写作过程中提供支持和帮助的领导、同事和朋友们，表示衷心的感谢。

由于本人水平有限，再加之写作时间较紧，书中难免有错误和不足之处，敬请各位读者谅解、批评和指正。

李玉环

二〇一一年七月一日于北京三里河

后记（第二版）

《合并财务报表》一书自 2011 年由经济科学出版社出版发行以来，受到广大读者的好评，目前已经过去了五个年头，五年来国际会计准则理事会对有关合并财务报表的国际准则进行了全面修订，2011 年 5 月发布了《国际财务报告准则第 10 号——合并财务报表》。我国财政部按照《中国企业会计准则与国际财务报告准则持续趋同路线图》提出我国企业会计准则与国际财务报告准则趋同持续的目标，对合并财务报表相关的准则也进行了修订，2014 年 2 月发布了修订后的《企业会计准则第 33 号——合并财务报表》，并同时发布了相应的应用指南，要求自 2014 年 7 月 1 日起在所有执行企业会计准则的企业范围内施行。新发布的《企业会计准则第 33 号》与原准则相比，在内容上作了较大修改，特别是在合并范围确定方面重新对控制概念进行了新定义，明确了控制概念的三要素。这些内容的修改，在很大程度上要求企业在编制合并财务报表时需要更多地运用会计职业判断。

为了与新的合并财务报表准则内容相协调，便于大家学习新的合并财务报表准则，在编制合并财务报表中执行新的合并财务报表准则，笔者按照新准则的内容，对《合并财务报表》一书进行了全面改订。此次改订，力图与新的合并财务报表准则的内容一致；对原来一些可能引起误解的内容进行了重新表述；将合并范围确定的内容单列一章，重点讲解控制的概念、控制的判断以及合并范围的具体确定；此外考虑到长期股权投资与合并财务报表的关系，便于对合并财务报表编制的理解，特别增加了长期股权投资的核算一章内容。

此次对本书的修订，得到笔者原工作单位财政部会计司同事的支持帮助。中国会计准则委员会副主任狄恺先生对本书第二章和第四章的内容进行了审阅，提出了很多建设性意见。我的学生兰州财经大学会计学院邢铭强博士对本书第五章、第六章、第七章、第八章、第九章和第十章进行了审校，湖南第一师范学院商学院李慧博士对第一章、第二章、第三章、第四章、第十一章、第十二章和第十三章进行了审校，并分别提出了很好的修改意见和建议。中国财经出版传媒集团总经理郭兆旭先生对本书的出版给予了大力的支持，黄双蓉女士为本书的出版做了大量的工作。没有他们的支持和帮助，本书很难在很短的时间内完成修订、交付出版。在此，对他们一并表示衷心的感谢！

后记（第二版）

　　至于本书中不正确之处甚至错误之处，均属于本人责任。由于本人水平和研究所限，本书仍难免存在错误和不足之处，敬请各位读者谅解、批评和指正。

李玉环

二〇一六年一月十日于杭州吴山